Ralph Müller-Schallenberg
Gregor Hugenroth

JAGDRECHT

Nordrhein-Westfalen

Ein Lehr- und Handbuch für Jagdscheinanwärter und Jäger

10. aktualisierte Auflage
Stand 01. Juni 2019

NEUMANN-NEUDAMM

Impressum

ISBN 978-3-7888-1973-6

10., aktualisierte Auflage 2019
Printed in Germany

Erschienen im Ressort Jagd-Praxis im Auftrag des Verlages J. Neumann-Neudamm

c/o NJN Media AG
Schwalbenweg 1
D-34212 Melsungen

info@neumann-neudamm.de
www.neumann-neudamm.de

Unseren Familien

mit Dank für die „zeitlichen Freistellungen“

und die unendliche Geduld

Vorwort zur 10. Auflage

Nach langjähriger Jungjägerausbildung drängte sich eine Zusammenfassung des Jagdrechts sowie der wichtigsten jagdrechtlichen Nebenbestimmungen speziell für das Land Nordrhein-Westfalen nahezu auf. Eine derartige Darstellung in Form eines Lehr- und Handbuchs existierte bis zur Erstauflage im Jahr 2000 nicht.

Das Buch, dass bewusst keine Gesetzessammlung ist, soll nicht nur Jagdscheinanwärtern das für die Jägerprüfung notwendige Wissen vermitteln, sondern darüber hinaus auch ein Nachschlagewerk für den „gestandenen“ Jäger sein. Als Mittelweg zwischen Gesetzestext und juristischem Kommentar vermittelt es Jagdscheinanwärtern und Jägern das notwendige jagdrechtliche Wissen.

Das Werk bietet eine umfassende Darstellung der komplexen rechtlichen Materie, die aber dennoch auf das aus unserer Sicht Wesentliche beschränkt wurde und auch für den juristischen Laien verständlich ist, ohne die unter Juristen oft bestehenden Meinungsstreitigkeiten gänzlich auszuklammern.

Das Buch „Jagdrecht Nordrhein-Westfalen“ behandelt in seinem ersten Kapitel das Ineinandergreifen von Bundes- und Landesjagdgesetz sowie hierzu ergangene landesrechtliche Vorschriften.

Das zweite Kapitel vermittelt die wesentlichen Nebengebiete, also die mit der Jagdausübung im Zusammenhang stehenden bundes- und landesrechtlichen Vorschriften.

Das dritte Kapitel dient der Vorbereitung auf die Jägerprüfung in Nordrhein-Westfalen. Der Kandidat findet sämtliche aktuellen Prüfungsfragen mit Antworten und Verweise auf die Fundstellen in den vorhergehenden Kapiteln.

Vorwort

Die vorliegende, vollständig überarbeitete 10. Auflage berücksichtigt den Stand der Gesetzgebung bis 01.06.2019. Eingearbeitet wurden insbesondere Änderungen und Ergänzungen im Bundesjagdgesetz und im Waffengesetz sowie die aktuellen landesgesetzlichen Neugestaltungen des Jagdrechts und damit zusammenhängender Landesgesetze in Nordrhein-Westfalen.

Der Koalitionsvertrag zwischen CDU/CSU und SPD vom 07.02.2018 beinhaltet zum Thema Jagd, dass die Bundesregierung die Jagd als nachhaltige Nutzungsform anerkennt und weiter stärken will. Sie beabsichtigt, bundeseinheitliche Regelungen für eine Zertifizierung von Jagdmunition mit optimaler Tötungswirkung bei gleichzeitiger Bleiminimierung zu schaffen. Des Weiteren sollen auch bundeseinheitliche Regelungen für einen Schiessübungsnachweis sowie für die Themenfelder Jäger-/Falknerausbildung und -prüfung geschaffen werden.

Im Umgang mit dem Wolf hat laut Koalitionsvertrag die Sicherheit der Menschen oberste Priortät. Die Bundesregierung wird die EU-Kommission auffordern, den Schutzstatus des Wolfes abhängig von seinem Erhaltungszustand zu überprüfen, um die notwendige Bestandsreduktion herbeiführen zu können.

Unter den Mehrheitsverhältnissen einer rot-grünen Landesregierung erfolgten in Nordrhein-Westfalen zwei Novellen u.a. zum Landesjagdgesetz NRW vom 01.04.2014 und vom 29.04.2015, die durch einen „Paradigmenwechsel unter ökologischen Vorzeichen“ zu einschneidenden und sehr umstrittenen Veränderungen im geltenden Recht und der jagdlichen Praxis geführt hatten. Diese Missstände waren für den Landesgesetzgeber unter den geänderten Mehrheitsverhältnissen einer neuen schwarz-gelben Landesregierung Veranlassung, eine zügige und umfassende Überarbeitung der entsprechenden Regelungen vorzunehmen. Unter dem 13.03.2019 und dem 30.03.2019 sind erfreulicherweise ein zukunftsweisendes und überarbeitetes neues Landesjagdgesetz NRW und eine überarbeitete Landesjagdzeitenverordnung NRW in Kraft getreten.

Selbstverständlich wurde auch die seit der letzten Auflage zu allen Themenbereichen ergangene neue Rechtsprechung und Literatur eingearbeitet.

In dieses Buch sind die persönlichen Erkenntnisse der Autoren aus langjähriger Ausbildung und Prüfung von Jungjägern ebenso eingeflossen wie unterschiedlichste theoretische und praktische Erfahrungen als Jäger und Waffenbesitzer, Jagdpächter eines gemeinschaftlichen Jagdbezirkes, Jagdberater einer kreisfreien Stadt, Vorsitzender einer Jagdgenossenschaft, Vorsitzender einer Jägerschaft, eines stellvertretenden Justitiars und späteren Präsidenten des Landesjagdverbandes Nordrhein-Westfalen sowie natürlich auch die Erfahrungen aus einer umfänglichen jagd- und waffenrechtlichen anwaltlichen Tätigkeit.

Unser besonderer Dank gilt wiederum Herrn Dr. Henning Wetzel, Richter am Sozialgericht Berlin, für seine tatkräftige Unterstützung zu Fragen der gesetzlichen Unfallversicherung.

Für Hinweise und Anregungen aller Art sind die Verfasser jederzeit dankbar.

Leverkusen/Soest, im April 2019

Ralph Müller-Schallenberg

Werkstättenstraße 39c ▪ 51379 Leverkusen
Tel: 0 21 71/ 36 36 70
Fax: 0 21 71/36 36 7-36
E-Mail: kontakt@rae-msl.de
Homepage: www.rae-msl.de

Gregor Hugenroth, Soest

Homepage: www.jagdrecht-nrw.de

Inhalt

Inhaltsverzeichnis

Abkürzungsverzeichnis

a. A.	anderer Ansicht
a.a.O.	am angegebenen Ort
ABl.	Amtsblatt
Abs.	Absatz
AG	Amtsgericht
AGBG	Gesetz zur Regelung des Rechts der Allgemeinen Geschäftsbedingungen
AgrR	Agrarrecht und Umweltrecht
AGTierNebG NRW	Nordrhein-Westfälisches Ausführungsgesetz zum Tierische Nebenprodukte-Beseitigungsgesetz
Anh.	Anhang
Anm.	Anmerkung
Art.	Artikel
ASP	Afrikanische Schweinepest
Aufl.	Auflage
AUR	Agrar- und Umweltrecht
AWaffV	Allgemeine Waffenverordnung
BAnz.	Bundesanzeiger
BArtSchV	Bundesartenschutzverordnung
BauGB	Baugesetzbuch
BauO NW	Bauordnung Nordrhein-Westfalen
BaWü	Baden Württemberg
BayObIG	Bayerisches Oberstes Landesgericht
BayVBl	Bayerische Verwaltungsblätter
BayVGH	Bayerischer Verwaltungsgerichthof
Bek.	Bekanntmachung
BeschG	Beschussgesetz
Beschl. v.	Beschluss vom
BFH	Bundesfinanzhof
BGB	Bürgerliches Gesetzbuch
BGBl.	Bundesgesetzblatt
BGH	Bundesgerichtshof
BImSchG	Bundesimmissionsschutzgesetz
BJG	Bundesjagdgesetz

BNatSchG	Bundesnaturschutzgesetz
BSG	Bundessozialgericht
BStBl.	Bundessteuerblatt
BVerwG	Bundesverwaltungsgericht
BVerfG	Bundesverfassungsgericht
BWildSchV	Bundeswildschutzverordnung
bzw.	beziehungsweise
DB	Der Betrieb
d. h.	das heißt
DirektZahlVerpflV	Direktzahlungsverpflichtungsverordnung
DJ	Deutsche Justiz
DJZ	Deutsche Jagdzeitung
DÖV	Die öffentliche Verwaltung
DVO LG NRW	Durchführungsverordnung zum Landschaftsgesetz Nordrhein-Westfalen
DVO LJG-NRW	Durchführungsverordnung zum Landesjagdgesetz Nordrhein-Westfalen
EG	Europäische Gemeinschaft
EG-VR	EG-Vogelschutzrichtlinie
EGMR	Europäischer Gerichtshof für Menschenrechte
EWG	Europäische Wirtschaftsgemeinschaft
EJS	Entscheidungen in Jagdrechtssachen
Erl.	Erlass
evtl.	eventuell
f.	folgend
ff.	fortfolgende
FamRZ	Zeitschrift für das gesamte Familienrecht
FeiertagsG	Feiertagsgesetz Nordrhein-Westfalen
GA	Goltdammers Archiv für Strafrecht
GewArch	Gewerbearchiv
GG	Grundgesetz
ggf.	gegebenenfalls
GO	Gemeindeordnung Nordrhein-Westfalen
GuG	Grundstücksmarkt und Grundstückswert
GVG	Gerichtsverfassungsgesetz
GV. NW.	Gesetz- und Verordnungsblatt für das Land Nordrhein-Westfalen

ha	Hektar
h. M.	herrschende Meinung
Hrsg.	Herausgeber
i.d.F.v.	in der Fassung vom
idR	in der Regel
i.S.d.	im Sinne des/der
JAbgVO	Verordnung über die Jagdabgabe Nordrhein-Westfalen
JagdZVO	Bundesjagdzeitenverordnung
JagdZVO-NRW	Landesjagdzeitenverordnung Nordrhein-Westfalen
JE	Jagdrechtliche Entscheidungen
JM	Juris Die Monatszeitschrift (Beilage zum Anwaltsblatt des Deutschen Anwaltsvereins)
JuJ	Jagd und Jäger
Juris-PR AgrarR	Juris Praxis-Report Agrarrecht
JuS	Juristische Schulung
Kap.	Kapitel
KG	Kammergericht
KrO	Kreisordnung Nordrhein-Westfalen
lfB	lang für Büchsen
LFoG	Landesforstgesetz Nordrhein-Westfalen
LG	Landgericht
LG NRW	Landschaftsgesetz Nordrhein-Westfalen
LHundG-NRW	Landeshundegesetz Nordrhein-Westfalen
LJG-NRW	Landesjagdgesetz Nordrhein-Westfalen
LJV-NRW	Landesjagdverband Nordrhein-Westfalen
LOG	Landesorganisationsgesetz Nordrhein-Westfalen
LSG	Landessozialgericht
LWB NRW	Landwirtschaftliches Wochenblatt Westfalen-Lippe
MBl. NW.	Ministerialblatt für das Land Nordrhein-Westfalen
MDR	Monatsschrift für Deutsches Recht
MKS	Maul- und Klauenseuche
mm	Millimeter
MSH	Müller-Schallenberg/Hugenroth
MSK	Müller-Schallenberg/Knemeyer
MULNV	Ministerium für Klimaschutz, Umwelt, Landwirtschaft, Natur- und Verbraucherschutz

MURL	Ministerium für Umwelt, Raumordnung und Landwirtschaft
m.w.N.	mit weiteren Nachweisen
NdsJ	Niedersächsischer Jäger
Nds. RPfl.	Niedersächsischer Rechtspfleger
NJW	Neue Juristische Wochenschrift
NJW-RR	Neue Juristische Wochenschrift–Rechtsprechungsreport Zivilrecht
NStZ	Neue Zeitschrift für Strafrecht
NuR	Natur und Recht
NVwZ	Neue Zeitschrift für Verwaltungsrecht
NVwZ-RR	Neue Zeitschrift für Verwaltungsrecht Rechtsprechungsreport
NW VBl.	Nordrhein-Westfälische Verwaltungsbätter
NZV	Neue Zeitschrift für Verkehrsrecht
OBG	Ordnungsbehördengesetz Nordrhein-Westfalen
ÖJV-NRW	Ökologischer Jagdverband NRW e.V.
OLG	Oberlandesgericht
OLGR	OLG-Report
OVG	Oberverwaltungsgericht
OWiG	Ordnungswidrigkeitengesetz
RabenvogelVO	Verordnung über die Zulassung von Ausnahmen von den Schutzvorschriften für besonders geschützte Tierarten
RdErl.	Runderlass
RdL	Recht der Landwirtschaft
Rdn	Randnummer
RG	Reichsgericht
Rspr.	Rechtsprechung
R+S	Recht und Schaden
RVO	Reichsversicherungsordnung
RWJ	Rheinisch-Westfälischer Jäger
Rz.	Randziffer
SchwPestV	Schweinepestverordnung
SGV. NW.	Sammlung des bereinigten Gesetz- und Verordnungsblattes für das Land NRW
SMBl. NW.	Sammlung des bereinigten Ministerialblattes für das Land Nordrhein-Westfalen
sog.	so genannt
StGB	Strafgesetzbuch

StPO	Strafprozessordnung
str.	streitig
S&W	Smith & Wesson
TierGesG	Tiergesundheitsgesetz
TierNebG	Tierische Nebenprodukte-Beseitigungsgesetz
TierSchG	Tierschutzgesetz
TierSchHVO	Tierschutzhundeverordnung Nordrhein-Westfalen
TierSeuchAnzV	Verordnung über anzeigepflichtige Tierseuchen
TierSG	Tierseuchengesetz
TollwVO	Tollwutverordnung
u. a.	unter anderem
Urt. v.	Urteil vom
VersR	Versicherungsrecht
VG	Verwaltungsgericht
VGH	Verwaltungsgerichtshof
vgl.	vergleiche
VJE	Verband der Jagdgenossenschaften und Eigenjagden in Westfalen – Lippe e. V.
VO	Verordnung
VOLHR	Verordnung zur Durchführung von Vorschriften des gemeinschaftlichen Lebensmittelhygienerechtes
VSG	Vorschriften für Sicherheit und Gesundheitsschutz
VVG	Versicherungsvertragsgesetz
VV-LJG-NW	Verwaltungsvorschrift zum Landesjagdgesetz Nordrhein-Westfalen
VwVfG NRW	Verwaltungsverfahrensgesetz Nordrhein-Westfalen
VwVG NRW	Verwaltungsvollstreckungsgesetz Nordrhein-Westfalen
VwGO	Verwaltungsgerichtsordnung
WaffG	Waffengesetz
WaffVwV	Allgemeine Verwaltungsvorschrift zum Waffengesetz
WuH	Wild und Hund
ZEV	Zeitschrift für Erbrecht und Vermögensnachfolge
ZPO	Zivilprozessordnung

KAPITEL 1

JAGDRECHT

I. ABSCHNITT: **DAS JAGDRECHT**

A. Inhalt des Jagdrechts/Begriffsbestimmungen

1 Seit 1848[1] ist das *Jagdrecht* in Deutschland zwingend und untrennbar mit dem Eigentum an Grund und Boden verbunden (§ 3 Abs. 1 BJG). Es steht seither ausschließlich dem Eigentümer auf seinem Grund und Boden zu.

2 Der Begriff des Jagdrechts ist in den §§ 1 und 3 BJG geregelt.

3 Die zentrale Vorschrift stellt hier § 1 BJG dar, der den Inhalt des Jagdrechtes regelt:

(1) Das Jagdrecht ist die ausschließliche Befugnis, auf einem bestimmten Gebiet wildlebende Tiere, die dem Jagdrecht unterliegen (Wild) zu hegen, auf sie die Jagd auszuüben und sie sich anzueignen. Mit dem Jagdrecht ist die Pflicht zur Hege verbunden.

(2) Die Hege hat zum Ziel die Erhaltung eines den landschaftlichen und landeskulturellen Verhältnissen angepassten artenreichen und gesunden Wildbestandes sowie die Pflege und Sicherung seiner Lebensgrundlagen; auf Grund anderer Vorschriften bestehende gleichartige Verpflichtungen bleiben unberührt. Die Hege muss so durchgeführt werden, dass Beeinträchtigungen einer ordnungsgemäßen land-, forst[2]- und fischereiwirtschaftlichen Nutzung, insbesondere Wildschäden, möglichst vermieden werden.

---

1 Gesetz über die Ausübung des Jagdrechtes auf fremdem Grund und Boden und über die Ausübung der Jagd vom 31.10.1848 (GS. S. 343)

2 Vgl. hierzu: § 1b LFoG NRW; Die Rodung von Stubben, die Ziehung von Gräben mit Baggern und die wahllose Beseitigung von Traufbäumen ist keine ordnungsgemäße Forstwirtschaft. Eine Ordnungsverfügung, die ein solches Vorgehen untersagt, ist rechtmäßig: VG Minden, Urt. v. 27.05.2014, Az. 1 K 1461/13

(3) Bei der Ausübung der Jagd sind die allgemein anerkannten Grundsätze deutscher Weidgerechtigkeit zu beachten.
(4) Die Jagdausübung erstreckt sich auf das Aufsuchen, Nachstellen, Erlegen und Fangen von Wild.
(5) Das Recht zur Aneignung von Wild umfasst auch die ausschließliche Befugnis, krankes oder verendetes Wild, Fallwild und Abwurfstangen sowie die Eier von Federwild sich anzueignen.
(6) Das Jagdrecht unterliegt den Beschränkungen dieses Gesetzes und der in seinem Rahmen ergangenen landesrechtlichen Vorschriften.

4 Vom Jagdrecht ist das *Jagdausübungsrecht* – also die Befugnis, das Jagdrecht tatsächlich auszuüben – streng zu unterscheiden. Diese Unterscheidung zieht sich wie ein roter Faden durch das gesamte BJG und muss geradezu als ein Charakteristikum des Deutschen Jagdrechts im objektiven Sinne bezeichnet werden.[3]

5 Während das Jagdrecht an Grund und Boden geknüpft ist, verlangt das Jagdausübungsrecht als persönliche Voraussetzung zunächst einen gültigen Jagdschein, der erst nach erfolgreichem Bestehen der Jägerprüfung erteilt wird. Darüber hinaus ist als sachliche Voraussetzung erforderlich, dass der Jagdausübungsberechtigte entweder Eigenjagdbesitzer, Pächter eines Jagdbezirkes oder von einem der vorbezeichneten Personen zur Jagd eingeladen worden ist (Jagdgast). Soweit das Gesetz vom Jagdausübungsberechtigten spricht, ist hiermit stets der Eigenjagdbesitzer oder der Jagdpächter (auch Beständer oder Jagdherr genannt) gemeint.

6 Nach § 3 Abs. 3 BJG darf das Jagdrecht nur in *Jagdbezirken* ausgeübt werden. In Deutschland besteht das so genannte Reviersystem[4]. Das gesamte Land ist flächendeckend in Jagdreviere eingeteilt. Man unterschei-

---

[3] Drees/Thies/Müller-Schallenberg, § 3 BJG II

[4] im Gegensatz zum Lizenzsystem, wonach die Jagd aufgrund einer allgemeinen Erlaubnis an jedem beliebigen Ort ausgeübt werden darf und der Abschuss mittels einer „Lizenz" vergeben wird; das Reviersystem ist verfassungsgemäß: BVerfG Beschl. v. 13.12.2006, NuR 2007 S. 199 ff.

det ausschließlich zwischen Eigenjagdbezirken und gemeinschaftlichen Jagdbezirken (§§ 4, 7 und 8 BJG)[5]. Etwa 85 % der Reviere sind gemeinschaftliche Jagdbezirke; die restlichen 15 % teilen sich private, kommunale und staatliche Eigenjagdbesitzer.

Wild im Sinne des § 1 BJG sind nur solche Tiere, die dem Jagdrecht unterliegen. Diese sind – in Abweichung von §§ 2 Abs. 2, 22 Abs. 1 BJG – im nordrhein-westfälischen Jagdrecht für NRW abschließend in § 2 LJG-NRW aufgezählt. **7**

Zivilrechtlich sind wilde Tiere herrenlos, solange sie sich in der Freiheit befinden (vgl. § 960 Abs. 1 BGB). „Herrenlos" bedeutet, dass sie sich in niemandens Eigentum befinden. Wilde Tiere in Tiergärten (z. B. Gatterwild) sind nicht herrenlos. Erlangt jedoch ein gefangenes wildes Tier die Freiheit wieder, so wird es wieder herrenlos, wenn nicht der Eigentümer es unverzüglich verfolgt oder wenn er die Verfolgung aufgibt (§ 960 Abs. 2 BGB). Ein gezähmtes Tier wird herrenlos, wenn es die Gewohnheit ablegt, an den ihm bestimmten Ort zurückzukehren (§ 960 Abs. 3 BGB). **8**

Frei lebendes Wild im Sinne des § 2 LJG-NRW gehört daher zunächst grundsätzlich niemandem. Eigentum an wild lebenden Tieren kann lediglich durch (berechtigte) *Aneignung* begründet werden. Die Aneignung vollzieht sich durch Inbesitznahme (§ 958 BGB), also die Erlangung der tatsächlichen Gewalt über das jeweilige Wild. Neben der Erlegung fordert die h.M. einen gesonderten Aneignungsakt wie das Ergreifen bzw. Aufnehmen[6]. Das Recht hierzu steht grundsätzlich nur dem Jagdausübungsberechtigten zu. In Nordrhein-Westfalen besteht darüber hinaus ein Aneignungsrecht für sachkundige Grundstückseigentümer und Nutzungsberechtigte sowie für deren sachkundige Beauftragte betreffend Wildkaninchen in befriedeten Bezirken (§ 4 Abs. 4 LJG-NRW). In diesem Zusammenhang sei darauf hingewiesen, dass sich aus dem Aneignungsrecht nicht auch grundsätzlich eine Aneignungspflicht ergibt[7]. Im Interesse des Ansehens der Jägerschaft sollten jedoch Jagdausübungsberechtigte **9**

---

5 vgl. hierzu unten II. Abschnitt, A. und B.

6 so auch Drees/Thies/Müller-Schallenberg, § 1 BJG I 2 e; Dietlein, Seite 12

7 v. Pückler, WuH 13/96, Seite 52; Franke, Seite 73; MSK, WuH 21/00, Seite 78

in ihrem Revier Fallwild insbesondere an von Menschen besuchten Orten ordnungsgemäß entsorgen, auch wenn sie dazu nicht verpflichtet sind. Verendetes, seuchenverdächtiges Wild ist dagegen ggf. anzeigepflichtig[8].

10 Wer bei der Ausübung der Jagd oder des Jagdschutzes bei erlegtem, gefangenem oder verendetem Wild Kennzeichen wie z.B. Ohrmarken, Vogelringe etc. vorfindet, ist verpflichtet, die Kennzeichen der Unteren Jagdbehörde unter Angabe von Zeit und Ort des Fundes unverzüglich[9] abzuliefern (§ 1LJG-NRW). Ein vorsätzliches Zuwiderhandeln gegen diese Vorschrift kann als Ordnungswidrigkeit geahndet werden (§ 55 Abs. 1 Nr. 2 LJG-NRW).

11 Unberechtigtes Aneignen führt nicht zum Eigentumserwerb (§ 958 Abs. 2 BGB). Wer sich Wild aneignet, ohne Inhaber des Jagdrechtes oder Jagdausübungsrechtes zu sein, begeht darüber hinaus Jagdwilderei[10]. Dieser Straftatbestand ist in § 292 StGB definiert:

(1) Wer unter Verletzung fremden Jagdrechts oder Jagdausübungsrechts
   1. dem Wild nachstellt, es fängt, erlegt oder sich oder einem Dritten zueignet oder
   2. eine Sache, die dem Jagdrecht unterliegt, sich oder einem Dritten zueignet, beschädigt oder zerstört,

   wird mit Freiheitsstrafe bis zu drei Jahren oder mit Geldstrafe bestraft.

(2) In besonders schweren Fällen ist die Strafe Freiheitsstrafe von drei Monaten bis zu fünf Jahren. Ein besonders schwerer Fall liegt in der Regel vor, wenn die Tat
   1. gewerbs- oder gewohnheitsmäßig,
   2. zur Nachtzeit, in der Schonzeit, unter Anwendung von Schlingen oder in anderer nicht weidmännischer Weise oder
   3. von mehreren mit Schusswaffen ausgerüsteten Beteiligten gemeinschaftlich begangen wird.

(3) Die Absätze 1 und 2 gelten nicht für die in einem Jagdbezirk zur Ausübung der Jagd befugten Personen hinsichtlich des Jagdrechts auf den zu diesem Jagdbezirk gehörenden nach § 6a des Bundesjagdgesetzes für befriedet erklärten Grundflächen.

---

[8] vgl. hierzu unten Kap. 2, I. Abschnitt C

[9] also ohne schuldhaftes Zögern, vgl. Palandt-Heinrichs, § 121 Rz. 3

[10] vgl. hierzu Selter, Pirsch 21/2008, S. 56 ff, 22/2008, S. 30 ff und 24/2008, S. 26 ff; Asche, DJZ 3/2011 S. 17; v. Pückler, WuH 8/2013, S. 68 ff.

Dementsprechend ist nicht nur das unberechtigte Nachstellen, Fangen und Erlegen, sondern insbesondere auch die Mitnahme bereits toten – etwa durch Kraftfahrzeuge angefahrenen – Wildes Jagdwilderei. Eben solches gilt für die Mitnahme von gefundenen Abwurfstangen. All dies stellt eine unberechtigte Zueignung im Sinne des § 292 StGB dar. 12

Mit dem Jagdrecht ist das Recht und die Pflicht zur *Hege* verbunden. Hierbei handelt es sich einerseits um die Sorge um einen angepassten, artenreichen und gesunden Wildbestand (Tierhege) und andererseits um die Pflege und Sicherung der Lebensgrundlagen des Wildbestandes (Biotophege). Der Jäger spricht auch von der so genannten „Hege mit der Büchse", womit die Erlegung von krankem oder kümmerndem Wild gemeint ist. 13

Ergänzt wird die in § 1 BJG geregelte Hege durch § 21 BJG, welcher die Abschussregelung[11] beinhaltet. 14

Die Hege obliegt grundsätzlich dem Grundstückseigentümer als Inhaber des Jagdrechtes, wird jedoch in der Regel vertraglich auf den Jagdausübungsberechtigten übertragen. Gemäß § 12 Abs. 8 LJG-NRW ist auf Verlangen des Pächters sogar der Jagdgast verpflichtet, bei der Durchführung erforderlicher Hegemaßnahmen in angemessenem Umfang mitzuwirken. 15

Bei der Ausübung der Jagd sind die allgemein anerkannten Grundsätze der deutschen *Weidgerechtigkeit*[12] sowie die Staatszielbestimmung des Art. 20a GG (Tierschutz) zu beachten. Nach der Definition der internationalen Jagdrechtskonferenz aus dem Jahre 1971 versteht man unter dem Begriff der Weidgerechtigkeit das Ersparen unnötiger Qualen für das Wild sowie die Beachtung des Wildes als Geschöpf der Natur. Es ist dem Wild bei der Jagd „eine Chance zu lassen" und ein anständiges Verhalten ge- 16

---

[11] vgl. hierzu unten V. Abschnitt, D.

[12] vgl. hierzu Positionspapier des DJV zum Thema Weidgerechtigkeit vom 19.06.2000, zu beziehen über Deutscher Jagdverband e.V., Chausseestr. 37, 10115 Berlin; hierzu auch: Reiterer, WuH 8/2004, S. 30 ff; Dittrich, Pirsch 14/2013, S. 13 ff; zum ethischen Umgang mit großen Wildtieren in Politik und Jagd vgl. Deutsche Wildtierstiftung, JuJ 8/2015, S. 3ff.

genüber Jagdnachbarn und Mitjagenden an den Tag zu legen. Letztendlich darf der Jagdbetrieb und die Jagdleidenschaft nur in Wahrung des Ansehens der Jägerschaft ausgeübt werden.

17 Bei der Weidgerechtigkeit handelt es sich zudem um eine Generalklausel, um Verstöße gegen jagdrechtlich nicht ausdrücklich normierte Ge- und Verbote sanktionieren zu können.

B. Tierarten

18 Die Tierarten, die dem Jagdrecht unterliegen, sind für Nordrhein-Westfalen in § 2 LJG-NRW abschließend aufgezählt.

19 Immer wenn das Gesetz von „Wild“ spricht, sind ausschließlich die dem jeweiligen Jagdrecht unterliegenden Tierarten gemeint.

20 Bei dem dem Jagdrecht unterliegenden Wild unterscheidet man zunächst zwischen *Haarwild* (§ 2 Abs. 1 Nr. 1 BJG) und *Federwild* (§ 2 Abs. 1 Nr. 2 BJG).

21 In NRW gehören zum Haarwild:

Rotwild (Cervus elaphus),
Damwild (Dama dama),
Sikawild (Cervus nippon),
Rehwild (Capreolus capreolus),
Muffelwild (Ovis ammon musimon),
Schwarzwild (Sus scrofa),
Feldhase (Lepus europaeus),
Wildkaninchen (Oryctolagus cunic-ulus),
Wildkatze (Felis silvestris)
Fuchs (Vulpes vulpes),
Steinmarder (Martes foina),
Baummarder (Martes martes)
Iltis (Mustela putorius),
Hermelin (Mustela erminea),
Mauswiesel (Mustela nivalis)

Dachs (Meles meles)
Fischotter (Lutra lutra)
Waschbär (Procyon lotor),
Marderhund (Nyctereutes procy-onoides),
Mink (Neovison vison);

Zum Federwild gehören in NRW die Arten nach § 2 Abs. 1 Nr 2 BJG, die Nilgans, die Rabenkrähe und die Elster, allerdings nur insoweit, als diese Vogelarten in NRW nach der Roten Liste der Brutvogelarten Nordrhein-Westfalens[13] regelmäßig brüten. 22

Im Einzelnen sind dies: 23
Rebhuhn (Perdix perdix),
Fasan (Phasianus colchicus),
Wachtel (Coturnix coturnix L.),
Haselhuhn (Tetrastes bonasia L.)
Wildtruthahn (Meleagris gallopavo),
Ringeltaube (Columba palumbus)
Hohltaube (Columba oenas)
Türkentaube (Streptopelia decaocto)
Turteltaube(Streptopelia turtur)
Graugans (Anser anser)
Schneegans(Streptopelia turtur)
Kanadagans (Branta canadensis)
Weißwangengans (Branta leucopsis)
Nilgans (Alopochen aegyptiacus)
Brandgans(Tadorna tadorna)
Rostgans (Tadorna ferruginea)
Höckerschwan (Cygnus olor)
Stockente (Anas platyrhynchos)
Brautente (Aix sponsa)
Mandarinente (Aix galericulata)
Schnatterente (Mareca strepera)

---

[13] Hrsg.: Nordrhein-Westfälische Ornithologengesellschaft und LANUV NRW 2017; 6. Fassung. Stand: Juni 2016.

Krickente (Anas crecca)
Knäkente(Anas querquedula)
Löffelente (Anas clypeata)
Kolbenente (Netta rufina)
Tafelente(Aythya ferina)
Reiherente(Aythya fuligula)
Gänsesäger (Mergus merganser)
Blässhuhn (Fulica atra L.),
Waldschnepfe (Scolopax rusticola)
Lachmöwe (Chroicocephalus ridibundus)
Schwarzkopfmöwe (Ichthyaetus melanocephalus)
Sturmmöwe (Larus canus)
Silbermöwe (Larus argentatus)
Mittelmeermöwe (Larus michahellis)
Heringsmöwe (Larus fuscus)
Haubentaucher (Podiceps cristatus L.),
Graureiher (Ardea cinerea L.),
Wespenbussard (Pernis apivorus)
Wiesenweihe (Circus pygargus)
Rohrweihe (Circus aeruginosus)
Habicht (Accipiter gentilis)
Sperber (Accipiter nisus)
Rotmilan (Milvus milvus)
Schwarzmilan (Milvus migrans)
Mäusebussard (Buteo buteo)
Baumfalke (Falco subbuteo)
Wanderfalke(Falco peregrinus)
Turmfalke (Falco tinnunculus)
Rabenkrähe (Corvus corone),
Elster (Pica pica)
Kolkrabe(Corvus corax).

24 Ein Teil des Haarwildes wird als *Schalenwild* bezeichnet. Hierzu gehören in NRW Wisente, Rot-, Dam-, Sika-, Reh-, Muffel- und Schwarzwild (§ 2 Nr.1 LJG-NRW). Das BJG kennt darüberhinaus Elch-, Gams- und Steinwild als zum Schalenwild gehörige Tierarten.

Weiterhin wird zwischen *Hochwild* und *Niederwild* unterschieden. Zum Hochwild zählen Schalenwild (außer Rehwild), sowie Auerwild, Steinadler und der Seeadler. In NRW wurden allerdings Auerwild, Steinadler und Seeadler aus dem Jagdrecht herausgenommen. **25**

Alles übrige Wild gehört zum Niederwild (§ 2 Abs. 4 BJG). Die Unterscheidung zwischen Hoch- und Niederwild hat einen jagdhistorischen Hintergrund: Vor 1848 war ausschließlich dem hohen Adel und vor allem dem König die Jagd auf das heute als Hochwild definierte Wild („hohes" Wild) vorbehalten. Die Jagd auf Rehwild und sonstiges „niederes" Wild war in der Regel für Edelleute und Geistliche bestimmt.

Als jagdbare *Beutegreifer* oder *Prädatoren* (früher: Raubwild) bezeichnet man alle dem Jagdrecht unterliegenden Wildarten, die anderes Wild nahrungssuchend töten. **26**

II. ABSCHNITT: **JAGDBEZIRKE UND HEGE-GEMEINSCHAFTEN**

27 Das Jagdrecht darf gemäß § 3 Abs. 3 BJG nur in Jagdbezirken, und zwar ausschließlich in Eigenjagdbezirken oder gemeinschaftlichen Jagdbezirken (§ 4 BJG), ausgeübt werden.

A. Der Eigenjagdbezirk

28 Die gesetzlichen Voraussetzungen eines *Eigenjagdbezirkes* sind in § 7 BJG geregelt.

29 Hiernach ist zunächst eine land-, forst- oder fischereiwirtschaftlich nutzbare Fläche von mindestens 75 ha erforderlich, wobei es lediglich auf die theoretische Nutzbarkeit, nicht jedoch auf die konkrete, tatsächlich ausgeübte Nutzung ankommt.[14]

30 Diese Gesamtfläche muss darüber hinaus aus zusammenhängenden Einzelflächen/Grundstücken bestehen. Zusammenhängend sind die Flächen, wenn sie zumindest an einem Punkt aneinander angrenzen (sog. „Punktverbindung“).[15]

31 Ländergrenzen der einzelnen Bundesländer unterbrechen nicht den Zusammenhang von Grundflächen, die einen Eigenjagdbezirk bilden (§ 7 Abs. 2 Satz 1 BJG).

32 Darüber hinaus muss sich die Gesamtfläche im Eigentum einer Einzelperson oder Personengemeinschaft befinden. „Person“ kann sowohl eine natürliche (der einzelne Mensch) als auch eine juristische Person des privaten (z. B. GmbH) oder des öffentlichen Rechts (Bund, Länder oder Gemeinden) sein. Personengemeinschaft im vorgenannten Sinn ist z. B. die

---

14 VG Lüneburg, Urt. v. 19.11.2002 – 12 A 4345/00

15 BVerwG, RdL 68, 80; Drees/Thies/Müller-Schallenberg, § 7 BJG I

Erbengemeinschaft oder die BGB-Gesellschaft[16]. Jede „Person“ muss also zumindest Miteigentümer der *Gesamt*fläche sein.

Soweit die vorbezeichneten Voraussetzungen kumulativ vorliegen, entsteht[17] der Eigenjagdbezirk kraft Gesetzes, also unabhängig vom Willen des Grundeigentümers. Ebenso erlischt er kraft Gesetzes, wenn eine der Voraussetzungen wegfällt, insbesondere die Mindestgröße unterschritten wird (z. B. durch Verkauf von Flächen). Auf laufende Pachtverträge haben diese Änderungen der Voraussetzungen jedoch keine Auswirkung (§ 14 Abs. 1 BJG, §§ 581, 566 ff. BGB)[18], soweit nicht im Vertrag ausdrücklich etwas anderes vereinbart wurde. Für die Laufzeit des Pachtvertrages wird also der eigentlich schon entstandene Eigenjagdbezirk als noch nicht existent und der eigentlich nicht mehr existente Eigenjagdbezirk als weiter bestehend gewertet. **33**

Jagdausübungsberechtigter im Eigenjagdbezirk ist der Grundeigentümer der Gesamtfläche bzw. der von ihm eingesetzte Nutznießer, wenn ihm die Nutzung des gesamten Eigenjagdbezirkes zusteht (§ 7 Abs. 4 BJG). Soweit der Eigentümer die Eigenjagd jedoch verpachtet, steht das Jagdausübungsrecht ausschließlich dem Pächter zu. **34**

Ist eine Personenmehrheit oder eine juristische Person Eigentümer oder Nutznießer eines Eigenjagdbezirks und wird die Jagd weder durch Verpachtung noch durch angestellte Jäger ausgeübt, so sind jagdausübungsberechtigt diejenigen, die der Unteren Jagdbehörde von den Verfügungsberechtigten benannt werden (§ 5 Abs. 1 LJG-NRW). Diese kann hierzu eine angemessene Frist setzen und im Falle des fruchtlosen Fristablaufes die zur Ausübung und zum Schutz der Jagd erforderlichen Anordnungen auf Kosten der Eigentümer oder Nutznießer treffen, insbesondere die Zahl der benannten Personen beschränken. **35**

---

[16] vgl. Drees/Thies/Müller-Schallenberg, § 7 BJG I

[17] vgl. hierzu: OLG Hamm, Urt. v. 30.09.2013, Az.: I – 13 U 6/12

[18] vgl. hierzu: BGH NJW 1974, 1655 ff.; OLG Koblenz, Beschl. v. 15.02.2006 – 1 U 1478/05; KG, Urt. v. 19.08.2003 – 8 O 423/00; hierzu v.Pückler, WuH 6/2004, Seite 100 f.

Abschnitt 2
Jagdbezirke und Hegegemeinschaften

36 Soweit sich der Eigenjagdbezirk über mehrere Bundesländer erstreckt, findet für jeden Teil das jeweilige Jagdrecht des Bundeslandes Anwendung, in dem er liegt (§ 7 Abs. 2 Satz 3 BJG). Dies bedeutet für den Jagdausübungsberechtigten, dass er sich trotz Vorliegens eines Jagdbezirkes an unterschiedlichen landesrechtlichen Vorschriften zu orientieren hat, jeweils abhängig davon, wo er konkret im Jagdbezirk die Jagd ausübt.

B. Der gemeinschaftliche Jagdbezirk

37 Die gesetzlichen Voraussetzungen des *gemeinschaftlichen Jagdbezirkes* sind in § 8 BJG zu finden.

38 Alle Grundflächen einer Gemeinde oder abgesonderten Gemarkung, die nicht zu einem Eigenjagdbezirk gehören, bilden einen gemeinschaftlichen Jagdbezirk. Erforderlich ist allerdings – auch in NRW - eine Mindestfläche von 150 ha. Diese Fläche muss sich aus zusammenhängenden Einzelflächen verschiedener Grundeigentümer zusammensetzen, die dann zusammen kraft Gesetzes die Jagdgenossenschaft bilden. Zum Begriff des Zusammenhangs sei auf die diesbezüglichen Ausführungen beim Eigenjagdbezirk verwiesen.

39 Auch im gemeinschaftlichen Jagdbezirk hat die Veräußerung eines Grundstückes keinen Einfluss auf laufende Pachtverträge (§ 14 Abs. 2 BJG)[19], soweit nichts Gegenteiliges vertraglich vereinbart wurde.

40 Die Teilung größerer gemeinschaftlicher Jagdbezirke in mehrere selbständige Jagdbezirke kann nach Bundesrecht zugelassen werden, sofern jeder die Mindestgröße von 250 ha nicht unterschreitet (§ 8 Abs. 3 BJG). Über die Ermächtigung des § 8 Abs. 4 BJG hat das Bundesland Nordrhein-Westfalen die Mindestgröße der gebildeten Jagdbezirke jedoch auf 300 ha heraufgesetzt. Darüber hinaus ist erforderlich, dass die Jagdgenossenschaft die Teilung beschlossen hat und sie den Erfordernissen der Hege und Jagdausübung entspricht (§ 6 Abs. 3 LJG-NRW).

---

[19] BVerwG, Urt. v. 30.04.1974 – III ZR 144/72

Zusammenhängende Grundflächen verschiedener Gemeinden können auf Antrag zu gemeinschaftlichen Jagdbezirken zusammengelegt werden (§ 8 Abs. 2 BJG, § 6 Abs. 1, 2 und 4 LJG-NRW). 41

Das Jagdausübungsrecht steht im gemeinschaftlichen Jagdbezirk grundsätzlich der Jagdgenossenschaft zu (§ 8 Abs. 5 BJG). In der Regel nutzt die Jagdgenossenschaft aber die Jagd durch Verpachtung (§ 10 Abs. 1 BJG), wobei dann das Jagdausübungsrecht allein dem Pächter zusteht. 42

C. Gestaltung der Jagdbezirke

Die nachfolgenden Ausführungen beziehen sich sowohl auf Eigenjagdbezirke als auch auf gemeinschaftliche Jagdbezirke. 43

Nach § 5 Abs. 2 BJG bilden alle fließenden Gewässer, Straßen und Wege, Triften (Wege für Weidevieh) und Eisenbahnkörper[20] sowie ähnliche Flächen[21], wenn sie nach Umfang und Gestalt für sich allein eine ordnungsgemäße Jagdausübung nicht gestatten, keinen eigenständigen Jagdbezirk. 44

Ähnliche Flächen in diesem Sinne sind Flächen mit einer lang gestreckten schmalen Form, sog. „Handtuchgrundstücke“. In Nordrhein-Westfalen gilt gemäß § 3 Abs. 1 Satz 1 LJG-NRW, dass Grundflächen, die für sich allein die ordnungsgemäße Ausübung der Jagd nicht gestatten, die Verbindung zur Bildung eines Jagdbezirkes nur herstellen, wenn sie weniger als 400 Meter lang und an der schmalsten Stelle mindestens 200 Meter breit sind[22]. 45

Selbst wenn also die Mindestgrößen von 75 ha für einen Eigenjagdbezirk oder 150 ha für einen gemeinschaftlichen Jagdbezirk erreicht wären, läge hier dennoch kein eigenständiger Jagdbezirk im Sinne der §§ 7, 8 BJG vor. 46

---

20 umfasst auch alle Zubehörflächen (Bahnhöfe, Lagerplätze, Güterhallen) und den Bahndamm

21 vgl. hierzu VG Arnsberg, Urt. v. 27.03.2001 – 4 K 4094/00

22 § 3 Abs. 1 LJG NRW soll mit der höherrangigen bundesrechtlichen Vorschrift des § 5 Abs. 2 BJG nicht in Einklang zu bringen sein und müsse deshalb unberücksichtigt bleiben, so: LG Duisburg, Urt. v. 16.12.2015.

47 Gleichzeitig unterbrechen derartige Flächen den Zusammenhang eines Jagdbezirkes nicht, stellen aber den erforderlichen Zusammenhang zur Bildung eines Jagdbezirkes zwischen getrennt liegenden Flächen auch nicht her.

D. Abrundung von Jagdbezirken

48 Jagdbezirke können gemäß § 5 Abs. 1 BJG durch Abtrennung, Angliederung oder Austausch von Grundflächen abgerundet, also zur Jagdausübung brauchbar gemacht werden. Dies allerdings nur dann, wenn es aus Erfordernissen der Jagdpflege und Jagdausübung zwingend[23] notwendig ist. Bloße Unzuträglichkeiten und Schwierigkeiten bei der Bejagung genügen nicht. Die Abrundungsverfügung ist ein Verwaltungsakt mit Doppelwirkung, dessen rechtsgestaltende Wirkung grundsätzlich eine dauerhafte Regelung[24] zwischen den beteiligten herbeiführen soll.

49 Gemäß § 3 Abs. 2 Satz 1 LJG-NRW soll die Gesamtgröße der Jagdbezirke bei der Abrundung möglichst wenig verändert werden, geschieht also im Wesentlichen durch den Austausch möglichst gleichgroßer Flächen. Bei größenmäßiger Veränderung der Bezirke sind die Sätze 2 bis 4 zu beachten, wobei Abrundungen, durch die ein Jagdbezirk seine gesetzliche Mindestgröße verlieren würde, unzulässig sind.

50 Die Abrundung erfolgt auf Antrag der beteiligten Jagdgenossenschaft(en) oder des Inhabers eines der betroffenen Jagdbezirke, also nicht etwa auf Antrag eines Pächters. Die Entscheidung trifft grundsätzlich die zuständige Untere Jagdbehörde nach Anhörung der zuständigen Jagdbeiräte[25] (§ 3 Abs. 3 und 5 LJG-NRW). In laufende Pachtverhältnisse darf hierbei nur mit Zustimmung der Vertragsteile eingegriffen werden.

---

23 OVG Lüneburg, Urt. v. 10.03.1994 – 3 L 169/90, hierzu v.Pückler, WuH 10/96 Seite 52 f.; OVG Niedersachsen, AgrR 1996, 256; hierzu Drees, RWJ 4/97 Seite 14 f; Hieke, Pirsch 17/2014, S. 52 f. m.w.N,

24 Schuck: §5 Rn. 21, Hess VGH, Beschl. v. 27.03.2017 – 4 B 2984/16 = JE II Nr. 188; zur Beendigung einer Abrundung: Meyer-Ravenstein, AUR 6/2015, S. 201 ff.

25 vgl. hierzu unten X. Abschnitt, B.

Übereinstimmenden Anträgen haben die Jagdbehörden stattzugeben, soweit die übrigen Voraussetzungen einer Abrundung vorliegen. **51**

Durch die Abrundung soll insbesondere auch sog. „*Enklaven*“ entgegengewirkt werden. Hierbei handelt es sich um Flächen, die in der Regel vollständig von dem Gebiet eines Eigenjagdbezirkes umschlossen sind und die gesetzliche Mindestgröße eines Eigenjagdbezirkes selbst nicht erreichen, also um Grundflächen, die zu keinem Jagdbezirk gehören. Um eine Bejagung sicherzustellen, kann die zuständige Untere Jagdbehörde diese auch ohne Antrag, also von Amts wegen, einem angrenzenden Jagdbezirk angliedern. **52**

E. Befriedete Bezirke/Ruhen der Jagd/Befriedung aus ethischen Gründen

Grundsätzlich darf der Jagdausübungsberechtigte in seinem gesamten Jagdbezirk die Jagd ausüben. Dennoch gibt es Flächen innerhalb des Jagdbezirks, auf denen unter Berücksichtigung der Ruhe und Sicherheit die Jagd nicht ausgeübt werden darf, nämlich in befriedeten Bezirken. Der befriedete Bezirk ist aber dennoch Bestandteil des Jagdbezirkes, in dem er liegt, er begründet also keinen eigenständigen Jagdbezirk. **53**

Der Begriff des befriedeten Bezirkes, den das BJG selbst nicht näher bestimmt, ist für Nordrhein-Westfalen in § 4 LJG-NRW definiert. Zu unterscheiden ist zwischen befriedeten Bezirken, die kraft Gesetzes bestehen sowie solchen, die erst durch behördliche Anordnung entstehen. **54**

Zu den befriedeten Bezirken kraft Gesetzes gehören gemäß § 4 Abs. 1 LJG-NRW: **55**

- Gebäude, die zum Aufenthalt von Menschen dienen
- Gebäude, die hiermit räumlich zusammenhängen (z. B. Scheunen, Ställe, Garagen)
- Hofräume und Hausgärten, die unmittelbar an eine Behausung anstoßen, soweit sie umgrenzt, also gegen das beliebige Betreten durch Dritte gesichert sind

- Friedhöfe[26]
- Wildgehege, soweit sie nicht jagdlichen Zwecken dienen
- Bundesautobahnen nebst Dämmen, Brücken, Tunneln und Durchlässen sowie Nebenanlagen (Rastanlagen, Parkplätze, Tankstellen)
- Kleingartenanlagen nach dem Bundeskleingartengesetz
- Dauerkleingärten nach dem BauGB

56 Weitere Grundflächen können auf Antrag oder von Amts wegen durch die Untere Jagdbehörde ganz oder teilweise zu befriedeten Bezirken erklärt werden (§ 4 Abs. 2 LJG-NRW). In Betracht kommen hier regelmäßig Obst-, Gemüse- und Weingärten, Plantagen, Forstkulturen oder Baumschulen.

57 In befriedeten Bezirken (sowie auch in Enklaven) ruht die Jagd (§ 6 BJG). Das Ruhen der Jagd lässt begrifflich den Bestand des Jagdrechtes unberührt, es entfällt lediglich das Jagd*ausübungs*recht[27].

58 In befriedeten Bezirken und auf Flächen, die zu keinem Jagdbezirk gehören, kann die Untere Jagdbehörde per Verwaltungsakt Grundstückseigentümern oder Nutzungsberechtigten sowie deren Beauftragten die beschränkte Ausübung der Jagd auf Wild allgemein oder im Einzelfall gestatten (§ 4 Abs. 3 LJG-NRW). Die Person, die dann dort befugt die Jagd ausüben will, muss allerdings vor Erteilung einer solchen Genehmigung den Nachweis der eigenen Sachkunde durch eine bestandene Jäger- oder Falknerprüfung führen. Eines gelösten Jagdscheins/Falknerscheins bedarf es nicht.

59 Soweit im Einzelfall die Jagdausübung mit der Waffe gestattet werden soll, ist der vorherige Nachweis einer ausreichenden Jagdhaftpflichtversicherung i.S.d. § 17 Abs. 1 Nr. 4 BJG erforderlich.

---

[26] Nach Ansicht des MUNLV in einem Schreiben vom 20.04.2007 – III – 5-70-10-00.00 fallen hierunter auch Friedwälder und Ruheforste; über § 4 Abs. 3 LJG- NRW kann aber eine beschränkte Jagdausübung durch die zuständige Untere Jagdbehörde gestattet werden.

[27] Drees/Thies/Müller-Schallenberg, § 6 BJG III; BayObLG NStZ 92, 187

Eine Sonderregelung für das Fangen, Töten oder Aneignen von Wildkaninchen findet sich für Nordrhein-Westfalen in § 4 Abs. 4 LJG-NRW. Diese Vorschrift gestattet den im Sinne von § 4 Abs. 3 LJG-NRW sachkundigen Eigentümern und Nutzungsberechtigten sowie deren sachkundigen Beauftragten jederzeit eine entsprechende Aneignung, soweit sie die jagd- und tierschutzrechtlichen Vorschriften beachten. Für den Gebrauch von Schusswaffen ist allerdings eine spezielle Genehmigung[28] der Unteren Jagdbehörde sowie der Nachweis einer ausreichenden Jagdhaftpflichtversicherung erforderlich. **60**

Nach § 4 Abs. 5 LJG-NRW darf krankgeschossenes oder aus sonstigen Gründen schwerkrankes Wild, das in Teile eines Jagdbezirkes überwechselt, in denen die Jagd ruht oder in denen nur eine beschränkte Jagdausübung gestattet ist, oder sich dort befindet, auch dort nachgesucht und erlegt werden. Dies gilt nicht für Gebäude, die zum Aufenthalt von Menschen dienen. **61**

Berechtigt hierzu ist jeder Sachkundige – sei es der Jagdausübungsberechtigte des Jagdbezirks oder der sachkundige Grundstückseigentümer/Nutzungsberechtigte sowie deren sachkundige Beauftragte, da § 4 Abs. 5 LJG-NRW aus Tierschutzgründen die schnellstmögliche, sachkundige Erlösung von Leiden und Qualen bezweckt.

Aneignen in befriedeten Bezirken dürfen sich die sachkundigen Eigentümer/Nutzungsberechtigten sowie deren sachkundige Beauftragte ausschließlich Wildkaninchen. **62**

Über das Aneignungsrecht anderen Wildes, welches außerhalb des befriedeten Bezirks gejagt wurde, aber im befriedeten Bezirk zur Strecke kommt, besteht Streit:

Nach wohl herrschender Meinung, der sich auch die Verfasser anschließen, dürfen sich hier ausschließlich der sachkundige Grundeigentümer bzw. sachkundige Nutzungsberechtigte sowie deren sachkundige Beauftragte, nicht jedoch der Jagdausübungsberechtigte alles Wild inklusive der Trophäen aneignen[29]. Einzelne andere Bundesländer haben in

---

[28] vgl. hierzu OVG Koblenz, Urt. v. 22.07.1994, JE Band X (ab 1995) I Nr. 86

[29] Drees/Thies/Müller-Schallenberg, § 6 BJG III; Schuck/Frank, § 6 Rz.3; Englaender, DJV-Nachrichten 1/78 Seite 9; v. Pückler 1), Seite 110; Siehe aber die Sonderregelung für Jagdausübungsberechtigte/Beauftragte gemäß § 6a Abs. 9 BJG!

ihren jeweiligen Landesjagdgesetzen ausdrückliche Regelungen hierzu getroffen.

Nach einer anderen Ansicht soll § 4 Abs. 4 LJG-NRW ein Aneignungsrecht des Grundeigentümers über Wildkaninchen hinaus ausschließen. Dies müsse daraus gefolgert werden, dass für Nordrhein-Westfalen eine gesetzliche Regelung über ein allgemeines Aneignungsrecht nicht, dafür aber über ein spezielles – allerdings ausschließlich auf Wildkaninchen beschränktes – Aneignungsrecht ausdrücklich getroffen wurde.

63 In befriedeten Bezirken ist der Grundeigentümer kein Jagdgenosse (§ 9 Abs. 1 Satz 2 BJG). Der Jagdausübungsberechtigte hat für die von ihm nicht bejagbaren Flächen grundsätzlich keine Pacht zu zahlen. Eine Verpflichtung zum Wildschadenersatz besteht weder für die Jagdgenossenschaft noch für den Jagdausübungsberechtigten[30].

64 Aufgrund einer Entscheidung der Großen Kammer des EGMR vom 26.06.2012[31] hat der Bundesgesetzgeber eine zusätzliche Befriedungsmöglichkeit in § 6a BJG normiert[32], welche zum 06.12.2013 in Kraft getreten ist. § 6a BJG regelt die materiellen und verfahrensrechtlichen Vorraussetzungen der Befriedung von Flächen eines gemeinschaftlichen Jagdbezirks aus ethischen Gründen und deren Rechtsfolgen. Um missbräuchlichen Anträgen entgegenzuwirken und einen angemessenen Interessensausausgleich zu gewährleisten, hat der Bundesgesetzgeber die (umfängliche) Regelung wie folgt gefasst:

Grundflächen, die zu einem gemeinschaftlichen Jagdbezirk gehören und im Eigentum einer[33] natürlichen Person stehen, sind auf Antrag des

[30] BGH, Urt. v. 04.03.2010 – III ZR 233/09; hierzu: Hons, Pirsch 9/2010 S. 32 f.; Dietlein, Seite 56; Mehring, NdsJ 1985, 1117; Drees, RWJ 8/83 Seite 36; Thies 2), S. 20 ff.

[31] EGMR, Urt. v. 26.06.2012 -9300/07 (Herrmann/Deutschland) in: NJW 50/2012, S. 3629 ff. und NuR 34/2012, S. 698 ff.; hierzu: Ziehbarth,: NuR 34/2012, S. 693 ff.; Boll, WuH 10/2016, S. 68 ff.

[32] Gesetz zur Änderung jagdrechtlicher Vorschriften v. 29.05.2013, BGBl. S. 1386;

[33] Steht ein Grundstück im Miteigentum mehrerer Personen (z.B. Erbengemeinschaft), so muss zum einen der Antrag auf Befriedung von jedem Berechtigten gestellt werden und zum anderen muss jeder Antragsteller die persönlichen Voraussetzungen erfüllen, vgl. Schuck, § 6a Rn.26; VG Lüneburg, Urt. v. 11.02.2016 - 6 A 275/15, bestätigt durch OVG Lüneburg, Beschl. v. 22.12.2016- 4 LA 83/16 und BVerfG, Kammerbeschluss v. 06.03.2017 – 1 BvR 161/17.

Grundeigentümers zu befriedeten Bezirken zu erklären (Befriedung)[34], wenn der Grundeigentümer glaubhaft[35] macht, dass er die Jagdausübung aus ethischen Gründen ablehnt. Eine Befriedung ist zu versagen, soweit Tatsachen die Annahme rechtfertigen, dass ein Ruhen der Jagd auf der vom Antrag umfassten Fläche - bezogen auf den gesamten jeweiligen Jagdbezirk - die Belange

1. der Erhaltung eines artenreichen und gesunden Wildbestandes sowie der Pflege und Sicherung seiner Lebensgrundlagen,
2. des Schutzes der Land-, Forst- und Fischereiwirtschaft vor übermäßigen Wildschäden[36],
3. des Naturschutzes und der Landschaftspflege,
4. des Schutzes vor Tierseuchen[37] oder
5. der Abwendung sonstiger Gefahren für die öffentliche Sicherheit und Ordnung

gefährdet.

Ethische Gründe nach Satz 1 liegen insbesondere nicht vor, wenn der Antragsteller

1. selbst die Jagd ausübt oder die Ausübung der Jagd durch Dritte auf einem ihm gehörenden Grundstück duldet oder
2. zum Zeitpunkt der behördlichen Entscheidung einen Jagdschein gelöst[38] oder beantragt hat.

Der Antrag ist schriftlich oder zur Niederschrift bei der zuständigen Behörde zu stellen. Der Entscheidung über den Antrag hat neben der Anhörung des Antragstellers eine Anhörung der Jagdgenossenschaft, des

---

[34] Zur Klagebefugnis eines Jagdpächters gegen eine solche Befriedungserklärung: VG Hamburg, Urt. v. 09.02.2016 – 4 K 6243/14, aufgehoben durch OVG Hamburg, Urt. v. 20.04.2017. – 5 Bf 51/16.

[35] VG Lüneburg, Urt. v. 11.02.2016 – 6 A 275/15; VG Düsseldorf, Urt. v. 16.12.2015 – 15 K 8252/14; Angeln als Freizeitvertreib hindert die Glaubhaftmachung derartiger ethischer Gründe: VG Regensburg, Urt. v. 10.05.2016 – RN 4 K 16.8; langjähriger Betrieb eines Gnadenhofes für Pferde kann Glaubhaftmachung stützen: VG Lüneburg, Urt. v. 08.03.2017 – 5 A 213/16 = JE II Nr. 191;

[36] OVG Koblenz Beschl. 21.06.2013 – 8 B 10517/13; VG Lüneburg, Urt. v. 11.02.2016 – 6 A 275/15

[37] Vor dem Hintergrund einer Gefährungslage durch die Afrikanische Schweinepest dürfte eine Befriedung jedenfalls hinsichtlich der Bejagung von Schwarzwild zu versagen sein.

[38] Hierzu: VG Düsseldorf, Urt. v. 16.12.2015 - 15 K 8252/14;

Jagdpächters, angrenzender Grundeigentümer, des Jagdbeirats sowie der Träger öffentlicher Belange vorauszugehen (§ 6a Abs. 1 BJG).

Die Befriedung soll mit Wirkung zum Ende des Jagdpachtvertrages erfolgen[39]. Sofern dies dem Antragsteller unter Abwägung mit den schutzwürdigen Belangen der Jagdgenossenschaft nicht zuzumuten ist, kann die Behörde einen früheren Zeitpunkt, der jedoch nicht vor Ende des Jagdjahres liegt, bestimmen. In den Fällen des Satzes 2 kann die Jagdgenossenschaft vom Grundeigentümer den Ersatz des Schadens verlangen, der ihr durch die vorzeitige Befriedung entsteht (§ 6a Abs. 2 BJG).

Die Befriedung kann räumlich auf einen Teil der Antragsfläche sowie zeitlich beschränkt werden, soweit dies zur Wahrung der Belange nach Absatz 1 Satz 2 erforderlich ist (§ 6a Abs. 3 BJG).

Die Befriedung erlischt vorbehaltlich der Sätze 2 und 3 drei Monate nach Übergang des Eigentums an der befriedeten Grundfläche auf einen Dritten. Stellt der Dritte während des Laufs der Frist nach Satz 1 einen Antrag auf erneute Befriedung, so erlischt die bestehende Befriedung mit dem Wirksamwerden der behördlichen Entscheidung über den Antrag. Verzichtet der Dritte vor Ablauf der Frist nach Satz 1 auf einen Antrag auf erneute Befriedung, so erlischt die bestehende Befriedung mit dem Zugang der Verzichtserklärung bei der zuständigen Behörde. Der Grundeigentümer hat den Eigentumswechsel der zuständigen Behörde anzuzeigen. Die Befriedung ist zu widerrufen, wenn

1. der Grundeigentümer schriftlich gegenüber der zuständigen Behörde den Verzicht auf die Befriedung erklärt oder
2. der Grundeigentümer die Jagd ausübt, einen Jagdschein löst oder die Ausübung der Jagd durch Dritte auf einem ihm gehörenden Grundstück duldet.

Die Befriedung ist in der Regel zu widerrufen, wenn Tatsachen bekannt werden, die den Anspruch auf Erklärung zum befriedeten Bezirk entfallen lassen. Die Befriedung ist unter den Vorbehalt des Widerrufs zu stellen für den Fall, dass ein oder mehrere weitere begründete Anträge auf Befriedung in demselben Jagdbezirk gestellt werden und nicht allen

---

[39] Diese Regelung ist weder verfassungsrechtlich noch nach Maßgabe der Rechtsprechung des EGMR zu beanstanden, so: VG Düsseldorf, Urt. v. 10.05.2017 – 15 K 5140/15 = JE II Nr. 189.

Anträgen insgesamt ohne Gefährdung der Belange nach Absatz 1 Satz 2 stattgegeben werden kann. Im Übrigen gelten die verwaltungsverfahrensrechtlichen Vorschriften über Rücknahme und Widerruf von Verwaltungsakten (§ 6a Abs. 4 BJG).

Die zuständige Behörde kann eine beschränkte Jagdausübung auf den für befriedet erklärten Grundflächen anordnen, soweit dies zur Vermeidung übermäßiger Wildschäden, der Gefahr von Tierseuchen, aus Gründen des Naturschutzes oder des Tierschutzes, der Seuchenhygiene, der Gewährleistung der Sicherheit des Verkehrs auf öffentlichen Verkehrswegen oder der Abwendung sonstiger Gefahren für die öffentliche Sicherheit und Ordnung erforderlich ist. Widerspruch und Klage gegen die Anordnung haben keine aufschiebende Wirkung. Kommt der Grundeigentümer der Anordnung nicht nach, so kann die zuständige Behörde für dessen Rechnung die Jagd ausüben lassen (§ 6a Abs. 5 BJG).

Wildschäden an Grundstücken, die zum gemeinschaftlichen Jagdbezirk gehören, hat der Grundeigentümer der befriedeten Grundfläche nach dem Verhältnis des Flächenanteils seiner Grundfläche an der Gesamtfläche des gemeinschaftlichen Jagdbezirks anteilig zu ersetzen. Dies gilt nicht, sofern das schädigende Wild auf der befriedeten Grundfläche nicht vorkommt oder der Schaden auch ohne die Befriedung der Grundfläche eingetreten wäre (§ 6a Abs. 6 BJG).

Der Grundeigentümer der befriedeten Fläche hat keinen Anspruch auf Ersatz von Wildschäden (§ 6a Abs. 7 BJG).

Die Grundsätze der Wildfolge sind im Verhältnis des gemeinschaftlichen Jagdbezirks zu der nach Absatz 1 für befriedet erklärten Grundfläche entsprechend anzuwenden. Einer Vereinbarung nach § 22a Absatz 2 BJG bedarf es nicht. Der Grundeigentümer des für befriedet erklärten Grundstücks ist über die Notwendigkeit der Wildfolge, soweit Belange des Tierschutzes nicht entgegenstehen, bereits vor Beginn der Wildfolge unverzüglich in Kenntnis zu setzen (§ 6a Abs. 8 BJG).

Das Recht zur Aneignung von Wild nach § 1 Absatz 1 Satz 1 steht in den Fällen der nach Absatz 5 behördlich angeordneten Jagd und der Wildfolge nach Absatz 8 dem Jagdausübungsberechtigten des Jagdbezirks oder dem beauftragten Jäger zu (§ 6a Abs. 9 BJG).

Die Absätze 1 bis 9 sind auf Grundflächen, die einem Eigenjagdbezirk kraft Gesetzes oder auf Grund behördlicher Entscheidung angegliedert sind, entsprechend anzuwenden (§ 6a Abs. 10 BJG).

Die Fälle bisherigen Austrittanträge[40], deren wissenschaftliche Bewertung in der Literatur[41], die einschlägige Rechtsprechung hierzu[42] und die gebührenrechtliche Handhabung solcher Fälle[43] bestätigen den Einzelfallcharakter solcher Befriedungserklärungen.

F. Die Jagdgenossenschaft

65 Die Jagdgenossenschaft ist eine Körperschaft des öffentlichen Rechts (§ 7 Abs. 1 LJG-NRW) und besteht aus den Eigentümern der Grundflächen, die zu einem gemeinschaftlichen Jagdbezirk gehören (§ 9 Abs. 1 Satz 1 BJG). Da der gemeinschaftliche Jagdbezirk kraft Gesetzes entsteht und erlischt, handelt es sich hierbei um eine Zwangsmitgliedschaft[44] der Eigentümer (nicht der Pächter), d. h., es sind grundsätzlich weder ein Ein- noch ein Austritt erforderlich oder möglich.

---

40 Hierzu Nagel, DJZ, 5/2014, S. 10 f.; Anträge auf Befriedung in NRW Stand August 2016 (Drucksache 16/12819 des Landtages NRW vom 05.09.2016): 173 Anträge, davon 20 Zurückweisungen, 34 genehmigte Anträge, 2 Antragsrücknahmen; 20 Versagungen.

41 Siehe hierzu „Hinweise zum neuen § 6a BJagdG", in RWJ 1/2014, S. 30 f.,

42 Munte, Pirsch 9/2013, S. 50ff; Meyer-Ravenstein m.w.N. z. Rspr., AuR 7/2013, S. 245 ff.

43 Die Erklärung von Grundstücken zu befriedeten Bezirken aus ethischen Gründen ist gebührenpflichtig {Tarifstelle 8 (Teil III) Ziff. 8.3.3.7 der Allgemeinen Verwaltungsgebührenordnung NRW (Stand v. 21.12.2017)}

44 die Rechtmäßigkeit der Zwangsmitgliedschaft bleibt umstritten: Rechtmäßigkeit bejahend: EGMR, Urt. vom 20.01.2011 (Beschwerde Nr.: 9300/07 Herrmann ./. Bundesrepublik Deutschland) BVerfG, Urt. v. 13.12.2006 – 1 BvR 2084/05 – NuR 2007, 199 ff.; hierzu: v.Pückler, WuH 4/2007, Seiten 3 und 110 ff.; Munte, Die Pflicht des Grundeigentümers zur Duldung der Jagdausübung auf seinem Grundstück, S. 114 ff.; BVerwG, Urt. v. 14.04.2005 – 3 C 31/04 – und BGH NJW 2006, 984 ff. sowie Müller-Schallenberg/Förster, ZRP 7/2005, S. 230 ff.; Dietlein/Schwan, Die Pflichtmitgliedschaft in Jagdgenossenschaften, Nomos-Verlag, 2009; vgl. hierzu Drees/Thies/Müller-Schallenberg, § 9 BJG I; Nieding, JuJ 4/2008, Seite 1 f.; v.Pückler, WuH 3/2008, Seite 114 ff.; Asche DJZ 4/2008, Seite 6 ff; Conrad, DJZ 1/2009, S. 6 f; Munte, NuR 2009, 536 ff; Müller-Schallenberg, AUR 4/2009, Seite 105 ff; VG Würzburg, Urt. v. 13.11.2008 – W 5 K 07.1501 – und – W 5 K 07.1084; v. Pückler, WuH 4/2010, Seiten 96 ff.; Reh, NuR 2010, 753 ff.; Köhne, AuR 2011 S. 257 ff.; Rechtmäßigkeit verneinend unter Aufhebung des Urteils vom 20.01.2012 (Verstoß gegen die Europäische Menschenrechtskonvention festgestellt): EGMR, Urt. v. 26.06.2012 (Beschwerde Nr.: 9300/07 Herrmann ./. Bundesrepublik Deutschland); beachte nunmehrige Austrittsmöglichkeit gem. § 6a BJG (Kapitel 1, 2. Abschnitt, E.);

Da grundsätzlich das Verbot des Ruhenlassens der Jagd[45] besteht, ist Zweck der Jagdgenossenschaft die Verwirklichung des Jagdausübungsrechts. 66

Die Jagdgenossenschaft besteht aus dem Jagdvorstand[46] (Vorsitzender und zwei Beisitzer, § 7 Abs. 6 LJG-NRW) sowie der Jagdgenossenschaftsversammlung. Soweit ein Jagdvorstand (noch) nicht vorhanden ist, werden seine Geschäfte vom Rat der Gemeinde wahrgenommen (§§ 9 Abs. 2 Satz 2 BJG, 7 Abs. 8 LJG-NRW). 67

Die Jagdgenossenschaft hat eine Satzung aufzustellen, deren Mindestinhalt § 7 Abs. 3 LJG-NRW regelt. Hierzu hat schon das ehemalige Ministerium für Ernährung, Landwirtschaft und Forsten NRW (jetzt: MULNV) eine Rahmensatzung[47] erlassen, die zwar Anhaltspunkte für die Abfassung einer solchen Satzung enthält, jedoch nicht verbindlich ist. Die Satzung ist durch die Aufsichtsbehörde zu genehmigen. Soweit innerhalb eines Jahres nach Entstehung der Jagdgenossenschaft diese keine Satzung beschließt, setzt die Aufsichtsbehörde die Satzung fest (§ 7 Abs. 5 LJG-NRW). 68

Die Jagdgenossenschaft unterliegt der Aufsicht des Staates (§ 47 Abs. 1 LJG-NRW), wobei es sich lediglich um eine Rechts-, nicht jedoch um eine Fachaufsicht handelt. Die Aufsichtsbehörde ist daher auf die Überprüfung der Einhaltung von Rechtsnormen beschränkt, eine Zweckmäßigkeitsüberprüfung ist ihr nicht gestattet. 69

Die Beschlussfassung erfolgt in grundsätzlich nicht öffentlichen[48] Mitgliederversammlungen, zu denen die Aufsichtsbehörde einzuladen und unabhängig von ihrer Teilnahme innerhalb eines Monats über die gefassten Beschlüsse zu unterrichten ist (§ 47 Abs. 4 Satz 1 LJG-NRW). 70

---

45 VG Würzburg, Urt. v. 07.12.2006 – W 5 K 06.351 und W 5 K 06.353; bestätigt durch BverwG, Beschl. v. 23.06.2010 – 3 B 89.09. = JE Band XVI (ab 2010) I Nr. 113; hierzu Bußmann, Pirsch 20/2010 S. 56 ff.

46 Zur Haftung des Vorstandes einer Jagdgenossenschaft vgl. v. Pückler, WuH 21/2013, S. 104 ff.

47 RdErl. vom 14.12.1979 (MBl. NW 1980 S. 72), zuletzt geändert durch Erl. vom 26.04.1989 (MBl. NW. S. 757), abgedruckt in Drees/Thies/Müller-Schallenberg, Anhang C 1 und Thies 1, S. 142 ff.

48 Meyer-Ravenstein, AgrR 2001, 208 ff.

71 Für die Wirksamkeit eines Beschlusses ist zwingend erforderlich, dass er sowohl von der Mehrheit der anwesenden und vertretenen Jagdgenossen als auch der Mehrheit der bei der Beschlussfassung vertretenen Grundflächen gefasst wurde (§ 9 Abs. 3 BJG). Jede Grundfläche hat unabhängig von ihrer Größe und Anzahl ihrer Eigentümer nur eine Stimme.

72 Dadurch wird gewährleistet, dass weder viele Grundeigentümer kleiner Flächen noch eine geringe Anzahl von Grundeigentümern großer Flächen unter Ausschluss der jeweils anderen einen Beschluss herbeiführen können[49]. Enthaltungen gelten hierbei als abgegebene Stimmen, entgegen der sonst üblichen Praxis jedoch als Nein-Stimmen[50].

73 Die gefassten Beschlüsse können durch die von ihnen benachteiligten Jagdgenossen – nach Wegfall des Widerspruchsverfahrens[51] – nur noch unmittelbar im Wege einer Anfechtungs- oder Feststellungsklage vor dem Verwaltungsgericht überprüft werden.

74 Die Anfechtungsklage stellt das richtige Rechtsmittel z.B. gegen die die Mitgliedschaft betreffenden Beschlüsse (Verwaltungsakte) dar. Bei nichthoheitlichem Handeln wie beispielsweise der Verpachtung von Jagdbezirken ist die Feststellungsklage[52] in der Hauptsache[53] zu wählen.

75 Die Anfechtungsgründe können vielschichtig sein[54]. Die Rüge fehlerhafter Formalien allein führt nicht zur Aufhebung des Beschlusses, soweit dieser auch bei deren Beachtung in gleicher Weise gefasst worden wäre.

---

[49] BVerwG, NJW 85, 1916

[50] BVerwG, NJW 85, 1916; a. A. BGH, NJW 82, 1585; Fischer, NJW 66,483; KG, NJW 78, 1439

[51] Zweites Gesetz zum Bürokratieabbau vom 09.10.2007 (GV. NRW. S. 393 f.)

[52] Beispielhaft: Nutzungsanspruch eines Jagdgenossen an dem gemeinschaftlich angeschaften Gerätepark der Jagdgenossenschaft: VGH Kassel, Urt. v. 17.02.2016 – 4 A 961/14 = NJW-Spezial 10/2016, S. 305 = JE IV Nr. 134.

[53] Ein Jagdgenosse kann auch durch einstweilige Anordnung die vorläufige Untersagung der Unterzeichnung eines Jagdpachtvertrages erreichen: So OVG Saarland, Beschl. v. 24.01.2018 – 2 B 515/17

[54] dazu ausführlich mit umfänglichen Rechtsprechungsnachweisen Drees/Thies/Müller-Schallenberg, § 9 BJG III 3; vgl. auch: v. Pückler 2), Seite 128 ff. (fehlerhafte Einberufung der Versammlung etc.).

Die Jagdgenossenschaft muss ein Jagdkataster führen und fortschreiben, aus dem mindestens die Jagdgenossen, die ihnen im gemeinschaftlichen Jagdbezirk gehörenden Grundstücke sowie deren Größe hervorgehen (§ 7 Abs. 4 LJG-NRW). **76**

Die Jagdgenossenschaft nutzt die Jagd in der Regel durch Verpachtung (§ 10 Abs. 1 BJG). Sie kann aber auch die Jagd für eigene Rechnung, dann allerdings nur durch angestellte Jäger, ausüben (§ 10 Abs. 2 Satz 1 BJG). Das Ruhenlassen der Jagd ist der Jagdgenossenschaft grundsätzlich nicht gestattet. Hierzu ist sie nur mit Zustimmung der Unteren Jagdbehörde, die allerdings nur in Ausnahmefällen erteilt wird, berechtigt (§ 10 Abs. 2 Satz 2 BJG – grundsätzliches Verbot des Ruhenlassens der Jagd). **77**

Die Entscheidung, in welcher Form die Jagd genutzt werden soll, erfolgt durch Beschluss der Genossenschaftsversammlung. Der Jagdgenosse, der das Jagdausübungsrecht von der Jagdgenossenschaft pachten möchte - oder seine Vertretung – ist berechtigt, in der Jagdgenossenschaftsversammlung an den Abstimmungen über die Vergabe der Jagdpacht und über die Verlängerung eines Jagdpachtvertrages teilzunehmen. Als Vorstandsmitglied darf ein Jagdgenosse nicht an Verträgen mit sich selbst mitwirken (§ 7 Abs. 7 LJG NRW). **78**

Weder BJG noch LJG-NRW schreiben der Jagdgenossenschaft eine bestimmte Art der Verpachtung bzw. Auswahl des Pächters vor. **79**

Die Jagdgenossenschaft kann die Jagd alternativ durch **80**

- öffentliche Versteigerung (an den Meistbietenden)
- öffentliche Ausbietung (Einholung schriftlicher Angebote)
- freihändige Vergabe (z.B. ohne Bindung an das höchste Gebot oder schriftliche Angebote)

verpachten.

Die Genossenschaft kann die Verpachtung auch auf den Kreis der Jagdgenossen beschränken (§ 10 Abs. 1 Satz 2 BJG). **81**

82 Über die Verwendung des Reinertrags aus der Jagdnutzung beschließt die Genossenschaftsversammlung (§ 10 Abs. 3 BJG). Beschließt die Jagdgenossenschaft, den Reinertrag aus der Jagdnutzung nicht auszukehren, sondern anderweitig zu verwenden, so kann jeder Jagdgenosse, der diesem Beschluss nicht zugestimmt hat, dennoch Auszahlung seines Anteils verlangen[55]. Dieser Anspruch muss binnen eines Monats ab Bekanntmachung des Beschlusses schriftlich oder mündlich zu Protokoll beim Jagdvorstand geltend gemacht werden. Erstreckt sich der Beschluss über mehrere Jahre oder die gesamte Pachtdauer, so kann jeder Jagdgenosse die Zustimmung für die folgenden Jahre widerrufen und Auszahlung seines Anteiles verlangen.

83 Jedem Jagdgenossen steht das Recht zu, Einsicht in die Satzung, in das aktuelle Jagdkataster, in die Ladungen zur Mitgliederversammlung und in die Versammlungsprotokolle sowie in den vom Jagdvorstand abgeschlossenen Jagdpachtvertrag nebst Anlagen nehmen zu dürfen. Außerdem muss dem Jagdgenossen die Möglichkeit verschafft werden, sich von diesen Unterlagen Abschriften bzw. – gegen Kostenerstattung – Ablichtungen fertigen zu dürfen[56].

G. Hegegemeinschaft

84 Für mehrere zusammenhängende Jagdbezirke können die Jagdausübungsberechtigten zum Zwecke der Hege des Wildes – revierübergreifend – eine Hegegemeinschaft als privatrechtlichen Zusammenschluss bilden (§ 10 a BJG).

85 Näheres regelt für Nordrhein-Westfalen § 8 LJG-NRW[57]:

---

55 BVerwG, RdL 1972, 177; VG Stuttgart, Urt. v. 27.02.1996 – 5 K 1901/95; hierzu v.Pückler, WuH 7/2007, Seiten 122 ff.

56 OVG Sachsen-Anhalt, Urt. vom 14.04.2011 – 2 L 118/09 = JE Band XVI (ab 2010) IV Nr. 128; VG Magdeburg, Beschl. vom 10.04.2006 – 3 B 610/05 MD = JE Band XIV (ab 2005) IV Nr. 110; VG Regensburg, Urt. vom 14.11.1996 – RO 7 K 36.00337; BVerwG Beschl. v. 27.06.2013, – 3 C 20.12; Teppe, Pirsch 11/2017, S. 84.

57 Zur Umsetzung der Erweiterung des gesetzlichen Aufgabenkatalogs für Hegegemeinschaften für Schalenwild sowie der Stärkung der Eigentümerrechte in den §§ 8 und 22 LJG-NRW: RdL d. MKULNV v. 19.04.2017 – III 6 71 – 20 – 00.3 (MBL.NRW 2017 Nr. 16 v. 19.05.2017, S. 395 ff.) sowie die Handreichung des LANUV NRW und der Forschungsstelle für Jagdkunde und Wildschadensverhütung: „Hegegemeinschaften: Aufgaben und Perspektiven“, Ausgabe 2-2016, ISBN: 978-3-9814927-3-6.

Danach dienen Hegegemeinschaften der jagdbezirksübergreifenden Bejagung und Hege von Wildarten nach einheitlichen Grundsätzen. Aufgabe der Hegegemeinschaften für Schalenwild ist es insbesondere, die Höhe des Wildbestandes zu ermitteln, gemeinsame Hegemaßnahmen durchzuführen, Abschusspläne, Fütterungsstandorte und Jagdmethodik aufeinander abzustimmen, auf die Erfüllung der Abschusspläne hinzuwirken und der Unteren Jagdbehörde Abschussnachweise zu erbringen.

Grundsätzlich wirken die Unteren Jagdbehörden auf die *freiwillige* Bildung von Hegegemeinschaften hin, soweit dies aus Gründen der Hege im Sinne von § 1 Abs. 2 BJG erforderlich ist (insbesondere in Verbreitungsgebieten).

Daneben kann in Einzelfällen die Bildung einer Hegegemeinschaft auch *von Amts wegen* veranlasst werden. Dafür muss die Bildung einer Hegegemeinschaft für Schalenwild oder vom Aussterben bedrohter Tierarten aus Gründen der Hege erforderlich und eine an alle betroffenen Jagdausübungsberechtigten gerichtete Aufforderung der Unteren Jagdbehörde ohne Erfolg geblieben sein. In diesen Fällen können durch die Oberste Jagdbehörde per Rechtsverordnung die Bildung von Hegegemeinschaften und ihre Ausgestaltung geregelt werden. Dann unterstehen diese Hegegemeinschaften entsprechend der Aufsicht über Jagdgenossenschaften der staatlichen Aufsicht.

Jede Hegegemeinschaft hat sich eine Satzung zu geben. Diese Satzung – und ihre Änderung – bedürfen der Genehmigung der Unteren Jagdbehörde, es sei denn, die Satzung entspricht einer von der Obersten Jagdbehörde erlassenen Mustersatzung[58] ; in diesem Falle ist sie der Unteren Jagdbehörde anzuzeigen. Satzungen bestehender Hegegemeinschaften gelten fort, soweit sie der Mustersatzung entsprechen.

Sofern von der Mustersatzung abgewichen wird, unterliegt die Satzung einer Genehmigungspflicht seitens der zuständigen Unteren Jagdbehörde.

---

[58] vgl. hierzu die aktuelle Mustersatzung für Hegegemeinschaften in Nordrhein-Westfalen, als Anlage zu dem o.g. RdL, 19.05.2017; Diese ersetzt die bisherige Mustersatzung nach Bek. des MURL vom 13.06.1995 (MBl. NW. S. 960/SMBl. NW. 7920), abgedruckt in RWJ 8/95, Seite 12; und allgemeine/unverbindliche Mustersatzung in WuH 4/2004, Seite 41

Abschnitt 2
Jagdbezirke und Hegegemeinschaften

86 Das Jagdausübungsrecht verbleibt in Hegegemeinschaften bei den einzelnen Jagdausübungsberechtigten. Diese dürfen auch weiterhin nur in ihren eigenen Jagdbezirken, nicht etwa in allen Bezirken der Hegegemeinschaft, jagen.

III. ABSCHNITT: **BETEILIGUNG DRITTER AN DER AUSÜBUNG DER JAGD**

A. Jagdpacht

1. Allgemeines

Der Jagdpachtvertrag ist ein schuldrechtlicher Vertrag i.S.d. §§ 581 ff. BGB. Über das allgemeine Pachtrecht des BGB findet daher – soweit in diesen Vorschriften nichts gesondert geregelt ist – das Mietrecht des BGB Anwendung. 87

Gegenstand des Vertrages ist die Verpachtung des Jagdausübungsrechtes in seiner Gesamtheit[59], so dass es sich hierbei um eine Rechtspacht handelt. Hauptpflichten des Vertrages sind auf Seiten des Verpächters, dem Pächter die ungestörte Ausübung der Jagd zu gewährleisten und auf der Seite des Pächters die Verpflichtung zur Entrichtung der Jagdpacht. Nebenpflichten des Pächters sind regelmäßig die Pflicht zur ordnungsgemäßen Bejagung und – soweit vereinbart – die Zahlung von Wildschäden[60]. 88

In der Praxis hat es sich eingebürgert, auf formularmäßig vorgefertigte Mustervertragstexte[61] zurückzugreifen. Bedienen sich Jagdgenossenschaften oder Eigenjagdbesitzer beim Abschluss eines Jagdpachtvertrages regelmäßig derartiger Vertragsmuster oder verwenden sie selbst erstellte, vorgefertigte Vertragstexte, die sie in Zukunft bei der Verpachtung ihres Jagdbezirkes dem Pächter vorgeben, dann unterfallen die Vertrags- 89

---

[59] zur Nichtigkeit eines Jagdpachtvertrages, in dem sich der Verpächter einen 50%igen Anteil vorbehält vgl. BGH, NJW 91, 3033 f.

[60] Zur Wahrung vertraglicher Belange des Pächters bei Gesetzesänderungen vgl. Thies, RWJ 4/2012, S. 4; v. Pückler, WuH 3/2015, S. 12; Nieding, Pirsch 4/2014, S. 48ff; Reh, LWB NRW, 23/2014, S. 37 f.

[61] z. B. Musterjagdpachtvertrag, abgedruckt in Drees/Thies/Müller-Schallenberg, Anhang C 2, Mustervertrag des Deutschen Gemeindeverlages, abgedruckt in Meyer-Ravenstein, Anhang 17, Musterjagdpachtvertrag, abgedruckt in v. Pückler 2), Seite 171 ff.; Musterjagdpachtvertrag LJV/VJE, zu beziehen über den Landesjagdverband Nordrhein-Westfalen, Gabelsbergerstraße 2, 44141 Dortmund

klauseln dem Anwendungsbereich der gesetzlichen Regelungen der Allgemeinen Geschäftsbedingungen, geregelt in den §§ 305 ff. BGB.

90 Diese Vorschriften wollen verhindern, dass der Verwender (hier der Verpächter) Allgemeiner Geschäftsbedingungen (AGB), der die Vertragsgestaltung allein in Anspruch nimmt, den anderen Teil (hier den Pächter) unter Abbedingung des dispositiven Rechts unangemessen benachteiligt[62]. Die Bedeutung der gesetzlichen Schutzvorschriften der §§ 305 ff. BGB für (Jagdpacht-)Verträge wird daher in der Praxis häufig immer noch unterschätzt.

91 Gegen diese Vorschriften verstoßende Vertragsvereinbarungen sind trotz der Tatsache, dass beide Vertragsparteien sie unterzeichnet haben mögen, unter Umständen unwirksam, so dass wiederum die allgemeinen Gesetze Anwendung finden. Die Unwirksamkeit einzelner AGB führt jedoch nicht zur Unwirksamkeit des gesamten Vertragswerkes (§ 306 Abs. 1 BGB). Zweifel bei der Auslegung von AGB gehen auch im Jagdpachtvertrag stets zu Lasten des Verwenders (§ 305 c Abs. 2 BGB)[63].

92 Rechtsstreitigkeiten betreffend den Jagdpachtvertrag sind stets vor den ordentlichen Gerichten (Zivilgerichten) auszutragen, auch wenn eine Jagdgenossenschaft als Körperschaft des öffentlichen Rechts Verpächterin ist[64].

2. Jagdpachthöchstfläche

93 Die Gesamtfläche, auf der einem Jagdpächter die Ausübung der Jagd zusteht, darf in Deutschland nicht mehr als 1000 ha umfassen. Auf die Höchstpachtfläche sind ebenfalls die Flächen anzurechnen, für die dem Pächter die Jagdausübung aufgrund einer entgeltlichen Jagderlaubnis zusteht (§ 11 Abs. 3 Satz 1 BJG). Sämtliche Flächen werden dabei zusammengerechnet, unabhängig davon, wo sich diese befinden, ob sie im Zusammenhang stehen, ob der Jagende diese angepachtet hat oder diesem

[62] BGHZ 51, 53; 70, 310; 126, 332

[63] vgl. zum wortgleichen ehemaligen § 5 AGBG: AG Leverkusen, Urt. v. 04.04.2000 – 28 C 489/99; hierzu: Müller-Schallenberg, Pirsch 14/2000, Seite 28 f.

[64] VGH Kassel, NJW 96, 474 f.

(nur) eine entgeltliche Jagderlaubnis erteilt wurde. Befriedete Bezirke zählen bei der Berechnung der Höchstpachtfläche nicht mit, da dort die Jagd grundsätzlich ruht und ansonsten Pächter mit hohem Anteil befriedeter Bezirke in ihren Revieren erheblich benachteiligt wären[65].

Der Pächter eines 700 ha großen Revieres darf daher beispielsweise ma- **94**
ximal 300 ha an Flächen anderweitig hinzupachten oder sich für maximal diese Fläche entgeltliche Begehungsscheine erteilen lassen.

Eine Sonderregelung enthält § 11 Abs. 3 Satz 2 BJG für Inhaber eines **95**
oder mehrerer Eigenjagdbezirke: Soweit diese Eigenjagdbezirke eine Gesamtfläche von mehr als 1000 ha aufweisen, darf deren Inhaber nur hinzupachten, wenn er Flächen in mindestens gleicher Größenordnung verpachtet. Soweit die Fläche 1000 ha unterschreitet, ist eine Hinzupachtung nur bis zur Maximalgröße von 1000 ha zulässig.

Für Mitpächter, Unterpächter oder Inhaber einer entgeltlichen Jagderlaubnis **96**
gelten gemäß § 11 Abs. 3 Satz 3 BJG die vorbezeichneten Ausführungen entsprechend mit der Maßgabe, dass auf die Gesamtfläche nur die Fläche angerechnet wird, die auf den einzelnen Pächter oder Erlaubnisinhaber nach dem Jagdpachtvertrag oder der Jagderlaubnis anteilig entfällt.

Sinn der Begrenzung der Höchstpachtflächen ist die Verteilung des Jagd- **97**
genusses auf möglichst viele Personen und gleichzeitig die Gewährleistung einer ordnungsgemäßen Hege auf noch überschaubarer Fläche.

Um die Einhaltung der Höchstpachtflächen überwachen zu können, sind **98**
sämtliche angepachteten oder über eine entgeltliche Erlaubnis bejagbaren Flächen in den Jagdschein einzutragen (§ 11 Abs. 7 BJG). Näheres hierzu regelt § 13 LJG-NRW, wonach die Eintragungen durch die Untere Jagdbehörde vorgenommen werden und die Flächen grundsätzlich einen Monat nach deren Anpachtung oder der Erwerb eines entgeltlichen Begehungsscheines dieser gegenüber angezeigt werden müssen. Die Jagdbehörde kann hierfür entsprechende Nachweise anfordern.

---

65 so auch Belgard, WuH 1980/81 Nr. 23 Seite 1264; a. A. Kuhlmann, WuH 4/2000 Seite 46 ff.

3. Teilpacht

99 Eine Vereinbarung, nach der das Jagdausübungsrecht nur teilweise verpachtet wird (z.B. nur für eine bestimmte Jahreszeit), ist nichtig (§ 11 Abs. 6 BJG). Dagegen kann sich der Verpächter einen bestimmten Teil der Jagdnutzung, der sich auf bestimmtes Wild bezieht, vorbehalten (§ 11 Abs. 1 Satz 2, 2. Halbsatz BJG).

100 Die Verpachtung von örtlich begrenzten Teilen eines Jagdbezirkes ist gemäß § 11 Abs. 2 Satz 1 BJG zulässig, wenn *sowohl der verpachtete als auch der dem Verpächter verbleibende Teil*

- bei Eigenjagdbezirken mindestens 75 ha
- bei gemeinschaftlichen Jagdbezirken mindestens 250 ha

aufweisen (sog. Jagdbögen). Eine Unterschreitung dieser Mindestflächen kann durch die Untere Jagdbehörde über § 9 LJG-NRW nur ausnahmsweise genehmigt werden, wenn dies einer besseren Reviergestaltung dient und *der verbleibende Teil*

- bei Eigenjagdbezirken die gesetzliche Mindestgröße von 75 ha
- bei gemeinschaftlichen Jagdbezirken die Größe von 250 ha

nicht unterschreitet und die Verpachtung an den Jagdnachbarn erfolgt.

4. Form/Anzeigepflicht des Jagdpachtvertrages

101 Der Jagdpachtvertrag muss schriftlich abgefasst werden (§ 11 Abs. 4 BJG). Die gesetzlich vorgesehene Schriftform gemäß § 126 BGB ist regelmäßig dann erfüllt, wenn beide Vertragsteile ihre Unterschriften auf eine Urkunde, also dasselbe Schriftstück[66] setzen. Das Schriftformerfordernis gilt auch für Vor-, Weiter-, Unter-, Verlängerungs- und Änderungspachtverträge sowie für Nebenabreden[67]. Auf Seiten einer Jagdgenossenschaft müssen alle zur Vertretung berufenen Vorstandsmitglieder den Vertrag unterzeichnen[68].

---

[66] OLG Hamm, Urt. vom 22.09.2010 – 30 U 119/09 = JE III Nr. 197; BGH, NJW 2004, 2962; BAG, NJW 2007, 315 ff. zur körperlichen Verbindung der Urkunde BAG, Urt. v. 04.11.2015, NJW 29/2016, S. 2134 ff.

[67] BGH, Beschl. v. 24.03.1994, JE Band IX (ab 1993), III Nr. 115; OLG Köln, AgrR 2001, Seite 92 f., hierzu v.Pückler WuH 6/2001, Seite 80 f; OLG Hamm, Urt. v. 30.10.2009 – I-30 U 182/08; LG Oldenburg, Urt. v. 10.12.2007 – 1 O 2231/07

[68] OLG Brandenburg, Urt. 14.12.2005 – 3 U 1/05

Der gegen die Schriftform verstoßende Jagdpachtvertrag ist von Anfang an nichtig (§ 11 Abs. 6 BJG). Nichtigkeit mangels Einhaltens des Schriftformerfordernisses liegt auch vor, wenn aus dem schriftlichen Vertrag aufgrund fehlender bzw. unklarer Angaben zur Gebietsbezeichnung[69] oder zu den Reviergrenzen nicht zu ermitteln ist, wo genau die Grenze verläuft. Dies hat durch Beifügung[70] einer Karte zur Urkunde im Zeitpunkt des Vertragsschlusses, in welcher die Grenzen des Jagdbezirkes detailliert eingezeichnet sind und/oder oder ein Verzeichnis, in dem die einzelnen Flurstücke kataster- oder grundbuchmäßig aufgezeichnet sind, zu erfolgen. Eine bloß textliche Beschreibung sowie eine grobe Markierung mit Textmarker auf einem Luftbild sind hierfür zu unbestimmt[71]. Eine Nichtigkeit des gesamten Vertrages liegt nach § 11 Abs. 5,6 BJG auch dann vor, wenn zum Zeitpunkt des Pachtbeginns auch nur ein unterzeichnender Pächter (noch) nicht pachtfähig ist[72].

Gegenüber der sich aus der öffentlich-rechtlichen Vorschrift des § 11 Abs. 6 S. 1 BJG ergebenden Nichtigkeit versagt grundsätzlich die Berufung auf Treu und Glauben und auf die Arglisteinrede[73].

Der Abschluss eines Jagdpachtvertrages ist der Unteren Jagdbehörde, in deren Bezirk das verpachtete Revier liegt, anzuzeigen (§ 12 BJG), wofür keine gesetzliche Frist bestimmt ist. Eine Änderung des Pachtvertrages ist dagegen innerhalb einer Frist von einem Monat anzuzeigen (§ 14 LJG-NRW). **102**

Die Untere Jagdbehörde kann den Vertrag bzw. die Änderung binnen drei **103**
Wochen nach Eingang der Anzeige beanstanden[74], dies aber nur, wenn die

---

69 OLG Düsseldorf, Urt. 24.07.2014- I-9 U 105/13= JE III Nr. 210.

70 LG Wuppertal, Urt. v. 12.03.2013 – 1 O 270/12 = JE Bd. XVII (ab 2011), III, Nr. 202, bestätigt durch OLG Düsseldorf, Urt. v. 24.07.2014 – I – 9 U 105/13; und v. Pückler, WuH 17/2015 S. 92 f.; OLG Oldenburg, Urt. v. 25.03.2014 – 12 U 160/13; LG Siegen, Urt. v. 25.07.2017 – 1 O 318/16, bestätigt durch: OLG Hamm, Beschl. v. 31.01.2018 und 28.02.2018- I- 30 U 101/17; LG Saarbrücken, Urt. v. 16.03.2018 – 6 O 164/17; OLG Celle, Urt. v. 19.10.2017 – 7 U 45/16

71 LG Trier, Urt. v. 09.07.2013 – 4 O 39/13, bestätigt durch OLG Koblenz, Beschl. v. 11.02.2014 – 3 U 939/13; hierzu: Reh, LWB NRW 23/2014 S. 38; LG Trier Urt. v. 15.08.2013 – 5 O 87/13

72 LG Saarbrücken, Urteil vom 16.12.1974 – 17 O 149/74

73 LG Hildesheim, Urt. v. 01.06.2013 – 2 O 139/13 = JE Bd. XVII (ab 2011), III, Nr. 204; LG Siegen, Urt. v. 25.07.2017 – 1 O 318/16, bestätigt durch: OLG Hamm, Beschl. v. 31.01.2018 und 28.02.2018- I- 30 U 101/17; LG Saarbrücken, Urt. v. 16.03.2018 – 6 O 164/17;

Vorschriften über die Pachtdauer nicht beachtet wurden oder wenn zu erwarten ist, dass durch eine vertragsgemäße Jagdausübung die Vorschriften des § 1 Abs. 2 BJG (Hege) verletzt werden (§ 12 Abs. 1 Satz 2 BJG).

104 Wenn der Vertrag bzw. die Änderung beanstandet werden, hat die Untere Jagdbehörde in ihrem Bescheid die Vertragsteile aufzufordern, innerhalb einer Frist den Vertrag aufzuheben oder in bestimmter Weise zu ändern (§ 12 Abs. 2 BJG). Soweit die Vertragsteile der Aufforderung nicht nachkommen, gelten der Vertrag oder die Änderung kraft Gesetzes mit Fristablauf als aufgehoben, sofern nicht einer der Vertragsteile binnen der Frist einen Antrag auf Entscheidung durch das Amtsgericht auf Überprüfung der Rechtswirksamkeit stellt (§ 12 Abs. 3 BJG).

105 Vor Ablauf von drei Wochen nach Anzeige des Vertrags*abschlusses* durch einen Beteiligten (Wartefrist) darf der Pächter die Jagd nicht ausüben, sofern nicht die Behörde die Jagdausübung zu einem früheren Zeitpunkt gestattet (§ 12 Abs. 4 Satz 1 BJG). Dreiwöchiges Schweigen der Behörde gilt als Zustimmung zum Vertrag. Wird jedoch eine Beanstandung innerhalb dieser Frist erhoben, darf der Pächter die Jagd erst ausüben, wenn die Beanstandung beseitigt oder durch rechtskräftige Entscheidung festgestellt wurde, dass der Vertrag nicht zu beanstanden ist (§ 12 Abs. 4 Satz 2 BJG).

106 Ein nach Ablauf der Wartefrist zugehender Bescheid entfaltet keine Rechtswirkung mehr[75].

107 Die Anzeige einer Vertrags*änderung* hindert den Jagdausübungsberechtigten dagegen nicht daran, die Jagd weiterhin auszuüben.

108 Wer den Vertragsabschluss nicht anzeigt, handelt nicht ordnungswidrig. Ordnungswidriges Handeln liegt dagegen vor, soweit Änderungen innerhalb der gesetzlichen Frist vorsätzlich nicht angezeigt werden (§ 55 Abs.

---

[74] Die Überprüfung/Beanstandung eines Jagdpachtvertrages ist gebührenpflichtig nach Tarifstelle 8 (Teil III) Ziff. 8.3.3.6 der Allgemeinen Verwaltungsgebührenordnung NRW (Stand vom 12.12.2017)

[75] Drees/Thies/Müller-Schallenberg, § 12 BJG I

1 Nr. 8 LJG-NRW). Eine fehlende Anzeige hat auf den zivilrechtlichen Bestand des Pachtvertrages aber keine Auswirkung[76].

Wer jedoch die Jagd vorsätzlich vor Ablauf der Dreiwochenfrist ab Eingang der Anzeige, vor Behebung der durch die Behörde erhobenen Beanstandungen oder vor der gerichtlichen Feststellung, dass der Vertrag nicht zu beanstanden ist, ausübt, handelt ordnungswidrig i.S.d. § 39 Abs. 1 Nr. 3 BJG. **109**

5. Dauer/Beendigung der Pacht

Auch wenn die Pachtdauer gesetzlich nicht ausdrücklich vorgeschrieben ist, *soll* sie – auch in NRW – gem. § 11 Abs. 4 BJG regelmäßig 9 Jahre betragen. **110**

In begründeten Fällen kann die Mindestpachtdauer nach § 11 Abs. 4 BJG, insbesondere, wenn zu besorgen ist, dass ansonsten ein geeignetes Pachtverhältnis nicht zustande kommt oder dies aufgrund der besonderen Gefahrgeneigtheit des Jagdbezirkes gegenüber Wildschäden notwendig ist, bis auf 5 Jahre abgesenkt werden. Diese Möglichkeit zur Absenkung wird aber nicht auf die Verlängerung eines laufenden Jagdpachtvertrages angewendet (§ 9 Abs. LJG-NRW). **111**

Von der Ermächtigung des § 11 Abs. 4 Satz 3 BJG, die vorgeschlagene Mindestpachtzeit des BJG höher festzusetzen, hat das Land Nordrhein-Westfalen keinen Gebrauch gemacht.

Dennoch werden in vielen Fällen Niederwildreviere auf neun Jahre und Hochwildreviere auf zwölf Jahre verpachtet. **112**

Ebenso wenig wie eine Mindestpachtdauer hat das Gesetz eine Höchstpachtdauer vorgeschrieben. Es ist deshalb auch durchaus möglich, dass ein Jagdrevier auf die Lebenszeit des Pächters oder Verpächters[77] oder **113**

---

[76] Drees/Thies/Müller-Schallenberg, § 12 BJG I; Meyer-Ravenstein, § 12 BJG Rz. 7; a. A. BGH, Urt. v. 05.07.1979, JE Band I (ab 1979) III Nr. 24 (abzulehnen, da § 11 Abs. 6 BJG abschließend die Nichtigkeitstatbestände ausweist)

[77] Drees/Thies/Müller-Schallenberg, § 11 BJG I 5

gar auf die eines seiner Abkömmlinge verpachtet wird. Die Unterschreitung der vorgeschriebenen Mindestdauer hat keine Nichtigkeit des Vertrages zur Folge; sie kann aber zu dessen Beanstandung (§ 12 Abs. 1 Satz 2 BJG) führen[78].

114 Beginn und Ende der Jagdpacht sollen mit dem Jagdjahr[79] zusammenfallen (§ 11 Abs. 4 Satz 4 BJG).

115 Ein Jagdpachtvertrag endet grundsätzlich mit Ablauf der Zeit, für die er geschlossen worden ist. Da es sich um einen befristeten Vertrag handelt, ist die ordentliche Kündigung regelmäßig ausgeschlossen. Eine außerordentliche oder fristlose Kündigung hingegen setzt zwingend das Vorliegen eines wichtigen Grundes[80] – und im Falle einer Verletzung von Pflichten aus dem Vertrag auch eine vorherige Abmahnung und eine zeitnahe Ausübung (§ 314 Abs. 2 BGB)[81] – voraus, wobei ein Abwarten von mehr als 3–4 Monaten regelmäßig schon zu lang sein wird. Sie kann vertraglich nicht ausgeschlossen werden (§ 543 Abs.1 BGB). Außerdem muss sie auf Seiten der Jagdgenossenschaft regelmäßig von der Mitgliederversammlung – nicht nur vom Jagdvorstand – beschlossen werden, um wirksam zu sein[82]. Darüber hinaus kann der Jagdpachtvertrag auch mit Zustimmung aller Vertragsparteien einvernehmlich aufgelöst werden. Letztendlich erlischt ein Jagdpachtvertrag kraft Gesetzes, sofern dem Jagdpächter der Jagdschein unanfechtbar entzogen worden ist (§ 13 BJG). Er erlischt auch dann, wenn die Gültigkeitsdauer des Jagdscheines abgelaufen ist und entweder die zuständige Behörde die Erteilung eines neuen

---

[78] Metzger in Lorz/Metzger/Stöckel, § 11 BJG Rz. 13

[79] vom 01.04. des laufenden Jahres bis einschließlich 31.03. des Folgejahres

[80] Vermehrter Maisanbau allein stellt keinen ausreichenden wichtigen Kündigungsgrund für den Jagdpächter dar; vgl. hierzu Heine, Unsere Jagd, 3/2008, Seite 24 f.; Nachträgliche Ausweisung eines Friedwaldes rechtfertigt keine fristlose Kündigung, wenn im Pachtvertrag keine Gewähr für Größe, Eignung und Ergiebigkeit der Jagd übernommen wurde (LG Bonn, Urt. v. 30.09.2008 – 7 O 233/08, JE Band XV (ab 2008) III Nr. 192); zum außerordentlichen Kündigungsrecht einer Jagdgenossenschaft bei Streit unter Mitpächtern, vgl. OLG Celle, Urt. v. 04.06.2014 – 7 U 202/13, bestätigt durch BGH, Beschl. v. 05.03.2015 – 3 ZR 208/14; hierzu: v. Pückler, WuH 17/2015 S. 12 und 2/2016, S. 76 ff.; Granzin: DJZ 5/2017, S. 12 ff.

[81] LG Bonn, Urt. v. 10.10.2003 – 2 O 572/02, hierzu MSK, WuH 7/04, Seite 111; LG Bückeburg, Urt. v. 30.01.2013 – 1 O 63/12 = JE Bd. XVII, III Nr. 201

[82] OLG Zweibrücken, Urt. v. 24.11.1998 – 5 U 2/98; LG Siegen, Urt. v. 10.03.1987 – 1 O 336/86

Jagdscheines unanfechtbar abgelehnt hat oder der Pächter die Voraussetzungen für die Erteilung eines neuen Jagdscheines nicht fristgemäß erfüllt[83]. Es kann daher nur dringend empfohlen werden, Anträge auf Verlängerung des Jagdscheins rechtzeitig, also immer vor dessen Ablauf (jeweils vor dem 31.03. des Jahres) zu stellen, damit der Jagpachtvertrag nicht automatisch erlischt.

Der Pächter hat dem Verpächter den aus der vorzeitigen Beendigung des Vertrages entstehenden Schaden zu ersetzen, sofern ihn ein Verschulden trifft[84]. Ein solches liegt aber nicht vor, wenn die Verlängerung des Jagdscheins ausschließlich aus gesundheitlichen Gründen – wegen Fehlens der körperlichen Eignung – versagt wird oder wenn der Pächter seinen Jagdschein aus eben diesen Gründen freiwillig abgibt[85]. 116

Soweit der Abschluss eines Jagdpachtvertrages wegen Irrtums oder arglistiger Täuschung von einer der Parteien angefochten wird, führt dies nicht zu seiner Beendigung, sondern vielmehr zu seiner Nichtigkeit von Anfang an (§§ 119 ff. BGB). 117

In Nordrhein-Westfalen führt der Tod des Pächters – soweit im Vertrag nichts anderes vereinbart wurde – nicht zur Beendigung des Vertragsverhältnisses[86]. Dieses wird mit den Erben fortgesetzt, die nach § 1922 BGB als Gesamtrechtsnachfolger des Pächters in den Vertrag eintreten. Sind einer oder mehrere Erben jagdpachtfähig[87], haben sie die jagdausübungsberechtigten Personen der Unteren Jagdbehörde zu benennen. Soweit sie selbst alle nicht jagdpachtfähig sind, haben sie der Unteren Jagdbehörde eine oder mehrere jagdpachtfähige Personen zu benennen (§ 16 Abs. 1 LJG-NRW). 118

---

83 LG Münster, Urt. vom 07.09.2011 – 4 O 150/11; LG Bonn, Urt. vom 03.06.2011 – 2 O 366/09 = JE III Nr. 199; LG Siegen, Urt. v. 03.09.2009 – 5 O 118/07; AG Plettenberg, Urt. v. 12.05.2009 – 1 C 372/08 = JE Band XV (ab 2008) III Nr. 193; Thies, Pirsch 18/2006, Seiten 28 ff; LG Wuppertal, Urt. v. 12.03.2013, – 1 O 270/12, bestätigt durch OLG Düsseldorf, Urt. v. 24.07.2014 – I – 9 U 105/13; VG Potsdam, Urt. v. 31.05.2012 – 4 K 1981/11; Siehe zum Ganzen auch: v. Pückler, WuH 5/2014, S. 82 ff.; OLG Düsseldorf, Urt. 24.07.2014 – I-9 U 105/13 = JE III Nr. 210.

84 AG Dietz, Urt. vom 14.12.2011 -13 C 174/11 = JE Band XVII (ab 2011) III Nr. 198

85 so auch: OLG Celle, Urt. v. 21.07.1994 – 7 U 232/92

86 vgl. hierzu insgesamt Frank, ZEV 11/2005, Seite 475 ff.

87 vgl. hierzu unten III. Abschnitt, A. 6

119 Zur Benennung der Jagdausübungsberechtigten kann die Untere Jagdbehörde den Erben eine angemessene Frist setzen und im Falle fruchtlosen Fristablaufes die zur Ausübung und zum Schutz der Jagd erforderlichen Anordnungen auf Kosten der Erben treffen (§ 16 Abs. 2 LJG-NRW).

120 Gesetzlich nicht geregelt ist die Fallkonstellation, dass die Jagd an eine Personenmehrheit verpachtet ist, innerhalb derer ein Mitpächter dann verstirbt. Grundsätzlich sind Erbe und Mitpächter gehalten, sich über die Person des einzusetzenden Jagdausübungsberechtigten untereinander zu verständigen, da Zustimmung aller Mitpächter erforderlich ist[88].

121 Sind mehrere Pächter an einem Jagdpachtvertrag beteiligt (Mitpächter), so bleibt der Vertrag, wenn er seitens des Verpächters im Verhältnis zu einem Mitpächter gekündigt wird oder erlischt, mit den übrigen Mitpächtern bestehen. Dies gilt nicht, soweit der Jagdpachtvertrag infolge des Ausscheidens eines Pächters den Vorschriften des § 11 Abs. 3 BJG (Höchstpachtfläche) nicht mehr entspricht und dieser Mangel nicht bis zum Beginn des folgenden Jagdjahres behoben wird (§ 13 a BJG). Ist einem der Beteiligten die Aufrechterhaltung des Vertrages infolge des Ausscheidens eines Mitpächters nicht (z.B. finanziell) mehr zuzumuten, so kann er den Vertrag mit sofortiger Wirkung, aber nur unverzüglich nach Kenntnis des Kündigungsgrundes, kündigen.

122 Die Veräußerung eines oder mehrerer Grundstücke hat regelmäßig weder im Eigenjagdbezirk noch im gemeinschaftlichen Jagdbezirk Auswirkungen auf den Bestand des laufenden Pachtvertrages[89].

6. Jagdpachtfähigkeit

123 Jagdpachtfähig[90] sind gemäß § 11 Abs. 5 BJG natürliche Personen, die Besitzer eines Jahresjagdscheines sind *und* zuvor schon drei Jahresjagd-

---

88 hierzu ausführlich Drees/Thies/Müller-Schallenberg, § 11 BJG I 5 m.w.N.; Belgard, Westf. Jägerbote (Vorgängerzeitschrift des RWJ) 1973, Seite 75

89 Näheres hierzu: § 14 BJG sowie oben II. Abschnitt, A. und B.

90 Die Ausstellung einer Jagdpachtfähigkeitsbescheinigung ist gebührenpflichtig nach Tarifstelle 8 (Teil III) Ziff. 8.3.5.11 der Allgemeinen Verwaltungsgebührenordnung NRW (Stand vom 12.12.2017)

scheine in Deutschland innegehabt haben. Zu „Deutschland“ im Sinne dieser Vorschrift zählen auch die damalige DDR und Ostberlin sowie alle weiteren Gebiete, die zum früheren Reichsgebiet gehörten.

Erforderlich sind Jahresjagdscheine über einen Zeitraum von mindestens **124**
drei vollen Jahren, ohne dass diese zeitlich unmittelbar vor dem vierten Jagdschein liegen oder aneinander anschließen müssten.

Von diesen Mindesterfordernissen kann die Untere Jagdbehörde im Ein- **125**
zelfall zur Vermeidung unbilliger Härten Ausnahmen zulassen (§§ 11 Abs. 5 BJG, 10 LJG-NRW). Ein solcher Ausnahmefall liegt beispielsweise vor, wenn etwa bei dem Erben eines Jagdpächters der nach Ablegung der Jägerprüfung gelöste erste Jagdschein deshalb nicht zählt, weil am vollen Jahr nur eine kurze Zeitspanne fehlt[91].

Der Jugendjagdschein zählt bei der Berechnung der Jagdpachtfähigkeit **126**
i.S.d. § 11 Abs. 5 BJG nicht mit, soweit es darum geht, dass der Pächter mindestens drei Jahre lang einen Jagdschein besessen haben muss. Hieraus ergibt sich, dass Jagdpachtfähigkeit frühestens mit Erreichen des 21. Lebensjahres erreicht werden kann, soweit bereits am 21. Geburtstag ein vierter Jahresjagdschein gelöst wird.

Werden die Vorraussetzungen der Jagdpachtfähigkeit im Sinne von § 11 Abs. 5 BJG missachtet und liegen die Jagdpachtvorraussetzungen deshalb nicht spätestens bei Beginn des Pachtverhältnisses vor, so ist der gesamte Pachtvertrag nichtig. Eine mit Feststellungsklage erkannte Nichtigkeit gilt dann auch für pachtfähige Mitpächter. Eine Klage auf Feststellung einer solchen Nichtigkeit ist auch durch einen einzelnen Jagdgenossen zulässig[92].

7. Mehrzahl von Jagdpächtern

Gemäß § 11 Abs. 1 LJG-NRW dürfen Jagdbezirke bis zu 300 ha an ma- **127**
ximal zwei Pächter verpachtet werden (Mitpächter). In größeren Jagdbe-

---

91 Drees/Thies/Müller-Schallenberg, § 11 BJG I 6

92 LG Saarbrücken, Urt. vom 16.12.1974, – 17 O 149/74 = JE Bd. I, III Nr. 2

zirken ist für jede weiteren vollen 150 ha jeweils ein weiterer Pächter zulässig.

128 Soweit ein Jagdrevier von mehreren Personen gemeinsam angepachtet wird, handelt es sich bei den rechtlichen Beziehungen der Mitpächter im Innenverhältnis (also untereinander) regelmäßig um eine Gesellschaft bürgerlichen Rechts (§§ 705 ff. BGB)[93] und im Außenverhältnis (also gegenüber Dritten) um eine Gemeinschaft (§§ 741 ff. BGB).

129 Sämtliche Entscheidungen der Mitpächter untereinander sind – soweit nichts anderes vereinbart ist oder ein Fall der Notgeschäftsführung vorliegt – einstimmig zu treffen[94]. Gegenüber dem Verpächter, für den interne Entscheidungen nicht bindend sind, treten die Mitpächter im Außenverhältnis als Gesamtschuldner (§ 421 BGB) auf[95].

130 Das Jagdausübungsrecht steht allen Mitpächtern im gesamten Jagdbezirk gemeinsam zu. Oftmals teilen Mitpächter das Revier untereinander auf, in dem sie sich einzelne abgrenzbare „Revierteile" zur alleinigen Bejagung zuweisen[96]. Soweit jedoch einer der Mitpächter gegen diese nur intern wirkende Aufteilung verstößt, indem er etwa im „Revierteil" des anderen Mitpächters die Jagd ausübt, begeht er keine Jagdwilderei i.S.d. § 292 StGB. Sein Mitpächter hat jedoch aus dem Gesellschaftsverhältnis einen Unterlassungs- und/oder Schadenersatzanspruch gegen ihn. Aufgrund des allen Mitpächtern überall im Jagdbezirk zustehenden Jagdausübungsrechts können beispielsweise Jagdeinladungen nur in Abstimmung mit allen anderen Mitpächtern ausgesprochen werden, auch wenn der

---

93 OLG Oldenburg, Urt. v. 13.01.1994, JE Band IX (ab 1993) I Nr. 84; AG Cloppenburg, Urt. v. 12.09.1990, JE Band XIII (ab 1991) I Nr. 71; AG Langen, Urt. v. 23.03.2009 – 2 C 826/08 (IV); so im Ergebnis auch: OLG Celle, Urt. v. 20.08.2014 – 7 U 38/14; zur Auseinandersetzung einer Mitpächter-GbR nach Beendigung: LG Krefeld, Urt. v. 08.09.2016 – 3 O 217/15, im wesentlichen bestätigt durch: OLG Düsseldorf, Urt. v. 14.07.2017 – I – U 201/16;

94 vgl. LG Münster, Urt. v. 26.06.1991, JE Band VIII (ab 1991) V Nr. 162; zu Streitigkeiten unter Mitpächtern und deren Auswirkungen auf das Pachtverhältnis vgl. Drees, RWJ 7/96 Seite 39 ff.; Streitberger, DJZ 3/91 Seite 10

95 Eine Kündigung des Jagdpachtvertrages muss daher durch alle Mitpächter gemeinsam erfolgen (LG Hagen, Urt. v. 28.05.1980 – 12 O 603/79)

96 Ein Anspruch gegeneinander auf eine räumliche Aufteilung besteht allerdings nicht (Dietlein, Seite 86; LG Regensburg, Urt. v. 04.12.1989, JE Band VII (ab 1989) I Nr. 69)

Einladende die Einladung auf „seinen Revierteil“ beschränkt[97]. Der gegen den Willen eines Mitpächters eingeladene oder gegen die örtliche Beschränkung verstoßende Jagdgast begeht – bei entsprechender Kenntnis hiervon – Jagdwilderei.

Unter Weiterpacht versteht man die Übertragung sämtlicher Rechte und Pflichten aus dem Jagdpachtvertrag auf einen neuen Pächter, wobei der alte Pächter aus dem Vertragsverhältnis ausscheidet. Bei der Unterpacht[98] bleibt der Pächter (bzw. Unterverpächter) Vertragspartner des Verpächters, wobei er sein Jagdausübungsrecht auf den Unterpächter entgeltlich überträgt, ihn jedoch auch weiterhin allein die Pflichten aus dem Hauptpachtvertrag gegenüber dem Verpächter treffen. Eine Weiter- bzw. Unterverpachtung des Jagdbezirkes ist nur zulässig, wenn neben dem weiter- oder unterverpachtenden Pächter auch der Verpächter zustimmt (§ 540 BGB). Vertragswidrige Unterverpachtung ist allerdings im Verhältnis zwischen Pächter und Unterpächter wirksam, berechtigt den Verpächter aber zur Unterlassungsklage oder – nach fruchtloser Abmahnung – zur fristlosen Kündigung. 131

8. Gewährleistungsrechte

Sofern die Pachtsache mit einem Mangel behaftet ist (d.h. der Ist-Zustand vom Soll-Zustand abweicht), der Verpächter also seiner Verpflichtung zur Ermöglichung der ungestörten Jagdausübung nicht nachkommt, stehen dem Pächter neben dem vertraglichen Erfüllungsanspruch die gesetzlichen Gewährleistungsrechte der §§ 581, 536 ff. BGB zu. 132

Zentrale Bedeutung hat hier § 536 BGB, nach dem *wesentliche*[99] Beeinträchtigungen zu einem Minderungsrecht[100] (Reduzierung der Pacht bis hin zur vollständigen Nichtzahlung) führen. 133

---

97 LG Osnabrück, Urt. v. 09.02.1994, JE Band X (ab 1993) V Nr. 174

98 zur Abgrenzung eines Jagdunterpachtvertrages zu einer ständigen entgeltlichen Jagderlaubnis vgl. BGH NJW 2000, 2020; OLG Celle, Nds. RPfl. 84, 72; LG Aachen, Urt. v. 27.10.2003 – 8 O 273/03

99 BGH Urt. v. 30.10.2003 – III ZR 380/02; AG Lüdinghausen, Urt. v. 01.04.2014 – 11 C 182/13

100 hierzu allgemein: Schmelz, DJZ 6/97 Seite 20 f.; Drees, RWJ 8/99 Seite 10 f.

134 In folgenden Fällen wurde ein Minderungsrecht dem Grunde nach bejaht:

- Störungen durch Landwirte oder Mitglieder der Jagdgenossenschaft, sofern sie bewusst erfolgen[101]
- Diskohütte im Revier[102]
- nicht mehr uneingeschränkte Nutzung der Jagdhütte[103]
- Zeltlager im Juli/August[104]
- Modellflugplatz[105]
- Open Air Konzert[106]
- Verlegen von Rohren/Überlandleitungen[107]
- Neubaugebiet/Ferienpark[108]
- Wochenendhaus[109]
- nachträgliche wilddichte Zäunung[110]
- Abweichung der Flächeangabe im Jagdpachtvertrag in Bezug auf die bejagbare Fläche von mindestens 10 %[111]

135 Weiter wurde bei Durchforstungen[112], Abweiden durch Schafe, Überfliegen mit Heißluftballons, einem Übungsplatz für eine Rettungshundestaffel, Einzäunungen[113], Wanderern, Spaziergängern[114] oder Reitern[115] im Revier ein Minderungsrecht bejaht, dies aber nur dann, wenn das übli-

---

101 OLG Naumburg, Urt. v. 06.12.1994 – JE Band X (ab 1995) I Nr. 88

102 AG Warstein, Urt. v. 08.12.1988 – 3 C 58/87

103 OLG Celle, RdL 1970, 127 f.

104 OLG Koblenz, Urt. v. 28.07.1976 in DJV-Nachrichten 2/87 Seite 15

105 OLG Celle, Urt. v. 09.09.1993, JE Band IX (ab 1993) III Nr. 111

106 OLG Koblenz, Urt. v. 11.06.1985, JE Band V (ab 1985) I Nr. 35; hierzu v. Pückler, WuH 14/2007, Seite 106 ff.

107 OLG Oldenburg, Urt. v. 11.10.1968, JE Band I (ab 1979) IV Nr. 1

108 AG Medebach, Urt. v. 06.01.2000 – 3 C 456/97; hierzu v. Pückler, WuH 4/02 Seite 72 f. m.w.N.

109 LG Mainz, Urt. v. 24.06.1966, EJS Band 2, Seite 7 Nr. 6

110 AG Schweinfurt, Zweigstelle Gerolzhofen, Urt. v. 30.12.1994 – C 180/94 mit Anm. v. Pückler, WuH 12/95 Seite 47 f.; a.A. OLG Düsseldorf, Urt. v. 16.01.2003 – 10 U 22/03 für Einzäunung von (unerheblichen) 7 ha von insgesamt 1304 ha zur Aufzucht von Weihnachtsbäumen

111 LG Bonn, Urt. v. 03.06.2011 – 2 O 366/09 = JE III Nr. 199

112 OLG Düsseldorf, Urt. v. 29.11.1988 – 24 U 176/88; zu nicht mehr ordnungsgemäßer und nachhaltiger Forstwirtschaft vgl. OLG Koblenz, Urt. v. 28.07.2010 – 1 U 46/09

113 OLG Karlsruhe, Urt. v. 08.08.1980 – 10 U 153/78

114 OLG Düsseldorf, AgrR 1997, 302 ff.

115 OLG Karlsruhe, Urt. v. 08.08.1980 – 10 U 153/78

che Maß überschritten wird (Frage des Einzelfalles)[116]. Zu berücksichtigen ist, dass nach den Naturschutz- und Waldgesetzen die Bürger nämlich den Wald zum Zwecke der Erholung grundsätzlich frei betreten dürfen.[117]

Im Fall von Sturmwurf dürfte eine Minderung der Jagdpacht allenfalls **136**
dann in Betracht kommen, wenn ein erheblicher Anteil der Pachtfläche über einen längeren Zeitraum hinweg betroffen ist, also der Windbruch nicht kurzfristig beseitigt wird[118]. Wird aber ein hoher Prozentsatz der Aufforstungsfläche gegattert und damit der Bejagung entzogen, kann dies jedenfalls in reinen Waldrevieren einen Anspruch auf Jagdpachtminderung auslösen[119].

Inwieweit eine zur Minderung berechtigende Beeinträchtigung durch **137**
Windkraftanlagen gegeben ist, ist bisher gerichtlich noch nicht abschließend geklärt, grundsätzlich aber zu bejahen[120].

Das bloße Beschimpfen des Pächters als „Mörder" berechtigt nicht zur **138**
Pachtminderung[121], ebenso wenig wie der Rückgang von Wildvorkommen.

Beim Fehlen oder Wegfall einer zugesicherten Eigenschaft ist der Pächter **139**
hingegen stets zur Minderung berechtigt:

---

[116] LG Kassel, Beschl. v. 24.01.2005, JE Band XIV (ab 2005) XX Nr. 58; AG Linz, Urt. v. 27.01.2006 – 2 C 450/05

[117] Zu zivilrechtlichen, öffentlich-rechtlichen und strafrechtlichen Problemen beim Geocaching vgl. Louis/ Melendez/ Steg in NuR 2011 Seiten 533 ff. und 619 ff; zur Schadenersatzpflicht eines Jagdpächters wegen Entwendung, Wegwerfen oder Zerstörung eines Caches: LG Heidelberg, Urt. v. 04.03.2013 – 5 S 61/12.

[118] so auch Thies, RWJ 3/2007, Seite 7

[119] AG Schweinfurt, Zweigstelle Gerolzhofen, Urt. v. 30.12.1994 – C 180/94 mit Anm. v. Pückler, WuH 12/95 Seite 47 f.

[120] so auch Friemel, JuJ 2/2000 Seite 3 ff.; LG Hildesheim, Urt. v. 11.03.2004 – 4 O 472/03 (hier allerdings Ausschluss der Minderung, da die Errichtung bei Abschluss des Pachtvertrages bekannt war); bestätigt durch OLG Celle, Urt. v. 01.12.2004 – 7 U 119/04; v. Pückler, WuH 3/2011 S. 106 ff.; zur Problematik „Wildtiere und Windkraftanlagen" vgl. Kruckenberg, Pirsch 15/2011 S. 32 ff; Burger, Halali 2/2012, S. 68 ff. und DJZ 3/15, S. 36 f.; zu Windrädern im Wald: Petrak, RWJ 1/2016, S. 6 ff.

[121] OLG Düsseldorf, AgrR 1997, 302 (304)

140 Eine Zusicherung liegt insbesondere vor, wenn der Verpächter das Revier als „Hochwildrevier“ verpachtet. Ein solches „Hochwildrevier“ liegt nur dann vor, wenn mindestens zwei dem Hochwild unterliegende Schalenwildarten im Revier vorkommen[122], und zwar jeweils als Standwild[123]. Bei der Bemessung des Minderungsbetrages der Höhe nach ist von der vereinbarten Pacht auszugehen, die proportional zur Tauglichkeitsminderung durch Schätzung eines prozentualen Abschlages angemessen herabzusetzen ist[124].

141 Bei Angaben zum Wildvorkommen allgemein oder einer bloßen Größenbeschreibung des Reviers[125] wird das Vorliegen einer zugesicherten Eigenschaft verneint[126].

142 Auf ein Verschulden des Verpächters hinsichtlich der Entstehung des Mangels kommt es im Mängelrecht grundsätzlich nicht an.

143 Bei der Berechnung der Minderungshöhe ist nach der Rechtsprechung des BGH die sog. „Methode Bewer“ (Bewertung des Revierwertes nach einem Punktesystem) anzuwenden[127]. Im Rahmen der Ermittlung des Minderungsbetrages ist nach herrschender Meinung die entgangene Jagdfreude nicht zu berücksichtigen[128].

---

[122] LG Hamburg, Urt. v. 22.12.1994 – 323 O 291/92; hierzu Drees, RWJ 5/96 Seite 15

[123] OLG Köln, Urt. v. 10.01.1990 – 13 U 210/89; LG Amberg, Urt. 15.11.1994, JE Band X (ab 1995) III Nr. 116); für Bayern: BGH Urt. v. 21.02.2008 – III ZR 200/07; hierzu Creytz, Pirsch 17/2008, S. 30 ff und v.Pückler, WuH 19/2008, S. 122 ff; OLG Bamberg, Urt. v. 04.07.2002 – 1 U 38/00; hierzu v. Pückler, WuH 5/2005, Seite 96 ff.; nur eine Wildart als Standwild und eine weitere als häufiges Wechselwild lässt dagegen genügen OLG Koblenz, Urt. v. 14.02.2005 – 12 U 395/04 und Urt. 25.07.2001 – 7 U 1284/00

[124] LG Marburg, Urt. v. 17.01.2007 – 5 S 148/04; ähnlich auch OLG Bamberg, Urt. v. 08.08.2002 – 1 U 38/00 (Differenz zwischen dem Pachtpreis der Hochwildjagd und dem durchschnittlichen Pachtpreis der umliegenden vergleichbaren Niederwildreviere)

[125] LG Paderborn, Urt. v. 14.10.1993 – 3 O 226/93; hierzu Drees, RWJ 2/96 Seite 10 f.

[126] OLG Düsseldorf, Urt. v. 14.12.2006, JE Band XIV (ab 2005) III Nr. 184; hierzu v.Pückler, WuH 1/2009, S. 98 f

[127] BGH, Urt. v. 15.02.1996, JE Band X (ab 1995) III Nr. 122 m.w.N.; weitere Bewertungsmethoden: Methode Wolf (Relativpunktverfahren); Schadstreifenmethode; Schadzonenmethode; JagdH01; Multiplikator-Methode (vgl. „kritisch“ zu allen Methoden: Moog S. 88 ff.)

[128] so: BGH, Urt. v. 08.11.1990, JE Band VIII (ab 1991) III Nr. 103; LG Münster, Urt. v. 16.07.1986, JE Band VI (ab 1987) III Nr. 60; a. A. OLG Düsseldorf, AgrR 1997, 303

Vertraglich kann die Minderung zwar nicht ausgeschlossen, wohl aber der Höhe nach eingeschränkt werden[129]. **144**

Rügt der Pächter trotz Kenntnis des Mangels diesen nicht und zahlt er die Pacht weiter, verliert er sein Minderungsrecht (§§ 536 b, c BGB)[130]. In einem Minderungsprozeß muss der Jagdausübungsberechtigte zudem substantiiert zu einem oder mehreren Minderungsgründen vortragen, will er nicht schon deshalb den Rechtsstreit verlieren.[131] **145**

Neben den Gewährleistungsrechten des Pächters gegenüber dem Verpächter gibt die Rechtsprechung dem Verpächter aus eigenem Recht eine Klagebefugnis gegen hoheitliche Eingriffe und einen daraus resultierenden Entschädigungsanspruch gegen den Hoheitsträger[132]. Hier ist insbesondere an die Ausweisung von Naturschutzgebieten, den Fernwegebau, Manöverschäden und die Führung einer Bahntrasse durch das Jagdrevier[133] zu denken. **146**

Die Geltendmachung einer Minderung schließt ein Recht auf die Geltendmachung von Unterlassungsansprüchen[134] gegenüber dem Störer sowie einer fristlosen Kündigung des Pachtvertrages gegenüber dem Verpächter nicht aus. **147**

---

[129] von den Vertragsparteien kann die „Wesentlichkeit" eines Mangels iSv § 536 BGB vertraglich konkretisiert werden, z. B. Minderung beschränkt auf die Fälle, in denen sie 20 % der Jahrespacht übersteigt: AG Hattingen, Urt. v. 31.07.2002 – 16 C 4/02

[130] so auch: OLG Zweibrücken, Beschl. v. 25.07.2003 – 8 U 8/03; hierzu v. Pückler, WuH 5/2004, Seite 100 f.

[131] LG Aachen, Urt. v. 23.03.2011 – 10 O 186/10

[132] BVerwG, AgrR 1998, 375; Zur Entschädigung für die Wertminderung von Jagdbezirken in Folge öffentlicher Maßnahmen vgl. Köhne, GuG 2/2007, Seite 86 ff.

[133] vgl. hierzu: BGH NJW 2000, 23 ff.

[134] AG Augsburg, Beschl. v. 23.06.2004 – 71 C 10094/04; hierzu v. Pückler, WuH 17/04, Seite 104 ff.; zum Unterlassungsanspruch bei „überjagenden" Hunden vgl. AG Northeim Urt. v. 10.04.2008 – 3 C 250/07 (IV); bestätigt durch LG Göttingen, Beschl. v. 05.10.2009 – 6 S 48/08; AG Medebach, Urt. v. 28.07.2011 – 3 C 285/10, bestätigt durch LG Arnsberg, Hinweisbeschl. v. 31.08.2011 – I – 5 S 119/11; hierzu: Müller-Schallenberg/Hugenroth, RWJ 3/2012 S. 6 f. beachte hierzu Regelung in § 30 Abs. 2 LJG-NRW; AG Walsrode, Urt. v. 30.11.2015 – 7 C 454 /13 (II)

9. Jagd und Steuer

148 Neben der Jagdpacht hatte der nordrhein-westfälische Jagdpächter (bzw. bei nicht verpachten gemeinschaftlichen Jagdbezirken die jeweilige Jagdgenossenschaft[135]) früher eine Jagdsteuer zu entrichten, bei der es sich um eine Aufwandsteuer handelte, die von der Gemeinde erhoben wurde. Sie stellte eine Vergnügungssteuer dar, deren Rechtmäßigkeit zwar umstritten[136], deren Erhebung aber als verfassungsgemäß bewertet wurde[137].

149 Steuermaßstab war der Jagdwert, also nicht nur die gezahlte Pacht allein[138], sondern der gesamte Wert der Jagd. Bei der Ermittlung des Jagdwertes konnten auch Nebenleistungen wie z.B. Wildschadenersatz, Aufwendungen zur Abwehr von Wildschäden und Spenden des Pächters, die in direktem Zusammenhang mit der Erlangung der Jagd stehen, eine Rolle spielen.

150 Der Steuersatz (prozentualer Anteil des Jagdwertes) wurde von der Gemeinde über eine Jagdsteuersatzung festgelegt. Er stand in Nordrhein-Westfalen grundsätzlich im Belieben der Gemeinde und stellte eine Frage des Einzelfalles dar.

151 Nicht steuerpflichtig waren der Inhaber eines entgeltlichen Begehungsscheines[139] sowie eine Gemeinde als Eigenjagdverpächterin[140].

---

135 BVerwG Urt. v. 27.06.2012 – 9 C 10/11; vgl. hierzu: Otto, Pirsch 4/2013, S. 54 f.

136 ablehnend Conrad, DJZ 9/98, Seite 4 ff.

137 BVerfG, Beschl. v. 10.08.1989, JE Band VII (ab 1989) XVI Nr. 53; OVG Münster, Urt. v. 03.10.1984, JE Band V (ab 1985) XVI Nr. 35; HessStGH NJW 2001, S. 2163; VG Stuttgart, Urt. v. 07.11.2005 – 11 K 3740/04

138 OVG Koblenz, Beschl. v. 02.07.2002 – 6 A 10843/02 hält bei unterdurchschnittlichem Pachtpreis die Steuerberechnung vom durchschnittlichen Pachtpreis der Region für zulässig; dies verstößt aber gegen Art. 105 Abs. 2 a und Art. 3 GG (so auch OVG Münster, Urt. v. 05.07.1995 – 22 A 413/99); nunmehr gegenteilig: VG Koblenz, Urt. v. 27.10.2016 - 5 K 224/16.KO: Ein fiktiv gemittelter Durchschnittspachtwert stellt einen Verstoß gegen das gesetzlich vorgegebene Maßstabsgebot gem. § 6 Abs. 1 Satz 2 KAG dar.

139 OVG Münster, Beschl. v. 06.05.1997 – 2 A 877/97; hierzu Drees, RWJ 7/97 Seite 6 f.; OVG Brandenburg, Urt. v. 19.02.2003 – 2 D 11/02. NE; hierzu v. Pückler, WuH 12/2003, Seite 100 f.; VG Aachen, Urt. v. 05.12.2004-4K1403/04

In Nordrhein-Westfalen wurde die Berechtigung zur Erhebung der Jagdsteuer landesweit sukzessive abgeschafft. Insoweit wurde das Kommunalabgabengesetz dahingehend geändert, dass eine Jagdsteuer ab dem 01.01.2013 nicht mehr erhoben werden durfte. Die Kreise und kreisfreien Städte waren darüber hinaus (nur noch) berechtigt, Jagdsteuer wie folgt zu erheben: Ab dem 01.01.2010 in Höhe von 80%, ab dem 01.01.2011 in Höhe von 55% und ab dem 01.01.2012 bis zum 31.12.2012 in Höhe von 30% des Steuersatzes, den sie zum Stichtag 01.01.2009 festgesetzt hatten[141]. Kreisangehörige Gemeinden selbst können eine Jagdsteuer allein nicht wieder einführen, da § 3 Abs.1 Satz 2 KAG NRW dies ausdrücklich verbietet. Hieran haben auch die Jagdrechtsnovellen 2015/2019 in NRW nichts geändert. **152**

Hinsichtlich der Absetzbarkeit der Jagdpacht als steuerliche Werbungskosten ist anzumerken, dass diese für den Jagdpächter grundsätzlich steuerlich nicht absetzbar ist. Als Betriebsausgabe kann sie allenfalls im Zusammenhang mit dem Betrieb einer Land- oder Forstwirtschaft geltend gemacht werden. **153**

Für den Verpächter kann im Hinblick auf die erzielte Jagdpacht Umsatzsteuerpflichtigkeit bestehen[142]. Seit dem 01.01.2017 unterliegen auch Jagdgenossenschaften als Körperschaften des öffentlichen Rechts grundsätzlich der Umsatzsteuerpflichtigkeit[143], vgl. § 2 b UStG, sofern sie **154**

- nicht bis zum 31.12.2016 gegenüber dem Finanzamt erklärt haben, dass sie die alte Regelung bis längstens zum 31.12.2020 anwenden wollen oder
- sie nicht die Kleinunternehmergrenze (17.500 € Umsatz pro Jahr) überschreiten.

---

140 VG Kassel, Urt. v. 24.04.2013 – 4 K 950/11.KS; BVerwG Urt. v. 27.06.2012 – 9 C 2.12, vgl. hierzu: Otto, Pirsch 4/2013, S. 54 f.

141 Gesetz zur Abschaffung der Jagsteuer vom 30.06.2009 (GV.NRW. 2009 S. 394); zu den von der Jägerschaft hierfür zu erbingenden „Gegenleistungen" vgl. Borchert, RWJ 10/2009, S. 3 ff

142 BFH DB 2005, 2673 ff.; BGH Urt. v. 02.03.2006 – III ZR 383/02; hierzu Schwintuchowski, WuH 9/2006, Seite 122 ff. und v. Pückler, WuH 9/2006, Seite 125;

143 Vgl. hierzu vertiefend: Drees/Thies/Müller-Schallenberg, § 11 BJG I Nr. 10 b).

155 Dieser Umstand gilt unabhängig davon, ob die Umsatzsteuer im Pachtvertrag gesondert ausgewiesen ist.

156 Sollten die Vertragsparteien die Ausweisung unterlassen haben, besteht kein Nachforderungsrecht für den Verpächter gegenüber dem Pächter[144].

157 Umsatz- und einkommensteuerpflichtig sind Einkünfte auch gelegentlicher Art, beispielsweise aus dem Verkauf von Wildbret, sofern die hierfür bestehenden Freibeträge überschritten werden. Umsatzsteuerpflicht besteht, da der Verkäufer insoweit als Unternehmer i.S.d. Umsatzsteuergesetzes behandelt wird. Der Jäger hat vor dem Verkauf die Umsatzsteuer einzubehalten und an das zuständige Finanzamt abzuführen[145]. Den Restbetrag hat er nach dem Einkommensteuergesetz gesondert als Einkommen zu versteuern.

10. Gesetzliche Unfallversicherung

158 Nach §§ 2 Abs. 1 Nr. 5, 123 Abs. 1 Nr. 5 SGB VII sind Jagdpächter und Eigenjagdbesitzer, die die Jagd selbst ausüben, als „Unternehmer" in der gesetzlichen Unfallversicherung Pflichtmitglieder, so dass kraft Gesetzes eine Beitragspflicht zur landwirtschaftlichen Unfallversicherung (LUV) besteht.

159 Auch die selbstbewirtschafteten Jagdgenossenschaften sind beitragspflichtig. Eine Jagdgenossenschaft, die das Jagdausübungsrecht ausschließlich an Dritte verpachtet hat und selbst die Jagd nicht für eigene Rechnung durch angestellte Jäger ausüben lässt, unterliegt dagegen nicht der Versicherungspflicht in der landwirtschaftlichen Unfallversicherung[146].

160 „Unternehmer" der Jagd ist nach § 136 Abs. 3 Nr. 1 SGB VII derjenige, dem das Ergebnis der Jagd unmittelbar zum Vor- oder Nachteil gereicht. Mehrere Jagdinhaber sind dabei als Mitunternehmer der Jagd anzusehen

---

[144] hierzu Huckriede, DJZ 1/2000, Seite 16 ff.

[145] hierzu Huckriede, DJZ 12/99, Seite 56 f.; Scharding, JuJ 12/2015, S. 7 ff.

[146] LSG Berlin-Brandenburg, Urt. v. 16.08.2012 – L 3 U 308/09

und haften für die Beiträge gesamtschuldnerisch, so dass der Beitrag im Außenverhältnis allein von einem Mitunternehmer gefordert werden kann.

Früher gab es in Nordrhein-Westfalen drei landwirtschaftliche Berufsge- **161**
nossenschaften, nämlich die Lippische, die Rheinische und die Westfälische. Seit dem 01.01.2002 wurden diese zunächst in der „Landwirtschaftlichen Berufsgenossenschaft Nordrhein-Westfalen" zusammengefasst. Seit dem 01.01.2013 gibt es keine regionalen landwirtschaftlichen Berufsgenossenschaften mehr. Sie sind in der bundesweit zuständigen *Sozialversicherung für Landwirtschaft, Forsten und Gartenbau (SVLFG)* mit Sitz in Kassel aufgegangen.[147] Wesentliches Ziel dieser Neuorganisation war bundesweit ein einheitlicher Beitragsmaßstab in der landwirtschaftlichen Unfallversicherung.

Der „Unternehmer" ist trotz der Pflichtmitgliedschaft verpflichtet, Aufnah- **162**
me und Aufgabe des „Betriebes" zu melden. Gleiches gilt für Veränderungen (z. B. Ausscheiden oder Neuaufnahme eines Mitpächters) oder die Beendigung des Jagdunternehmens (z.B. Ablauf des Pachtverhältnisses, Verpachtung der bisher selbst genutzten Eigenjagd). Veränderungen sind innerhalb einer Frist von vier Wochen schriftlich anzuzeigen.

Neben dem Jagdpächter und Eigenjagdbesitzer sind gemäß § 2 Abs. 1 **163**
Nr. 5 SGB VII während der ausgeübten Tätigkeit unter anderem auch mitarbeitende Ehegatten oder Lebenspartner sowie nicht nur vorübergehend mitarbeitende sonstige Familienangehörige mitversichert. Ebenfalls mitversichert sind (jedenfalls bestätigte) Jagdaufseher, Treiber und Jagdhelfer (z.B. im Rahmen der Mithilfe beim Bau oder Freischneiden[148] eines Hochsitzes sowie im Rahmen der Bergung von Unfallwild). Ein als Durchgeher eingesetzter und diesbezüglich dem Weisungsrecht des Unternehmers unterliegender Stöberhundführer ist Beschäftigter des Jagdunternehmens und damit versichert, wenn er bei dieser Tätigkeit verunfallt[149].

---

[147] Vgl. zur Änderung auch: JuJ 6/2013 S.10 und DJZ 5/2014 S.14

[148] LSG BaWü, Urt. v. 08.09.2005 – L 10 U 2535/04

[149] BSG, Urt. v. 06.09.2018 – B 2 U 18/17 R

Ausdrücklich von der Versicherung ausgeschlossen (und auch nicht freiwillig versicherbar) sind reine Jagdgäste[150] (Personen, die aufgrund einer vom Jagdausübungsberechtigten erteilten Jagderlaubnis als Jagdgast „nur" jagen; § 4 Abs. 2 Nr. 1 SGB VII).

164 Für anerkannte Schweißhundeführer besteht kein Versicherungsschutz durch die landwirtschaftliche Unfallversicherung, weil Nachsuchenführer eigenverantwortlich und unabhängig von Weisungen des Revierinhabers tätig sind und damit ihre Arbeit „unternehmerähnlich" ist[151]. Ein von einem Jagdaufseher für die Durchführung einer von ihm geleiteten Nachsuche angeforderter Verwandter mit Schweisshund wird aber wie ein Beschäftigter für den Jagdausübungsberechtigten tätig und ist gemäß § 2 Abs. 2 S. 1 SGB VII gesetzlich versichert[152].

165 Auch Jagdgäste können ausnahmsweise als „Wie-Beschäftigte" versichert sein, wenn sie z.B. typische Tätigkeiten eines (angestellten) Jagdhelfers erledigen und kein direkter Zusammenhang mit der eigenen Jagdausübung besteht (Mithilfe beim Hochsitzbau; Begleitung zur Absicherung bei fremder Nachsuche[153] und Ähnlichem) Wird dagegen ein Jagdgast bei der Nachsuche auf ein von ihm selbst krank geschossenes Stück Wild verletzt, genießt er keinen Versicherungsschutz in der landwirtschaftlichen Unfallversicherung, weil die Nachsuche auf selbst krank geschossenes Wild Bestandteil der eigenen Jagdausübung ist[154].

166 Das „Schüsseltreiben" gehört nicht zur versicherten Jagdausübung[155].

---

[150] LSG Rheinland-Pfalz, Urt. v. 27.05.2003 – L 3 U 21/03;

[151] BSG, Nichtannahmebeschlüsse vom 05.11.2006 – B 2 U 178/05 und – B 2 U 28/06; hierzu Schuck, Pirsch 1/2007, Seiten 20 f.

[152] LSG Hessen, Urt. v. 20.02.2017 – L 9 U 144/16

[153] v.Pückler, WuH 3/2005, Seite 107

[154] LSG Rheinland-Pfalz, Urt. v. 27.05.2003 – L 3 U 21/03; LSG Berlin-Brandenburg, Urt. v. 17.02.2010 – L 3 U 139/07 = JE XV Nr. 79

[155] Hess. LSG, Urt. v. 01.12.2009 – L 3 U 229/06 = JE XV Nr. 78; anders bei einem Stöberhundführer: SG Duisburg, Urt. v. 09.04.2010 – S 26 U 304/08 = JE XV Nr. 76; BSG, Urt. v. 10.10.2005 – B 2 U 5/04 R

Eingetragene Vereine, deren satzungsgemäßer Zweck die allgemeine Förderung der Jagd und der Jäger ist (Landesjagdverbände, Kreisjägerschaften bzw. Jägerschaften) sind keine „Unternehmen" im Sinne der landwirtschaftlichen Unfallversicherung[156]. **167**

Die einzelnen Versicherungsleistungen in einem Versicherungsfall sind ebenfalls im SGB VII geregelt. Zu beachten ist, dass insoweit Versicherungsleistungen grundsätzlich nur für *Personen*schäden erbracht werden (§ 104 SGB VII). Die zivilrechtliche Haftung für Personenschäden besteht nach § 104 SGB VII dann nur noch bei vorsätzlicher Schädigung oder für Wegeunfälle im Sinne von § 8 Abs. 2 Nr. 1-4 SGB VII. **168**

Entstandene *Sach*schäden wie auch Schmerzensgeld sind über die anderweitigen zivilrechtlichen Normen gegenüber dem Verursacher bzw. Jagdhaftpflichtversicherern geltend zu machen (Umkehrschluss aus § 104 SGB VII). **169**

Bemessungsgrundlage für Rentenleistungen der Unfallversicherung sind für Unternehmer, mitarbeitende Ehegatten und Lebenspartner sowie für sonstige nicht nur vorübergehend tätige Familienangehörige nur pauschale Durchschnittsverdienste, die eher gering sind. **170**

Nach § 193 SGB VII ist jeder Unternehmer verpflichtet, einen Arbeitsunfall bei dem gesetzlichen Unfallversicherungsträger anzuzeigen, wenn Versicherte getötet oder so verletzt sind, dass sie mehr als drei Tage arbeitsunfähig werden.

Die gesetzlich vorgesehene Anrechnung von Leistungen erfolgt nicht gegenüber Ansprüchen aus einer privaten Unfallversicherung. **171**

Der Gesetzgeber hat die Bestimmungen der Bemessungsgrundlagen zur Beitragserhebung – Beiträge werden jährlich nachträglich im Umlageverfahren erhoben – dem Unfallversicherungsträger im Rahmen der Satzungsautonomie überlassen. In der Sozialversicherung für Landwirtschaft, Forst- und Gartenbau gelten nunmehr bundesweit **172**

[156] Sächsisches LSG, Urt. v. 15.05.2003 – L 2 U 154/01 LW

einheitlich anzuwendende Regelungen zur Beitragsberechnung. Danach zahlen grundsätzlich alle Mitglieder einen Grundbeitrag und einen risikoorientierten Beitrag. Während der Grundbeitrag im Wesentlichen der Finanzierung der Präventions- und Verwaltungskosten dient, werden durch die risikoorientierten Beiträge die Aufwendungen der gebildeten Risikogruppen finanziert. Der risikoorientierte Beitrag richtet sich für Jagden ausschließlich nach der Größe der Jagdfläche. Frühere anderweitige Beitragsmaßstäbe, wie Jagdwert oder eine Kombination von Jagdfläche und -wert, gibt es nicht mehr.

173 Der Beitragsberechnung wird grundsätzlich die bejagbare Fläche (ohne befriedete Bezirke[157]) laut Pachtvertrag bzw. laut Jagdkataster, bei selbstständigen Eigenjagdbezirken laut Jagdbehörde zu Grunde gelegt. Zwei Detailregelungen sind hierbei allerdings zu beachten:

- Bewirtschaftet der Jagdunternehmer zugleich ein land- und forstwirtschaftliches Unternehmen, liegt dieses im selben oder in einem angrenzenden Landkreis und bildet dieses eine Mindestgröße im Sinne des Gesetzes über die Alterssicherung der Landwirte, werden nur 80 % der Jagdfläche bei der Beitragsberechnung berücksichtigt. Eine doppelte Beitragserhebung für Arbeiten, die zugleich der Land-/Forstwirtschaft und der Jagd dienen, soll damit vermieden werden.
- Ist die bejagbare Fläche größer als 500 ha, wird die übersteigende Fläche nur mit einem degressiv gestalteten Anteil berücksichtigt

174 Alle Jagdunternehmen in Deutschland bilden eine eigenständige Risikogruppe. Sie finanzieren mit ihren Beiträgen nur den ihnen zugeordneten Leistungsaufwand (Renten- und Heilverfahrenskosten aus dem Jagdbereich im Umlagejahr zzgl. anteiliger nicht zuzuordnender Aufwendungen). Eine Quersubventionierung durch andere oder von anderen Risikogruppen ist grundsätzlich ausgeschlossen.

175 Weitere Einzelheiten zu der Thematik der landwirtschaftlichen Unfallversicherung können über www.svlfg.de (Rubrik: Beitrag Berufsgenossenschaft) eingesehen werden.

---

[157] So auch schon: LSG Baden-Württemberg, Urteil vom 13.11.1999 – L 10 U 2657/97

B. Jagderlaubnis

Unter Jagderlaubnis (§§ 11 Abs. 1 Satz 3 BJG, 12 LJG-NRW) versteht man die rechtsgeschäftliche Einräumung eines Jagdausübungsrechts durch den Jagdausübungsberechtigten an einen Dritten, den sog. „Jagdgast“[158]. Der Jagdgast ist dementsprechend niemals selbst der „Jagdausübungsberechtigte“, wenn das Gesetz diesen Begriff verwendet (§ 12 Abs. 6 LJG-NRW). Selbstverständlich muss der Jagdgast im Besitz eines gültigen Jagdscheines sein, um überhaupt mitjagen zu dürfen. **176**

Man unterscheidet zwischen zwei Versionen der Jagderlaubnis: **177**
- Entgeltliche Jagderlaubnis
- Unentgeltliche Jagderlaubnis

Gemäß § 12 Abs. 3 Satz 1 LJG-NRW bedarf die *entgeltliche Jagderlaubnis* zwingend der Schriftform und ist der Unteren Jagdbehörde anzuzeigen[159]. Eine entgeltliche Jagderlaubnis, die bei ihrer Erteilung den Vorschriften des § 11 Abs. 3 BJG (Pachthöchstfläche) nicht entspricht, ist nichtig (§ 11 Abs. 6 BJG). **178**

Sie unterliegt weiter den Bestimmungen der §§ 12 und 13 BJG. Die entgeltliche Erteilung einer Jagderlaubnis stellt den Berechtigten einem Jagdpächter nur insoweit gleich, als es um die zulässige Anzahl der Jagdberechtigten eines Jagdreviers (§§ 12 Abs. 3 Satz 3, 11 Abs. 1 LJG-NRW) geht. **179**

Sämtliche der vorbezeichneten Gesichtspunkte finden auf die *unentgeltliche*[160] Jagderlaubnis, welche schriftlich oder mündlich erteilt werden kann, in der Regel keine Anwendung. **180**

---

[158] Allgemein zu Beteiligungsformen unterhalb des Hauptpachtverhältnisses: Hellhammer-Harwig, AUR 7/2012, S. 254 ff.

[159] Die fehlende Zustimmung des Verpächters zur Erteilung einer entgeltlichen Jagderlaubnis (soweit im Pachtvertrag vorgesehen) hat keine Auswirkungen auf die Gültigkeit der zwischen dem Jagdausübungsberechtigten und dem Erlaubnisscheininhaber getroffenen Vereinbarungen; so: OLG Köln, Urt. v. 22.12.1992 – JE Band IX (ab 1993) V Nr. 168; AG Cloppenburg, Urt. v. 12.01.2006 – 21 C 1556/04= JE Band XIV (ab 2005) V Nr. 229.

[160] auch die als unentgeltliche Jagderlaubnis bezeichnete Erlaubnis zum Jagen gegen Zahlung eines wie auch immer bezeichneten Entgelts ist rechtlich eine entgeltliche Jagderlaubnis: OLG Koblenz, Beschl. v. 14.04.2005 – 10 U 582/04; vgl. hierzu MSK WuH 16/2005, Seite 96 ff. m.w.N.; LG Düsseldorf, Urt. v. 19.05.2000 – 22 S 214/99

Abschnitt 3
Beteiligung Dritter an der Ausübung der Jagd

181 Schriftlich erteilte Jagderlaubnisse (auch Begehungsscheine genannt) berechtigen den Jagdgast zur Jagdausübung auch ohne Anwesenheit des Jagdausübungsberechtigten, soweit jener die schriftliche Erlaubnis als Legitimationspapier mit sich führt (§ 12 Abs. 7 LJG-NRW). Derjenige, der die schriftliche Erlaubnis nicht mit sich führt oder dem nur eine mündliche Erlaubnis erteilt wurde, hat sich bei der Jagdausübung in Begleitung des Jagdausübungsberechtigten oder eines von diesem beauftragten Jagdschutzberechtigten[161] aufzuhalten. Nach der Rechtsprechung ist die „Begleitung" auf Rufweite ausgedehnt worden. 15 Minuten fußläufige Entfernung genügten nach früherer Rechtsprechung und Literatur nicht mehr[162].Das Herbeirufen kann heutzutage aber auch über Mobiltelefon erfolgen, soweit der Jagdausübungsberechtigte dann unverzüglich erscheint[163].

182 Die schriftliche Jagderlaubnis muss auf einen bestimmten Namen lauten und vom Jagdausübungsberechtigten (bei mehreren von allen[164]) eigenhändig unterschrieben sein. Inhaltlich muss sie genaue Angaben über den Jagdbezirk und den zeitlichen sowie sachlichen Umfang des Jagdausübungsrechts enthalten.

183 In Nordrhein-Westfalen ist der Pächter eines Jagdbezirkes aufgrund § 12 Abs. 2 LJG-NRW *verpflichtet*, Jagderlaubnisscheine zu erteilen, wenn ein Jagdbezirk von mehr als 300 ha an eine geringere als die nach § 11 Abs. 1 LJG-NRW zulässige Zahl von Pächtern verpachtet ist. In diesem Fall muss für jede weiteren vollen jagdlich nutzbaren 150 ha, die eine jagdlich nutzbare Fläche von 300 ha übersteigen, je eine Jagderlaubnis erteilt werden. In diesem Sonderfall bedarf auch die unentgeltliche Jagderlaubnis ausnahmsweise der Schriftform (§ 12 Abs. 5 LJG-NRW). Das Gesetz will hiermit eine flächendeckende Bejagung gewährleisten (Mindestanzahl der jagenden Personen entspricht Anzahl der zulässigen Pächter minus eine Person). Soweit der Pächter seiner Verpflichtung zur Erteilung entsprechender Begehungsscheine nicht nachkommt, wurde dies früher als Ordnungswidrigkeit geahndet. Heute kann die Untere Jagdbehörde ihm hierfür

---

[161] dazu unten VI. Abschnitt, A.

[162] OLG Koblenz, Beschl. v. 04.06.1980 – 2 Ss 278/80; Mitzschke/Schäfer, § 15 Rz. 10 m.w.N.

[163] so auch v. Pückler, WuH 11/2003, Seite 70 f.

[164] AG Langen, Urt. v. 23.03.2009 – 2 C 826/08 (IV)

nur noch eine Frist setzen und die Erlaubniserteilung über Zwangsgeldandrohung und -festsetzung durchsetzen. Sie kann darüber hinaus im Einzelfall aus Gründen der Hege die Befugnis oder Verpflichtung zur Erteilung einer Jagderlaubnis oder die sonstige Beteiligung anderer an der Jagd vorübergehend beschränken oder aussetzen (§ 12 Abs. 9 LJG-NRW).

Eine zeitlich befristete Jagderlaubnis (unentgeltlich oder entgeltlich) endet **184**
grundsätzlich mit Ablauf des Zeitraumes, für den sie erteilt worden ist oder durch einvernehmliche Aufhebung.

Der Tod des Jagdgastes sowie die Beendigung des Pachtvertragsverhält- **185**
nisses führen ebenfalls immer zum Erlöschen einer Jagderlaubnis.

Letztendlich erlischt jede Jagderlaubnis auch dann, wenn dem Jagdgast **186**
oder dem alleinigen jagdausübungsberechtigten Pächter der Jagdschein rechtskräftig (unanfechtbar) entzogen oder deren Wiedererteilung rechtskräftig versagt wurde.

Ist eine unentgeltliche Jagderlaubnis erteilt worden, so kann sie als reines **187**
Gefälligkeitsverhältnis regelmäßig auch jederzeit ohne Begründung einseitig vorzeitig widerrufen bzw. zurückgegeben werden und erlischt dann mit Zugang der Widerrufserklärung bzw. der Rückgabe.

Die vorzeitige Beendigung einer entgeltlichen Jagderlaubnis hingegen **188**
bedarf der fristlosen Kündigung aus wichtigem Grund, da diese Jagderlaubnis ein vertragliches Verhältnis von Leistung und Gegenleistung mit Rechtsbindungswillen beinhaltet.

Soweit der Jagdgast die ihm erteilte Jagderlaubnis vorsätzlich überschrei- **189**
tet, begeht er Jagdwilderei.

C. Gesellschaftsjagd/Bewegungsjagd

Von einer *Gesellschaftsjagd* spricht man, wenn mehr als vier Personen **190**
jagdlich zusammenwirken (§ 17a Abs. 1 LJG-NRW). Die Jagenden, bei denen es sich nicht nur um Schützen handeln muss, müssen hierfür be-

wusst jagdlich zusammenwirken, also durch jagdorganisatorische Maßnahmen ihren Jagderfolg steigern. Keine Gesellschaftsjagd liegt also vor, wenn mehr als vier Personen (auch in Absprache) im selben Revier die „Einzeljagd" ausüben.

191 Der Jagdherr oder der von ihm beauftragte Jagdleiter haben sich vor Beginn der Gesellschaftsjagd davon zu überzeugen, dass teilnehmende Schützen im Besitz eines gültigen Jagdscheines sind. Allein die Kenntnis, dass der Jagdgast in früheren Jahren einen Jagdschein besessen hat, entbindet nicht von der tatsächlichen Kontrolle der Jagdscheine[165]. Die leider immer noch gängige Erklärung vor Jagdbeginn, dass man davon ausgehe, dass alle Teilnehmer im Besitz eines gültigen Jagdscheines seien, reicht in keinem Falle.

192 Der Inhaber eines Jugendjagdscheines ist nicht berechtigt, als Schütze an einer Gesellschaftsjagd teilzunehmen (§ 16 Abs. 3 BJG), wohl aber als Treiber.

193 Der Jagdherr oder der von ihm beauftragte Jagdleiter haben die Teilnehmer ordnungsgemäß einzuweisen, insbesondere auf Gefahrenquellen hinzuweisen. Als organisatorische Maßnahmen haben sie die Pflicht zum ordentlichen Anstellen der Teilnehmer sowie gegebenenfalls zur Aufstellung von Warnschildern. Der Jagdleiter muss jeweils im Einzelfall entscheiden, ob und ggf. welche Kinder und Jugendliche er als Treiber an der Gesellschaftsjagd teilnehmen lässt, da ein verbindlich geregeltes Mindestalter nicht besteht[166].

Den Leiter einer Treibjagd trifft aber keine Verkehrssicherungspflicht, die dem Zwecke dient, einen an der Jagd unbeteiligten Reiter vor Gefahren zu schützen, die von Schussgeräuschen während der Durchführung einer Jagd ausgehen. Bei Jagden im Wald sind Schussgeräusche regelmäßig waldtypische Geräusche und führen insoweit weder zu Hinweis- noch zu Schadenersatzpflichten.[167]

---

165 OLG Oldenburg, Urt. v. 03.10.1978 – 4 U 12/78

166 vgl. hierzu Thies, RWJ 12/2007, Seite 9 und 10/2010 Seite 9 sowie 11/2014, S. 23.

167 BGH, Urt. v. 15.02.2011 – VI ZR 176/10; hierzu: Pirsch 8/2011 S. 46 f. und v. Pückler, WuH 21/2011 S. 128 f. und 19/13, S. 86 f.

Um einer evtl. Haftung für Schäden zu entgehen, muss der Jagdleiter bei auf der Weide vorhandenem Vieh oder Pferden den Eigentümer auf die bevorstehende Gesellschaftsjagd hinweisen, um ihm Gelegenheit zur Entfernung zu geben[168].

Entscheidendes Kriterium für eine Haftungsverantwortlichkeit ist, ob Schüsse in unmittelbarer Nähe von Tieren abgegeben werden[169] und ob aus vorangegangenen Jagden eine besondere Gefährdungslage (z.B. Panikreaktionen) bezüglich der dortigen Tiere bekannt gewesen ist[170].

Ansonsten sei zur Verkehrssicherungspflicht[171] sowie zur Haftung bei Gesellschaftsjagden auf die Ausführungen im 2. Kapitel II.A. und auf Drees/Thies/Müller-Schallenberg § 11 BJG II 9 verwiesen.

Gesellschaftsjagden sind vor ihrer Durchführung nicht – etwa gegenüber 194
der örtlichen Polizei – ankündigungspflichtig. Bei derartigen Jagden in stadtnahen Bereichen ist eine vorherige Ankündigung bei der Polizei jedoch empfehlenswert.

Wenn im Rahmen einer Gesellschaftsjagd mehrere Schützen ein Stück 195
Wild treffen, gilt zur Ermittlung des Erlegers und damit nach allgemeinem Jägerrecht zur Berechtigung, sich Trophäe und Aufbruch aushändigen zu lassen, folgendes: Beim Schrotschuss ist Erleger derjenige, der den letzten tödlichen Treffer anträgt. Beim Kugelschuss ist Erleger derjenige, dessen Kugel zuerst trifft, und zwar so, dass das Stück bei einer eventuellen Nachsuche zur Strecke kommen würde[172].

Bewegungsjagden sind alle Jagden, bei denen das Wild gezielt beunru- 196
higt und den Schützen zugetrieben wird (§ 17a Abs. 2 LJG-NRW).

---

168 OLG Düsseldorf, Urt. v. 14.01.2004 – 15 U 66/01 ; v. Pückler, WuH 19/2003, Seite 110 ff.; OLG Oldenburg, Urt. v. 05.12.2013 -14 U 80/13; hierzu Otto, Pirsch 19/2014, S. 54 f. und v. Pückler, WuH 20/2014, S. 148 f.

169 OLG Hamm, Urt. v. 15.01.2013 – I – 9 U 84/12; hierzu Otto: Pirsch 19/2014 S. 54 ff.; bei 30m Entfernung keine Haftung für schussknallbedingte Schäden: OLG Braunschweig, Hinweisbeschl .v. 27.06.2005 – 7 U 104/04; aA: OLG Saarbrücken, Urt. v. 30.03.1990 – 4 U 63/89; OLG Oldenburg, Urt. v. 05.12.2013, 14 U 80/13; hierzu v. Pückler, WuH 20/2014, S. 148 f.

170 LG Paderborn, Urt. v. 23.10.2015 – 2 S 4/15.

171 hierzu: Drees, RWJ 10/96, Seite 8 f.

172 Osgyan, WuH 20/2007, Seite 16 ff.

Voraussetzung für die Teilnahme an einer Bewegungsjagd *auf Schalenwild* ist ein Schießübungsnachweis, wobei die Oberste Jagdbehörde ermächtigt wird, durch Rechtsverordnung die Voraussetzungen und das Verfahren[173] für den Nachweis der Schiessfertigkeit zu regeln (§ 17a Abs. 3 S. 2 LJG-NRW).

197 Bei Bewegungsjagden auf Schalenwild müssen aus Gründen des Tierschutzes und der Unfallverhütung andere Anforderungen an die Qualität der Schießfertigkeiten der Schützen gestellt werden, als dies beispielsweise bei der Einzeljagd auf stehendes Wild (Ansitz mit Auflagemöglichkeit) der Fall ist. Hierzu hat die Oberste Jagdbehörde in § 34 der DVO LJG-NRW[174] folgende Regelungen getroffen:

(1) Für die Teilnahme an Bewegungsjagden ist von der Jagdleitung ein Schiessübungsnachweis zu verlangen. Hierfür ist alternativ vorzulegen:
   1. ein Übungsnachweis. Es ist das Muster der Anlage 2[175] zu verwenden.
   2. eine vergleichbare Bescheinigung aus einem anderen Bundesland oder Staat.

(2) Für den Schießübungsnachweis nach Absatz 1 Nummer 1 sind folgende Bedingungen zu erfüllen:
   1. Es sind auf dem Schießstand
      a) drei Schüsse stehend freihändig aus einer Entfernung zwischen 48 und 62 Meter auf die flüchtige Überläuferscheibe Nummer 5 oder Nummer 6 des Deutschen Jagdverbandes (laufender Keiler),
      b) drei Schüsse auf den laufenden Keiler angehalten auf der Schneisenmitte, stehend, freihändig und
      c) drei Schüsse auf den laufenden Keiler angehalten auf der Schneisenmitte, sitzend[176]

   abzugeben oder

[173] Zu Erleichterungsmöglichkeiten bei Vorliegen einer körperlichen Behinderung vgl. dienstl. Mitteilungen des MKULNV v. 20.10.2015 – III 6 71-01-00.21

[174] Verordnung zur Durchführung des Landesjagdgesetzes vom 26.02.2019, DVO LJG-NRW, (GV.NRW, S. 448); zum bisherigen Schießnachweis allg. vgl. Thies, RWJ 9/2015 S. 131–174.

[175] Gesetz- und Verordnungsblatt für das Land Nordrhein-Westfalen Nr. 24 vom 27. Mai 2015

[176] Dabei darf aufgelegt geschossen werden (vgl. Dienstliche Mitteilung des MKULNV vom 01.06.2015, Az.: III – 671 –01-00.21)

2. es sind im Schießkino
   a) drei Schüsse stehend, freihändig auf flüchtiges Schwarzwild,
   b) drei Schüsse stehend, freihändig auf ein stehendes Stück Schwarzwild und
   c) drei Schüsse sitzend[177] auf ein stehendes Stück Schwarzwild

   abzugeben.

Schießsimulationen erfüllen nicht die Bedingungen zur Erlangung des Schießübungsnachweises (§ 34 Abs. 2 Satz 3 LJG NRW).

(3) Die Übung ist mit einem für Schwarzwild zugelassenen[178] Kaliber von mindestens 6,5mm mit einer Auftreffenergie auf 100 m (E 100) von mindestens 2.000 Joule; durchzuführen und kann als Ganzes wiederholt werden. Die derzeit gültige DVO-LJG NRW sieht reine Simulationssysteme ohne „scharfe" Waffen zur Erlangung des Schiessnachweises nicht vor.

Ordnungswidrig handelt, wer als Schütze vorsätzlich an einer Bewegungsjagd auf Schalenwild teilnimmt, ohne über einen aktuellen Nachweis seiner besonderen Schießfertigkeit zu verfügen (§ 55 Abs. 1 Nr. 9 LJG-NRW). **198**

Hinsichtlich der Zulässigkeit des Transportes von Jägern und Treibern bei Gesellschaftsjagden bestand in der Vergangenheit eine rechtliche „Grauzone". Auf Veranlassung des DJV und des LJV-NRW erfolgte im Jahre 2012 eine Änderung der Fahrerlaubnisverordnung dahingehend, dass nunmehr der Transport von Personen auf Anhängern (Jäger und/oder Treiber) auch offiziell zulässig ist (§ 6 Abs. 5 Fahrerlaubnisverordnung)[179]. **199**

177 Vgl. vorhergehende Fußnote

178 Hierunter fallen die allgemein schalenwildtauglichen Kaliber gemäß § 19 Abs. 1 Nr. 2 b) BJG; vgl. hierzu auch: Drucksache 16/9129 des Landtags NRW v. 30.06.2015

179 Hierzu: Doerenkamp, Pirsch 20/2013, S. 62f; Fuchs, WuH 18/2016 S. 66ff.

IV. ABSCHNITT: **JAGDSCHEIN**

A. Allgemeines

200 Zur Ausübung der Jagd bedarf der Jäger eines Jagdscheines. Über diese öffentlich-rechtliche Erlaubnis weist er seine persönliche Zuverlässigkeit sowie die erforderlichen Kenntnisse nach. Der Jagdschein ist als Legitimationspapier bei der Ausübung der Jagd mit sich zu führen und auf Verlangen den Polizeibeamten oder Jagdschutzberechtigten[180] vorzuzeigen (§ 15 Abs. 1 Satz 1 BJG).

201 Die wesentlichen gesetzlichen Regelungen hierzu finden sich in den §§ 15 BJG, 17 LJG-NRW sowie in den §§ 1-11 DVO LJG-NRW[181].

202 Die erste Erteilung eines Jagdscheines ist davon abhängig, dass der Bewerber im Geltungsbereich des BJG[182] eine Jägerprüfung bestanden hat, die aus einem schriftlichen, einem mündlich-praktischen Teil sowie einer Schießprüfung besteht (§ 15 Abs. 5 Satz 1 BJG, § 3 Abs. 1 DVO LJG-NRW). Hiernach muss der Bewerber in der Jägerprüfung ausreichende Kenntnisse

- der Tierarten,
- der Wildbiologie,
- der Wildhege,
- des Naturschutzes,
- des Jagdbetriebes,
- der weidgerechten Jagdausübung,
- der Sicherheitsbestimmungen,
- des Jagdhundewesens,
- der Behandlung des erlegten Wildes,
- der Wildkrankheiten,
- der Grundzüge des Land- und Waldbaus,

---

[180] hierzu unten VI. Abschnitt A.

[181] Verordnung zur Durchführung des LJG-NRW, Stand 26.02.2019.

[182] Deutsche können nicht im Ausland eine Jägerprüfung absolvieren und dann in Deutschland einen Jagdschein lösen (VG Leipzig, Urt. v. 25.03.2004 – 5 K 1865/02; hierzu mit weiteren Fallvarianten v. Pückler, WuH 18/2006, Seiten 120 ff.)

- der Wildschadensverhütung,
- der Waffentechnik, der Führung von Jagd- und Faustfeuerwaffen (insbesondere sichere Handhabung, Gebrauch und Pflege der Jagd- und Faustfeuerwaffen),
- des Jagd- und Waffenrechts,
- des Tierschutzrechts sowie
- des Naturschutz- und Landschaftspflegerechts

nachweisen.

Für Bewerber, die vor dem 1. April 1953 einen Jahresjagdschein besessen haben (sowie für Spätaussiedler[183]), entfällt das Erfordernis der bestandenen Jägerprüfung (§ 15 Abs. 5 Satz 3 BJG). 203

Der Jagdschein wird von der für den Wohnsitz des Antragstellers zuständigen Unteren Jagdbehörde ausgestellt und gilt im gesamten Bundesgebiet (§ 15 Abs. 2, 3 BJG). Wegen der hohen Anforderungen des § 17 BJG wird der Antragsteller regelmäßig von der Behörde dazu aufgefordert, persönlich[184] zu erscheinen. Hierzu ist er allerdings rechtlich (gemäß § 26 Abs. 2 S. 3 VwVfG NRW) nicht verpflichtet[185]. Darüber hinaus muss er eine ausreichende Jagdhaftpflichtversicherung[186] nachweisen. 204

Man unterscheidet zwischen einem *Jahresjagdschein* und einem *Tagesjagdschein*. Ersterer kann für ein, zwei oder maximal drei Jahre erteilt werden, wobei sein Ende jeweils auf das Ende eines Jagdjahres fallen muss. Letzterer hat – entgegen seiner Bezeichnung – eine Gültigkeitsdauer von 14 aufeinander folgenden Tagen. 205

---

[183] § 10 Bundesvertriebenengesetz

[184] van Elsbergen, RWJ 1/2003 Seite 26; Dienstliche Mitteilung des MKULNV vom 01.06.2015, Az. III – 6 71-01-00.21, S. 5;

[185] VG Köln, Urt. v. 17. 12.2015 - 8 K 3009/15; hierzu: v. Pückler WuH 4/2016, S. 13; bestätigt durch OVG Münster, Beschl. v. 05.03.2019 – 16 A 223/16; VG Hamburg, Urt. v. 16.02.2016 – 4 K 2351/14, hierzu: Vorwald, Pirsch 12/16, S. 84ff.; das persönliche Erscheinen erspart dem Antragsteller allerdings regelmäßig andere Maßnahmen zur Glaubhaftmachung i.S.v. § 26 Abs. 2 S. 1 VwVfG NRW seiner persönlichen jagd- und waffenrechtlichen Eignung gem. §17 BJG

[186] Zum Versicherungsumfang vgl. § 17 Abs. 1 Nr. 4 BJG

206 Auch einem Ausländer kann in Deutschland ein Jagdschein erteilt werden (*Ausländerjagdschein*, §§ 15 Abs. 6 BJG, 17 Abs. 3 LJG-NRW). Die erteilende Behörde kann hierbei vom Erfordernis der bestandenen Jägerprüfung absehen, soweit anzunehmen ist, dass der Antragsteller ausreichende Kenntnisse des Jagdwesens besitzt[187]. Durch die Eintragung des Vermerks „Ausländer" im Jagdschein stellt die erteilende Behörde klar, dass der Inhaber ausländischer Staatsbürger ist und eine Jägerprüfung i.S.d. deutscher Jägerprüfungsregelungen nicht absolviert hat. In der Regel wird der Ausländerjagdschein nur als Tagesjagdschein erteilt. Die Ausstellung eines Ausländerjagdscheines als Jahresjagdschein ist Ermessenssache der erteilenden Behörde[188].

207 Wenn jemand neben der deutschen eine weitere Staatsangehörigkeit besitzt, ist er ausschließlich als Deutscher zu behandeln und kann sich daher nicht auf die Ausnahmevorschrift des § 15 Abs. 6 BJG berufen. Das im BJG normierte Verfahren zur Erteilung eines Jagdscheines ist auch mit Art. 3 Abs. 1 GG und dem in Art. 12 des EG-Vertrages enthaltenen Diskriminierungsverbot vereinbar[189].

208 Die Erteilung eines Jagdscheines sowie Falknerjagdscheines ist gemäß § 57 Abs. 1 LJG-NRW gebührenpflichtig. Die Erhebung der Gebühren erfolgt nach den Vorschriften des Gebührengesetzes für das Land Nordrhein-Westfalen. Die Höhe der Gebühren bestimmt sich nach der Allgemeinen Verwaltungsgebührenordnung[190] und richtet sich der Höhe nach im einzelnen nach der Art des konkret beantragten Jagdscheines.

209 Mit der Gebühr für den Jahresjagdschein und den Tagesjagdschein wurde bislang eine Jagdabgabe erhoben. Näheres hierzu regelten § 57 Abs. 2 bis 4 LJG-NRW sowie Nr. 7 VV LJG-NRW. Die Höhe der Jagdabgabe war

---

[187] Zur Anerkennung gleichwertiger Jägerprüfungen im Ausland vgl. Nr.1 (zu § 17 Abs. 3 LJG NRW) VV-LJG-NRW v. 24.01.2000 , Stand 17.08.2016

[188] VGH BaWü, Urt. v. 14.01.1999 – 5 S 1357/97; hierzu Otto, Die Pirsch, 21/99 Seite 43

[189] VG Schleswig-Holstein, Urt. v. 25.06.2002 – 7 A 222/00

[190] Allgemeine Verwaltungsgebührenordnung in der Fassung der Allgemeinen Änderungsverordnung vom 21.12.2017 (GV.NRW.S. 946)

zuvor in § 3 der früheren DVO-LJG-NRW[191] geregelt, welcher allerdings in der Fassung von 1985 mangels Ermächtigungsgrundlage rechtswidrig war[192]. Aufgrund einer vorgenommenen Gesetzesänderung[193] konnte eine Jagdabgabe in Nordrhein-Westfalen bisher weiterhin erhoben werden[194]. Auch diese gesetzliche Regelung begegnet indes tiefgreifenden verfassungsrechtlichen Bedenken[195], weshalb die Vollziehung des Kostenbescheides über die Jagdabgabe mit Wirkung ab dem 01.04.2019 von Amts wegen - unbefristet und ohne Nacherhebung – ausgesetzt wurde[196]. Die Höhe der Jagdabgabe war damals in § 1 JAbgVO[197] geregelt. Die Verwendung erfolgte nach den Richtlinien über die Gewährung von Zuwendungen aus den Mitteln der Jagdabgabe[198]. Mit der Jagdrechtsnovelle 2019 wurde die gesetzliche Erhebungsmöglichkeit der Jagdabgabe komplett aus dem LJG gestrichen und die Jagdabgabeverordnung aufgehoben.

Ordnungswidrig handelt, wer bei der Ausübung der Jagd einen gültigen **210** Jagdschein vorsätzlich oder fahrlässig nicht mit sich führt (§ 39 Abs. 2 Nr. 1 BJG) oder diesen vorsätzlich auf Verlangen nicht vorzeigt (§ 39 Abs. 1 Nr. 9 BJG).

Zum Sammeln von Abwurfstangen bedarf es keines Jagdscheines, wohl **211** aber der schriftlichen Erlaubnis des Jagdausübungsberechtigten (§ 15 Abs. 1 Satz 2 BJG).

---

191 DVO-LJG-NRW vom 08.02.1985 (GV. NW. S. 170/SGV. NW. 792) in der Fassung der Änderungsverordnung vom 03.05.2009 (GV.NRW.S. 426),

192 VG Aachen, Urt. v. 18.11.2005 – 7 K 1559/04

193 Gesetz zur Änderung des Landesjagdgesetzes NRW vom 23. Mai 2006 – GV. NW. 2006, Seite 18

194 So: VG Köln, Urt. v. 25.09.2009 – 25 K 4000/07; erhebliche verfassungsrechtliche Bedenken äußert allerdings OVG Münster, Hinweisbeschluss vom 08.08.2012 – 9 A 2536/09

195 So: Dietlein, AuR 9/2014, S. 321 ff.;a.A.: Dünchheim, NW-VBl. 7/2018, S. 265 ff.; Die aktuelle Regelung noch für verfassungsgemäß erklärt hat VG Köln, Urt. v. 13.08.2015 – 8 K 2408/14; weiterhin unter Wirkungsloserklärung des vorgenannten Urteils des VG Köln und mit erheblichen Bedenken gegen die Verfassungskonformität der Jagdabgabeerhebung in NRW: OVG Münster, Beschl. und Sitzungsprotokoll vom 15.11.2018 – 9 A 2016/15

196 Erläuterungen des MULNV vom 23.01.2019, Az: III – 6 71-60-00.00

197 Verordnung über die Jagdabgabe NRW vom 28.05.2015, GV.NRW. S. 469

198 RdErl. des MKULNV v. 08.03.2013 (SMBl. NRW. S. 115), Stand: 20.04.2017

B. Die Jägerprüfung

212 Einzelheiten zur Jägerprüfung, insbesondere zur Zulassung, zum Prüfungsverfahren, zum Prüfungsstoff sowie zur Bewertung der Prüfungsleistungen finden sich in den §§ 1 bis 10, 19 und 20 DVO LJG-NRW sowie dem hierzu ergangenen Durchführungserlass[199].

213 Von der gesetzlichen Ermächtigung nach § 15 Abs. 5 BJG, die Zulassung zur Jägerprüfung auch vom Nachweis einer theoretischen (Besuch eines Lehrgangs) und praktischen (sog. Lehrjahr) Vorausbildung abhängig zu machen, hat das Land Nordrhein-Westfalen keinen Gebrauch gemacht; d.h. der Besuch eines Lehrgangs oder die Ableistung eines Lehrjahres vor der Anmeldung zur Jägerprüfung ist in Nordrhein-Westfalen nicht notwendig (der Lehrgangsbesuch allerdings empfehlenswert).

214 Die Jägerprüfung ist bei der Unteren Jagdbehörde abzulegen, in deren Bezirk der Bewerber seinen *gewöhnlichen Aufenthalt* hat (§ 1 DVO LJG-NRW). Sie besteht aus einem schriftlichen Teil, einer Schiessprüfung und einem mündlich-praktischen Teil, wobei der schriftliche Teil den anderen Prüfungsteilen vorauszugehen hat. Rechtsirrig fordern einige Untere Jagdbehörden immer noch, dass der erste Wohnsitz im Prüfungsbezirk nachzuweisen sei. Unter *gewöhnlichem Aufenthalt* versteht man allerdings nicht zwangsläufig den im Personalausweis und bei Behörden eingetragenen Wohnsitz i.S.d. Meldegesetzes[200], sondern vielmehr den Schwerpunkt der Bindungen der betreffenden Person, ihren Daseinsmittelpunkt[201]. Die exakte Abgrenzung bereitet in der Praxis erhebliche Schwierigkeiten.

215 Zu Beginn der Jägerprüfung muss der Antragsteller das 15. Lebensjahr vollendet haben (§ 4 DVO LJG-NRW). Der entsprechende Antrag ist spä-

---

199 RdErl. des MKULNV v. 29.12.2010 – III – 6 – 71 – 10 – 00.20 – (MBL.NRW. S. 37)

200 dieser kann jedoch einen erheblichen Anhaltspunkt für den gewöhnlichen Aufenthalt darstellen (vgl. Ziff. 2.1 des RdErl. d. Ministeriums für Klimaschutz, Umwelt, Landwirtschaft, Natur- und Verbraucherschutz - III-6 - 71-10-00.20 v. 29.12.2010

201 BGH NJW 81, 520; OLG Köln, FamRZ 95, 172 f.; OLG Hamm, FamRZ 89, 1109 f.; BayObLG DAR 2000, Seite 322 ff. (Wohnen für mindestens 185 Tage im Jahr)

testens zwei Monate vor dem Termin für den schriftlichen Teil der Prüfung bei der Unteren Jagdbehörde einzureichen. Dem Antrag ist beizufügen

- ein Nachweis über die Einzahlung der Prüfungsgebühr,
- ein Nachweis einer Vereinigung der Jäger oder einer ihrer satzungsmäßigen Untergliederungen über die sichere Handhabung und das Schießen mit einer Kurzwaffe mit einem Mindestkaliber von 9 mm, es sei denn, die Prüfung wird lediglich zur Erlangung eines Falknerjagdscheines abgelegt. Dieser Nachweis darf nicht älter als ein Jahr sein.
- ein Nachweis über die Teilnahme an einer vom zuständigen Veterinäramt anerkannten Schulung zur Kundigen Person nach Anhang III Abschnitt IV Kapitel I Nr. 4 der Verordnung (EG) Nr. 853/2004.
- ein amtliches Führungszeugnis, das nicht älter als 6 Monate sein darf.[202]

Die grundsätzlich nicht öffentliche Jägerprüfung ist vor einem fünfköpfigen Prüfungsausschuss abzulegen, dem drei jagdpachtfähige Jäger[203], ein Vertreter der Unteren Jagdbehörde sowie der Jagdberater oder dessen Vertreter angehören (§ 2 Abs. 2 DVO LJG-NRW). Die Schießprüfung sowie die schriftliche Prüfung erfordern jedoch nur die Anwesenheit von mindestens zwei Prüfern (§§ 6 Abs. 1, 5 Abs. 4 DVO LJG-NRW). **216**

Die schriftliche Prüfung erfolgt im Multiple-Choice-Verfahren, wobei aus den einzelnen Prüfungsgebieten jeweils ein Fragebogen mit jeweils 25 Fragen zu beantworten ist (§ 5 Abs. 1 DVO LJG-NRW). Dieser Prüfungsteil ist bestanden, wenn entweder in jedem Sachgebiet mindestens 14 Fragen oder insgesamt mindestens 70 Fragen, darunter 14 Fragen aus dem Sachgebiet Tierarten, Wildbiologie, Wildhege und Naturschutz, richtig und vollständig beantwortet wurden (§ 8 Abs. 2 DVO LJG-NRW). **217**

Die Schießprüfung besteht aus dem Büchsenschießen und dem Flintenschießen (§ 6 Abs. 1 DVO LJG-NRW). Sie ist bestanden, wenn beim **218**

---

[202] Rückführung in die bereits früher geltende alte Regelung erfolgte durch die zweite VO zur Änderung der DVO- LJG NRW (GV.NRW. 2011 S. 564)

[203] Von diesen muss mindestens einer die Befähigung für den mittleren, gehobenen oder höheren Forstdienst haben oder ein ein Berufsjäger sein.

Büchsenschießen auf die Rehbockscheibe (sitzend aufgelegt) mindestens 40 von 50 möglichen Ringen, auf die flüchtige Überläuferscheibe mindestens zwei Treffer in den Ringen erzielt und beim Flintenschießen mindestens 3 von 10 Wurftauben oder 5 von 10 Kipphasen getroffen wurden (§ 8 Abs. 3 DVO LJG-NRW). Bei Teil- oder Gesamtnichtbestehen der Schießprüfung darf der nicht erfüllte Teil oder die gesamte Schießprüfung einmalig am gleichen Tage wiederholt werden (§ 8 Abs. 3 DVO LJG-NRW). Die beim ersten Durchgang erzielten Treffer bleiben unberücksichtigt.

219 Die mündlich-praktische Prüfung beinhaltet ein Prüfungsgespräch über alle Sachgebiete. Sie ist bestanden, wenn die Leistungen in drei Sachgebieten mit „bestanden" bewertet wurden, darunter zwingend die Sachgebiete „Kenntnis der Tierarten, Wildbiologie, Wildhege und Naturschutz" sowie „Waffentechnik sowie Führung von Jagd- und Faustfeuerwaffen" (§ 8 Abs. 4 DVO LJG-NRW).Im Sachgebiet Waffentechnik pp. ist es auch zulässig, die praktische Handhabung von speziellen Jagdwaffen zu prüfen. Die Kenntnis vom Sicherungszustand einer Waffe (gesichert oder entsichert) ist für einen sicheren Umgang mit der Waffe unverzichtbar[204].

220 Der Prüfungsausschuss bewertet die drei Teilbereiche der Jägerprüfung jeweils einzeln spätestens am Ende des jeweiligen Prüfungsabschnittes. Nur das Nichtbestehen des schriftlichen Prüfungsteils führt zum Ausschluss von der weiteren Prüfung und damit automatisch zum gesamten Nichtbestehen der Jägerprüfung (§ 9 Abs. 1 DVO LJG-NRW).

221 Werden die Schießprüfung (auch nach Wiederholung am gleichen Tage gemäß § 8 Abs. 4 Satz 2 DVO LJG-NRW) und der mündlich-praktische Teil der Prüfung oder einer der beiden Teile nicht bestanden, so können diese auf Antrag im Rahmen einer von der Unteren Jagdbehörde festzulegenden einmaligen *Nachprüfung* – frühestens 3 Monate später und spätestens vor dem nächsten Hauptprüfungstermin – wiederholt werden (§ 10 DVO LJG-NRW). Ein Jagdscheinprüfungskandidat, der sowohl im ersten Prüfungsversuch als auch in der Nachprüfung jeweils an der mündlich-praktischen Prüfung scheitert, hat die Jägerprüfung damit insgesamt

[204] Bayr. VGH, Beschl. v. 21.06.2017 – 19 ZB 16/2254

nicht bestanden[205]. Nichts anderes kann für das zweimalige Nichtbestehen der Schiessprüfung auch im Nachprüfungstermin gelten.

Nach bestandener Prüfung erhält der Prüfling ein Zeugnis, nach nicht bestandener Prüfung einen negativen schriftlichen Bescheid, der als Verwaltungsakt rechtlich überprüfbar ist (§ 19 DVO LJG-NRW)[206]. **222**

C. Jugendjagdschein

Ein Jagdschein kann auch minderjährigen Personen erteilt werden, soweit **223**
diese das 16. Lebensjahr vollendet haben (§ 16 Abs. 1 BJG). Zwischen dem 16. und 18. Lebensjahr wird der Jagdschein als *Jugendjagdschein* bezeichnet und als solcher in der Urkunde ausgewiesen.

Aufgrund der noch nicht erreichten Volljährigkeit ist der Jugendjagdschein **224**
mit folgenden Einschränkungen verbunden:

Die Jagd darf nur in Begleitung eines Erziehungsberechtigten oder einer **225**
von diesem schriftlich beauftragten Aufsichtsperson ausgeübt werden (§ 16 Abs. 2 BJG). Die Begleitperson muss volljährig und jagdlich erfahren sein. Die erforderliche jagdliche Erfahrung muss nicht zwingend durch das Ablegen einer Jägerprüfung oder Innehaben eines Jagdscheines nachgewiesen werden; ausreichend kann auch die Überprüfung der jagdlichen Kenntnisse durch den Jagdberater sein[207]. Sinn und Zweck dieser Beschränkung ist die Gewährleistung einer beständigen Aufsicht über den Minderjährigen, so dass sich die Begleitperson stets in seiner unmittelba-

---

205 OVG NRW, Beschl. v. 21.11.2011 – 14 A 1899/10

206 Zur den Rechten bei nicht bestandener Jägerprüfung vgl. VG Saarland, Urt. v. 19.01.2011 – 5 K 1527/09 = JE V Nr. 261; v.Pückler, WuH 6/2003 Seite 68 ff.; WuH 7/2003 Seite 72 f. sowie Frhr. von Dörnberg, Die Anfechtung der Jägerprüfung; zum Beurteilungsspielraum vgl. BVerwG, Urt. v. 08.03.1999 – 6 B 13/99; Beachte den Wegfall des Widerspruchsverfahrens durch das Zweite Gesetz zum Bürokratieabbau vom 09.10.2007 (GV. NRW. S. 393 f.); Das Ansprechen eines Prüflings in der Jägerprüfung auf eine „unangemessene" Bekleidung ist ein Grund zur Besorgnis der Befangenheit (So: VG Magdeburg, Urt. v. 19.09.2013 – 3 A 107/13 = JE V Nr. 272).

207 Drees/Thies/Müller-Schallenberg, § 16 BJG II

ren Nähe befinden muss, um in Gefahrensituationen tatsächlich jederzeit eingreifen zu können.

226 Weiterhin ist der Inhaber eines Jugendjagdscheines nicht berechtigt, an einer Gesellschaftsjagd teilzunehmen (§ 16 Abs. 3 BJG). Das Teilnahmeverbot bezieht sich jedoch nur auf die Teilnahme als Schütze, nicht aber als Treiber.

227 Besonders zu beachten ist die in § 13 Absatz 7 WaffG enthaltende waffenrechtliche Beschränkung: Inhabern eines Jugendjagdscheines im Sinne von § 16 des Bundesjagdgesetzes wird eine Erlaubnis zum Erwerb und Besitz von Schusswaffen und der dafür bestimmten Munition *nicht* erteilt. Sie dürfen Schusswaffen und die dafür bestimmte Munition nur für die Dauer der Ausübung der Jagd oder des Trainings im jagdlichen Schießen einschließlich jagdlicher Schießwettkämpfe ohne Erlaubnis erwerben, besitzen, die Schusswaffen führen und damit schießen; sie dürfen auch im Zusammenhang mit diesen Tätigkeiten die Jagdwaffen nicht schussbereit ohne Erlaubnis führen.

228 Mit Erreichen der Volljährigkeit wandelt sich der erteilte Jugendjagdschein nicht automatisch in einen vollwertigen Jagdschein um. Will der nunmehr volljährige Inhaber eines Jugendjagdscheines sich von den vorbezeichneten Beschränkungen befreien, muss er den Jugendjagdschein in einen unbeschränkten Jagdschein umschreiben lassen[208].

229 Ordnungswidrig handelt der Inhaber eines Jugendjagdscheines, wenn er vorsätzlich ohne die erforderliche Begleitperson die Jagd ausübt (§ 39 Abs. 1 Nr. 4 BJG). Der unerlaubte Umgang von Jugendjagdscheininhabern mit Schusswaffen unter Verstoß gegen §§ 13 Abs. 7; 2 Abs. 1 WaffG ist sogar eine Straftat (51 Abs. 1 WaffG).

---

[208] Die Umschreibung ist gebührenpflichtig nach Nr. 22 der VO zur Änderung der Allgemeinen Verwaltungsgebührenordnung vom 01.12.2009 (GV.NRW.S. 661); Jugendjagdscheine werden für das Jagdjahr, in dem der Inhaber volljährig wird, zunächst mit einer Geltungsdauer bis zum Eintritt der Volljährigkeit erteilt. Wird anschließend die Verlängerung als vollgültiger Jahresjagdschein beantragt, so war für diese Umschreibung lediglich der Differenzbetrag zwischen der schon entrichteten und der vollen Jagdabgabe zu erheben (Nr. 7 VV LJG-NRW zu § 57 Abs. 2 LJG-NRW).

D. Versagung/Entziehung des Jagdscheins

Mit bestandener Jägerprüfung steht dem Antragsteller grundsätzlich ein Rechtsanspruch auf Erteilung[209] eines Jagdscheines zu, soweit nicht die abschließend in § 17 BJG aufgezählten Versagungsgründe[210] vorliegen. 230

Diese äußerst umfangreiche und komplizierte Regelung unterscheidet im wesentlichen zwischen Gründen, aus denen die Erteilung zwingend versagt werden *muss* – die Behörde also keinerlei Ermessensspielraum hat – und aus denen diese versagt werden *kann* – der Behörde also ein Ermessensspielraum eingeräumt ist[211]. 231

Die Behörde darf unter den in § 17 Abs. 1 BJG aufgelisteten folgenden Voraussetzungen *keinesfalls* einen Jagdschein erteilen: 232

- Der Antragsteller hat das 16. Lebensjahr noch nicht vollendet (Nr. 1) oder
- beim Antragsteller liegen Tatsachen vor, die die Annahme rechtfertigen, dass er die erforderliche Zuverlässigkeit oder körperliche Eignung[212] nicht besitzt (Nr. 2) oder
- für die Dauer der Entziehung oder Sperre, wenn dem Antragsteller der Jagdschein entzogen worden ist (Nr. 3) oder
- der Antragsteller weist keine ausreichende Jagdhaftpflichtversicherung – mindestens € 500.000,00 für Perso-

---

[209] kann aber grds. nicht im Wege des einstweiligen Rechtsschutzes erwirkt werden (VGH Mannheim NVwZ 2004, 630 f; VGH BaWü, Beschl. v. 13.07.2004 – 1 S 807/04)

[210] Die Versagung/Entziehung eines Jagdscheines ist gebührenpflichtig nach der allgemeinen Verwaltungsgebührenordnung in der Fassung der Allgemeinen Änderungsverordnung vom 21.12.2017 (GV.NRW.S. 946)

[211] hierzu mit einzelnen Beispielen Doerenkamp, Pirsch 2/2007, Seiten 10 ff.

[212] idR die Unfähigkeit, ein Jagdgewehr sicher zu führen (VG Frankfurt/Oder, Beschl. v. 02.10.2008, JE Band XV (ab 2008) V Nr. 244: Versagung bei Funktionslosigkeit eines Armes; VG Ansbach, Urt. v. 18.10.2000 – AN 15 K 00.00924: Versagung bei Doppeltsehen, erheblichen Konzentrationsschwierigkeiten und Verhandlungsunfähigkeit; VG Stuttgart, Beschl. v. 26.11.1992 – 5 K 3179/92: Keine Versagung nur wegen hohen Alters und Hypertonie). Um einer Benachteiligung Behinderter zu entgehen, muss aber überprüft werden, ob nicht dennoch ein Jagdschein unter Auflagen erteilt werden muss (so: BayVGH, Beschl. v. 16.07.2008, JE Band XV (ab 2008) V Nr. 237

nenschäden[213] und € 50.000,00 für Sachschäden – für die Geltungsdauer des beantragten Jagdscheines nach (Nr. 4 Satz 1) oder
- bei Fehlen der Zuverlässigkeit oder der persönlichen Eignung i.S.d. §§ 5 und 6 WaffG; in diesem Fall darf allenfalls ein Falknerjagdschein erteilt werden (Nr. 4 Satz 2)

233 Über § 17 Abs. 1 Nr. 4 Satz 2 BJG sind die schärferen Anforderungen der waffenrechtlichen Zuverlässigkeit[214] auch Prüfungsmaßstab für die Erteilung oder Entziehung eines Jagdscheines. Besitzt man also die (strengere) waffenrechtliche Zuverlässigkeit nicht, ist man automatisch auch jagdrechtlich unzuverlässig.

234 Das Gesetz regelt neben den Voraussetzungen nach §§ 5 und 6 WaffG abschließend[215], wann der Antragsteller die erforderliche Zuverlässigkeit i.S.d. § 17 Abs. 1 Nr. 2 BJG nicht besitzt. Vorgesehen sind hier einmal Tatbestände, bei deren Vorliegen diese *zwingend* und zum anderen bei denen sie nur *regelmäßig* zu verneinen ist. Im ersteren Fall ist dem Antragsteller der Beweis des Gegenteils abgeschnitten, wohingegen er im letzteren Fall die gesetzliche Vermutung widerlegen kann.

235 Die erforderliche Zuverlässigkeit besitzt der Antragsteller unwiderleglich *nicht* (§ 17 Abs. 3 BJG), wenn Tatsachen die Annahme rechtfertigen, dass er
- Waffen[216] oder Munition missbräuchlich oder leichtfertig verwenden wird (Nr. 1)[217] oder
- mit Waffen oder Munition nicht vorsichtig oder sachgemäß umgehen und diese Gegenstände nicht sorgfältig aufbewahren[218] wird (Nr. 2) oder

[213] und zwar pro geschädigte Person und Schadensereignis

[214] vgl. hierzu Kapitel 2, I. Abschnitt, A.2.

[215] Drees/Thies/Müller-Schallenberg, § 17 BJG II 2

[216] auch Hieb-, Stoss- oder Stichwaffen (Drees/Thies/Müller-Schallenberg, § 17 BJG III 4 a)

[217] Unzuverlässigkeit wegen eines Fehlschusses auf einen Hund bejaht: VG Leipzig, Beschl. v. 17.09.2009 – 5 L 335/09

[218] VG Magdeburg, Urt. v. 01.03.2017 – 3A 178/16: Ein einmaliger Verstoß ist ausreichend!

- Waffen oder Munition an Personen überlassen wird, die nach dem WaffG zur Ausübung der tatsächlichen Gewalt über diese Gegenstände nicht berechtigt sind (Nr. 3)

Die erforderliche Zuverlässigkeit besitzt der Antragsteller *regelmäßig*[219] – 236
also durch den Antragsteller widerlegbar – *nicht* (§ 17 Abs. 4 BJG[220]), wenn er

- wegen der in § 17 Abs. 4 Nr. 1 a – d BJG aufgezählten Straftatbestände zu einer Freiheitsstrafe, Jugendstrafe oder Geldstrafe von mindestens 60 Tagessätzen oder mindestens zweimal zu einer geringeren Geldstrafe rechtskräftig verurteilt worden ist[221] und wenn seit dem Eintritt der Rechtskraft der letzten Verurteilung fünf Jahre noch nicht verstrichen sind. Hierbei wird in die vorgenannte Frist die Zeit mit eingerechnet, die seit der Vollziehbarkeit des Widerrufes oder der Rücknahme eines Jagdscheines oder eines Waffenbesitzverbotes nach § 41 WaffG wegen der Tat, die der letzten Verurteilung zugrunde liegt, verstrichen ist. Nicht mit eingerechnet wird jedoch die Zeit, in welcher der Antragsteller auf behördliche oder richterliche Anordnung in einer Anstalt verwahrt worden ist.
- wiederholt oder gröblich gegen eine in § 17 Abs. 4 Nr. 1 d BJG genannte Vorschrift verstoßen hat;
- geschäftsunfähig (§ 104 BGB), in der Geschäftsfähigkeit beschränkt (§ 106 BGB) ist oder
- trunksüchtig, rauschmittelsüchtig, geisteskrank oder geistesschwach ist.

Nach einer Entscheidung des OVG Magdeburg[222] soll zur Verneinung der 237
erforderlichen Zuverlässigkeit bereits genügen, dass der Antragsteller durch die besondere Vehemenz und Aggressivität in Schreiben an Behörden und deren Funktionsträger derart jedes Maß an Selbstbeherrschung

---

219 vgl. hierzu OVG Münster, Beschl. v. 07.11.2006 – 20 B 1847/06

220 § 17 Abs. 4 BJG ist verfassungsgemäß (VG Düsseldorf, RdL 81, 208; RdL 82, 210)

221 bei Verurteilung im Ausland vgl. v.Pückler, WuH 13/2009, S. 98 f und VG Arnsberg, Urt. v. 27.10.2008 – 14 K 1209/08; Bussmann, Pirsch 13/2013, S. 50 f.

222 OVG Magdeburg, Beschl. v. 19.05.1999 – A 1 S 37/99; hierzu Otto, Pirsch 23/99 Seite 43

vermissen lässt, dass hieraus Rückschlüsse auf eine zu befürchtende Nichtbeachtung des geltenden Jagdrechtes gezogen werden können[223].

238 Ist ein Verfahren gegen den Antragsteller nach § 17 Abs. 4 Nr. 1 BJG eingeleitet, aber noch nicht abgeschlossen, kann die Behörde nach pflichtgemäßer Ausübung ihres Ermessens[224] die Entscheidung über den Antrag auf Erteilung des Jagdscheines bis zum rechtskräftigen Verfahrensabschluss durch Verwaltungsakt aussetzen, wobei die Zeit der Aussetzung in die Fünfjahresfrist einzurechnen ist (§ 17 Abs. 5 BJG)[225].

239 Letztendlich ist in § 17 Abs. 6 BJG geregelt, dass dann, wenn Tatsachen bekannt sind, die Bedenken gegen die Zuverlässigkeit wegen Trunksucht, Rauschmittelsucht, Geisteskrankheit oder Geistesschwäche oder die körperliche Eignung begründen, die Behörde dem Antragsteller die Vorlage eines amts- oder fachärztlichen Zeugnisses über seine geistige und körperliche Eignung aufgeben kann. Es muss also der Antragsteller die als Versagungsgrund geäußerten Bedenken der Behörde ausräumen (Beweislastregelung). Die bloße Aufforderung zur Beibringung eines entsprechenden Zeugnisses stellt keinen selbständig anfechtbaren Verwaltungsakt dar[226], weil sie die Entscheidung selbst nur vorbereitet.

240 Die Erteilung eines Jagdscheines *kann* gemäß § 17 Abs. 2 BJG Personen versagt werden, die

- 16, aber noch nicht 18 Jahre alt sind (Nr. 1) oder
- nicht Deutsche i.S.d. § 116 GG sind (Nr. 2) oder
- nicht mindestens drei Jahre ihren Wohnsitz[227] oder ihren gewöhnlichen Aufenthalt ununterbrochen im Geltungsbereich des BJG haben (Nr. 3) oder

---

[223] a. A. OVG Mecklenburg Vorpommern, Beschl. v. 12.02.2003 – 2 M 141/02; hierzu v. Pückler, WuH 13/2005, Seite 98 f.

[224] zum Schadensersatzanspruch eines Jagdpächters bei Nichtausübung des Ermessens vgl. LG Bonn, Urt. v. 14.10.1998 – 1 O 128/98; hierzu Otto, DJZ 8/99 Seite 63

[225] § 17 Abs. 5 BJG ist verfassungsgemäß, kein Verstoß gegen Unschuldsvermutung (VG Düsseldorf, RdL 1981, 208)

[226] Drees/Thies/Müller-Schallenberg, § 17 BJG V

[227] §§ 7 ff. BGB – Tag der Antragstellung maßgeblich!

- gegen die Grundsätze des § 1 Abs. 3 BJG (Weidgerechtigkeit) schwer[228] oder wiederholt verstoßen haben (Nr. 4)

Mit der Versagung eines Jagdscheines kann die Festsetzung einer Sperrfrist für die Erteilung nicht verbunden werden, da eine Analogie zu § 18 Satz 3 BJG ausscheidet[229]. **241**

Soweit ein Jagdschein bereits erteilt worden ist, muss oder kann dieser über § 18 Satz 1 BJG für ungültig erklärt und eingezogen werden, wenn Tatsachen, die die Versagung des Jagdscheines rechtfertigen würden, erst später eintreten oder der Erteilungsbehörde erst nachträglich bekannt werden. Im Wesentlichen kann hier auf die obigen Ausführungen zu den Versagungsgründen des § 17 BJG Bezug genommen werden. **242**

Die Behörde ist zur Ungültigerklärung und zum Einzug des Jagdscheins *zwingend verpflichtet* **243**

- in den Fällen des § 17 Abs. 1 BJG (zwingende Versagungsgründe)
- in den Fällen, in denen nur ein Jugendjagdschein hätte erteilt werden dürfen
- im Fall der Entziehung gemäß § 41 BJG

In den Fällen des § 17 Abs. 2 BJG (mögliche Versagungsgründe) ist die Behörde lediglich *berechtigt*, nach Ausübung ihres pflichtgemäßen Ermessens den Jagdschein für ungültig zu erklären und einzuziehen. **244**

Folgerichtig besteht bei rechtmäßiger Entziehung des Jagdscheines kein Anspruch auf Rückerstattung der Jagdscheingebühren (§ 18 Satz 2 BJG). **245**

Darüber hinaus kann die Behörde mit dem Entzug des Jagdscheins auch eine Sperrfrist für dessen Wiedererteilung festsetzen (§ 18 Satz 3 BJG). **246**

---

[228] Bejaht bei Überschreitung des Abschussplans um 2 Rehböcke und eine Ricke (VGH Kassel, Beschl. v. 29.09.1961 – OS IV 22/60); Einsatz von Feuer zur Bejagung von Füchsen (VG Münster, Urt. v. 11.09.1984 – 7 K 520/84); vgl. zur Definition „schwer" auch VG Düsseldorf, Beschl. v. 18.11.2010 – 15 L 1536/10 = JE V Nr. 257 und Beschl. v. 25.11.2010 – 15 L 1867/10 = JE V Nr. 262

[229] so auch Drees/Thies/Müller-Schallenberg, § 17 BJG VI

Hierbei darf die Höchstdauer von fünf Jahren nicht überschritten werden[230]; bei fahrlässigen Straftaten im Zusammenhang mit dem Umgang von Waffen soll sie aber regelmäßig festgesetzt werden[231].

247 Die Vorschrift des § 18 BJG stellt keine abschließende Regelung für den Entzug des Jagdscheines dar. Ein solcher kann auch beispielsweise über die §§ 48, 49 VwVfG NRW (Rücknahme eines rechtswidrigen[232] oder Widerruf eines rechtmäßigen begünstigenden Verwaltungsaktes) erfolgen. Auch die Festsetzung einer Sperrfrist muss nicht endgültig sein. So kann diese bei Veränderung der Umstände über § 51 VwVfG NRW auf Antrag des Betroffenen oder nach § 49 VwVfG NRW durch die Behörde aufgehoben oder abgeändert werden.

248 Versagung, Entziehung bzw. Ungültigkeitserklärung des Jagdscheines stellen belastende Verwaltungsakte für den Betroffenen dar, die dieser mittels Klage vor den Verwaltungsgerichten[233] auf ihre Rechtmäßigkeit hin überprüfen lassen kann.

---

[230] VG Kassel, RdL 83,13; BayVGH, BayVBl 91, 179; a. A.: VGH Mannheim, DÖV 97, 469

[231] OVG Münster, RdL 82, 15; die Dauer der Sperrfrist steht im pflichtgemäßen Ermessen der Behörde (VG Düsseldorf, Urt. v. 16.11.2010 – 15 K 2917/10 = JE V Nr. 259)

[232] wenn sich z. B. nach Jagdscheinerteilung herausstellt, dass keine deutsche Jägerprüfung bestanden wurde

[233] Beachte den Wegfall des Widerspruchsverfahrens durch das Zweite Gesetz zum Bürokratieabbau vom 09.10.2007 (GV. NRW. S. 393 f.)

V. ABSCHNITT: **JAGDBESCHRÄNKUNGEN, PFLICHTEN BEI DER JAGDAUSÜBUNG, BEUNRUHIGEN VON WILD**

Die Ausübung der Jagd wird durch sachliche und örtliche Verbote eingeschränkt, die im Wesentlichen – also nicht abschließend – in den §§ 19 ff. BJG, 19 f. LJG-NRW zu finden sind. **249**

A. Sachliche Verbote

Die sachlichen Verbote der §§ 19 BJG, 19 LJG-NRW gelten nur[234] für Jagdausübungsberechtigte, Jagdgäste, angestellte Jäger sowie Jagdaufseher. Im Gegensatz hierzu gilt das weitere sachliche Verbot des § 19 a BJG für jedermann. **250**

Verboten ist nach § 19 Abs. 1 BJG insbesondere **251**

- mit Schrot, Posten, gehacktem Blei, Bolzen oder Pfeilen, auch als Fangschuss, auf Schalenwild und Seehunde zu schießen (Verbot des sog. „rauen Schusses")[235]
- auf Rehwild und Seehunde mit Büchsenpatronen zu schießen, deren Auftreffenergie auf 100 Meter (E 100) weniger als 1000 Joule[236] beträgt
- auf alles übrige Schalenwild mit Büchsenpatronen unter einem Kaliber von 6,5 Millimeter zu schießen; im Kaliber 6,5 Millimeter und darüber müssen die Büchsenpatronen eine Auftreffenergie auf 100 Meter (E 100) von mindestens 2000 Joule[237] haben
- mit halbautomatischen Langwaffen, die mit insgesamt mehr als drei Patronen geladen sind, sowie mit automatischen Waffen auf Wild zu schießen[238]

---

234 str., so aber auch Drees/Thies/Müller-Schallenberg, § 19 BJG I

235 außer Notabschuss, wenn Kugel nicht verfügbar; v. Pückler 1), Seite 14

236 beachte die Unterschreitungsmöglichkeit nach § 19 Abs. 3 BJG i.V.m. § 19 Abs. 2 Satz 2 LJG-NRW

237 beachte die Unterschreitungsmöglichkeit nach § 19 Abs. 3 BJG i.V.m. § 19 Abs. 2 Satz 2 LJG-NRW

238 Der Gesetzgeber hat nach dem fachpraktisch höchst zweifelhaften Urteil des BVerwG zum Besitz von Waffen mit großen Magazinen ,vgl. Urt. v. 07.03.2016 – Az. 6 C 59.14, § 19 BJG im Wortlaut

- auf Wild mit Pistolen oder Revolvern zu schießen, ausgenommen im Fall der Bau- und Fallenjagd sowie zur Abgabe von Fangschüssen, wenn die Mündungsenergie der Geschosse mindestens 200 Joule beträgt
- die Lappjagd innerhalb einer Zone von 300 Metern von der Jagdbezirksgrenze, die Jagd durch Abklingeln der Felder und die Treibjagd bei Mondschein auszuüben
- Schalenwild, ausgenommen Schwarzwild, sowie Federwild zur Nachtzeit zu erlegen[239]; als Nachtzeit gilt die Zeit von eineinhalb Stunden nach Sonnenuntergang bis eineinhalb Stunden vor Sonnenaufgang[240]; das Verbot umfasst nicht die Jagd auf Möwen, Waldschnepfen, Auer-, Birk- und Rackelwild
- künstliche Lichtquellen[241], Spiegel, Vorrichtungen zum Anstrahlen oder Beleuchten des Zieles[242], Nachtzielgeräte[243], die einen Bildwandler oder einen elektronischen Verstärker besitzen und für Schusswaffen bestimmt sind, Tonbandgeräte oder elektrische Schläge erteilende Geräte beim Fang oder Erlegen von Wild aller Art zu verwenden oder zu nutzen[244] sowie zur Nachtzeit an Leuchttürmen oder Leuchtfeuern Federwild zu fangen
- Vogelleim, Fallen, Angelhaken, Netze, Reusen oder ähnliche Einrichtungen, sowie geblendete oder verstümmelte Vögel beim Fang oder Erlegen von Federwild zu verwenden
- Belohnungen für den Abschuss oder den Fang von Federwild auszusetzen, zu geben oder zu empfangen

---

klarstellend auf den konkreten Ladezustand der eingesetzten Waffe korrigiert. Damit ist mittlerweile die Verwendung von Waffen gänzlich ohne Magazingeschränkung grundsätzlich zulässig, maßgeblich ist allein der konkrete Ladezustand während der jagdlichen Verwendung.

239 Das Beobachten und Fangen ist demnach unter Berücksichtigung von §§ 19 Abs. 1 Nr. 5 a BJG, 19 a BJG gestattet

240 bei Überschreitung von zwei Stunden bei der Jagd auf ein Reh: Entzug des Jagdscheines mit 18 Monaten Sperrfrist für dessen Wiedererteilung (VGH Mannheim, DJZ 4/97 S. 19)

241 auch Autoscheinwerfer (OLG Düsseldorf, NJW 1996, 2666 f.)

242 Der Erwerb von Zielfernrohren mit beleuchtetem Absehen sowie deren Einsatz bei der Jagd ist seit dem 27. November 1996 zulässig (Gesetz zur Änderung des BJG und WaffG vom 21.11.1996, abgedruckt in RWJ 1/97 Seite 4)

243 Beispielhaft zur sog. „Dual-use" Problematik von Besitz und Verwendung objektiv unterschiedlich verwendbarer Objekte sehr instruktiv: BVerwG Urt. v. 24.06.2009 - Az. 6 C 21.08

244 nicht aber bei Nachsuche, Anbringung eines Fangschusses oder Aufbrechen des Wildes

- Saufänge, Fang- oder Fallgruben ohne Genehmigung der zuständigen Behörde anzulegen
- Schlingen jeder Art, in denen sich Wild fangen kann, herzustellen, feilzubieten, zu erwerben oder aufzustellen
- Fanggeräte, die nicht unversehrt fangen oder nicht sofort töten, sowie Selbstschussgeräte zu verwenden
- in Notzeiten[245] Schalenwild in einem Umkreis von 200 Metern von Fütterungen zu erlegen
- Wild aus Luftfahrzeugen, Kraftfahrzeugen[246] oder maschinengetriebenen Wasserfahrzeugen zu erlegen; das Verbot umfasst nicht das Erlegen von Wild aus Kraftfahrzeugen durch Körperbehinderte mit Erlaubnis der zuständigen Behörde
- die Netzjagd auf Seehunde auszuüben
- die Hetzjagd auf Wild auszuüben
- die Such- und Treibjagd auf Waldschnepfen im Frühjahr[247] auszuüben
- Wild zu vergiften oder vergiftete oder betäubende Köder zu verwenden
- die Brackenjagd auf einer Fläche von weniger als 1000 Hektar auszuüben
- Abwurfstangen ohne schriftliche Erlaubnis des Jagdausübungsberechtigten zu sammeln
- eingefangenes oder aufgezogenes Wild später als vier Wochen vor Beginn der Jagdausübung auf dieses Wild auszusetzen[248]

Seit der Föderalismusreform im Jahre 2006 können die Länder von diesen Regelungen teilweise oder vollständig abweichen. **252**

Hiervon hat das Land Nordrhein-Westfalen insbesondere in § 19 LJG-NRW Gebrauch gemacht und abweichende bzw. zusätzliche Regelungen **253**

---

[245] § 25 Abs. 1 LJG-NRW

[246] Hierzu: Meyer-Ravenstein, Pirsch 15/2016, S. 82 ff.

[247] kalendermäßiger Beginn am 21. März

[248] zu Fasanen und Stockenten siehe § 31 Abs. 5 LJG-NRW

getroffen[249]. In Ergänzung bzw. in Abweichung zu § 19 Abs. 1 BJG ist in NRW verboten

- Mit Schrot und Posten auf Schalenwild zu schiessen; ausgenommen ist der Fangschuss. (*Der Fangschuss auf Schalenwild darf in NRW also ausdrücklich auch mit Schrot oder Posten erfolgen*!) .
- Die Jagd mit Vorderladerwaffen, Bolzen und Pfeilen auszuüben. (*In NRW dürfen damit auch Vorderladerwaffen nicht mehr zur Jagdausübung verwandt werden, da diese Waffen wegen ihrer veralteten Ladetechnik nicht dem Stand der Technik in Hinblick auf eine tierschutzgerechte Erlegung von Wild entsprechen.*)
- Bei der Jagd Büchsenmunition – mit Ausnahme der Kalibergruppen 5,6mm/ .22´[250] - mit bleihaltigen Geschossen sowie bleihaltige Flintenlaufgeschosse zu verwenden. (*Der Bleieintrag in die Umwelt soll durch diese Regelung verringert werden.)*
- Mit Bleischrot die Jagd an und über Gewässern auszuüben. *(Dieses Verbot entspricht der alten Regelung des § 27 Abs. 1 DVO LJG-NRW.)*
- Auf Rehwild und gestreifte Schwarzwildfrischlinge (noch nicht einjährige Stücke) mit Büchsenpatronen zu schiessen, deren Auftreffenergie auf 100m (E100) weniger als 1000 Joule beträgt. (*Damit ist in NRW erstmals auf gesetzlicher Ebene eine Regelung zum Einsatz von Munition auch unter 6,5mm beim Schuss auf gestreifte Frischlinge[251] getroffen worden und stattdessen eine Mindestauftreffenergie geregelt (.22 Hornet reicht damit nicht aus!).)*
- Wild, ausgenommen Schwarzwild und Raubwild, zur Nachtzeit zu erlegen; als Nachtzeit gilt die Zeit von eineinhalb Stunden nach

---

249 Bei der Verwendung von „Wildkameras" sind die Vorgaben des Datenschutzrechts zu beachten, vgl. etwa 6b Absatz 2 BDSG.
Kritisch und relativierend hierzu: Dienstbühl, NuR 34/2012 S. 395 ff.; Nagel, DJZ 10/2012, S.10f.; Thies, RWJ 1/2013, S. 23; Liese, DJZ 1/2014, S. 12f.; LG Essen, Urt. v. 26.06.2014 – 10 S 37/14 hierzu: Hugenroth: 16/2014, S.14; NJW 20/2014 S. 28; Böhm, WuH 13/2014 S. 71ff.; Nieding, Halali, 3/2014S. 60ff.; Bäder, JuJ 972014, S.8; v. Pückler: WuH 10/16, S. 12; Zur rechtskonformen Verwendung von Wildkameras im Jagdrevier: Müller-Schallenberg, RWJ, 2/2017, S. 6 f.

250 Diese Ausnahme begründet sich damit, dass in diesen Kalibergruppen bislang keine hinreichenden bleifreien Alternativen zur Verfügung stehen.

251 Damit hat sich eine weitgehend ähnliche Regelung in einer Ordnungsverfügung des Landesbetriebes Wald und Holz NRW(damalige obere Jagdbehörde), Az. J.3-1604.00.05-01/08 vom 05.03.2009 erledigt.

Sonnenuntergang bis eineinhalb Stunden vor Sonnenaufgang. (*Hasen, Kaninchen und dürfen danach in NRW nicht mehr nachts bejagt werden.)*

- Die Jagdausübung und das Errichten von Jagdeinrichtungen für die Ansitzjagd im Umkreis von 300m von der Mitte von Wildquerungshilfen (Wildunterführungen und Wildgrünbrücken)[252]; von dem Verbot der Jagdausübung ausgenommen ist die Ausübung der Nachsuche.
- Die Baujagd auf Dachse im Naturbau auszuüben.
- Wild von Ansitzen[253] aus zu erlegen, die weniger als 75 Meter von der Grenze eines benachbarten Jagdbezirkes entfernt sind[254]; dieses Verbot gilt nicht, soweit die Jagdnachbarn eine abweichende schriftliche Vereinbarung getroffen haben.
- Zum Anlocken von Wild Tauben- oder Krähenkarusselle zu verwenden, sofern keine Attrappen verwendet werden.
- Das Töten von Katzen. (*Damit wurde im Gegensatz zur bisherigen Regelung des § 25 Abs. 4 Nr. 2 LJG-NRW das bislang ausschließlich im Rahmen des Jagdschutzes statthafte Töten von Katzen noch einmal ergänzend untersagt.)*[255]

Die Untere Jagdbehörde *kann in Einzelfällen das Nachtjagdverbot, die Beschränkungen an Wildquerungshilfen, das Verbot der Baujagd auf Dachse im Naturbau, die Beschränkung der Ansitzjagd in Grenz*nähe sowie sämtliche Verbote gemäß § 19 Abs. 1 BJG im Interesse der Volksgesundheit und der öffentlichen Sicherheit, im Interesse der Sicherheit der Luftfahrt, zur Abwendung erheblicher Wildschäden, zum Schutz der Pflanzen- und Tierwelt sowie zu Forschungs- und Versuchszwecken zeitweise einschränken(§ 19 Abs. 2 LJG-NRW). **254**

252 Hierzu zählen nicht bloße Durchlässe wie Betonröhren unter der Straße oder Brückenunterführungen; Vgl. vertiefend zur Gesamtproblematik: Thies, AuR 7/2014, S.245 ff;

253 auch vom Sitzstock

254 Das Wild darf sehr wohl in kleinerer Entfernung zur Reviergrenze stehen

255 Fundkatzen können bei der örtlichen Ordnungsbehörde abgeliefert werden, so: Hugenberg, RWG 9/2015 S. 4; Zur Annahmepflicht von Fundkatzen zum Zwecke der Verwahrung vgl. VG Münster, Beschl. v. 15.10.2015 – 1 L 1290/15 = NJW, 50/2016, S. 3673ff.; bestätigt durch OVG NRW, Beschl. v. 01.08.2016 - 5 B 1265/15;

Abschnitt 5

Jagdbeschränkungen, Pflichten bei der Jagdausübung, Beunruhigen von Wild

---

255 Über § 19 Abs. 3 LJG-NRW wird das Ministerium ermächtigt, nach Anhörung des zuständigen Ausschusses des Landtages durch Rechtsverordnung die Verbote des § 19 Abs. 1 LJG-NRW und des § 19 Abs. 1 BJG zu erweitern oder aus besonderen Gründen einzuschränken.

256 Über § 19 Abs. 4 LJG-NRW wird das Ministerium auch ermächtigt, nach Anhörung des zuständigen Ausschusses des Landtages die Verwendung von Fanggeräten, die nicht unversehrt fangen oder nicht sofort töten sowie die Verwendung von Selbstschussgeräten zu verbieten und die Voraussetzungen und Methoden der Fallenjagd zu bestimmen.

257 Weiterhin ist es in Nordrhein-Westfalen über § 28 Abs. 2 LJG-NRW verboten, innerhalb von 75 Metern von der benachbarten Reviergrenze entfernt Ansitze zu errichten sowie Fütterungen und Kirrungen anzulegen. Die Untere Jagdbehörde kann zur Vermeidung übermäßiger Wildschäden auch hier Ausnahmen zulassen. Auch hier gelten beide Verbote nicht, soweit die Jagdnachbarn eine abweichende schriftliche Vereinbarung getroffen haben.

258 Die vorbezeichneten sachlichen Verbote sind nicht abschließend und werden ergänzt durch § 19a BJG, die Grundsätze der Weidgerechtigkeit (§ 1 Abs. 3 BJG) und des Tierschutzrechtes[256].

Nach § 19a BJG ist es verboten, Wild, insbesondere soweit es in seinem Bestand gefährdet oder bedroht ist, unbefugt an seinen Zufluchts-, Brut- oder Wohnstätten durch Aufsuchen, Fotografieren, Filmen oder ähnliche Handlungen zu stören. Geschützt werden soll das Wild vor jeglicher Art von Beunruhigungen, die vornehmlich das Gefühl der Angst auslösen. Eine unmittelbare körperliche Beeinträchtigung oder Veranlassung zur Flucht ist zur Tatbestandsverwirklichung nicht erforderlich[257]. Befugt handelt dagegen derjenige, dessen Tun durch jagd- oder fischereirechtliche Vorschriften gedeckt ist, also wer rechtmäßig die Jagd oder Fischerei ausübt oder die ordnungsgemäße land- und forstwirtschaftliche Bodennutzung vornimmt.

---

[256] vgl. hierzu Kapitel 2, I. Abschnitt, C.

[257] Metzger in Lorz/Metzger/Stöckel, § 19 a Rz. 4; Drees/Thies/Müller-Schallenberg, § 19 a BJG

Schließlich ist es nach § 31 Abs. 5 LJG-NRW verboten, in NRW Fasanen und Stockenten später als 8 Wochen vor Beginn der Jagdausübung auf diese Wildarten auszusetzen.

Auch die DVO LJG-NRW beinhaltet eigene sachliche Verbote:

Danach ist es in Nordrhein-Westfalen nach § 27 DVO LJG-NRW verboten,

- Schalenwild außer Schwarzwild an Lockfütterungen (Kirrungen) zu erlegen,
- Schalenwild in einem Umkreis von 300 Metern von Fütterungen zu erlegen (Die ehemalige Privilegierung einer Ausnahmeregelung für Drückjagden wurde gestrichen; ebenso gestrichen wurde das Verbot, Schwarzwild in Notzeiten in einem Umkreis von 200m von Kirrungen zu erlegen)

Über die Beschränkungen des § 25 Absatz 2 Sätze 1 und 4 LJG-NRW hinaus ist es zudem verboten,

- Schalenwild außer Schwarzwild durch Ausbringen von Futter- oder Kirrmitteln anzulocken (kirren),
- Schwarzwild zu füttern, außer nach Feststellung einer Notzeit durch die Forschungsstelle für Jagdkunde und Wildschadensverhütung und Genehmigung durch die zuständige Veterinärbehörde
- Schwarzwild in anderer Weise als in § 28 dieser Verordnung festgelegt zu kirren oder zu füttern,
- Rehwild außerhalb von Notzeiten zu füttern; hiervon ausgenommen ist die Gewöhnungsfütterung mit kräuterreichem Grasheu,
- Futter- oder Kirrmittel in Gewässer einzubringen oder in Uferbereichen auszubringen,
- zur Fütterung von Schalenwild außer Schwarzwild andere Futtermittel als Heu oder Anwelksilage (früher: Grassilage) zu verwenden,
- Stoffe mit pharmakologischer Wirkung oder Futtermittelzusatzstoffe an Wild zu verabreichen, soweit dies nicht behördlich angeordnet, veranlasst oder genehmigt worden ist; hiervon ausgenommen sind Stoffe, die ausschließlich als Silierhilfe eingesetzt werden,
- tierisches Protein sowie Mischfuttermittel, die diese enthalten, an Wild zu verfüttern oder als Kirrmittel einzusetzen; hiervon ausgenommen sind für Nicht-Wiederkäuer
  a. Insekten sowie Protein von verarbeiteten Insekten
  b. Hühnereier und

c. soweit kein Anzeichen für das Vorliegen einer auf Mensch oder Tier übertragbaren Krankheit besteht, im betreffenden Jagdbezirk aufgefundenes Fallwild oder Aufbrüche von Wild (mit Ausnahme von Schwarzwild), welches im betreffenden Jagdbezirk zur Strecke gekommen ist, und Körper oder Körperteile von Nurtia und Bisam.

- Wildäcker (landwirtschaftlich bearbeitete Flächen mit jährlicher Neubestellung) im Wald anzulegen[258].

Zudem verbietet § 30 DVO LJG-NRW die Verwendung von Totschlagfallen und die Verwendung von Wippbrettkastenfallen, die nicht die Mindestmaße nach § 31 Abs. 2 DVO LJG-NRW aufweisen.

Über § 35 Nr. 1 DVO LJG-NRW kann die untere Jagdbehörde Ausnahmen von den Verboten des § 27 DVO LJG-NRW zulassen, soweit dies aus Gründen der Wildhege, zur Vermeidung von übermäßigen Wildschäden oder zu wissenschaftlichen Zwecken, Lehr- und Forschungszwecken erforderlich ist. Sie bedarf hierzu des Einvernehmens mit der Forschungsstelle für Jagdkunde und Wildschadenverhütung.

Hinsichtlich der Fallenverbote des § 30 DVO LJG-NRW sind Ausnahmen über § 35 Nr. 2 DVO LJG-NRW zulässig, soweit dies aus Gründen der Wildhege, zum Schutz vor Wildseuchen oder zu wissenschaftlichen Zwecken, Lehr- und Forschungszwecken erforderlich ist und Gefährdungen Dritter auszuschließen sind.

259 Ergänzt wird der Schutz wildlebender Tiere vor Beunruhigung durch §§ 23 Abs. 2, 39 Abs. 1 BNatSchG.

260 Vorsätzliche Verstöße gegen bestimmte sachliche Verbote werden als Ordnungswidrigkeit geahndet (§§ 39 Abs. 1 Nr. 5, Abs. 2 Nr. 2 BJG, 55 Abs. 1 LJG-NRW). Hierneben sind teilweise auch schon fahrlässige Begehungsformen als Ordnungswidrigkeiten ahndbar (§ 55 Abs. 2 LJG NRW). Gleiches gilt für Verstöße gegen spezifische Verbote der DVO LJG-NRW (§ 36 DVO LJG-NRW). Unabhängig von der Ahndung als Ordnungswidrigkeit läuft der gegen sachliche Verbote Verstoßende auch Gefahr, keinen Jagdschein (mehr) zu erhalten oder diesen entzogen zu bekommen.

---

[258] Gilt nicht für Wildwiesen oder für mehrjährige Bestellungen

B. Örtliche Verbote

Die örtlichen Verbote der Jagdausübung sind in den §§ 20 BJG, 20 und 21 LJG-NRW niedergelegt. 261

Gemäß § 20 Abs. 1 BJG darf an den Orten die Jagd nicht ausgeübt werden[259], an denen sie nach den Umständen des Einzelfalles die öffentliche Ruhe, Ordnung oder Sicherheit stören oder das Leben von Menschen gefährden würde. Während in befriedeten Bezirken die Jagd immer ruht, handelt es sich hier um ein einzelfallbezogenes örtliches Verbot der Jagdausübung. 262

In Betracht kommen insbesondere Örtlichkeiten, an denen sich Menschen aufhalten. Während die Störung der Ruhe eines einzelnen Menschen nicht genügt[260], reicht die konkrete Lebensgefährdung einer einzelnen Person bereits aus. Da die Jagdausübung aber nur bei einer konkreten Gefährdung unterbleiben muss, kann auch auf öffentlichen Strassen und Wegen grundsätzlich gejagt werden, wenn sich zur Zeit der Jagdausübung dort kein Verkehr oder keine Personen befinden[261]. 263

Die örtlichen Verbote der Ausübung der Jagd in Naturschutz-, FFH-, Vogelschutz- und Wildschutzgebieten sowie in Nationalparken hat das Land Nordrhein-Westfalen in den §§ 20 und 21 LJG-NRW geregelt. 264

§ 20 Abs. 1 LJG-NRW verweist hinsichtlich der Jagdausübung in *Naturschutz-, FFH- und Vogelschutzgebieten* auf die Regelungen des jeweiligen Landschaftsplans oder einer ordnungsbehördlichen Verordnung nach den Vorschriftendes Bundes- und Landesnaturschutzgesetzes. . Die zuständige Stelle bedarf hierzu des Einvernehmens mit der zuständigen unteren Jagdbehörde. Nach wie vor ist in den drei vorgenannten Gebietstypen die Ausübung der Jagd grundsätzlich zulässig. Eine Einschränkung (bis hin zum gesamten Verbot der Jagdausübung) ist nur dann zulässig, 265

---

259 auch nicht die bloße Ausübung des Jagdschutzes (OLG Köln, GA 56, 326)

260 Lorz/Metzger/Stöckel, § 20 Rz. 2; Drees/Thies/Müller-Schallenberg, § 20 BJG II

261 OVG Lüneburg, NuR 80, 183; Thüringer OLG, Urt. v. 21.02.2007 – BI U 594/06

wenn der Schutzzweck des Gebietes unter Beachtung des Grundsatzes der Verhältnismäßigkeit diese unbedingt erfordert[262].

266 Zur Ausübung der Jagd in Naturschutzgebieten hatte schon das Ministerium für Umwelt, Raumordnung und Landwirtschaft einen umfänglichen Runderlass[263] herausgegeben, der sich mit allen wesentlichen Konfliktpunkten im Spannungsverhältnis Naturschutz und Jagdausübung befasst und Lösungsansätze bietet. Zu Problematik der Jagd in Schutzgebieten hat auch der DJV ein Positionspapier herausgegeben[264].

267 In *Wildschutzgebieten* und *Nationalparken* kann nach § 20 Abs. 2 LJG-NRW die Oberste Jagdbehörde die Ausübung der Jagd durch ordnungsbehördliche Verordnung[265] regeln, die im Amtsblatt der zuständigen Bezirksregierung zu veröffentlichen ist. Eines Einvernehmens mit der zuständigen höheren Landschaftsbehörde bedarf es nicht (mehr).

268 Gemäß § 21 Abs. 1 LJG-NRW ist die erstmalige Eingatterung von Jagdbezirken und Teilen hiervon zum Zwecke der Jagd und Hege (Jagdgatter) verboten. Untersagt wird hier die Eingatterung, die ausschließlich zum Zweck der Hege oder Jagdausübung erfolgt, im Unterschied zum rechtlich zulässigen Tiergehege (§ 43 BNatSchG, § 56 LNatSchG NRW).

269 Unter bestimmten Voraussetzungen, die detailliert in § 21 Abs. 2 bis 6 LJG-NRW niedergelegt sind, kann die Eingatterung von Flächen bis zu 20 Hektar – allerdings nur befristet – gestattet werden.

---

[262] VG Düsseldorf, Urt. v. 25.02.1994, JE Band V (ab 1995), I Nr. 90; vgl. hierzu: v. Pückler 2), Seite 164 ff.

[263] RdErl. des MURL v. 01.03.1991, III B 6 77-20-00.00/III B 2-1.09.00 (MBl. NW. S. 507/SMBl. NW. 7920), abgedruckt in Thies I, Seite 121 ff.; aktueller Stand: 23.11.2015

[264] abgedruckt in JuJ 11/1995, Seite 1 f.

[265] In NRW existiert bisher nur ein Nationalpark „Eifel" mit Rechtsverordnung Nationalpark Eifel vom 17.12.2003, geändert durch Art. VII des Gesetzes zur Änderung des Landschaftsgesetzes sowie sonstiger Vorschriften vom 19.06.2007 und Verordnung zur Regelung der Ausübung der Jagd im Nationalpark Eifel vom 12.08.2007 (ABl für den Regierungsbezirk Köln Nr. 32, 187. Jahrgang, vom 13.08.2007, Seiten 268 ff.)

Wild bleibt auch im – berechtigt oder unberechtigt errichteten – Jagdgatter (im Gegensatz zum Tiergehege) weiterhin herrenlos und unterliegt dem Jagdausübungs- und insbesondere Aneignungsrecht des im Jagdgatter Jagdausübungsberechtigten. **270**

Nach § 21 Abs. 7 LJG-NRW ist der Abschuss von Schalenwild in bereits bei Inkrafttreten des LJG-NRW[266] *vorhandenen Jagdgattern* durch besonderen Abschussplan zu regeln, der auch das Schwarzwild zu erfassen hat. **271**

Abgesehen von dem besonders erforderlichen Abschussplan steht das Jagdgatter einem „freien" Jagdrevier grundsätzlich gleich[267]. **272**

Vorsätzliche Verstöße gegen § 20 Abs. 1 BJG werden als Ordnungswidrigkeit geahndet (§ 39 Abs. 1 Nr. 5 BJG). Ordnungswidrig handelt auch, wer vorsätzlich entgegen § 21 LJG-NRW Jagdbezirke oder Teile hiervon eingattert (§ 55 Abs. 1 Nr. 11 LJG-NRW) oder entgegen § 21 Abs. 7 Satz 2 LJG-NRW den Abschussplan nicht oder nicht rechtzeitig einreicht (§ 55 Abs. 1 Nr. 11a LJG-NRW). Ordnungswidrig handelt schließlich, wer vorsätzlich oder fahrlässig einem gemäß § 20 Abs. 1 Satz 1 LJG-NRW in einem Landschaftsplan enthaltenen Gebot oder Verbot für die Ausübung der Jagd in Schutzgebieten zuwiderhandelt, sofern der Landschaftsplan für einen bestimmten Tatbestand auf diese Bußgeldvorschrift verweist (§ 55 Abs 2 Nr. 2 LJG-NRW). **273**

C. Entschädigungsregelungen

Das Landesjagdgesetz NRW enthält zwei Entschädigungsregelungen zum Ausgleich von jagdlichen Beschränkungen des Eigentums: **274**
Bei Beschränkungen der Jagdausübung in Naturschutz-, FFH- und Vogelschutzgebieten findet § 76 des LNatSchG-NRW entsprechende Anwendung (§ 20 Abs. 1 Satz 3 LJG-NRW i.V.m. Artikel 25 LNatSchG). Unter den dort genannten Voraussetzungen kann der Betroffene u.a. eine angemessene Entschädigung in Geld verlangen.

---

[266] am 01.04.1953

[267] Drees/Thies/Müller-Schallenberg, § 20 BJG IV 3 d

Daneben hat der Landesgesetzgeber in § 20 Abs. 3 LJG-NRW erstmalig eine *umfassende* Entschädigungsregelung getroffen. Hiernach ist eine angemessene Entschädigung in Geld zu leisten, wenn jagdliche Beschränkungen des Eigentums, welche aufgrund von Vorschriften des LJG-NRW oder Rechtsvorschriften, die aufgrund dieses Gesetzes erlassen worden sind, und welche im Einzelfall zu einer unzumutbaren Belastung führen, denen nicht durch andere Maßnahmen, insbesondere durch die Gewährung einer Ausnahme oder Befreiung, abgeholfen werden kann, eintreten. Dogmatisch zu kritisieren ist, dass der Gesetzgeber diese – für das gesamte Gesetz und seine Begleitvorschriften geltende Norm – in § 20 LJG-NRW unter der Überschrift „Örtliche Verbote" recht versteckt platziert hat. Geschuldet ist diese Norm wohl vorrangig den massiven (teilweise verfassungsrechtlich bedenklichen) Eingriffen in grundgesetzlich geschützte Positionen der betroffenen Rechtsinhaber.

D. Abschussregelung/Abschussplan

1. Aufstellungspflicht

275 Aus den Gesichtspunkten der Abwägung öffentlich-rechtlicher sowie privater Belange, des Erhaltes eines gesunden Wildbestandes nach Art und Zahl, des Bestandsschutzes von bedrohtem Wild sowie der Wahrung der Ansprüche der Land-, Forst- und Fischereiwirtschaft auf Schutz gegen Wildschäden wird dem Jagdausübungsberechtigten die gesetzliche Pflicht auferlegt, den Abschuss allen Wildes nach diesen Vorgaben auszurichten (§ 21 Abs. 1 BJG)[268].

276 Für den Abschuss von Schalenwild – mit Ausnahme von Schwarzwild – sowie Auer-, Birk- und Rackelwild stellt § 21 Abs. 2 BJG darüber hinaus das Erfordernis eines Abschussplanes auf. In NRW ist– abweichend von § 21 Abs. 2 BJG – zusätzlich auch Rehwild von dem Erfordernis einer Abschussplanung ausgenommen (§ 22 Abs. 1 LJG-NRW)[269]. Auer- Birk- und Rackelwild sind in NRW aus dem Katalog der bejagbaren Arten gestri-

---

[268] Zu einem „Totalabschuss" einer Muffelherde vgl. VG Minden, Urt. vom 18.01.2013 – 8K 1917/11; Zu den Ermittlungs- und Abwägungskriterien vgl. die lehrbuchmäßig begründete Entscheidung OVG NRW, Urt. vom 01.08.2014 – 16 A 805/13

[269] Hierzu: Diekmann, DJZ 5/2018, S. 32

chen worden, weshalb für diese Arten auch keine Abschussplanung mehr erforderlich ist.

Der Abschussplan ist jeweils zum 1. April des Jahres, in dem der bisherige Abschussplan ausläuft, zahlenmäßig getrennt nach Wildarten und Geschlecht, bei männlichem Schalenwild auch getrennt nach Klassen[270], einzureichen (§ 22 Abs. 1 LJG-NRW). **277**

Die Aufstellung des Abschussplanes obliegt dem/der Jagdausübungsberechtigten. Darüber hinaus besteht in NRW nach § 22 Abs. 2 LJG-NRW auch die Möglichkeit, dass Hegegemeinschaften für mehrere Jagdbezirke in ihrem Bereich oder Teilbereichen einen *Gesamtabschussplan* aufstellen und diesen bei der Unteren Jagdbehörde einreichen können. **278**

2. Genehmigung und Festsetzung

Die Untere Jagdbehörde hat nach Überprüfung und Abwägung aller[271] oben bezeichneten Belange nach Anhörung der Forstbehörde[272] und im *Benehmen* (das früher bestehende *Zustimmung*serfordernis wurde gestrichen) mit dem Jagdbeirat den eingereichten Abschussplan zu bestätigen (§§ 21 Abs. 2 BJG, 22 Abs. 4 LJG-NRW), soweit **279**

- dieser den jagdrechtlichen Vorschriften entspricht und das Ergebnis des Verbissgutachtens gem. § 22 Abs. 5 LJG-NRW berücksichtigt,
- bei verpachteten Jagdbezirken der Abschussplan im Einvernehmen mit dem/der Verpächter/in aufgestellt worden ist und

---

270 Über § 22 Abs. 12 Nr. 1 LJG-NRW: Regelungen über die Klasseneinteilung und den Abschuss von männlichem Schalenwild (außer Schwarzwild) in § 21 DVO LJG-NRW; hier wurde nur die Alterklasseneinteilung (§ 21 DVO LJG-NRW) beibehalten, die Klassifizierung nach Güte (bisher § 22 – 26 DVO LJG-NRW alt nebst Anlage) wurde ersatzlos gestrichen; zur Klasseneinteilung: Petrak, RWJ 12/2015, S. 20 f..

271 Die Festsetzung der Zahl der Abschüsse darf nicht ausschließlich aufgrund des waldbaulichen Gutachtens erfolgen (VG Mainz, Urt. v. 25.02.1997 – 3 K 476/95, Mz; hierzu Schmelz, DJZ 8/97 Seite 60 f.); Die Behörde ist zur Abwägung der unterschiedlichen Interessen verpflichtet und es ist eine konkrete revierbezogene Betrachtungsweise notwendig (BVerwG NVwZ-RR 92, 588)

272 zur forstlichen Stellungnahme zur Abschussplanung für Schalenwild vgl. RdErl. d. MURL v. 02.10.1995 (MBl. NW. S. 1626/SMBl. NW. 7920), zwischenzeitlich aufgehoben durch RdErl des MKULNV NRW vom 08.07.2015 (MBl. NW. S. 455 MBl. NW 7920.)

- innerhalb von Hegegemeinschaften die Abschusspläne aufeinander abgestimmt oder nach § 22 Abs. 2 LJG-NRW aufgestellt und im Einvernehmen mit den Jagdvorständen der Jagdgenossenschaften und den Inhaberinnen/Inhabern der Eigenjagdbezirke aufgestellt worden sind sowie bei Jagdbezirken in Rotwildgebieten – unabhängig von deren Zugehörigkeit zu einer Hegegemeinschaft – der Rotwildsachverständige ins Benehmen gesetzt wurde.

Hierbei wird durch die Rechtsprechung dem Schutz der Vegetation und den daraus resultierenden Ansprüchen der Forstwirte Vorrang gegenüber der Hege des Wildes eingeräumt[273]. Dieser pauschale Ansatz „Wald vor Wild" ist aber ebenso abzulehnen wie der gegenteilige „Wild vor Wald", da ausschließlich eine einzelfallbezogene Ausgewogenheit beider Komponenten zum richtigen Ergebnis führen kann. Ein allgemeiner Grundsatz „Wald vor Wild" verkennt zudem die Gleichrangigkeit der Staatsziele Umwelt- *und Tier*schutz und das daraus resultierende Abwägungsgebot und verstößt deswegen gegen Art. 20a GG.[274]

280 Zur Wahrung der berechtigten Ansprüche der Forstwirtschaft auf Schutz gegen Wildschäden hat die Forstbehörde nunmehr im regelmäßigen Turnus von drei bis fünf Jahren ein Gutachten zum Einfluss des Schalenwildes auf die Verjüngung der Wälder zu erstellen (§ 22 Abs. 5 LJG-NRW)[275].

281 Liegen die Voraussetzungen nach § 22 Abs. 4 LJG-NRW nicht vor oder ist insbesondere bereits eingetretenen oder zu erwartenden Wildschäden nicht hinreichend Rechnung getragen, so hat die Untere Jagdbehörde den Abschussplan nach Anhörung der Forstbehörde im *Be*nehmen (Nicht mehr „im *Ein*vernehmen") mit dem Jagdbeirat festzusetzen. Die Festsetzung hat so zu erfolgen, dass eine nachhaltige Verringerung des Wildbestandes auf eine tragbare Wilddichte gewährleistet ist. Die Wild- und Wildschadensverhältnisse in benachbarten Jagdbezirken sind angemessen zu berücksichtigen (§ 22 Abs. 6 LJG-NRW).

---

[273] BayVGH Urt. v. 19.05.1998 – 19 B 95.3738 und BayVGH NuR 97, 294

[274] so im Ergebnis auch: Hirt, Maisack, Moritz, § 17 Rdn.26

[275] Siehe hierzu auch den Runderlass des MKULNV „Erstellung von Verbissgutachten" vom 21.02.2017, Az. III - 6 77-10-00.40

Bei der Bestätigung oder Festsetzung des Abschussplanes handelt es sich um einen Verwaltungsakt, der durch den Antragsteller[276] gerichtlich in vollem Umfang überprüfbar ist[277]. Problematisch erscheint bei der Anfechtung der Festsetzung des Abschussplanes durch den Pächter, dass die Anfechtungsklage aufschiebende Wirkung entfaltet[278], demnach also zunächst gar kein Abschussplan vorliegt und somit auch kein Abschuss des dem Abschussplan unterliegenden Wildes getätigt werden darf. Um diesem ungewollten Ergebnis entgegenzuwirken, erklären die Unteren Jagdbehörden den Abschussplan deshalb häufig über § 80 Abs. 2 Nr. 4 VwGO für sofort vollziehbar, damit die Erfüllung des Planes und somit ein Abschuss auch während des laufenden Verfahrens gewährleistet sind. Als Begründung für den Sofortvollzug wird angeführt, dass in der Regel das öffentliche Interesse an der sofortigen Vollziehung vorrangig sei, weil das BJG vom Vorrang der Land-, Forst- und Fischereiwirtschaft ausgehe[279]. **282**

Da § 21 Abs. 1 BJG eine drittschützende Norm darstellt, können darüber hinaus auch die betroffenen Land-, Forst- und Fischwirte – und damit auch ein einzelner Jagdgenosse – einen Abschussplan selbständig anfechten und beispielsweise auf Erhöhung der Abschusszahlen klagen[280]. **283**

Durch den Wegfall des Abschussplanes für Rehwild werden bestehende (rechtskräftige) Abschusspläne nicht automatisch obsolet, da sie als Verwaltungsakte auch bei Änderungen der Gesetzeslage grundsätzlich fortgelten. Allerdings bleiben Unter- oder Überschreitungen nunmehr sanktionslos.

Der Abschussplan wird mit einer Geltungsdauer von einem Jahr bestätigt oder festgesetzt (§ 22 Abs. 3 LJG-NRW). In Nationalparks kann – hiervon abweichend – ein Abschussplan mit einer Geltungsdauer von drei Jahren **284**

---

[276] also nur für den eigenen, nicht aber den benachbarten Jagdbezirk (Hess VGH, Beschl. v. 12.02.2002 – 11 TG 3099/02; hierzu v. Pückler, WuH 8/2004, Seite 112 f.) und HessVGH, Beschl. v. 05.01.2006 – 11 UZ 111/04

[277] Wegfall des Widerspruchsverfahrens durch das Zweite Gesetz zum Bürokratieabbau vom 09.10.2007 (GV. NRW. S. 393 f.)

[278] § 80 Abs. 1 VwGO

[279] VG Koblenz, Beschl. v. 18.08.1995 – 8 L 2250/93.KO mit Anm. v. Pückler, WuH 11/1995, Seite 33 ff.

[280] BVerwG, AgrR 96, 259 f. = NJW 1996, 334 mit Anm. Brade, DJZ 1/97 Seite 6; hierzu auch: Laber, NuR 96, 14; Dietlein, JuS 96, 593

bestätigt werden (sog. *Periodenabschussplan*). Im Einzelfall kann die Untere Jagdbehörde auf Antrag einer Hegegemeinschaft ebenfalls einen Periodenabschussplan bestätigen oder festsetzen.

3. Erfüllungspflicht

285 Der Jagdausübungsberechtigte hat den im Abschussplan festgesetzten Abschuss *zwingend* zu erfüllen (§ 21 Abs. 2 Satz 6 BJG). Die in bestätigten oder festgesetzten Abschussplänen für weibliches Schalenwild und für Kälber festgesetzten Abschüsse gelten als Mindestabschüsse; sie können bis zu 20 % überschritten werden. Der Abschussplan für Muffelwild ist ein Mindestabschussplan. Der fristgerecht eingereichte Abschussplan gilt für Schmaltiere und Schmalspießer in Höhe des bestätigten oder festgesetzten Abschusses des Vorjahres als genehmigt, wenn die Untere Jagdbehörde am 01. Mai den Abschussplan nicht bestätigt oder festgesetzt hat (§ 22 Abs. 7 LJG-NRW).

4. Kontrollmöglichkeiten

286 Die Kontrolle, ob die Abschusspflicht eingehalten wurde, erfolgt durch die Untere Jagdbehörde und ist detailliert in den § 22 Abs. 8 bis 11 LJG-NRW geregelt:

Hierzu hat der/die Jagdausübungsberechtigte über den Abschuss *allen* Wildes und auch sämtlichen Fallwildes (nicht mehr nur Schalenwild!), eine *Streckenliste* zu führen (§ 22 Abs. 8 LJG-NRW). In diese Streckenliste ist jede Eintragung innerhalb eines Monats vorzunehmen. Die Streckenliste muss der Unteren Jagdbehörde zwar jederzeit auf Verlangen zur Einsicht vorgelegt, unaufgefordert aber nur jährlich als *Summenliste* (bis zum 15. April eines Jahres für das vorangegangene Jagdjahr) angezeigt werden.

287 Über das erlegte Rotwild (ohne Fallwild[281]) ist jährlich zum 15. November schriftlich eine gesonderte Streckenliste zu erstellen, auch wenn und obwohl dieses bereits in der allgemeinen Streckenliste aufgeführt ist (§ 22 Abs. 9 LJG-NRW).

---

[281] auf natürlichem Wege (Hunger, Krankheit, Alter etc.) zu Grunde gegangenes Wild

Darüber hinaus ist der/die Jagdausübungsberechtigte verpflichtet, der Unteren Jagdbehörde das Geweih oder die Hörner und den Unterkiefer des erlegten *männlichen* Rot-, Dam-, Muffel und Sikawildes und auch weiblichen Rotwildes, vom erlegten männlichen Muffelwild nur die Hörner, innerhalb einer Frist von zwei Jahren nach dem Abschuss auf Verlangen vorzulegen. An den Schädeln von Rot-, Dam- und Sikahirschen ist der Oberkiefer zu belassen. Die Untere Jagdbehörde hat die Geweihe oder Hörner sowie Unterkiefer dauerhaft zu kennzeichnen. Die Behörde kann den Jagdausübungsberechtigten bestimmter Jagdbezirke nach Anhörung des Jagdbeirates auch aufgeben, den Nachweis über die Erfüllung des Abschussplanes für Schalenwild (außer Schwarzwild) durch Vorlage der erlegten Tierkörper oder Teilen davon innerhalb einer bestimmten Frist an bestimmten Stellen zu führen (§ 22 Abs. 10 LJG-NRW). 288

Nach § 22 Abs. 11 LJG-NRW kann die Untere Jagdbehörde anordnen, 289
dass für das in ihrem Zuständigkeitsbereich im letzten Jahr zur Strecke gekomme Schalenwild das Geweih und der Ubnterkiefer des erlegten männlichen Rot-, Sika und Damwildes, die Hörner des erlegten Muffelwildes und die Unterkiefer des erlegten weiblichen Rotwildes auf einer allgemeinen Hegeschau vorzuzeigen sind. Eine Durchführungspflicht von Hegeschauen für Rehwildgehörne besteht weiterhin nicht, die Durchführung auf freiwilliger Basis hat sich in der Praxis allerdings bewährt und bleibt empfehlenswert.

Die Aufbewahrungs-, Vorlage- und Kennzeichnungspflicht dient der Kon- 290
trolle, ob die Eintragungen in der Streckenliste auch den Tatsachen entsprechen. Die dauerhafte Kennzeichnung der Trophäen bzw. der Unterkiefer des Rotwildes erfolgt in der Regel dadurch, dass beim Kopfschmuck der linke Rosenstock bzw. Stirnzapfen von der Rückseite her – also verdeckt – angebohrt wird. Der Eigentümer der Trophäe ist kraft der gesetzlichen Bestimmungen zur Duldung dieser dauerhaften Kennzeichnung verpflichtet[282]. Soweit – wie bei vielen Hegeschauen üblich – die Trophäe im Stirnbereich vollständig durchbohrt wird, dürfte diese offensichtliche Beschädigung von der gesetzlichen Ermächtigung aber nicht

[282] Drees/Thies/Müller-Schallenberg, § 21 BJG III 4

mehr gedeckt sein, als Sachbeschädigung betrachtet und damit vom Eigentümer gerade nicht mehr geduldet werden müssen.

5. Ersatzvornahme

291 Soweit der Jagdausübungsberechtigte den Abschussplan für Schalenwild nicht erfüllt, kann die Untere Jagdbehörde dessen Erfüllung nach den Vorschriften des VwVG NRW durchsetzen (§ 22 Abs. 12 Satz 1 LJG-NRW). Dies ist möglich mittels Zwangsgeldes oder durch Ersatzvornahme.

292 Wild, das im Wege der Ersatzvornahme durch Dritte erlegt wird, ist gegen angemessenes Schussgeld dem Jagdausübungsberechtigten zu überlassen (§ 22 Abs. 12 Satz 2 LJG-NRW).

6. Ordnungswidrigkeiten

293 Ordnungswidrig handelt derjenige, der vorsätzlich oder fahrlässig vor Festsetzung oder Bestätigung des Abschussplanes dem Abschussplan unterliegendes Wild erlegt oder den Abschussplan überschreitet[283] (§ 39 Abs. 2 Nr. 3 BJG). Das gleiche gilt für denjenigen, der vorsätzlich den Abschussplan nicht oder nicht fristgerecht einreicht (§ 55 Abs. 1 Nr. 11a LJG-NRW) oder vorsätzlich das Geweih oder den Unterkiefer des erlegten Rotwildes auf Verlangen nicht vorzeigt oder den Nachweis über die Erfüllung des Abschussplanes nach § 22 Abs. 10 Satz 4 LJG-NRW nicht führt (§ 55 Abs. 1 Nr. 12 LJG-NRW).

294 Ordnungswidrig handelt auch derjenige, der vorsätzlich oder fahrlässig keine Streckenliste führt, die Eintragungen in die Streckenliste nicht richtig oder nicht rechtzeitig vornimmt, die Streckenliste nicht der Unteren Jagdbehörde auf Verlangen zur Einsicht vorlegt oder die jährliche Jagdstrecke der Unteren Jagdbehörde nicht rechtzeitig anzeigt (§ 55 Abs. 2 Nr. 3 LJG-NRW).

---

[283] vgl. aber den nicht verallgemeinerungsfähigen Einzelfall einer Entscheidung des AG Eschwege, zitiert und kritisch besprochen von Exler in DJZ 9/94 S. 22 f.: Freispruch trotz 100 %igen Überschreitens des Abschussplanes

Ebenfalls begeht eine Ordnungswidrigkeit, wer die Abschussmeldung über das erlegte Rotwild der Unteren Jagdbehörde vorsätzlich oder fahrlässig nicht oder nicht rechtzeitig vorlegt (§ 55 Abs. 2 Nr. 4 LJG-NRW). **295**

E. Abschussverbote

Die Untere Jagdbehörde kann über §§ 21 Abs. 3 BJG, 23 LJG-NRW dem Jagdausübungsberechtigten den Abschuss von Wildarten, die in ihrem Bestand bedroht erscheinen, in bestimmten Jagdbezirken oder bestimmten Revieren für eine bestimmte Zeit gänzlich verbieten. Dieses Verbot für den Einzelfall, das einen rechtlich überprüfbaren Verwaltungsakt darstellt, kann wiederholt werden, solange die vorbezeichneten Voraussetzungen nach Zeitablauf der Verfügung immer noch vorliegen, also die Wildart noch bedroht erscheint. **296**

Wer Wild entgegen einem solchen Abschussverbot erlegt, begeht nicht nur eine Ordnungswidrigkeit, sondern macht sich strafbar nach § 38 Abs. 1 Nr. 1 BJG. **297**

F. Verbreitungsgebiete

Über § 22 Abs. 12 Nr. 2 LJG-NRW wird das Ministerium ermächtigt, nach Anhörung des zuständigen Ausschusses des Landtages durch Rechtsverordnung aus Gründen der Wildhege und zur Vermeidung übermäßiger Wildschäden *Verbreitungsgebiete* (früher: ‚*Bewirtschaftungsbezirke*') für Schalenwild (Verbreitungs- und Freigebiete) und die zulässige Wilddichte festzulegen. Die frühere Einteilung in Kern- und Randgebiete ist somit in dem breiteren Begriff des Verbreitungsgebietes aufgegangen. **298**

Insoweit hatte das Ministerium die früheren Bewirtschaftungsbezirke per Verordnung für Rot-, Dam-, Sika- und Muffelwild[284] und in einem Runderlass die jeweiligen Zielbestände[285] festgelegt. Seit dem Auslaufen der **299**

---

[284] Verordnung über Bewirtschaftungsbezirke für Rot-, Dam-, Sika- und Muffelwild v. 28.09.1994 (GV. NW. S. 858/SGV. NW. 792) in der Fassung vom 02.12.2009

[285] Zielbestände für Bewirtschaftungsbezirke für Rot-, Sika-, Dam- und Muffelwild; RdErl. d. MURL v. 23.01.1997 (MBl. NW. S. 984/SMBl. NW. 7920)

damaligen Verordnung zum Ende des Kalenderjahres 2010 waren Regelungen über Bewirtschaftungsbezirke in den §§ 39 bis 44 sowie Anlage 2 der DVO LJG-NRW getroffen worden.[286]

Diese Systematik wurde in den gleichen Normen der DVO LJG-NRW beibehalten. Allerdings wurde Muffelwild aus dieser Regelung „herausgenommen", indem man keine Verbreitungsgebiete für diese Wildart mehr vorgesehen hat. Damit unterliegt die Hege des Muffelwildes nur noch den allgemeinen Regelungen des § 1 Abs. 2 BJG sowie der Mindestabschussplanregelung nach § 22 Abs. 7 Satz 2 LJG-NRW. Im Übrigen sind die Grenzbeschreibungen der Verbreitungsgebiete nunmehr in Anlage 3 der DVO LJG-NRW festgeschrieben.

300 Nach § 43 Satz 1 DVO LJG-NRW darf Schalenwild in Freigebieten abweichend von § 21 Abs.2 Satz 1 BJG ohne Abschussplan erlegt werden.

G. Jagd- und Schonzeiten

301 Die Jagd auf Wild wird durch Jagd- und Schonzeiten in zeitlicher Hinsicht gesetzlich beschränkt. § 22 BJG regelt hierzu nur Grundsätzliches und wird durch die Verordnung des Bundes über die Jagdzeiten[287] (JagdZVO) ergänzt. Über § 24 Abs. 1 LJG-NRW wird das Ministerium ermächtigt, im Einvernehmen mit dem Landtag durch Rechtsverordnung bundesrechtlich geregelte Jagdzeiten abweichend von § 22 Abs. 1 BJG abzukürzen, aufzuheben oder zu verlängern. Das Land Nordrhein-Westfalen hat insoweit mit den landesrechtlichen Verordnungen über die Jagdzeiten[288] (JagdZVO-NRW und die Änderungsverordnung zur JagdZVO-NRW) Detailregelungen getroffen.

302 Die Zeiten, in denen die Jagd auf Wild ausgeübt werden darf, nennt man Jagdzeiten (§ 22 Abs. 1 Satz 1 BJG). Sie sind ausdrücklich in den vorge-

[286] Erste VO zur Änderung der LandesjagdgesetzdurchführungsVO v. 28.03.2011 (GV.NRW. S. 209 ff.)

[287] Verordnung (des Bundes) über die Jagdzeiten vom 22.04.1977 (BGBl. I Seite 531, zuletzt geändert durch Art. 2 V v. 7.3.2018 I 226);

[288] Verordnung über die Jagdzeiten vom 28. Mai 2015 (GV NRW S. 468) in Verbindung mit der Änderungsverordnung vom 14.03.2019 (GV. NRW. S. 175)

nannten Verordnungen über die Jagdzeiten geregelt. Außerhalb der gesetzlichen Jagdzeiten ist Wild mit der Jagd zu verschonen (Schonzeiten; § 22 Abs. 1 Satz 2 BJG).

Im Wesentlichen lässt sich deshalb die folgende Differenzierung treffen: 303

1. Wild mit Jagdzeit

Die Verordnung des Bundes über die Jagdzeiten hat mit 25 Unterpunkten in 304 § 1 Abs. 1 JagdZVO die Zeiten, innerhalb derer bestimmte Wildarten bejagt werden dürfen, festgelegt. Abweichend von der JagdZVO (des Bundes) werden in Artikel 1 der Änderungserordnung zur JagdZVO-NRW Wildarten bestimmt, auf welche die Jagd in NRW wie folgt ausgeübt werden darf:

1. Rotwild	1. August bis 31. Januar
Sowie Schmaltiere und Schmalspießer	1. Mai bis 31. Mai
2. Dam- und Sikawild	1. August bis 31. Januar
Sowie Schmaltiere und Schmalspießer	1. Mai bis 31.Mai
3. Rehwild	1. September bis 31. Januar
Kitze und Ricken	1. September bis 31. Januar
Schmalrehe	1. Mai bis 31. Mai
	1. September bis 31. Januar
Böcke	1. Mai bis 31. Januar
4. Muffelwild	1. August bis 31. Januar
5. Schwarzwild	Ganzjährig unter Beachtung des Elterntierschutzes nach § 22 Abs. 4 BJG[289]

[289] Ursprünglich hatte NRW die Jagdzeit auf Schwarzwild vom 1. August bis 15. Januar (sowie ganzjährig auf Frischlinge) beschränkt. Im Rahmen der ASP-Prävention wurde zunächst die Schonzweit für Überläufer bis zum 31.03.2018 vollständig aufgehoben (Erlass des MULNV NRW v. 17.07.2017 Az. 3–6 -71– 20– 00.21).Später wurde die Schonzeit allen Schwarzwildes in NRW mit Ausnahme von Bachen mit gestreiften Frischlingen unter ca. 25 kg bis zum 31.03.2021 aufgehoben (Erlass MULNV NRW v. 04.01.2018, Az. 3–6 -71– 20– 00.21). Letztendlich wurde die Regelung in der bundesrechtlichen JagdZVO betreffend Schwarzwild auf eine ganzjährige Jagdzeit allgemein unter Beachtung des Elterntierschutzes nach § 22 Abs. 4

6. Feldhasen	16. Oktober bis 31. Dezember
7. Wildkaninchen Jungkaninchen	16. Oktober bis 28. Februar ganzjährig
8. Steinmarder	16. Oktober bis 28. Februar
9. Iltisse	16. Oktober bis 28. Februar
10. Hermeline	1. September bis 28. Februar
11. Dachse Jungdachse	1. September bis 31. Dezember ganzjährig
12. Füchse Jungfüchse	16. Juli bis 28. Februar ganzjährig
13. Minke	16. Oktober bis 28. Februar
14. Waschbären Jungwaschbären	1. August bis 28. Februar ganzjährig
15. Marderhunde Jungmarderhunde	1. September bis 28. Februar ganzjährig
16. Rebhühner	1. September bis 15. Dezember[290]
17. Fasanen	16. Oktober bis 15. Januar
18. Wildtruthähne	16. März bis 30. April
19. Ringeltauben	1. November bis 20. Februar
20. Höckerschwäne	1. November bis 20. Februar

BJG unbefristet ausgedehnt. NRW hat diese Ausnahmeregelung auf den 31.01. 2023 befristet und in der Zeit vom 16. Januar bis 31.Juli die Bewegungsjagd und den Hundeeinsatz bei der Jagd auf Schwarzwild verboten (hierbei dürfte es sich jedoch um einen redaktionellen Fehler handeln, da ein entsprechend beabsichtigtes Verbot in § 19 LJG NRW im Gesetzgebungsverfahren fallengelassen worden ist; mit einer zeitnahen Korrektur auch in der LJagdZVO-NRW ist zu rechnen). Hiervon ausgenommen ist die Nachsuche (§ 1 Abs. 3 Änderungsverordnung zur Landesjagdzeitenverordnung)

290 Beachte die zeitlich befristete Vollschonung von Rebhühnern bis zum 31. Dezember 2023 (§ 2 Nr. 1 ÄnderungsVO zur JagdZVO NRW),; zur möglichen Rechtswidrigkeit einer solchen Vollschonung vgl. VG Koblenz, Urt. v. 23.06.2015 – 1 K 1092/14.KO; hierzu: Bäder, JuJ 8/2015 S. 10

21. Grau-, Kanada- und Nilgänse Juvenile Nilgänse	16. Juli bis 31. Januar[291] ganzjährig[292]
22. Stockenten	16. September bis 15. Januar
23. Waldschnepfen	16. Oktober bis 15. Januar
24. Rabenkrähen	1. August bis 10. März
25. Elstern	1. August bis 28. Februar.

In bestimmten Gebieten am Unteren Niederrhein und der Weseraue sind Grau-, Kanada- und Nilgänse allerdings vom 15.10. bis 15.01. mit der Jagd zu verschonen (§ 2 Nr. 2 a und b JagdZVO-NRW). **305**

Über § 24 Abs. 2 LJG-NRW kann die Untere Jagdbehörde Schonzeiten für *bestimmte Gebiete* oder *einzelne Jagdbezirke* aus den in dieser Vorschrift näher genannten Gründen aufheben[293]. Soweit die Schonzeit für Wildkaninchen, Ringeltauben und Rabenkrähen zur Vermeidung übermäßiger Wildschäden aufgehoben worden ist, ist die Jagd hierauf auch in den Setz- und Brutzeiten zulässig (§ 1 Abs. 2 JagdZVO-NRW, § 22 Abs. 4 Satz 2 BJG). **306**

In Einzelfällen kann die Untere Jagdbehörde über § 24 Abs. 3 LJG-NRW **307**

- den Lebendfang von Wild, das nicht ganzjährig mit der Jagd zu verschonen ist, während der Schonzeit zulassen;
- die Jagd auf Wild, für das eine Jagdzeit nicht festgesetzt ist, zu wissenschaftlichen, Lehr- und Forschungszwecken sowie zur Vermeidung übermäßiger Wildschäden zulassen,
- das Ausnehmen oder Unfruchtbarmachen der Gelege von Federwild im Interesse der Volksgesundheit, im Interesse der Sicherheit der

---

[291] Beachte die räumlich-zeitlichen Beschränkungen für den Unteren Niederrhein und die Weseraue.

[292] vgl. Fn 297

[293] Zu einem Anspruch auf Aufhebung der Schonzeit bei Gänsen wegen übermäßiger Wildschäden vgl. OVG NRW Urt. vom 30.03.2015 – 16 A 1610/13, hierzu: Doerenkamp, Pirsch 1/2015, S. 82 f. Die Einzelentscheidung über Ausnahmegenehmigungen einer Schonzeitaufhebung ist grundsätzlich gebührenpflichtig (Nr. 8.3.4.4 Allgemeine Verwaltungsgebührenordnung (AVerwGebO NRW) vom 3. Juli 2001, zuletzt geändert am 19. Juni 2018)

Luftfahrt, zur Vermeidung von übermäßigen Wildschäden, zum Schutz der Pflanzen- und Tierwelt, zu wissenschaftlichen, Lehr- und Forschungszwecken oder für Zwecke der Aufzucht mit Zustimmung des Jagdausübungsberechtigten gestatten, sofern es keine andere zufriedenstellende Lösung gibt.

308 Die Untere Jagdbehörde kann im Einzelfall den Abschuss von kümmerndem und krankem Wild über den Abschussplan hinaus oder während der Schonzeit genehmigen. Der Genehmigung bedarf es nicht, wenn im Einzelfall das sofortige Erlegen unerläßlich erscheint, um dem Wild vermeidbare Schmerzen oder Leiden zu ersparen oder die Ausbreitung von Seuchen zu verhindern. Der Jagdausübungsberechtigte hat den Abschuss der Unteren Jagdbehörde unverzüglich mitzuteilen und ihr auf Verlangen das erlegte Wild vorzuzeigen (§ 24 Abs. 4 LJG-NRW).

2. Wild ohne Schonzeit

309 In NRW kann alles Schwarzwild – vorbehaltlich des Elterntierschutzes nach § 22 Abs. 4 BJG – vorläufig bis zum 31.01.2023 ganzjährig bejagt werden (Artikel 1 Abs. 3 Änderungsverordnung zur JagdZVO-NRW).

310 In NRW darf darüber hinaus die Jagd das ganze Jahr auf folgendes Jungwild ausgeübt werden:

- Jungkaninchen,
- Jungdachse,
- Jungfüchse[294],
- Jungwaschbären,
- Jungmarderhunde,
- Juvenile Nilgänse mit Ausnahme der Beschränkungen nach § 2 Nr.2 JagdZVO-NRW(Art. 1 Änderungsverordnung zur JagdZVO-NRW).

3. Wild ohne Jagdzeit

311 Wildarten, für die keine Jagdzeiten festgesetzt sind, dürfen während des ganzen Jahres nicht bejagt werden (§ 22 Abs. 2 Satz 1 BJG).

---

294 gemäß § 19 Abs. 1 Nr. 8 LJG-NRW ist die Baujagd (im Bau) auf (auch Jung-) Füchse verboten

4. Setz- und Brutzeiten

Selbst innerhalb der vorgenannten Jagdzeiten dürfen in den Setz- und 312
Brutzeiten bis zum Selbständigwerden der Jungtiere die für die Aufzucht notwendigen Elterntiere, auch die von Wild ohne Schonzeit, grundsätzlich nicht bejagt werden (§ 22 Abs. 4 Satz 1 BJG)[295]. Soweit aber die Schonzeit für Wildkaninchen, Ringeltauben und Rabenkrähen zur Vermeidung übermäßiger Wildschäden von der Unteren Jagdbehörde aufgehoben worden ist, ist die Jagd hierauf auch in den Setz- und Brutzeiten zulässig (§ 1 Abs. 2 JagdZVO-NRW). Im Zuge der Änderung des Tiergesundheitsgesetzes bedingt durch die Bedrohungslage der Afrikanischen Schweinepest (ASP) wurde § 22 Abs. 4 Satz 2 BJG zum Zwecke der Bekämpfung von Tierseuchen erweitert. Jedes Bundesland ist nunmehr ermächtigt, insoweit Ausnahmeregelungen hinsichtlich des Elterntierschutzes - bis hin zu einer generellen Aufhebung – zu erlassen.

Die Setz- und Brutzeiten waren früher in der JagdZVO ausdrücklich be- 313
stimmt. In Ermangelung einer aktuellen gesetzlichen Regelung hierzu wird der Jäger in Kenntnis der einzelnen Wildarten im Zweifel prüfen müssen, ob in Bezug auf die betroffenen Jungtiere der Ablauf der Setzzeit und das Selbstständigwerden der Jungtiere bejaht werden kann oder nicht, bevor die Elterntiere erlegt werden.[296]

Das Ausnehmen der Gelege von Federwild ist grundsätzlich verboten (§ 314
22 Abs. 4 Satz 4 BJG), soweit nicht einer der ausdrücklich in dieser Vorschrift normierten Ausnahmefälle vorliegt. In Nordrhein-Westfalen ist allerdings die Untere Jagdbehörde befugt, in Einzelfällen aus bestimmten Gründen das Ausnehmen oder Unfruchtbarmachen von Gelegen von Federwild mit Zustimmung des Jagdausübungsberechtigten zu gestatten, sofern es keine andere zufriedenstellende Lösung gibt (§ 24 Abs. 3 c, LJG-NRW).

---

[295] Zur Reichweite des Elterntierschutzes beim Rotwild OLG Hamm Beschl. v. 09.06.2015 – 5 RVs 64/15, hierzu: v. Pückler, WuH 19/2017, S. 98 f.;vgl. auch Meyer-Ravenstein, NdsJ 21/2015, S.36ff.; Heider, JuJ März/2017, S. 3ff. und November/2017 S. 4ff.; Miller in WuH 20/2018, S. 16ff.; zum Elterntierschutz von Schalenwild bei Bewegungsjagden: Bartmann, JuJ, 11/2018, S. 4 f.

[296] So auch Welp in Schuck: § 22 Rn. 17

Abschnitt 5
Jagdbeschränkungen, Pflichten bei der Jagdausübung, Beunruhigen von Wild

---

315 Obwohl nicht zum jagdbaren Wild gehörend, dürfen in NRW Bisam und Nutria von Jägern getötet werden.[297] Aufgrund einer neuen Kormoranverordnung[298] ist auch die Tötung von Kormoranen wieder möglich.

H. Sonstige Beschränkungen der Hege/Aussetzen von Wild/Invasive Arten

316 Sowohl das BJG als auch das LJG NRW sehen Beschränkungen der Hege und Aussetzungsverbote hinsichtlich bestimmter Wildtiere vor:

317 Schwarzwild darf nur in solchen Einfriedungen gehegt werden, die ein Ausbrechen des Schwarzwildes verhindern (§ 28 Abs. 1 BJG). Das Aussetzen von Schwarzwild und Wildkaninchen ist verboten (§ 28 Abs. 2 BJG). Das Aussetzen oder das Ansiedeln fremder Tiere in der freien Natur ist nur mit schriftlicher Genehmigung der zuständigen Obersten Landesbehörde oder der von ihr bestimmten Stelle zulässig (§ 28 Abs. 3 BJG). Das Hegen oder Aussetzen weiterer Tierarten kann durch die Länder beschränkt oder verboten werden(§ 28 Abs. 4 BJG).

318 Der Landesgesetzgeber in NRW hat in § 31 LJG-NRW ergänzende Regelungen zu § 28 Abs. 3,4 BJG wie folgt getroffen:

Als fremd gelten Tierarten, die beim Inkrafttreten des Bundesjagdgesetzes im Geltungsbereich des Bundesjagdgesetzes freilebend nicht heimisch waren (Abs. 1).

Das Aussetzen fremder Tierarten und von Schalenwild in der freien Wildbahn ist nur mit schriftlicher Genehmigung der Obersten Jagdbehörde zulässig. Die Genehmigung darf nur erteilt werden, wenn durch das Aussetzen eine Störung des biologischen Gleichgewichtes und eine Schädigung der Landeskultur sowie Gefahren für die öffentliche Sicherheit nicht zu befürchten sind (Abs. 2). Ein vorheriges Einvernehmen

---

[297] Erlass des Innenministeriums und MUNLV vom 15.10.2008, Az. 43-57.06.45 und 74.10.00.01; hierzu: RWJ 11/2008 S. 7 und 12/2008 S. 30

[298] Verordnung zum Schutz der natürlich vorkommenden Tierwelt und zur Abwendung erheblicher fischereiwirtschaftlicher Schäden durch Kormorane des Landes Nordrhein-Westfalen (Kormoranverordnung Nordrhein-Westfalen – Kormoran VO-NRW) vom 12.06.2018 (GV. NRW. Ausgabe 2018 Nr. 14, S. 277-294); vgl. hierzu ausführlich unter Kap. 2, 1. Abschnitt, B. 2.

der Obersten Jagdbehörde hierüber mit der Forschungsstelle für Jagdkunde und Wildschadensverhütung ist – im Gegensatz zur Vorgängerregelung – nicht mehr zwingend vorgeschrieben.

Das Aussetzen weiterer Tierarten in der freien Wildbahn zum Zwecke der Einbürgerung in Jagdbezirken ist nur mit schriftlicher Genehmigung der Unteren Jagdbehörde zulässig. Die Genehmigung darf nur erteilt werden, wenn Interessen der Landeskultur nicht entgegenstehen, insbesondere unverhältnismäßig hohe Wildschäden nicht zu erwarten sind und die Forschungsstelle für Jagdkunde und Wildschadenverhütung ihr Einvernehmen erteilt hat (Abs. 3).

Die oder der Jagdausübungsberechtigte hat der Unteren Jagdbehörde schriftlich bis eine Woche nach dem Aussetzen Art, Geschlecht und Anzahl des ausgesetzten heimischen Feder- oder Haarwildes (außer Schalenwild) anzuzeigen. Dies gilt nicht für Fasanen, die aus verlassenen Gelegen des jeweiligen Jagdbezirks stammen und aufgezogen worden sind. (Abs. 4).

Abweichend von § 19 Absatz 1 Nummer 18 des Bundesjagdgesetzes ist es verboten, Fasanen und Stockenten später als 8 Wochen vor Beginn der Jagdausübung auf diese Wildarten auszusetzen (Abs. 5).

Die oder der Jagdausübungsberechtigte ist verpflichtet, verbotswidrig ausgesetztes Schalenwild unabhängig von den Schonzeiten unter Beachtung des § 22 Absatz 4 Satz 1 des Bundesjagdgesetzes unverzüglich zu erlegen. Kommt die oder der Jagdausübungsberechtigte dieser Verpflichtung nach Satz 1 nicht nach, so kann die Untere Jagdbehörde für deren oder dessen Rechnung das verbotswidrig ausgesetzte Schalenwild erlegen lassen. Das erlegte Schalenwild ist gegen angemessenes Schussgeld der oder dem Jagdausübungsberechtigten zu überlassen (Abs. 6).

Bußgeldsanktioniert bei vorsätzlichem Verstoß ist das Aussetzen von Wild **319**
ohne schriftliche Genehmigung in der freien Wildbahn und das Bejagen von Stockenten oder Fasanen entgegen § 31 Abs. 5 LJG-NRW (§ 55 Abs. 1 Nr. 21, 22 LJG-NRW).

Neu geregelt im BJG ist die Problematik invasiver Arten: **320**

Abschnitt 5

Jagdbeschränkungen, Pflichten bei der Jagdausübung, Beunruhigen von Wild

321 Als „invasive Art“ gilt eine Art, deren Einbringung oder Ausbreitung die Biodiversität und die damit verbundenen Ökosystemdienstleistungen gefährdet oder nachteilig beeinflusst[299].

322 Vor dem Hintergrund EU-rechtlicher Vorgaben[300] wurden daher § 28a BJG in das BJG und u.a. §§ 40a-40f in das BNatSchG eingefügt. Mit diesen Neuregelungen wird im Wesentlichen angestrebt, sicherzustellen, dass die Vorschriften der Verordnung (EU) Nr. 1143/2014 eingehalten werden, dass die Einbringung und Ausbreitung invasiver Arten verhindert oder minimiert werden und dass hierbei der Jagdausübungsberechtigte einzubeziehen ist.

323 Hierbei gilt es zu beachten, dass § 28a BJG eine Beteiligung des Jagdausübungsberechtigten bei sämtlichen Maßnahmen betreffend invasive Arten (einheimisch und gebietsfremd, Fauna und Flora) vorsieht, soweit die Durchführung der Maßnahmen im Rahmen der Jagdausübung mit zulässigen jagdlichen Methoden und Mitteln möglich, zumutbar und wirksam ist. Im Übrigen ist der Jagdausübungsberechtigte zur Durchführung von Managementmaßnahmen nach § 40e Bundesnaturschutzgesetz nicht verpflichtet (§ 28a BJG Abs. 1 Satz 1, 2).

---

299 Vgl. zum Begriff der gebietsfremden invasiven Arten erklärend die Begriffsbestimmungen nach Art. 3 Nr. 1-4 VO(EU) Nr. 1143/2014:

300 Maßgeblich für die Änderung sind die VERORDNUNG (EU) Nr. 1143/2014 DES EUROPÄISCHEN PARLAMENTS UND DES RATES vom 22. Oktober 2014 über die Prävention und das Management der Einbringung und Ausbreitung invasiver gebietsfremder Arten und das Gesetz zur Durchführung der Verordnung (EU) Nr. 1143/2014 über Prävention und Management der Einbringung und Ausbreitung invasiver gebietsfremder Arten;

VI. ABSCHNITT: **JAGDSCHUTZ**

A. Jagdschutzberechtigte

Der Kreis der Jagdschutzberechtigten wird durch § 25 Abs. 1 Satz 1 BJG auf zuständige öffentliche Stellen, den Jagdausübungsberechtigten sowie den bestätigten Jagdaufseher beschränkt. **324**

1. Öffentliche Stellen

Von der gesetzlichen Ermächtigung des § 26 Abs. 4 LJG-NRW, öffentliche Stellen für den Jagdschutz durch Rechtsverordnung zu bestimmen, hat das Ministerium bisher keinen Gebrauch gemacht, so dass in Nordrhein-Westfalen der Jagdschutz ausschließlich durch Jagdausübungsberechtigte und bestätigte Jagdaufseher ausgeübt wird. **325**

2. Jagdausübungsberechtigter

Der zum Jagdschutz berufene Jagdausübungsberechtigte muss zunächst Inhaber eines gültigen Jagdscheines sein (§ 25 Abs. 1 Satz 1 BJG). Damit ist zum Jagdschutz befugter Jagdausübungsberechtigter stets der Pächter eines Jagdrevieres aufgrund § 11 Abs. 5 BJG, der bereits für das Anpachten eines Jagdbezirkes das Erfordernis eines (Jahres-)Jagdscheines aufstellt. Soweit jedoch z.B. ein Erbe eines Jagdpächters in dessen Pächterstellung eintritt, ist er ohne Jagdschein zum Jagdschutz nicht befugt. **326**

Der Jagdausübungsberechtigte besitzt Schutzbefugnis nur für seinen Jagdbezirk[301]. **327**

Der Eigentümer oder Nutznießer eines Eigenjagdbezirkes ist Jagdschutzberechtigter nur dann, wenn er Inhaber eines Jagdscheines ist. Die Jagdgenossenschaft selbst kann als juristische Person keinen Jagdschein lösen und damit den Jagdschutz nicht wahrnehmen. Der Jagdschutz im gemeinschaftlichen Jagdbezirk wird demnach durch den Pächter und/oder bestätigten Jagdaufseher ausgeübt. **328**

---

[301] BayObLG NStZ 81, 485

329 Der Inhaber eines Jugendjagdscheines kann eigentlich nach dem Gesetzeswortlaut den Jagdschutz – jedenfalls soweit er Jagdausübung darstellt – ausüben, allerdings nur in Begleitung jagdlich erfahrener Personen (§ 16 BJG)[302]. Wer einerseits aber noch der jagdlichen Aufsicht bedarf, kann andererseits nicht zu weitergehenden Schutzaufgaben befugt sein, so dass die Berechtigung des Jugendjagdscheininhabers zur Ausübung des Jagdschutzes grundsätzlich abzulehnen ist[303]. Die Möglichkeit des Jagdausübungsberechtigten, dem Jugendjagdscheininhaber über § 25 Abs. 6 LJG-NRW als Jagdgast das Recht gem. § 25 Abs. 4 Nr. 2 LJG-NRW (Tötungsrecht wildernder Hunde) einzuräumen, bleibt jedoch bestehen.

3. Jagdaufseher/Bestätigter Jagdaufseher

330 Gemäß § 26 Abs. 1 LJG-NRW *kann* der Jagdausübungsberechtigte einen Jagdaufseher[304] anstellen, bei dem es sich um eine volljährige und zuverlässige Person handeln muss, die Inhaber eines Jahresjagdscheines ist. Mehrere Jagdausübungsberechtigte können für ihre aneinandergrenzenden Jagdbezirke einen gemeinsamen Jagdaufseher bestellen; dieser soll Berufsjäger[305] oder forstlich ausgebildet sein.

331 Auf Verlangen der Unteren Jagdbehörde (das nur zulässig ist, wenn ohne die Bestellung ein Jagdbezirk ohne gehörigen Schutz sein würde) *muss* ein Jagdaufseher bestellt werden (§ 26 Abs. 2 Satz 1 LJG-NRW). Für Jagdbezirke über 1000 Hektar muss dieser entweder Berufsjäger oder zumindest forstlich ausgebildet sein (§ 26 Abs. 2 Satz 2 LJG-NRW).

332 Hauptberuflich angestellte Jagdaufseher sollen Berufsjäger oder forstlich ausgebildet[306] sein (§ 25 Abs. 1 Satz 2 BJG).

---

[302] KG, DJ 1937, S. 1127; so auch Lorz/Metzger/Stöckel, § 25 Rz. 3

[303] so auch Drees/Thies/Müller-Schallenberg, § 25 BJG III

[304] Zu Aufgaben, Rechten und Pflichten des Jagdaufsehers vgl. auch Hellhammer-Hawig, AuR 2011 S. 260 ff.

[305] zum Berufsjäger/Revierjäger vgl. Verordnung über die Berufsausbildung zum Revierjäger/zur Revierjägerin (RevJAusbV) vom 18.05.2010, BGBL. I. S. 631

[306] Forstlich ausgebildet ist, wer die Laufbahnprüfung für den mittleren, gehobenen oder höheren Forstdienst bestanden hat (VV LJG NRW v. 24.01.2000 [Stand, 17.08.2016, dort Nr. 5])

Zur Ausübung des Jagdschutzes ist jedoch der Status eines *bestätigten* Jagdaufsehers notwendig, wobei die Bestätigung durch die Untere Jagdbehörde erteilt wird (§ 25 Abs. 1 BJG). **333**

Die mit dem Jagdschutz beauftragten Dienstkräfte der Landesforstverwaltung, der Gemeinden, der Gemeindeverbände und der Landwirtschaftskammer sind stets bestätigte Jagdaufseher (§ 26 Abs. 3 Satz 1 LJG-NRW). Im Übrigen darf als Jagdaufseher nur bestätigt werden, wer fachlich geeignet und persönlich zuverlässig ist (§ 26 Abs. 3 Satz 2 LJG-NRW). **334**

Die persönliche Zuverlässigkeit wird regelmäßig nicht mehr gesondert überprüft, da diese bereits inzident mit der Erteilung des Jagdscheines festgestellt wurde. **335**

Nach einem Runderlass des Ministeriums für Umwelt, Raumordnung und Landwirtschaft Nordrhein-Westfalen[307] ist die fachliche Eignung gegeben, wenn neben dem Nachweis der Jagdpachtfähigkeit noch ein Prüfungszeugnis des Landesjagdverbandes über die erfolgreiche Teilnahme an einem von diesem durchgeführten Jagdschutzlehrgang sowie Fangjagdlehrgang vorgelegt werden kann. Der bestätigte Jagdaufseher hat sich nach dem Runderlass regelmäßig fortzubilden und die Fortbildung nachzuweisen. Aufgrund eines weiteren Erlasses wird den Unteren Jagdbehörden empfohlen, die Bestätigung der Jagdaufseher auf 5 Jahre zu befristen und erst mit aktiver Vorlage des Nachweises der Fortbildung durch die Jagdaufseher eine erneute Bestätigung auszusprechen.[308] **336**

Die Bestätigung[309], bei der es sich um einen Verwaltungsakt handelt, bedarf der Zustimmung der Kreispolizeibehörde (§ 26 Abs. 3 Satz 3 LJG-NRW). **337**

---

[307] RdErl. des MURL v. 27.10.1992 (MBl. NW. S. 1737/SMBl. NW. 7920), geändert durch RdErl. v. 24.01.2000 (MBl. NRW. S. 200); abgedruckt in Thies 1, Seite 109 f; zuletzt geändert durch RdErl. des MKUNLV v. 24.04.2014 (MBl. NRW S. 286)

[308] Erlass des MKULNV v. 13.03.2012, III – 6 – 71 – 28 – 00.00

[309] Die Bestätigung sowie deren Verlängerung sind gebührenpflichtig nach Tafifstellen-Nrn.-8.3.5.1 und 2 der VO zur Änderung der Allgemeinen VerwaltungsgebührenVO vom 1.12.2009 (GV.NRW.S. 661); zur Anerkennung einer Bestätigung aus NRW in einem anderen Bundesland vgl. VG Cottbus, Urt. v. 10.02.2011 – VG 3 K 402/09 (im Ergebnis verneinend)

4. Ausweispflicht

338 Die Berechtigung zum Jagdschutz wird für Jagdausübungsberechtigte durch den Jagdschutzausweis und für bestätigte Jagdaufseher durch den Dienstausweis nachgewiesen.

339 Der Jagdausübungsberechtigte ist gemäß § 25 Abs. 5 LJG-NRW verpflichtet, sich bei der Ausübung des Jagdschutzes auf Verlangen durch Vorzeigen des Jagdschutzausweises auszuweisen, es sei denn, dass ihm dies aus Sicherheitsgründen nicht zugemutet werden kann. Der Jagdschutzausweis ist von der Unteren Jagdbehörde für die Dauer der Jagdausübungsberechtigung auszustellen.

340 Über die Bestätigung als Jagdaufseher ist gemäß § 26 Abs. 3 Satz 4 LJG-NRW eine Bescheinigung zu erteilen, die der bestätigte Jagdaufseher im Dienst bei sich zu tragen und bei dienstlichem Einschreiten auf Verlangen vorzuzeigen hat – es sei denn, dass ihm dies aus Sicherheitsgründen nicht zugemutet werden kann.

B. Inhalt des Jagdschutzes

341 Jagdschutz im Sinne des BJG ist das Recht und die Pflicht, Wild insbesondere vor Wilderern[310], Futternot, Wildseuchen und vor wildernden Hunden und Katzen zu schützen sowie für die Einhaltung der zum Schutz des Wildes und der Jagd erlassenen Vorschriften zu sorgen (§ 23 BJG). Diese Rahmenbestimmung wird durch § 25 LJG-NRW konkretisiert bzw. beschränkt.

1. Füttern/Kirren von Wild

342 Die Fütterung ist zunächst von der Kirrung zu unterscheiden.

343 Eine *Fütterung* ist eine Einrichtung oder ein Platz zur Vorlage artgerechter Futtermittel. Der Begriff der Fütterung setzt eine regelmäßige Beschickung nicht voraus, vielmehr genügt auch eine einmalige Einbringung[311].

---

310 Das richtige Verhalten gegenüber Wilderern erläutert Flick, DJZ 12/2002 Seite 24 ff.

311 Drees/Thies/Müller-Schallenberg, § 19 BJG I j

Die Verbesserung der in einem Jagdrevier vorhandenen natürlichen Äsungsflächen (Wildäcker; § 25 Abs. 2 Satz 4 LJG-NRW) sowie Wildwiesen, Daueräsungs- und Verbissflächen gelten nicht als Fütterung. Auch Salzlecken stellen keine Fütterung dar, weil das Wild hier lediglich Mineralstoffe aufnimmt, nicht aber seinen Hunger stillt[312]. 344

Zur Fütterung dürfen Küchen-, Schlacht- und Fischabfälle, Fische, Backwaren oder Südfrüchte nicht verwendet werden (§ 25 Abs. 2 Satz 3 LJG-NRW). Dieses Verbot gilt auch in Notzeiten[313]. 345

Der Jagdausübungsberechtigte ist über § 25 Abs. 1 LJG-NRW verpflichtet, bei witterungs- oder katastrophenbedingtem Äsungsmangel, insbesondere bei vereister oder hoher Schneelage oder nach ausgedehnten Waldbränden (Notzeiten)[314], für eine angemessene Wildfütterung zu sorgen. Kommt der Jagdausübungsberechtigte dieser Verpflichtung nicht nach, so kann die Untere Jagdbehörde die entsprechende Erfüllung nach den Vorschriften des VwVG-NRW durchsetzen. 346

Ob sich eine ausschließliche Befugnis zur Fütterung von Wild im jeweiligen Jagdbezirk zugunsten des Jagdausübungsberechtigten oder eines von ihm beauftragten ergibt, ist gesetzlich nicht ausdrücklich normiert. Allerdings spricht hierfür, dass ausschließlich der Jagdausübungsberechtigte zur Hege des Wildes verpflichtet und auch berechtigt ist (§ 1 Abs. 1 Satz 1 BJG). 347

Die Fütterung von Schalenwild außerhalb von Notzeiten ist gemäß § 25 Abs. 2 LJG-NRW nur in der Zeit vom 15. Dezember bis zum 30. April gestattet (Verbot der Sommerfütterung). Dies gilt jedoch nicht für Schalenwild in Jagdgattern. 348

Niederwild dagegen – mit Ausnahme von Rehwild, das zum Schalenwild gehört – darf das ganze Jahr über gefüttert werden; zur Zeit des Sommerfütterungsverbotes jedoch nur unter Benutzung von Fütterungseinrichtungen, die eine Futteraufnahme durch Schalenwild ausschließen. 349

---

312 so auch schon Drees, RWJ 5/98 Seite 10 (13)

313 Drees/Thies/Müller-Schallenberg, § 23 BJG II

314 Aufzählung nicht abschließend; hierzu zählen auch Hochwasser, Dürren, etc.

350 Als *Kirrung* bezeichnet man eine Methode, um Wild mit wenig Futtermittel zum Zwecke der Erlegung anzulocken[315]. Sie ist keine Form der Fütterung, sondern als Bejagungshilfe eine Maßnahme der Jagdausübung.

351 Über die Ermächtigung der §§ 28 Abs. 5 BJG, 25 Abs. 3 LJG-NRW[316] enthalten die §§ 27, 28, 35 und 36 DVO LJG-NRW spezielle landesrechtliche Regelungen zur Bejagung, Fütterung und Kirrung von Wild.

352 Gemäß § 27 Abs. 1 DVO LJG-NRW ist es verboten,
- Schalenwild (außer Schwarzwild) an Lockfütterungen (Kirrungen) zu erlegen (Nr. 1)
- Schalenwild in einem Umkreis von 300 Metern von Fütterungen zu erlegen (Nr. 2); dieses Verbot gilt auch bei Drückjagden

Das frühere Verbot, in Notzeiten Schwarzwild in einem Umkreis von 200 Metern von Kirrungen zu erlegen, gilt nicht mehr fort.

353 Über das Sommerfütterungsverbot für Schalenwild und das generelle Verbot der Fütterung mit verbotenen Futtermitteln hinaus ist es gemäß § 27 Abs. 2 DVO LJG-NRW untersagt,
- Schalenwild außer Schwarzwild durch Ausbringen von Futtermitteln anzulocken (= kirren) (Nr. 1)
- Schwarzwild generell zu füttern, außer nach Feststellung einer Notzeit durch die Forschungsstelle für Jagdkunde und Wildschadensverhütung und Genehmigung durch die zuständige Veterinärbehörde (Nr. 2)
- Schwarzwild in einer anderen Weise als in § 28 DVO LJG-NRW festgelegt zu kirren oder zu füttern (Nr. 3)
- Rehwild außerhalb von Notzeiten zu füttern; hiervon ausgenommen ist die Gewöhnungsfütterung mit kräuterreichem Grasheu[317] (Nr. 4)
- Futter- oder Kirrmittel in Gewässer einzubringen oder in Uferbereichen auszubringen (Nr. 5)

---

[315] ländervergleichende Übersicht zu den rechtlichen Rahmenbedingungen des Kirrens vgl.: Granzin, DJZ 2/2017, S. 8 ff.

[316] § 25 Abs. 3 LJG-NRW ist verfassungsgemäß (VG Köln, Urt. v. 09.05.2012 – 8 K 983/11)

[317] zum Meinungsstreit um die Gewöhnungsfütterung vgl. Dienstliche Mitteilung der Oberen Jagdbehörde NW, abgedruckt in RWJ 6/99 Seite 28

- zur Fütterung von Schalenwild außer Schwarzwild andere Futtermittel als Heu und Anwelksilage zu verwenden (Nr. 6)
- Stoffe mit pharmakologischer Wirkung oder Futtermittelzusatzstoffe an Wild zu verabreichen, soweit dies nicht behördlich angeordnet, veranlasst oder genehmigt worden ist; hiervon ausgenommen sind Stoffe, die ausschließlich als Silierhilfe eingesetzt werden (Nr. 7)[318]
- tierische Fette und tierisches Eiweiß sowie Futtermittel, die diese Stoffe enthalten, an Wild zu verfüttern oder als Kirrmittel einzusetzen (Nr. 8)[319]
- Wildäcker (landwirtschaftlich bearbeitete Flächen mit jährlicher Neubestellung) im Wald anzulegen (Nr. 9).

Die vorsätzliche oder fahrlässige Nichtbeachtung dieser Verbote stellt eine Ordnungswidrigkeit dar (§ 36 Nr. 1 DVO LJG-NRW). **354**

Die Untere Jagdbehörde kann Ausnahmen von den Verboten des § 27 **355** Abs. 1 und 2 DVO LJG-NRW zulassen, so weit dies aus Gründen der Wildhege, zur Vermeidung von übermäßigen Wildschäden oder zu wissenschaftlichen, Lehr- oder Forschungszwecken erforderlich ist. Sie bedarf hierzu des Einvernehmens der Forschungsstelle für Jagdkunde und Wildschadensverhütung (§ 35 Nr. 1 DVO LJG-NRW)[320].

§ 28 Abs. 1 DVO LJG-NRW regelt die Voraussetzungen der zulässigen **356** Kirrung von Schwarzwild. Diese ist in NRW nur zulässig, wenn

- im Jagdbezirk oder -revier nicht mehr als eine Kirrstelle je angefangene 100 Hektar bejagbarer Fläche angelegt wird (Nr. 1) *und*
- keine Fütterungs- oder Kirreinrichtungen verwendet werden (Nr. 2)[321] *und*
- als Kirrmittel ausschließlich Getreide einschließlich Mais ausgebracht wird (Nr. 3) *und*

---

318 § 27 Abs. 2 Nr. 7 DVO-LJG NRW ist von der Verordnungsermächtigung des § 25 Abs. 3 LJG NRW gedeckt (VG Köln, Urt. v. 09.05.2012 – 8 K 983/11)

319 vgl. hierzu Dienstliche Mitteilung des MUNLV vom 06.03.2001; abgedruckt in Thies 1, Seite 86

320 vgl. auch die Leitlinien für die Genehmigung von Ausnahmen zum Verbot der Rübenfütterung (Erl. d. MUNLV v. 18.05.2010 – AZ: III-6-77-20-00.30) sowie RWJ 5/2010, Seite 4; hierzu: Petrak, RWJ 12/2010 S. 4 f., 5/2011 S. 8 ff. sowie 7/2011 S. 25

321 Siehe hierzu Erlass des MKULNV v. 19.01.2012, III – 6 – 77 – 20 – 00.30

- die Menge des Kirrmittels zu jedem Zeitpunkt nicht mehr als 1 Liter Kirrmittel je Kirrstelle beträgt (Nr. 4) *und*
- das Ausbringen des Kirrmittels von Hand erfolgt (Nr. 5) *und*
- das Kirrmittel in den Boden eingebracht oder mit bodenständigem Material so abgedeckt wird, dass die Aufnahme durch anderes Schalenwild ausgeschlossen ist (Nr. 6) *und*
- die Kirrstellen der Unteren Jagdbehörde unter Beifügung eines Lageplans im Maßstab 1 : 5.000 oder 1 : 10.000 oder im WGS 84 Koordinatensystem nach Längen- und Breitengrad jeweils in Grad- und Bogenminuten mit drei Dezimalstellen vorher angezeigt worden sind (Nr. 7)[322].

357 Hierbei ist zu beachten, dass die vorbezeichneten Voraussetzungen *kumulativ* vorliegen müssen. Soweit auch nur eine Voraussetzung nicht erfüllt wird, liegt eine normale Fütterung vor mit der Folge, dass hieran selbst Schwarzwild nicht mehr erlegt werden darf.

Über § 28 Abs. 3 DVO-LJG-NRW kann das Ministerium für bestimmte Gebiete oder einzelne Jagdbezirke, insbesondere aus Gründen der Wildseuchenbekämpfung und der Landeskultur, zur Vermeidung übermäßiger Wildschäden oder der Wildhege die Kirrung einschränken. Die Entscheidung allerdings, an welcher Stelle im Revier eine korrekt betriebene Kirrung angelegt wird, obliegt – vorbehaltlich der Duldungspflicht des Grundstückeigentümers – grundsätzlich allein dem Jagdausübungsberechtigten[323] (beachte allerdings die 75m-Abstandsregelung zu benachbarten Jagdbezirken gem. § 28 Abs. 2 LJG-NRW).

358 Die *Fütterung* von Schwarzwild in Notzeiten nach § 27 Abs. 2 Nr. 2, 3 DVO LJG-NRW ist nur zulässig, wenn die Futteraufnahme durch anderes Schalenwild ausgeschlossen ist und die in § 25 Abs. 2 Satz 3 LJG-NRW genannten Futtermittel nicht verwendet werden (§ 28 Abs. 2 Nr. 3 DVO LJG-NRW).

---

322 Auch der vorsätzliche oder fahrlässige Verstoß hiergegen wird nach § 36 Nr. 2 DVO LJG-NRW als Ordnungswidrigkeit geahndet

323 LG Köln, Urt. v. 21.09.2010 – 27 O 447/09; bestätigt durch OLG Köln, Beschl. v. 11.02.2011 und 11.05.2011 – 11 U 184/10

Nach obigen Gesichtspunkten verbotswidrige Fütterungen oder Kirrungen hat der Jagdausübungsberechtigte unverzüglich zu beseitigen (es kommt nicht darauf an, ob er sie angelegt hat!); sonst kann die Untere Jagdbehörde die hierzu erforderlichen Maßnahmen nach dem Ordnungsbehördengesetz anordnen (§ 33 DVO LJG-NRW). Die vorsätzliche oder fahrlässige Nichtbeachtung dieses Beseitigungsgebotes stellt ebenfalls eine Ordnungswidrigkeit dar.(§ 36 Nr. 9 DVO LJG-NRW). 359

2. Rechte und Pflichten des Jagdschutzberechtigten

a. Anhalte-, Personalienfeststellungs- und Abnahmerechte

Gemäß § 25 Abs. 4 Nr. 1 LJG-NRW sind die zur Ausübung des Jagdschutzes berechtigten Personen befugt, Personen, die in einem Jagdbezirk unberechtigt jagen (Wilderer[324]) oder eine sonstige Zuwiderhandlung gegen jagdrechtliche Vorschriften begehen (Jagdfrevler) oder die außerhalb der zum allgemeinen Gebrauch bestimmten Wege zur Jagd ausgerüstet angetroffen werden, anzuhalten, ihre Personalien festzustellen und ihnen gefangenes oder erlegtes Wild, Schuss- und sonstige Waffen, Jagd- und Fanggeräte, Hunde und Frettchen abzunehmen. 360

Das *Anhalterecht* umfasst die Berechtigung zur Aufforderung der vorgenannten Personen zum Stehenbleiben, um die erforderlichen Feststellungen über die Person treffen zu können (*Personalienfeststellung*). Die Personalien umfassen Name, Vorname, Beruf und Wohnort. Das Anhalterecht kann vom Jagdschutzberechtigten durch unmittelbaren Zwang durchgesetzt werden, ohne dass hierbei allerdings eine Schusswaffe jeglicher Art benutzt werden darf[325]. 361

Das Anhalterecht, das Recht zur Personalienfeststellung sowie die Abnahmerechte in Bezug auf Hunde und Frettchen stehen ausschließlich den Jagdschutzberechtigten zu. 362

Darüber hinaus haben (ausschließlich) die bestätigten Jagdaufseher innerhalb ihres Dienstbezirkes in Angelegenheiten des Jagdschutzes die 363

---

[324] zum Tatbestand der Jagdwilderei vgl. I. Abschnitt, A.

[325] Rechtsbereinigungsgesetz vom 06.10.1987 (GV. NW. S. 342)

Rechte und Pflichten der Polizeibeamten und sind Ermittlungspersonen der Staatsanwaltschaft[326], aber auch nur dann, soweit sie Berufsjäger oder forstlich ausgebildet sind (§ 25 Abs. 2 BJG).

364 Neben den vorbezeichneten, auf Jagdschutzberechtigte beschränkten Rechten stehen zwar den Jagdschutzberechtigten, aber auch jeder anderen natürlichen Person das Recht zur vorläufigen Festnahme[327] (§ 127 Abs. 1 StPO) sowie das allgemeine Notwehr- und Nothilferecht (§§ 32 ff. StGB) zu[328].

365 Voraussetzung des sog. „Jedermannsrechtes“ nach § 127 Abs. 1 Satz 1 StPO ist jedoch zunächst, dass die gegen gesetzliche Vorschriften verstoßende Person auf frischer Tat ertappt oder verfolgt sein muss. Daneben muss sie entweder der Flucht verdächtig sein oder ihre Identität kann zumindest nicht sofort festgestellt werden.

366 Notwehr ist die Verteidigung, die erforderlich ist, um einen gegenwärtigen rechtswidrigen Angriff von sich oder einem anderen abzuwenden (§ 32 Abs. 2 StGB). Notwehrfähig ist jedes eigene oder fremde Rechtsgut, z.B. die in § 34 StGB namentlich aufgeführten Rechtsgüter Leben, Leib, Freiheit, Ehre, Eigentum,u. a. Auch das Jagdrecht, insbesondere das Aneignungsrecht, ist ein verteidigungsfähiges Rechtsgut in diesem Sinne[329].

Eine Notwehrhandlung kommt nur gegen Angriffe von Personen in Betracht. Das Notwehrrecht beeinhaltet die Befugnis, zur Verteidigung dasjenige Mittel zu wählen, das die sofortige Beendigung des Angriffes erwarten lässt. Von mehreren, gleich geeigneten, zur Verfügung stehenden Mitteln ist grundsätzlich dasjenige zu wählen, welches den Angreifer am geringsten beeinträchtigt (Übermaßverbot; „Nicht mit Kanonen auf Spatzen schießen“).

---

[326] § 152 Abs. 1 GVG (Folgeleistung auf Anordnung der Staatsanwaltschaft), §§ 81a, 98, 105 und 163 StPO

[327] hierzu v.Pückler, WuH 23/2001, Seite 98 ff.

[328] Zum Einsatz von Schusswaffen vgl. Uhlherr, DJZ 2/96 Seite 76 ff.; hierzu kritisch Chmielewski, DJZ 4/96, Seite 102 f.

[329] RG 55, 167; Fallbeispiele zu Notwehr und Jagd: v. Pückler1), Seite 207 ff. und v. Pückler 2), Seite 78 ff.

Über § 34 StGB (Rechtfertigender Notstand) werden dieselben Rechtsgüter geschützt, aber die Verteidigungshandlung richtet sich – anders als in § 32 StGB – gegen Verletzungen eigener oder fremder Rechtsgüter durch bzw. gegen Sachen oder Tiere. Ein weiterer, aber wesentlicher Unterschied zur Notwehr in § 32 StGB besteht darin, dass eine Güterabwägung insoweit anzustellen ist, dass das zu schützende Rechtsgut dem zu verletzenden Rechtsgut gegenüber wesentlich höherwertiger sein muss. **367**

Darüberhinaus muss die Notstandshandlung ein angemessenes Mittel sein, die Gefahr abzuwenden.

Rechtfertigender Notstand kann beispielsweise bei Abschuss von Wild zur Vermeidung von Wildschäden bejaht werden, wenn andere Möglichkeiten nicht zur Verfügung stehen, regelmäßig aber nicht in der Schonzeit[330].

b. Wildernde Hunde und Katzen

Zum Jagdschutz berechtigte Personen sind über § 25 Abs. 4 Nr. 2 LJG-NRW befugt, wildernde Hunde[331] abzuschießen. Jede andere Tötungsart ist durch diese Vorschrift nicht gedeckt[332]. **368**

Ein Hund wildert erst dann, wenn er im Jagdbezirk außerhalb der Einwirkung seiner Führerin oder seines Führers Wild tötet oder erkennbar hetzt und in der Lage ist, das Wild zu beißen oder zu reißen. Außerhalb der Einwirkung seines Führers befindet sich der Hund, wenn er nicht jederzeit rückholbar ist[333]. Das *erkennbare Hetzen* von Wild setzt eine konkrete Nähe zum Wild voraus. **369**

Der Hund muss dabei für das Wild tatsächlich auch eine konkrete Gefahr darstellen. Dies ist mit der Regelung, dass der Hund objektiv in der Lage sein muss, das Wild „zu beißen oder zu reißen“, auch gesetzlich geregelt.

Die Tötung eines wildernden Hundes steht zusätzlich noch unter dem Vorbehalt der Verhältnismäßigkeit[334] dahingehend, dass andere mildere **370**

---

[330] BayObLG NJW 1953, 1563 f.

[331] Hierzu: v. Pückler, WuH 2/2014, S. 70 ff.; RWJ 7/2014, S. 22; Zum Umgang mit wildernden Hunden: Eichhoff, WuH 13/2015, S. 58 ff.

[332] Drees/Thies/Müller-Schallenberg, § 23 BJG VI 2, 3

[333] Drees/Thies/Müller-Schallenberg, § 23 BJG VI 2; vgl. hierzu: v. Pückler 2), Seite 105 f.

[334] Vgl. hierzu: Brandburgisches OLG, Beschl. v. 11.05.2009 – 1 Ss 28/09

und zumutbare Maßnahmen des Wildtierschutzes, insbesondere das Einfangen des Hundes, nicht erfolgversprechend sind.

371 Das Tötungsrecht erstreckt sich allerdings nicht auf die sog. privilegierten Hunde des § 25 Abs. 4 Nr. 2 b) LJG-NRW. Ausgenommen sind also Jagd-, Blinden-, Behindertenbegleit-, Hirten-, Herdenschutz-, Rettungs- und Polizeihunde, allerdings nur, soweit sie als solche kenntlich sind.

372 Über § 25 Abs. 6 LJG-NRW steht die Befugnis zum Abschuss wildernder Hunde – allerdings nur mit entsprechender Erlaubnis des Jagdausübungsberechtigten – auch dem Jagdgast zu. Soweit der Jagdgast den Abschuss in Abwesenheit des Jagdausübungsberechtigten tätigt, gilt die Erlaubnis nach dem Wortlaut des Gesetzes nur, wenn er den entsprechenden Erlaubnisschein des Jagdausübungsberechtigten mit sich führt, in dem diese Befugnis eingetragen ist[335]. Die Rechtmäßigkeit einer Tötungshandlung kann jedoch nach richtiger Ansicht nicht allein vom Mitführen der schriftlichen Bestätigung einer bestehenden, also tatsächlich erteilten Erlaubnis abhängen[336].

Das früher bestehende Tötungsrecht auch für wildernde Katzen wurde nicht nur abgeschafft, sondern über § 19 Abs. 1, Nr. 12 LJG-NRW sogar ausdrücklich verboten und ist gem. § 55 Abs. 2 Nr. 1 LJG-NRW sowohl bei vorsätzlicher als auch bei (nur) fahrlässiger Zuwiderhandlung als Ordnungswidrigkeit ahndbar. Darüber hinaus stellt die unberechtigte Tötung eines Wirbeltieres einen strafrechtlich sanktionierten Verstoß gegen § 17 TierSchG dar. Fundkatzen können bei der örtlichen Ordnungsbehörde abgeliefert werden.[337]

c. Meldepflichten bei Wildseuchen[338]

373 Tritt eine Wildseuche in seinem Jagdbezirk auf, so hat der Jagdausübungsberechtigte dies unverzüglich der Unteren Jagdbehörde anzuzeigen, die im Einvernehmen mit dem beamteten Tierarzt die zur Bekämpfung der Seuche erforderlichen Anweisungen erlässt (§§ 24 BJG).

---

[335] So: LG Münster MDR 91, 441: Der Wortlaut des Gesetzes lasse keine andere Auslegung zu
[336] so auch: Schuck/Ellenberger, § 25 Rz. 10
[337] Hugenberg, RWJ 9/2015 S. 4
[338] Zu Meldepflichten allgemein: vgl. Kap. 2, Lit. C, Nr. 3

VII. ABSCHNITT: **BESONDERE RECHTE UND PFLICHTEN BEI DER JAGDAUSÜBUNG**

A. Jägernotweg

Jagdausübungsberechtigte, Jagdgäste und Jagdaufseher dürfen, wenn sie sich zur Jagd ausgerüstet in „ihren“ Jagdbezirk begeben, beim Durchqueren eines fremden Jagdbezirks grundsätzlich nur Wege benutzen, die zum Allgemeingebrauch bestimmt sind. **374**

Solche Wege sind alle Straßen und Wege, die dem öffentlichen Verkehr gewidmet sind sowie private, aber zum Allgemeingebrauch zugelassene Wege[339], auch Wald-, Wander- und Uferwege. In Ausübung der Jagd dürfen Wege befahren werden, die mit der Beschilderung „Anlieger frei“, „frei für forstwirtschaftlichen Verkehr“ bzw. „frei für land- und forstwirtschaftlichen Verkehr“, sowie nunmehr auch nur mit „frei für Landwirtschaft“ gekennzeichnet sind[340]. **375**

Zur Jagd ausgerüstet ist ein Jäger, wenn er zur Jagd geeignete Werkzeuge, insbesondere ein Gewehr, mit sich führt, von dem sofort Gebrauch gemacht werden könnte[341], welches aber nicht unbedingt schussbereit sein muss[342]. **376**

Ein Verstoß gegen den vorbezeichneten Grundsatz wird gemäß § 39 Abs. 2 Nr. 6 BJG als Ordnungswidrigkeit geahndet. **377**

Das Betreten eines fremden Jagdbezirks auch auf einem nicht zum Allgemeingebrauch bestimmten Weg ist jedoch zulässig, soweit entweder **378**

---

[339] vgl. hierzu AG Wolfhagen, Urt. v. 27.09.2004 – 2 C 329/04 und v. Pückler, WuH 10/2006, Seiten 108 ff.

[340] hierzu: Schmelz, Weiterfahren oder Anhalten, DJZ 1/98, Seite 16 f; OLG Celle, Beschl. v. 27.05.2015 – 322 Ss Rs 154/14 = JE Bd. XVIII, Nr. 121, hierzu: Nagel, DJZ 3/2016, S. 14 und Hons, Pirsch 2/2015, S. 82 f.

[341] RG 9, 412

[342] OLG Frankfurt, RdL 1980, 177

der Jagdausübungsberechtigte des fremden Jagdbezirks dies genehmigt oder die Voraussetzungen des sog. Jägernotwegerechts[343] vorliegen.

379 Nach § 27 LJG-NRW steht den die Jagd ausübenden Personen ein Jägernotwegerecht dann zu, wenn sie entweder den Weg zu ihrem Jagdbezirk überhaupt nicht auf einem zum Allgemeingebrauch bestimmten Weg erreichen können oder aber das Erreichen nur auf einem unzumutbaren Umweg erfolgen könnte. Wann ein Umweg im konkreten Fall unzumutbar ist, ist Frage des Einzelfalles. Hierbei sind insbesondere längere Anfahrt oder Fußweg sowie Alter oder Krankheit des Jagenden zu berücksichtigen.

380 Bei Vorliegen einer der beiden vorgenannten Voraussetzungen besteht ein Anspruch auf Duldung der Durchquerung des fremden Jagdbezirks gegenüber dem Jagdnachbarn. Soweit dieser dem Jägernotweg zustimmt, sollen Verlauf und Art der Benutzung schriftlich niedergelegt werden. Im Falle der unberechtigten Verweigerung des Jägernotwegerechtes bestimmt die Untere Jagdbehörde auf Antrag nach pflichtgemäßem Ermessen dessen Verlauf durch Verwaltungsakt (§ 27 Satz 1 LJG-NRW).

381 Da auch bei der berechtigten Ausübung des Jägernotwegerechts in die Rechte des fremden Jagdbezirksinhabers eingegriffen wird, muss dies auf schonendste Weise erfolgen. Regelmäßig muss die kürzeste, aber landschaftlich angepasste Strecke gewählt werden. Im Übrigen ist ein Jägernotweg in der Regel ein Fußweg. Die Festlegung eines Jägernotweges durch die Untere Jagdbehörde berechtigt – ohne weitere Genehmigungen – nicht zum Befahren.[344]

382 Das Betretungsrecht kann zur Ausübung sämtlicher jagdlicher Zwecke in Anspruch genommen werden und bedarf nicht des Mitführens einer schriftlichen Bestätigung.

383 Auch bei berechtigter Nutzung des Jägernotweges dürfen Schusswaffen nur ungeladen und Hunde nur angeleint mitgeführt werden (§ 27 Satz 2 LJG-NRW).

---

[343] vgl. zu den Voraussetzungen allgemein: Lentföhr, WuH 16/94, Seite 42
[344] VG Koblenz, Urt. v. 16.02.2011 – 2 K 976/10.KO = JE XVIII Nr. 102

Der Eigentümer – nicht der Jagdausübungsberechtigte – des in Anspruch genommenen Grundstücks hat Anspruch auf eine angemessene Anerkennungsgebühr (§ 27 Satz 3 LJG-NRW), die sich nach den Grundsätzen der Notwegerente des BGB richtet[345]. Streitigkeiten über die Höhe der Anerkennungsgebühr sind zwischen den Beteiligten vor den ordentlichen Gerichten auszutragen. **384**

Vordergründig erscheint die Beschränkung der Zahlung einer Anerkennungsgebühr an den Grundstückseigentümer unbillig, da auch in die Rechte des Jagdnachbarn eingegriffen wird und der Grundstückseigentümer bereits die Jagdpacht erhält. Maßgeblich ist hier aber wohl die Überlegung, dass der Eigentümer über die Verpflichtungen aus dem Jagdpachtvertrag hinaus die weitere Inanspruchnahme seines Grundstücks durch Dritte dulden muss. Den Jagdausübungsberechtigten – dem ebenfalls ein entschädigungsloses Jägernotwegerecht gegenüber seinem Jagdnachbarn zustehen kann – trifft diese Hinnahmeverpflichtung aus dem Gesichtspunkt der Solidargemeinschaft der Jäger. **385**

B. Jagdeinrichtungen

Der Jagdausübungsberechtigte darf auf land- und forstwirtschaftlich genutzten Grundstücken besondere Anlagen wie Einrichtungen für die Ansitzjagd, Kunstbaue[346] und Futterplätze nur mit Genehmigung des Grundstückseigentümers errichten (§ 28 Abs. 1, 1.Halbsatz LJG-NRW). Vorgenannte Aufzählung ist aufgrund des Wortes „wie“ nicht abschließend. Zu den jagdlichen Einrichtungen[347] zählen insbesondere auch Hochsitze, Kanzeln, Erdsitze, Leitern, Schirme, Jagdhütten, Suhlen, Salzlecken, Wildäcker, Kirrungen und Pirschwege[348]. **386**

345 BGH, RdL 1991, 12

346 In das Gesetz aufgenommen, um Bestandsschutz zu gewähren

347 zu Rechtsfragen rund um jagdliche Einrichtungen vgl.: Meyer-Ravenstein, Pirsch 7/2016, S. 85 f., 8/2016, S.83 ff., 10/2016, S. 79 ff.

348 gemäß § 65 Abs. 1 Nr. 48 BauO NRW sind Hochsitze sowie Ansitzmöglichkeiten baugenehmigungsfrei; zu Mindestabständen von Jagdeinrichtungen zu Straßen vgl. Sendke, Pirsch 18/2010 S. 55

387 Die Genehmigung muss dem Jagdausübungsberechtigten grundsätzlich *vor* Aufstellung der Einrichtung erteilt werden. Der Eigentümer ist zur Genehmigung verpflichtet, wenn ihm die Duldung der Einrichtung zugemutet werden kann[349] und er eine angemessene Entschädigung erhält (§ 28 Abs. 1 2. Halbsatz LJG-NRW)[350]. Nicht zumutbar ist für den Eigentümer beispielsweise das Aufstellen eines Hochsitzes mitten im Feld, das Anlegen eines Futterplatzes – soweit ein solcher nach der DVO LJG-NRW überhaupt zulässig ist – in der Nähe von Verbissschäden sowie das Anlegen einer Suhle in der Nähe eines Kartoffel- oder Haferschlages.

388 Streitigkeiten über das Bestehen einer Duldungs- bzw. Genehmigungsverpflichtung sowie über die Höhe der Entschädigung sind vor den ordentlichen Gerichten auszutragen.

389 Neben den vorgenannten Voraussetzungen sind bei der Errichtung von *Jagdhütten*[351] sowie größeren Vorratseinrichtungen für Wildfutter im Revier[352] weitere öffentlich-rechtliche Vorschriften des Bauplanungs- und Bauordnungsrechts sowie des Natur- und Landschaftsschutzes[353] zu beachten.

390 Die Errichtung einer Jagdhütte durch den Jagdausübungsberechtigten im Außenbereich (§ 35 BauGB) bedarf einer Baugenehmigung, soweit sie nicht einem land- oder forstwirtschaftlichen Betrieb dient (§ 65 Abs. 1 Nr. 1 BauO NRW). Im Rahmen des Baugenehmigungsverfahrens zählt die Jagdhütte jedoch zu den privilegierten Vorhaben i.S.d. § 35 Abs. 1 Nr. 4 BauGB, also zu denjenigen Vorhaben, die wegen ihrer besonderen Zweckbestimmung im Außenbereich ausgeführt werden dürfen. Die Privilegierung für den Jagdpächter entfällt jedoch mit Beendigung des Jagdpachtvertrages,

---

349 LG Bielefeld, Urt. v. 19.03.2014 – 21 S 95/13

350 Vgl. hierzu: AG Daun, Urt. v. 25.01.2012 – 3a C 464/11; Zur Höhe einer Entschädigung: v. Pückler, WuH 14/2014, S. 72 ff.

351 zur Genehmigungsfähigkeit des Baues einer Jagdhütte: v. Pückler 2), Seite 28 ff.; OVG Mecklenburg-Vorpommern, Urt. v. 17.08.2000 – 3 L 298/99; hierzu v. Pückler, WuH 11/2002, Seite 74 f.; zum Eigentum an Jagdhütten: OLG Koblenz, Beschl. v. 09.04.2014 – 6 U 1228/13; hierzu v. Pückler WuH 1/2015, S. 66 f. (kein wesentlicher Grundstücksbestandteil!)

352 VG Arnsberg, Urt. v. 01.09.2009 – 4 K 1559/08 (überdimensioniertes Wildfuttersilo); hierzu Otto, Pirsch 2/2010, Seite 24

353 §§ 11, 34 BNatSchG

es sei denn, der Nachpächter übernimmt die Jagdhütte und auch bei ihm liegen sämtliche Privilegierungsvoraussetzungen vor (Bestandsschutz)[354].

Unabhängig davon ist aber die Genehmigung einer Jagdhütte an strenge Voraussetzungen geknüpft[355]. Nach der Rechtsprechung muss sie zur ordnungsgemäßen Jagdausübung erforderlich sein, insbesondere zur Benutzung als Unterkunft im Zusammenhang mit der Jagdausübung und der Lagerung von Wildfutter[356]. Es darf sich hierbei nur um einen einfachsten Bau mit geringem Umfang[357] und einfacher Ausstattung handeln. Grundsätzlich kann der Jagdausübungsberechtigte zwar nicht darauf verwiesen werden, in Reviernähe in Gast- oder Bauernhöfen oder anzumietenden Zimmern oder Wohnungen zu übernachten[358]. Verneint wird die Erforderlichkeit jedoch bei weniger als 1 ½, 2 bzw. 6 km vom Jagdbezirk entfernt wohnenden Jagdausübungsberechtigten[359]. 391

Nach § 28 Abs. 2 LJG-NRW dürfen – auch nicht mit Genehmigung des Grundstückseigentümers! – innerhalb von 75 Metern zur Grenze eines benachbarten Jagdbezirkes weder Einrichtungen für die Ansitzjagd errichtet noch Fütterungen[360] oder Kirrungen angelegt werden[361]. Zur Vermeidung übermäßiger Wildschäden kann die Untere Jagdbehörde hiervon Ausnahmen zulassen. Die beiden vorbezeichneten Einschränkungen gelten nicht, soweit die Jagdnachbarn eine hiervon abweichende, allerdings zwingend schriftliche Vereinbarung getroffen haben. 392

---

354 So auch: Bay. VGH, Beschl. v. 20.03.2012 – 9 ZB 08.716 = JE VII, Nr. 121

355 hierzu v.Pückler, WuH 7/2005, Seite 104 f. und VG Köln, Urt. v. 23.08.2006 – 8 K 4315/05

356 BVerwG NuR 1986, 173

357 verneint bei 70 m³ großem Gebäude mit Wohnzimmer, 2 Schlafzimmern, Küche und Bad: OVG Münster, RdL 1977, 91

358 OVG Münster – 10 A 618/80; Drees/Thies/Müller-Schallenberg, § 28 LJG I, VG Meiningen, Urt. v. 21.10.2009 – 5 K 147/07 ME; hierzu: von Pezold, Pirsch 10/2010 S. 30 f.; a.A. Nds OVG, Beschl. v. 19.03.2008 – 1 LA 84/07 = JE Band XV (ab 2008), VII, Nr. 108

359 OVG Münster, DÖV 1974, 572; BVerwG NuR 1986, 173; OVG Münster, Urt. v. 11.11.2011 – 2 A 2124/09 = JE XII Nr. 115

360 Die Verbesserung der in einem Jagdrevier vorhandenen natürlichen Äsungsflächen (Wildäcker und Wildwiesen) gilt nicht als Fütterung (§ 25 Abs. 2 Satz 4 LJG-NRW)

361 Da die Vorschrift erst ab dem 11.07.1978 gilt, bleiben zuvor errichtete Ansitze, Fütterungen und Kirrungen auch innerhalb der 75-Meter-Zone weiterhin zulässig (Drees/Thies/Müller-Schallenberg, § 28 LJG I)

393 Der Jagdausübungsberechtigte kann von ihm errichtete jagdliche Einrichtungen jederzeit wieder beseitigen[362]. Insbesondere ist er bei Beendigung des Jagdpachtvertrages berechtigt – und auf Verlangen des Grundstückseigentümers auch verpflichtet – die Einrichtungen wegzunehmen. Der bisherige Jagdausübungsberechtigte kann sie auf Wunsch des Nachpächters auf diesen übertragen, verlangen kann er deren Übernahme allerdings nicht. Andererseits hat aber auch der Nachfolger keinen Anspruch auf Überlassung der von seinem Vorgänger geschaffenen Einrichtungen[363]. Dies führt in der Praxis häufig dazu, dass der scheidende Jagdausübungsberechtigte sich dazu gezwungen sieht, bestehende Jagdeinrichtungen zu Schleuderpreisen an seinen Nachfolger zu veräußern, um dem oft erheblichen Beseitigungsaufwand zu entgehen. Nach Beendigung eines Mitpächterverhältnisses ist der ausscheidende Jagdpächter nicht berechtigt, ohne Zustimmung des verbleibenden Pächters jagdliche Einrichtungen abzubauen[364].

394 Nach § 3 Abs. 1 d LFoG ist das unbefugte Betreten jagdlicher Einrichtungen im Wald verboten. Aus verkehrssicherungsrechtlichen Aspekten hat der Jagdausübungsberechtigte hiergegen keine besonderen Schutzvorkehrungen zu treffen[365]. Soweit Unbefugte die Einrichtung dennoch betreten und hierbei zu Schaden kommen, haftet der Jagdausübungsberechtigte als Eigentümer der Einrichtung hierfür grundsätzlich nicht[366], weder aus dem Gesichtspunkt der Verletzung der Verkehrs-sicherungspflicht noch aus § 836 BGB.

---

[362] Dietlein, Seite 64; zur Herausgabepflicht von Jagdeinrichtungen an einen ehemaligen Jagdgast (Inhaber eines entgeltlichen Begehungsscheines): AG Passau, Urt. v. 12.03.1997, JE Band XI (ab 1997), XII Nr. 98

[363] Drees/Thies/Müller-Schallenberg, § 28 LJG III

[364] AG Lahnstein, Urt. v. 19.05.2009 – 20 C 67/09

[365] OLG Köln, Urt. v. 20.07.1982 – 14 U 67/81; OLG Stuttgart, Urt. v. 12.11.1976 – 2 U 117/76; anders aber in der Nähe zu Spielplätzen, Parkplätzen oder Ortsrändern: Hier ist der Eigentümer der Einrichtung verpflichtet, das Besteigen durch besondere Sicherungsmaßnahmen zu verhindern (v.Pückler, WuH 17/2001, Seite 97)

[366] OLG Braunschweig, Urt. v. 25.09.1991 – 3 U 106/90; OLG Stuttgart, Urt. v. 12.11.1976 – 5 U 86/76; LG Gießen, Urt. v. 28.02.2001 – 1 S 497/00; hierzu v. Pückler, WuH 17/2001, Seite 96 f.; a. A. OLG Braunschweig, Urt. v. 25.09.1991, JE Band IX (ab 1993) XII Nr. 86

C. Jagdhunde

Aus den Gesichtspunkten der Weidgerechtigkeit und des Tierschutzes besteht nach § 30 Abs. 1 LJG-NRW die gesetzliche Verpflichtung, bei Such- und Bewegungsjagden[367], bei jeder Jagdart auf Schnepfen und Wasserwild sowie bei jeder Nachsuche auf (jedes) Wild *brauchbare* Jagdhunde zu verwenden. **395**

Brauchbar im Sinne dieser Vorschrift ist ein Jagdhund dann, wenn er objektiv für die von ihm erwartete Aufgabe geeignet ist. Der Nachweis der Brauchbarkeit wird zwar regelmäßig durch das Absolvieren einer Brauchbarkeitsprüfung[368] erbracht, setzt aber nicht zwingend eine solche oder gar deren Bestehen voraus[369]. **396**

Für „überjagende Hunde" bei Bewegungsjagden hat der Gesetzgeber in NRW eine spezielle Regelung getroffen: Werden Jagdhunde im Rahmen von Bewegungsjagden eigesetzt, so stellt dies keine Störung der Jagdausübung (i.S.v. § 1004 BGB) dar, wenn die betroffenen Jagdbezirksinhaberinnen oder Jagdbezirksinhaber vor der Bewegungsjagd unterrichtet worden sind, zumutbare Maßnahmen gegen ein Überjagen getroffen wurden und in dem betreffenden Revier, in dem die Bewegungsjagd stattfindet, nicht mehr als drei Bewegungsjagden im Jagdjahr durchgeführt werden (§ 30 Abs. 2 LJG-NRW). **397**

Der jahrelange Streit[370] darum, ob die Hundeausbildung an der lebenden Ente erfolgen darf, hatte in Nordrhein-Westfalen zunächst 1998 sein Ende gefunden. Nach OVG Münster[371] liegt bei der Ausbildung und Prüfung mit der lebenden Ente zwar ein „Hetzen" i.S.d. TierSchG vor, dieses ist aber **398**

---

367 van Elsbergen, „Jagdhilfstiere – Alles was Recht ist" in: Der Wildhüter, 4/2018, S.35 ff.

368 vgl. hierzu Ziff 6 VV-LJG-NW = RdErl. des MURL v. 24.01.2000 (MBl. NRW. 2000 S. 196), abgedruckt in Thies 1, Seiten 106 ff. sowie Richtlinien zur Feststellung der Brauchbarkeit von Jagdhunden im Land NRW vom 12.08.2015

369 So auch Thies, Landwirtschaftliches Wochenblatt Westfalen-Lippe 40/2007, Seite 4

370 vgl. hierzu RWJ 12/98, Seite 36 f.

371 OVG Münster, Urt. v. 30.06.1998, RdL 98, 331 ff. = JE Band XI (ab 1997), VII Nr. 54; a. A.: OVG Schleswig, Urt. v. 17.03.1998, JE Band XI (ab 1997), VII Nr. 53; OVG Koblenz, Urt. v.20.03.2001 – 12 A 11997/00 OVG; VGH Mannheim, Beschl. V. 06.11.1996 – 11 TG 4486/96

durch die „Jagdklausel“ des Gesetzes gedeckt. Bei entsprechenden Arbeiten liegt damit kein Verstoß gegen tierschutzrechtliche Bestimmungen vor. Zudem ist die Prüfung hinter der lebenden Ente erforderlich, um die Brauchbarkeit von Hunden bei der Jagd auf Wasserwild feststellen zu können.

399 Die Entscheidung des OVG Münster führte zur Aufhebung des ministeriellen Verbotes von 1992 und zum Abschluss einer bis 31.10.2013 gültigen Vereinbarung zwischen dem Ministerium für Umwelt, Raumordnung und Landwirtschaft Nordrhein-Westfalen, dem Jagdgebrauchshundeverband, der Jagdkynologischen Arbeitsgemeinschaft Nordrhein-Westfalen und dem Landesjagdverband Nordrhein-Westfalen e.V. (Düsseldorfer Konsens)[372].

400 Nach der jetzigen gesetzlichen Regelung des § 30 Abs. 3 LJG-NRW dürfen, wenn Hunde an lebendem Wasserwild ausgebildet und geprüft werden, sowohl *flugfähige* Stockenten , als auch – kurzzeitig (max. 15 Min) flugunfähige Stockenten (versehen mit einer Papiermanschette, sog. „Methode Müller“)eingesetzt werden. An anderem Wasserwild darf nicht ausgebildet werden.

Nach § 30 Abs. 4 LJG-NRW darf bei der Ausbildung und Prüfung von Jagdhunden in Schliefenanlagen der Jagdhund auf der Duftspur eines lebenden Fuchses arbeiten. Die Ausbildung unmittelbar am lebenden Fuchs ist verboten. Insoweit hat sich an der bisherigen Rechtslage nichts geändert.

401 Die Ausbildung von Jagdhunden im Schwarzwildgatter dient der Auswahl und der Einarbeitung brauchbarer Jagdhunde für die Stöberarbeit auf Schwarzwild und stellt keine Abrichtung an einem lebenden Tier im Sinne von § 3 Nr. 7 TierSchG dar (§ 30 Abs. 5 LJG-NRW).

402 Ein vorsätzlicher Verstoß gegen § 30 Abs. 1, 3 und 4 LJG-NRW wird als Ordnungswidrigkeit geahndet (§ 55 Abs. 1 Nr. 18-20 LJG-NRW).

---

[372] abgedruckt in RWJ 12/98 Seite 12

Die Verwendung von Teletakt- bzw. Telereizgeräten zur Erziehung oder beim Einsatz von Jagdhunden ist unzulässig[373]. § 3 Ziff. 11 TierSchG verbietet die Verwendung von Geräten, die durch direkte Stromeinwirkung das artgemäße Verhalten eines Tieres erheblich einschränken oder es zur Bewegung zwingen und dem Tier dadurch nicht unerhebliche Schmerzen, Leiden oder Schäden zufügen, soweit dies nicht nach bundes- oder landesrechtlichen Vorschriften zulässig ist. Teletakt- oder Telereizgeräte werden von diesem Verbot erfasst[374]. Dabei kommt es nicht auf die konkrete Verwendung der Geräte im Einzelfall, sondern darauf an, ob sie von ihrer Bauart oder Funktionsweise her geeignet sind, dem Tier nicht unerhebliche Schmerzen zuzufügen. Es entspricht der Absicht des Gesetzgebers, den Einsatz der potenziell gefährlichen Geräte generell zu verbieten. Nach dem Gesetz grundsätzlich mögliche landes- oder bundesrechtliche Ausnahmevorschriften[375] von dem Verbot sind bisher nicht normiert worden. **403**

Im Rahmen der Jagdhaftpflichtversicherung besteht Versicherungsschutz für Schäden, die von einem anerkannten[376] Jagdhund (i.d.R. genügt die objektive Brauchbarkeit[377]) bei der Jagd oder auch sonst angerichtet werden. **404**

Vom Versicherungsschutz sind maximal zwei Hunde erfasst. Näheres regeln die unterschiedlichen Bedingungen der jeweiligen Versicherungsunternehmen. Unabhängig davon ist der Abschluss einer gesonderten Jagdhundeversicherung empfehlenswert.[378] **405**

Auch Jagdhunde sind grundsätzlich – nämlich je nach der jeweiligen kommunalen Hundesteuersatzung am Wohnsitz des Hundehalters – **406**

---

373 BVerwG, NJW 2006, 2134 ff.; vgl. hierzu Metzger, NuR 2006, 693 ff.

374 Das neue waffenrechtliche Verbot nach Anlage 2 Nr. 1.3.6. i.V.m. § 52 Abs. 1 Nr. 1 WaffG von *Distanz*-Elektroimpulsgeräten (gemeint sind sog. *Taser*-Waffen) erfasst diese Geräte nicht, da die bestimmtsgemäße Herstellerwidmung zur Schädigung von Menschen fehlt, vgl. Gade, Anlage 1zum WaffG, Rdn. 98 .

375 per Gesetz oder Verordnung, nicht aber durch nur ministeriellen Erlass möglich (BVerwG, Urt. v. 23.02.2006 – 3 C 14.05)

376 hierzu LG Münster, Urt. v. 01.04.2004 – 15 S 75/03

377 Ein einmal als „brauchbar" erkannter Hund verliert im Alter nicht seine Brauchbarkeit, auch wenn er altersbedingt nicht mehr auf die Jagd mitgenommen werden kann (LG Mannheim, NJW-RR 2006, 534);

378 Vgl. hierzu: Überblick in Pirsch 20/2010 S. 52 ff.

hundesteuerpflichtig[379]. Die Satzung kann allerdings für einzelne Fälle Ausnahmen vorsehen (z.B. Diensthunde für Jagdaufseher).

407 Jagdhunde fallen unter das LHundG-NRW[380], soweit sie ausgewachsen eine Widerristhöhe von mindestens 40 cm oder aber ein Gewicht von mindestens 20 Kilogramm erreichen können („große Hunde", § 11 LHundG-NRW) oder gefährlich i.S.d. § 3 LHundG-NRW sind. Als gefährliche Hunde i.S.d. LHundG-NRW gelten sog. Kampfhunde sowie solche Hunde, die z.B. einen Menschen oder einen anderen Hund gebissen oder einen Menschen in gefahrdrohender Weise angesprungen haben sowie wildernde Hunde. Für Jagdhunde dürfte § 3 LHundG-NRW jedoch regelmäßig nicht einschlägig sein, so dass auf eine diesbezügliche weitere Erörterung hier verzichtet wird.

408 Das Halten großer Hunde im vorbezeichneten Sinne ist der Ordnungsbehörde des Haltungsortes anzuzeigen (§ 11 Abs. 1, 13 LHundG-NRW).

409 § 11 Abs. 2 LHundG-NRW erfordert zudem vom Halter eines großen Hundes den Nachweis seiner Sachkunde sowie seiner Zuverlässigkeit.

410 Inhaber eines Jagdscheines oder Personen, die die Jägerprüfung erfolgreich abgelegt haben, gelten gemäß § 6 Abs. 3 b LHundG-NRW insoweit ohne weiteren Nachweis stets als sachkundig. Ebenfalls wird die Sachkunde unterstellt bei Personen, die vor dem 01.01.2003 mehr als drei Jahre große Hunde ohne tierschutz- oder ordnungsbehördlich erfasste Vorkommnisse gehalten haben und dies der zuständigen Behörde schriftlich versichert wurde (§ 11 Abs. 4 LHundG-NRW).

411 Die erforderliche Zuverlässigkeit besitzt unter anderem derjenige *niemals,* der wegen einer Straftat gegen das TierSchG, WaffG oder das BJG

---

379 Hundesteuerpflichtigkeit besteht unabhängig von den Einkommens- bzw. Vermögens verhältnissen des Halters bzw. Pflegers (so: OVG Münster, Urt. v. 08.06.2010 – 14 A 3020/08); Zu kommunalen Unterschieden in der Bemessungshöhe vergleichend: Steuermagazin 6/2017, S. 15

380 Hundegesetz für das Land Nordrhein-Westfalen vom 18.12.2002 (GV.NRW S. 656) i.d.F.v. 20.09.2016

rechtskräftig verurteilt worden ist, wenn seit Eintritt der Rechtskraft der letzten Verurteilung fünf Jahre noch nicht verstrichen sind (§ 7 Abs. 1 Ziff. 4 LHundG-NRW). Als unzuverlässig gilt *regelmäßig* auch schon derjenige, der gegen Vorschriften der vorgenannten Gesetze zuwider handelt oder gegen Vorschriften des LHundG-NRW wiederholt oder schwerwiegend verstoßen hat (§ 7 Abs. 2 LHundG-NRW).

Der dem LHundG-NRW unterfallende Hund ist unter Nachweispflicht fälschungssicher auf Kosten des Halters mit einem Mikrochip zu kennzeichnen[381]; ebenso ist der Abschluss einer Haftpflichtversicherung nachzuweisen (§ 11 Abs. 2 LHundG-NRW), wobei im Rahmen der Jagdhaftpflichtversicherung bereits zwei Jagdhunde mitversichert sind[382]. **412**

Insbesondere auf öffentlichen Straßen und Plätzen, in öffentlichen Gebäuden und Verkehrsmitteln sowie innerörtlichen Bereichen mit vergleichbarem Publikumsverkehr herrscht Anleinzwang für alle Hunde (§ 2 Abs. 2 LHundG-NRW). Für große Hunde gilt dies auch in Fluren, Aufzügen und Treppenhäusern sowie auf Zuwegen von Mehrfamilienhäusern (§§ 11 Abs. 6, 5 Abs. 2 LHundG-NRW). Die vorgenannten Anleinpflichten gelten aber nicht für brauchbare Jagdhunde, wenn sie sich im bestimmungsgemäßen Einsatz befinden (§ 17 Satz 2 LHundG-NRW). **413**

Vorsätzliche oder fahrlässige Verstöße gegen einzelne Vorschriften des LHundG-NRW können als Straftaten oder Ordnungswidrigkeiten[383] geahndet werden (§§ 19 f. LHundG-NRW). **414**

Bei der Haltung von Jagdhunden sind letztendlich auch die Vorschriften der TierSchHVO[384] zu beachten. **415**

---

[381] Verpflichtung ist rechtmäßig (OVG Münster; Urt. v. 05.03.2004 – 5 B 2640/03); Chip-Pflicht gilt auch bei Reisen in ein anderes EU-Land; vgl. hierzu: WuH 12/2011 S. 57

[382] Zu Hunden in der Jagdhaftpflichtversicherung: Witte, WuH 18/2013, S. 28 ff.

[383] Bei einem Verstoß gegen die Anleinpflicht ist eine Geldbuße von höchstens 20 EUR angemessen, sofern keine besonderen Umstände (Gefährdung, Belästigung, Verunreinigung) hinzutreten (OLG Düsseldorf, NJW 2007, 1014)

[384] Tierschutzhundeverordnung vom 02.05.2001 (BGBl. I S. 838), abgedruckt in Thies 1, Seiten 281 ff.; zuletzt geändert am 12.12.2013.

Abschnitt 7
Besondere Rechte und Pflichten bei der Jagdausübung

416 Die Verordnung gilt für das Halten und Züchten von Hunden (§ 1 TierSchHVO).

417 Sie regelt im Wesentlichen die Voraussetzungen für das Halten im Freien (§ 4), in Räumen (§ 5), die Zwingerhaltung (§ 6), die Anbindehaltung (§ 7) sowie die Fütterung und Pflege (§ 8).

418 Unabhängig davon, wo der Hund gehalten wird, muss diesem ausreichend Auslauf im Freien sowie ausreichender Umgang mit einer Betreuungsperson gewährt werden (§ 2 TierSchHVO).

419 Dem Hund muss bei der Haltung im Freien grundsätzlich ein Schutzraum, z.B. eine Hundehütte, sowie daneben noch ein witterungsgeschützter schattiger Liegeplatz mit wärmegedämmtem Boden zur Verfügung stehen (§ 4 TierSchHVO).

420 Die Mindestgröße eines Hundezwingers[385] richtet sich nach der Größe des gehaltenen Hundes (§ 6 Abs. 2 TierSchHVO). Dem Hund muss entsprechend seiner Widerristhöhe eine uneingeschränkt benutzbare Bodenfläche zur Verfügung stehen, wobei die Länge jeder Seite des Zwingers mindestens der doppelten Körperlänge des Hundes entsprechen muss und keine Seite kürzer als 2 Meter sein darf. Die Mindestgröße muss betragen bei

Widerristhöhe	bis einschließlich 50 cm	mindestens 6 m²
	über 50 bis 65 cm	mindestens 8 m²
	über 65 cm	mindestens 10 m²

421 Für jeden weiteren in demselben Zwinger gehaltenen Hund sowie für jede Hündin mit Welpen muss zusätzlich die Hälfte der für einen Hund vorgeschriebenen Bodenfläche zur Verfügung stehen.

422 Die Höhe der Einfriedung muss so bemessen sein, dass der aufgerichtete Hund mit den Vorderpfoten die obere Begrenzung nicht erreicht.

423 Im Zwinger darf der Hund nicht angebunden gehalten werden (§ 6 Abs. 6 TierSchHVO).

---

385 instruktiv zur Zwingerhaltung und zum Zwingerbau vgl. Kaiser, DJZ 6/2008, Seiten 40 ff.

§ 7 TierSchHVO stellt die näheren Anforderungen an die Anbindevorrichtungen auf, die dem Hund unter anderem mindestens sechs Meter Auslauf gestatten müssen. Verboten ist das Anbinden von Hunden bis zu einem Alter von 12 Monaten, einer tragenden Hündin im letzten Drittel der Trächtigkeit, einer säugenden Hündin sowie eines kranken Hundes, wenn ihm dadurch Schmerzen, Leiden oder Schäden zugefügt würden (§ 7 Abs. 7 TierSchHVO). **424**

Wasser muss *stets* in ausreichender Menge und Qualität *bereitgestellt werden*, die Versorgung mit artgerechtem Futter muss in *ausreichender* Menge und Qualität erfolgen (§ 8 TierSchHVO). Insbesondere hat der Betreuer des Hundes den Aufenthaltsbereich des Hundes sauber und ungezieferfrei zu halten und – wenn ein Hund ohne Aufsicht in einem Fahrzeug verbleibt[386] – für ausreichende Frischluft und angemessene Lufttemperatur zu sorgen. **425**

Verstöße gegen einzelne, in § 12 TierSchHVO genannte Vorschriften der TierSchHVO können als Ordnungswidrigkeit geahndet werden. **426**

D. Verhinderung von vermeidbaren Schmerzen und Leiden von Wild

Zum Zweck der Bewahrung vor vermeidbaren Schmerzen oder Leiden ist krankgeschossenes Wild[387] stets unverzüglich zu erlegen, schwerkrankes Wild allerdings nur dann, wenn es nicht möglich ist, es zu fangen oder zu **427**

[386] Die regelmäßige Unterbringung eines Hundes mehrmals wöchentlich für mehrere Stunden im Laderaum eines PKW-Kombi missachtet die tierschutzrechtlichen Mindestanforderungen an eine angemessene und verhaltensgerechte Unterbringung (HessVGH, Beschl. v. 19.08.2008 – 8 UZ 2673/07); hierzu auch: VG Stuttgart, Beschl. v. 18.09.2013 – 4 K 2822/13 = JE XVIII, Nr. 107; mehrstündiges Belassen eines Hundes im Fahrzeug bei 25 Grad im Schatten ist eine bußgeldbewährte OWi nach § 18 Abs. 1 TierSchG, so: AG München, Urt. v. 29.11.2017, Az 1115 OWi 236 Js 193231/17.

[387] Zur Rechtswidrigkeit der Tötung eines (nicht dem Jagdrecht unterliegenden) krankgeschossenen Wolfes: LG Lüneburg, Urt. v. 23.11.2010 – 29 Ns 16/10; hierzu: Bussmann, Pirsch 2/2011 S. 46 ff. und Roosen, DJZ 5/2011 S. 5 f.; Revision des Angeklagten als unbegründet verworfen (OLG Celle, Beschl. v. 23.05.2011 – 32 Ss 31/11); Verfassungsbeschwerde des Angeklagten nicht zugelassen (BverfG, Beschl. v. 14.09.2011 – AR 4686/11)

versorgen (§ 22 a Abs. 1 BJG). Als schwerkrank gilt Wild, das von einer Krankheit, insbesondere einer Wildseuche, befallen ist, ebenso wie auch kümmerndes Wild, das insbesondere durch Alter, Entkräftung, Verletzungen jeglicher Art oder Parasiten erheblich und auf lange Zeit geschwächt bleibt[388].

428 Die vorbezeichnete, aus Tierschutzgesichtspunkten resultierende Verpflichtung gilt

- für jede einen Jagdschein innehabende Person
- unabhängig von Schonzeiten
- unabhängig davon, wessen Jagdrecht das Wild unterliegt[389]
- auch bei evtl. Überschreiten bestehender Abschusspläne.

429 Gemäß § 24 Abs. 4 Sätze 1 bis 3 LJG-NRW kann die Untere Jagdbehörde im Einzelfall den Abschuss von kümmerndem oder krankem Wild über den Abschussplan hinaus oder während der Schonzeit genehmigen. Der Genehmigung bedarf es nicht, wenn der Abschuss im Einzelfall unerlässlich erscheint, um dem Wild vermeidbare Schmerzen oder Leiden zu ersparen oder um die Ausbreitung von Seuchen zu verhindern. Der Jagdausübungsberechtigte hat aber der Behörde den Abschuss unverzüglich mitzuteilen und ihr auf Verlangen das erlegte Wild vorzuzeigen.

430 Verstöße gegen § 22 a Abs. 1 BJG stellen zwar grundsätzlich nach den bundesjagdrechtlichen Vorschriften weder eine Straftat noch eine Ordnungswidrigkeit dar. Jedoch ahndet § 55 Abs. 1 Nr. 12 a) LJG-NRW einen vorsätzlichen Verstoß gegen § 24 Abs. 4 Satz 3 LJG-NRW (Mitteilungspflicht und Vorzeigepflicht auf Verlangen bei Abschuß von kümmernden/kranken Wild während der Schonzeit) als Ordnungswidrigkeit.

In Betracht kommt zudem eine Straftat nach § 17 Nr. 2 TierSchG oder ein Verstoß gegen die Grundsätze der Weidgerechtigkeit mit der möglichen Folge der Versagung bzw. des Entzuges des Jagdscheins.

431 Das LJG-NRW enthält zudem folgende Regelungen betreffend verunfalltes Wild:

---

388 Drees/Thies/Müller-Schallenberg, § 22 a BJG I

389 vgl. hierzu Streitberger, DJZ 5/91 Seite 10

Wer schwerkrankes verunfalltes Wild auffindet, darf dieses unabhängig von der Jagdzeit unverzüglich erlegen, um es vor vermeidbaren Leiden oder Schäden zu bewahren, wenn sie oder er Jagdscheininhaberin oder Jagdscheininhaber ist und die oder der Jagdausübungsberechtigte, in dessen Jagdbezirk das Wild erlegt werden soll, informiert wurde und insoweit keine Hilfe erlangt werden konnte oder die oder der Jagdausübungsberechtigte nicht erreicht werden konnte. Das Erlegen ist der oder dem Jagdausübungsberechtigten unverzüglich anzuzeigen und das Wild unverzüglich zu versorgen. Das Fortschaffen des Wildes ist nicht zulässig (§ 28a Abs. 1 LJG NRW).

Unbeschadet der Regelung des Absatzes 1 ist derjenige, der ein Fahrzeug **432** führt und damit Schalenwild verletzt oder getötet hat, verpflichtet, dies unverzüglich bei einer Polizeidienststelle anzuzeigen. Für jeden Jagdbezirk haben die Jagdausübungsberechtigten der zuständigen Polizeidienststelle mindestens eine zur Jagd befugte Person zu benennen. Die benannte Person hat bei Wildunfällen Benachrichtigungen entgegenzunehmen und die Pflichten der jagdausübungsberechtigten Person. Vorschriften über die Beseitigung von Verkehrsunfallwild auf öffentlichen Straßen bleiben unberührt (§28a Abs. 2 LJG-NRW).

Wer als Fahrzeugführerin oder Fahrzeugführer Wildunfälle mit Schalen- **433** wild vorsätzlich oder fahrlässig nicht unverzüglich anzeigt, begeht eine Ordnungswidrigkeit (§ 55 Abs. 2 Nr. 4 b LJG-NRW). Darüberhinaus kommt insoweit auch eine Strafbarkeit nach dem Tierschutzgesetz in Betracht.

E. Wildfolge und Wildfolgevereinbarung

Im *eigenen* Jagdbezirk krankgeschossenes oder schwerkrankes Wild, das **434** in einen *fremden* Jagdbezirk wechselt, darf nach Bundesrecht grundsätzlich nur verfolgt werden (*Wildfolge*[390]), wenn mit dem Jagdausübungsberechtigten dieses Jagdbezirkes eine schriftliche Vereinbarung über die Wildfolge abgeschlossen worden ist (§ 22 a Abs. 2 Satz 1 BJG).

---

[390] hierzu allgemein: v. Pückler, NuR 87, 118; beachte auch Sonderregelung des § 6 a Abs 8 BJG bei Befriedung aus ethischen Gründen (Kapitel 1 II E)!

Abschnitt 7
Besondere Rechte und Pflichten bei der Jagdausübung

435 Über die bundesgesetzlichen Regelungen hinausgehend, hat Nordrhein-Westfalen zur Wildfolge weitergehende Regelungen in den § 4 Abs. 5 (Regelung betreffend befriedete Bezirke[391]) und § 29 LJG-NRW getroffen. Aus Tierschutzgründen wurde die bisherige Unterscheidung zwischen Schalenwild und sonstigem Wild aufgegeben.

436 Die Jagdausübungsberechtigten benachbarter Jagdbezirke oder benachbarter Teile von Jagdbezirken (§ 11 Abs. 2 BJG) sind auch landesrechtlich grundsätzlich verpflichtet, innerhalb von sechs Monaten nach Beginn der Jagdnachbarschaft schriftliche Vereinbarungen über die Wildfolge abzuschließen (*Wildfolgevereinbarung*, § 29 Abs. 1 Satz 1 LJG-NRW). Bis aber eine solche Wildfolgevereinbarung abgeschlossen ist[392] oder soweit eine entsprechende Vereinbarung ohne Festlegung von Einzelheiten bzw. nicht abschließend getroffen worden ist, gelten die Vorschriften des § 29 Abs. 2 bis 5, bzw. Abs. 2 bis 4 LJG-NRW (*Wildfolge kraft Gesetzes*, § 29 Abs. 1, Satz 3, Abs. 5 LJG-NRW).

1. Wildfolge kraft Gesetzes

437 Die Wildfolge kraft Gesetzes trifft unterschiedliche Regelungen hinsichtlich des Sich-nieder-tuns krankgeschossenen Wildes innerhalb bzw. außerhalb der Sichtweite von der Reviergrenze.

a. Wild in Sichtweite (§ 29 Abs. 2 LJG-NRW)

438 Tut sich krankgeschossenes Wild in Sichtweite von der Grenze im benachbarten Jagdbezirk nieder, so ist der Jagd*ausübende* (nicht zu verwechseln mit dem Jagdausübungs*berechtigten*) verpflichtet, es zu erlegen und zu versorgen (Satz 1). Die Pflicht zur Versorgung erstreckt sich auch auf krankgeschossenes Wild, das nach dem Überwechseln in Sichtweite von der Grenze im benachbarten Jagdbezirk verendet (Satz 2). Nach dem Wortlaut des Gesetzes ist dem Jagdausübenden das Überschreiten der Reviergrenze mit der Schusswaffe zur Abgabe des Fangschusses – und zwar ausschließlich zu diesem Zweck – gestattet (Satz 3). Der Gesetzeswortlaut versagt demnach die Mitnahme von

---

391 Vgl. hierzu Ausführungen unter Kap.1 II. Abschnitt, E.

392 Nicht fristgerechter Abschluss oder Nichtabschluss stellen weder eine Straftat noch eine Ordnungswidrigkeit dar

Schusswaffen beim Grenzübertritt, soweit dieser ausschließlich zum Zweck der Versorgung bereits verendeten Wildes erfolgt. Die Vorschrift ist jedoch nach ihrem Sinn und Zweck dahingehend auszulegen, dass der Grenzübertritt mit Schusswaffe auch für die Versorgung als verendet erkannten Wildes gestattet sein muss[393]. Es kann nämlich durchaus der Fall eintreten, dass das zunächst aus der Entfernung für bereits verendet gehaltene Tier noch lebt, damit Qualen erleidet und die Anbringung eines Fangschusses dann doch noch notwendig wird. Die Waffe darf dann selbstverständlich ausschließlich zur Abgabe des Fangschusses benutzt werden.

Der Schütze hat das Erlegen dem Jagdausübungsberechtigten des benachbarten Jagdbezirkes oder seinem Vertreter unverzüglich anzuzeigen (Satz 5).

Das Fortschaffen des versorgten Schalenwildes ist nicht zulässig. Sonstiges Wild darf fortgeschafft werden (Satz 4). Anderes Wild als Schalenwild ist jedoch der oder dem Jagdausübungsberechtigten des Jagdbezirkes, in dem es zur Strecke gekommen ist, abzuliefern (Satz 6). 439

Die vorsätzlich oder fahrlässig nicht rechtzeitige Anzeige des Erlegens von Schalenwild im benachbarten Jagdbezirk oder das nicht rechtzeitige Abliefern anderen Wildes wird gemäß § 55 Abs. 2 Nr. 5 LJG-NRW als Ordnungswidrigkeit geahndet. 440

b. Wild außerhalb Sichtweite (§29 Abs. 3 LJG-NRW)

Soweit das im eigenen Jagdbezirk krankgeschossene Wild die Reviergrenze überschreitet, ohne sich im benachbarten Jagdbezirk in Sichtweite von der Reviergrenze nieder zu tun, ist der Jagd*ausübende* verpflichtet, den Anschuss und die Stelle des Überwechselns nach Möglichkeit in der Örtlichkeit kenntlich zu machen. Darüber hinaus hat er das Überwechseln dem Jagdausübungsberechtigten des Nachbarbezirkes oder dessen Vertreter unverzüglich anzuzeigen; dies gilt auch für auf Grund anderer Ursachen schwerkrankes oder verletztes Wild (Satz 1). 441

Die Jagdausübungsberechtigten der jeweiligen Bezirke, die durch eine Nachsuche voraussichtlich berührt werden, sind nach Benachrichtigung 442

---

393 so im Ergebnis auch Drees/Thies/Müller-Schallenberg, § 22 a BJG II 2 a

verpflichtet, dem Führer eines brauchbaren[394] Schweißhundes oder eines anderen brauchbaren Jagdhundes – Führer kann auch der Schütze selbst sein – zur Nachsuche das Betreten ihrer Jagdbezirke unter Führung der Schusswaffe unverzüglich zu gestatten (Satz 2).

443 Können die Jagdausübungsberechtigten nicht erreicht werden, so sind die Führer von Nachsuchehunden der von der Unteren Jagdbehörde anerkannten Schweißhundestationen[395] berechtigt, die Nachsuche fortzuführen und das kranke oder verletzte Wild zu erlegen oder zu versorgen (Satz 3). Gleiches gilt für Führerinnen oder Führer von brauchbaren Jagdhunden nach § 30 LJG-NRW, wenn anderes Wild als Schalenwild krankgeschossen wird und in einen benachbarten Jagdbezirk wechselt (Satz 4).

444 Das Fortschaffen von Schalenwild ist nicht gestattet – unberechtigtes Fortschaffen ist Jagdwilderei[396]. Anderes Wild als Schalenwild hingegen ist fortzuschaffen und abzuliefern (Satz 5).

445 Das Erlegen ist dem Jagdausübungsberechtigten des Jagdbezirkes, in dem das Wild zur Strecke gekommen ist, unverzüglich anzuzeigen (Satz 6). Der Jagdausübende, der ein Stück Schalenwild krankgeschossen hat oder ausnahmsweise eine andere, mit den Vorgängen vertraute Person, hat sich für die Nachsuche zur Verfügung zu stellen (Satz 7).

446 Wer es vorsätzlich oder fahrlässig unterlässt, das Überwechseln krankgeschossenen Schalenwildes dem Jagdausübungsberechtigten des Nachbarbezirkes oder seinem Vertreter rechtzeitig anzuzeigen, handelt ordnungswidrig i.S.d. § 55 Abs. 2 Nr. 6 LJG-NRW. Gleiches gilt für die Nichtgestattung des Betretens des Jagdbezirks zur Nachsuche unter Führung der Schusswaffe gegenüber dem Führer eines brauchbaren Schweißhundes oder eines anderen brauchbaren Jagdhundes.

---

394 vgl. Kapitel 1, 7. Abschnitt, C.

395 zur Anerkennung vgl. Erl. des MKULNV v. 03.05.2011 – III-6-71-60-00.03; aktuelle Übersicht der Stationen in RWJ 5/2018, Seite 45; zum Anerkennungsverfahren vgl. Dienstl. Mitteilungen der Obersten Jagdbehörde Nr. 5/15 v. 20.08.2015, dort Ziffer 2; zu den Rechten von anerkannten Gespannen im Länderüberblick: Schmitt, WuH 20/2016, S.38 ff.

396 AG Hofgeismar, Urt. v. 29.08.1990 – 3 Ds 213 Js 35519/90; hierzu v. Pückler, WuH 8/2001, Seite 74 ff.

c. Gemeinsame Vorschriften

Unbeschadet einer anderweitigen Vereinbarung gehören in den Fällen der Absätze 2 und 3 Geweihe oder Gehörne beim Schalenwild und Eckzähne beim Schwarzwild der Erlegerin oder dem Erleger, das Wildbret der oder dem Jagdausübungsberechtigten, in dessen Jagadausübugsbezirk das Wild zur Strecke kommt. Nimmt derjenige, der das Wild so angeschweißt hat, dass es auf der Nachsuche zur Strecke kommt (Erleger) nicht an der Nachsuche teil oder gibt er die Nachsuche auf, so hat er kein Anrecht auf Geweih oder Gehörn beim Schalenwild oder Eckzähne beim Schwarzwild. Wird die Nachsuche wegen der Dunkelheit abgebrochen, so gilt sie als nicht aufgegeben (§ 29 Abs. 4 LJG-NRW). 447

In den Fällen der Absätze 2 und 3 wird das zur Strecke gekommene Schalenwild auf den Abschussplan des Jagdbezirkes angerechnet, in dem es krankgeschossen worden ist. Dies gilt unabhängig davon, welchem Jagdausübungsberechtigten nach Abs. 4 oder einer anderweitigen Vereinbarung über die Wildfolge die Geweihe, Gehörne oder Eckzähne beim Schwarzwild und das Wildbret zustehen (§ 29 Abs. 6 LJG-NRW). 448

2. Wildfolgevereinbarung

Von den vorgenannten gesetzlichen Regelungen kann durch eine – in Nordrhein-Westfalen ohnehin innerhalb von sechs Monaten abzuschließende – Wildfolgevereinbarung abgewichen werden. Hierbei handelt es sich um einen nur zwischen den jeweiligen Reviernachbarn geltenden und ausschließlich diese bindenden Vertrag. Er kann mit jedem der Reviernachbarn mit jeweils unterschiedlichem Inhalt abgeschlossen werden. 449

Nicht abdingbar durch Wildfolgevereinbarung, also zwingend, sind allerdings die Verpflichtungen des § 29 Abs. 2 Sätze 1 und 2 sowie Abs. 3 Satz 2 LJG-NRW (§ 29 Abs. 1 Satz 2 LJG-NRW). 450

Es besteht keine Verpflichtung, bei der Jagdausübung die Wildfolgevereinbarung als Urkunde mit sich zu führen. 451

VIII. ABSCHNITT: **WILD- UND JAGDSCHADEN**

A. Wildschadensverhütung

452 Wildschaden ist *jeder* durch Wild verursachte Vermögensschaden[397] an Grundstücken (§ 29 Abs. 1 BJG), dessen wesentlichen Bestandteilen[398] oder an getrennten, aber noch nicht eingeernteten Erzeugnissen eines Grundstückes (§ 31 Abs. 1 BJG)[399].

453 § 26 Satz 1 BJG gewährt sowohl dem Jagdausübungsberechtigten als auch dem Eigentümer oder Nutzungsberechtigten eines Grundstücks das Recht, zur Verhütung[400] von Wildschäden das Wild abzuhalten oder zu verscheuchen. Dieses Fernhalterecht[401] gilt gegenüber allem Wild, auch wenn dieses nicht in § 29 BJG aufgeführt ist, also für deren Schäden kein Wildschadensersatz zu leisten ist[402].

454 Das Fernhalten kann beispielsweise durch Einzäunung[403], Vogelscheuchen, Lärm oder Verwitterung/Verstänkern erfolgen.

455 Zu beachten ist allerdings, dass auch das Wildfernhalterecht dem Grundsatz der Verhältnismäßigkeit unterliegt. Das Recht entfällt also bei nur geringer und zumutbarer Schädigung; darüber hinaus hat der Abschuss von Wild im Rahmen der Jagdausübung Vorrang vor dem Fernhalterecht des Grundstückseigentümers oder Nutzungsberechtigten.

456 Der Jagdausübungsberechtigte darf das Grundstück nicht beschädigen. Der Eigentümer oder Nutzungsberechtigte darf das Wild weder gefährden

[397] Metzger in Lorz/Metzger/Stöckel, § 26 Rz. 2

[398] § 94 BGB; kein Ersatz für Schäden an beweglich einsetzbaren Elektrozäunen (AG Cochem, Beschl. v. 19.08.2003 – 2 C 441/03)

[399] Drees/Thies/Müller-Schallenberg, § 26 BJG II

[400] Zu Methoden der Wildschadensverhütung im Wald vgl. Petrak, RWJ 2/2014 S. 4 f.

[401] spezielles Notstandsrecht i.S.d. § 228 BGB

[402] Kein Aufwendungsersatz für freiwillig getroffene Wildschadensverhütungsmaßnahmen, so OLG Koblenz, Urt. v. 08.01.1980 – 3 U 140/79

[403] Zusätzlich sind die baurechtlichen Vorschriften zu beachten! So: VGH Mannheim, NuR 1992, 187; ein dauerhafter Zaun aus Baustahlmatten zur Verhinderung von Wildschäden ist nicht zulässig (VG Wiesbaden, Urt. v. 14.04.2011 – 4 K 1208/10; hierzu: Otto, Pirsch 2/2012 S. 52)

noch verletzen (§ 26 Satz 2 BJG); wer vorsätzlich hiergegen verstößt, handelt ordnungswidrig i.S.d. § 39 Abs. 1 Nr. 6 BJG.

Zur Verhinderung übermäßiger Wildschäden kann die Untere Jagdbehörde dem Jagdausübungsberechtigten in Ausnahmefällen die Pflicht auferlegen, unabhängig von Schonzeiten innerhalb einer bestimmten Frist in bestimmtem Umfang unter Berücksichtigung des Allgemeinwohls den Wildbestand zu verringern (§ 27 BJG). Soweit sich der Jagdausübungsberechtigte unberechtigt weigert, der Anordnung nachzukommen, kann die Behörde im Wege der Ersatzvornahme auf dessen Kosten den Wildbestand vermindern lassen. Das hierbei erlegte Wild ist aber dem Jagdausübungsberechtigten gegen angemessenes Schussgeld zu überlassen. **457**

§ 28 BJG stellt zur Verhütung von Wildschäden weitere Beschränkungen in der Hege auf, die durch § 31 LJG-NRW konkretisiert werden[404]. **458**

Letztendlich dienen auch diese Hegebeschränkungen wie auch die Regelungen zum Füttern und Kirren von Wild (§§ 27, 28, 33, 35 DVO LJG-NRW) der Wildschadensverhütung. **459**

B. Wildschadensersatz/Jagdschadensersatz

Während Wildschaden alle Schäden betrifft, die *durch Wild* an Grundstücken oder an getrennten, aber noch nicht eingeernteten Erzeugnissen eines Grundstückes[405] angerichtet werden, umfasst der Jagdschaden jeden aus missbräuchlicher Jagdausübung, also *durch Menschen* verursachten Schaden[406]. **460**

---

404 Vgl hierzu Ausführungen unter Kapitel 1, V. Abschnitt, H

405 LG Köln, Urt. v. 21.09.2010 – 27 O 447/09; bestätigt durch OLG Köln, Beschl. v. 11.02.2011 und 11.05.2011 – 11 U 184/10; hierzu: v. Pückler, WuH 23/2011 S. 150 ff.; zu Beschränkungen der Wildschadensersatzpflicht im Jagdpachtvertrag auf „landwirtschaftlich genutzte" Grundstücke vgl. AG Plettenberg Urt. v. 15.12.2014 – 1 C 425/13, hierzu: Thies, LWB NRW 7/2015, S. 10f.; JuJ 3/2015, S. 10; Nagel, DJZ 3/2015, S. 10f.; Wetzel, DJZ 4/2015, S.16f.; v. Pückler WuH 8/2015, S. 76ff.; Reh, LWB NRW 18/2015, S. 91; aA: AG Rockenhausen, Urt. v. 02.08.2016 Az 2 C 652/15, in: AuR 11/2016, S. 427 ff.

406 zum Begriff „Jagdschaden" vgl. LG Trier, Beschl. v. 23.06.1992, JE Band X (ab 1995), IX Nr. 96

Abschnitt 8
Wild- und Jagdschaden

1. Wildschadensersatz

a. Allgemeines

461 Die Ersatzpflicht für Wildschäden ist dem Grunde nach abschließend[407] in den §§ 29 bis 32, 34 und 35 BJG sowie 32 bis 41 LJG-NRW und der Höhe nach in den §§ 249 ff. BGB geregelt. Hierbei handelt es sich grundsätzlich um eine Gefährdungshaftung, d.h. eine Haftung unabhängig von einem etwaigen eigenen Verschulden.

462 Von den vorgenannten Vorschriften kann jedoch durch vertragliche Vereinbarungen abgewichen werden. Insbesondere kann die Haftung auf Verschulden beschränkt[408] oder der Kreis des Schadwildes erweitert werden.

463 Nach dem Gesetz ersatzpflichtig ist nur der Wildschaden, der durch sog. *Schadwild*, nämlich sämtliches Schalenwild[409], Wildkaninchen oder Fasanen verursacht wird (§ 29 Abs. 1 Satz 1 BJG). Von der Ermächtigung, den Kreis des Schadwildes landesrechtlich im Einvernehmen mit dem Landtag zu erweitern (§ 29 Abs. 4 BJG, 32 LJG-NRW), hat das Land Nordrhein-Westfalen keinen Gebrauch gemacht.

464 Der Ersatzanspruch steht dem Geschädigten, also nur dem *unmittelbar* an dem betroffenen Grundstück Nutzungsberechtigten (i.d.R. Eigentümer, bei Verpachtung aber nur dem Pächter) zu. Dies ist ausschließlich der tatsächliche Bewirtschafter[410].

465 In einigen Bundesländern schließen die Landesjagdgesetze die Wildschadensersatzpflicht für befriedete Bezirke ausdrücklich aus. Auch wenn in Nordrhein-Westfalen eine entsprechende Regelung fehlt, besteht

---

407 LG Köln, Urt. v. 21.09.2010 – 27 O 447/09; bestätigt durch OLG Köln, Beschl. v. 11.02.2011 und 11.05.2011 – 11 U 184/10; hierzu: v. Pückler, WuH 23/2011 S. 150 ff.

408 LG Krefeld, NuR 1980, 184

409 ein geringfügiges Maß an Verbiss durch Rehwild ist hinzunehmen, wenn er auch bei geringer Wilddichte entstanden wäre (str., so aber: AG Fürstenfeldbruck, Urt. v. 17.12.1999 – 4 C 1196/99; hierzu Seewald, Die Pirsch 8/2000, Seite 36 f); Trittsiegel allein lassen nicht den Schluss zu, dass ein (ansonsten undefinierter) Schaden durch Schadwild (hier: Schwarzwild) verursacht worden ist, so: LG Baden-Baden, urt. v. 05.02.2016, 4 S 14/15

410 AG Köln, Urt. v. 09.04.2013 – 111 C 4/13; AG Bingen, Urt. v. 14.08.2015 – 21 C 56/15; AG Düsseldorf, Urt. v. 02.11.2016 – 38 C 120/16

aber auch hier keine Verpflichtung zum Ersatz von in befriedeten Bezirken entstandenen Wildschäden. Dies ergibt sich daraus, dass die Eigentümer der Grundstücke in befriedeten Bezirken nicht Mitglieder der Jagdgenossenschaft sind und daher nicht zu den Personen zählen, die zum Wildschadensersatz herangezogen werden können. Wer keinen Wildschadensersatz zahlen/leisten muss, kann einen solchen auch nicht fordern[411].

Ebensowenig besteht eine Wildschadensersatzpflicht an Grundstücken, die aus ethischen Gründen aus der Bejagung ausgeschieden sind (§ 6 a Abs. 7 u. 6 BJG) sowie an Grundstücken in einem Radius von 300 m um Grünbrücken (§ 19 Abs. 1 Nr. 7 LJG-NRW).

b. Ersatzpflichtiger

aa. im gemeinschaftlichen Jagdbezirk

Die Ersatzpflicht für Schäden an Grundstücken *im gemeinschaftlichen Jagdbezirk* oder diesem angegliederter Flächen trifft nach § 29 Abs. 1 BJG grundsätzlich die Jagdgenossenschaft, soweit diese Verpflichtung nicht – wie in der Regel der Fall – vertraglich auf den Jagdpächter überbürdet wird. Im letzteren Fall trifft die Ersatzpflicht den Jagdpächter[412] unmittelbar, so dass der Geschädigte einen Direktanspruch gegen den Pächter erhält. Übernimmt der Pächter den Wildschadensersatz nicht im vollen Umfang, liegt hierin denknotwendig nur eine teilweise Übernahme, die dazu führt, dass die Jagdgenossenschaft weiter insoweit haftet, als keine Haftungsübernahme des Pächter vorliegt[413]. Die Ersatzpflicht der Jagdgenossenschaft bleibt zudem – gesamtschuldnerisch[414] – bestehen, soweit der Geschädigte Ersatz von dem Pächter nicht erlangen kann. **466**

Soweit die Jagdgenossenschaft einen Wildschadensersatz an den Geschädigten aus der Genossenschaftskasse leistet, ist der Geldbetrag von **467**

[411] BGH, Urt. v. 04.03.2010 – III ZR 233/09; hierzu: Hons, Pirsch 9/2010 S. 32 ff.; Drees/Thies/Müller-Schallenberg, § 29 BJG III; Dietlein, Seite 56; Mehring, NdsJ 1985, 1117; Drees, RWJ 8/83 Seite 36; von Pückler, WuH 2/2013, S. 70f.

[412] Nicht aber ersatzpflichtig gegenüber dem Geschädigten ist ein Begehungsscheininhaber, selbst wenn er im Innenverhältnis zum Verpächter seinerseits eine Ersatzverpflichtung vertraglich übernommen hat (so: AG Siegburg, Urt. v. 13.03.2015 – 121 C 85/14).

[413] BGH Urt. v. 11.12.2014 – 3 ZR 169/14;

[414] Schuck/Stamp, § 29 Rz. 26 f; Meyer-Ravenstein, § 29 Rz. 18; Leonhardt, § 29 BJG Anm. 7.1.4

allen Jagdgenossen nach dem Verhältnis des Flächeninhaltes ihrer beteiligten Grundstücke zu tragen.

bb. im Eigenjagdbezirk

468 Bei Grundstücken, die zu einem *Eigenjagdbezirk* gehören, richtet sich die Verpflichtung zum Wildschadensersatz nach dem zwischen dem Geschädigten und dem Jagdausübungsberechtigten bestehenden Rechtsverhältnis (§ 29 Abs. 3 BJG).

469 Im Falle der Verpachtung des Grundstückes oder des Jagdausübungsrechtes ist also die Regelung im Pachtvertrag maßgeblich. Soweit dieser keine ausdrückliche Regelung enthält, ist der Jagdausübungsberechtigte ersatzpflichtig, aber nur dann, wenn er durch unzulänglichen Abschuss den Schaden verschuldet hat (hier also keine Gefährdungshaftung).

470 Ist im Eigenjagdbezirk weder ein Grundstück noch das Jagdausübungsrecht verpachtet, bedarf es keiner gesetzlichen Regelung, da Nutzungsberechtigter und ersatzpflichtiger Eigentümer in einer Person zusammenfallen.

cc. bei Grundstücken, die einem Eigenjagdbezirk angegliedert sind

471 Wildschaden an Grundstücken, die *einem Eigenjagdbezirk angegliedert* sind, hat der Eigentümer oder Nutznießer des Eigenjagdbezirkes dem Geschädigten zu ersetzen (§ 29 Abs. 2 BJG).

472 Im Falle der Verpachtung haftet hier der Jagdpächter, soweit er sich vertraglich zum Ersatz des Wildschadens verpflichtet hat. In diesem Falle haftet der Eigentümer oder Nutznießer nur, soweit der Geschädigte Ersatz vom Pächter nicht erlangen kann.

dd. Ausgebrochenes Schalenwild

473 Wird durch Schalenwild, das aus einem Gehege ausgebrochen ist, Schaden angerichtet, so ist ausschließlich derjenige zum Ersatz verpflichtet, dem als Jagdausübungsberechtigten, Eigentümer oder Nutznießer die Aufsicht über das Gehege obliegt (§ 30 BJG).

c. Art und Umfang der Ersatzpflicht

Obwohl § 249 BGB dem Geschädigten – nicht aber dem Ersatzpflichtigen – grundsätzlich das Wahlrecht einräumt, Schadensersatz durch Wiederherstellung des vor Schadenseintritt bestehenden Zustandes oder einen entsprechenden Ausgleich in Geld[415] zu verlangen, wird Wildschadensersatz regelmäßig in Form einer Geldzahlung geleistet. Gemäß § 251 Abs. 2 BGB kann der Ersatzpflichtige den Geschädigten sogar auf eine reine Geldentschädigung verweisen, wenn die Herstellung nur mit unverhältnismäßigem Aufwand möglich ist. **474**

Die Wildschadensersatzpflicht umfasst auch den Ersatz des entgangenen Gewinns[416]. **475**

Der Umfang der Wildschadensersatzpflicht für Erzeugnisse von Grundstücken ist in § 31 BJG näher geregelt. **476**

Die Haftung für Wildschäden an Erzeugnissen endet mit deren Einerntung, also deren Verbringung an ihren bestimmungsmäßigen Ort[417]. Diese ist z.B. auch schon dann gegeben, wenn die Erzeugnisse zur längerfristigen Lagerung auf dem Feld belassen werden. **477**

Die Schadensberechnung für Erzeugnisse[418] erfolgt regelmäßig nach Erzeugerpreisen, jedoch abzüglich der für Ernte und Absatz aufzuwendenden Kosten[419], da der Landwirt diese gerade erspart[420]. Erzeugerpreis ist **478**

---

415 Zur Bewertung von Schwarzwildschäden auf Grünland: Moennig, Pirsch 2/2010, Seiten 36ff; Wolfram, Pirsch 24/2007, Seiten 36 ff. sowie 1/2008, Seiten 39 ff.; Schmitz, DJZ 9/2001, Seite 19 ff. und den Hinweis auf die aktuellen Entschädigungsrichtsätze 2018 der Landwirtschaftskammer NRW, in RWJ 10/2018, Seite 22 f.; zu Wildschäden im Feld vgl. Sonderheft WuH Exklusiv Nr. 35 (2010)

416 LG Freiburg, Urt. 11.05.1999 – 7 S 146/98 (Verkaufserlös für infolge Wildschadens nicht geernteten Weins)

417 Drees/Thies/Müller-Schallenberg, § 31 BJG

418 Für Raps vgl. Richter, WuH 5/2008, Seiten 38 ff.

419 Drees/Thies/Müller-Schallenberg, § 31 BJG

420 a. A. im Ergebnis wohl AG Euskirchen, RdL 1980, 121, das jedenfalls keinen allgemeinen Erfahrungssatz annimmt, dass der Landwirt anzurechnende Eigenersparnisse aufgrund fehlender Einerntung habe

der Preis, den der Großhandel oder die Genossenschaften für das jeweilige Produkt zahlen.

479 Werden Bodenerzeugnisse, deren voller Wert sich erst zur Zeit der Ernte ermessen lässt, vor der Ernte durch Wild beschädigt, so ist der Wildschaden gemäß § 31 Abs. 2 BJG in dem Umfang zu ersetzen, wie er sich zur Zeit der Ernte darstellt. Aus dem Gesichtspunkt der Schadensminderungspflicht ist der Geschädigte im Rahmen einer ordentlichen Bewirtschaftung jedoch verpflichtet, einen Wiederanbau vorzunehmen, wenn ein Schadensausgleich hierdurch im selben Wirtschaftsjahr noch möglich ist. Die Mehrkosten für Saatbestellung und Arbeitsaufwand hat der Ersatzpflichtige zu tragen. Unterlässt der Geschädigte den Wiederanbau, so ist bei der Schadensfeststellung im Rahmen einer hypothetischen Berechnung davon auszugehen, wie sich der Schadensumfang bei erfolgtem Wiederanbau dargestellt hätte.

480 Hat bei Entstehung des Schadens ein Verschulden des Geschädigten mitgewirkt, so hängt die Verpflichtung zum Ersatz sowie der Umfang des zu leistenden Ersatzes von den Einzelumständen ab, insbesondere davon, inwieweit der Schaden vorwiegend von dem einen oder dem anderen Teil verursacht worden ist[421] (§ 254 Abs. 1 BGB). Ein Mitverschulden des Geschädigten führt also zur Reduzierung des Ersatzanspruches der Höhe nach bis hin zu dessen Ausschluss. So ist beispielsweise bei wiederholt eingetretenen Schwarzwildschäden der Geschädigte zur Vermeidung einer Mithaftung verpflichtet, den Jagdausübungsberechtigten von einer Aussaat so rechtzeitig zu informieren, dass dieser Sicherheitsmaßnahmen treffen kann[422].
Das Einsähen wildschadensgefährdeten Getreides (Mais) muss zuvor dem Jagdausübungsberechtigten gemeldet werden. Erfolgt die Meldung erst nach der Einsaat, trifft den Geschädigten ein Mitverschulden[423].

Ein vollständiger Ausschluss des Ersatzanspruchs tritt dann ein, wenn der Geschädigte dem Jagdpächter das Betreten des betroffenen Grundstückes verbietet und so eine ordnungsgemäße Bejagung vor Ort unmöglich macht. In diesem Fall trifft den Jagdpächter weder die Beweislast da-

---

[421] Einzelfälle bespricht v.Pückler, WuH 21/2000, Seite 79
[422] LG Koblenz, Urt. v. 29.07.1998 – 3 S 47/98; LG Lüneburg, Urt. v. 04.07.2013 – 10 S 3/13
[423] So AG Daun, Urt. v. 07.10.2015 - 3a C 486/14;

für, dass er in den exakten Zeiten, in denen die Wildschäden entstanden sind, die Bejagung durchgeführt hätte, noch dafür, dass im Falle tatsächlicher Bejagung die Wildschäden nicht entstanden wären[424].

Gleiches gilt jedenfalls vorsätzlicher, fortlaufender Störung der Jagdausübung durch den Geschädigten[425].

Ein vollständiger Ausschluss kommt ebenso bei übermäßigem Unterpflügen von Maiskolben in Betracht, da dies keine ordnungsgemäße Landbewirtschaftung darstellt[426]. Auch das Nichtbelassen von Schussschneisen in großen Schlägen ist jedenfalls dann, wenn für Aufwand und Ertragsausfall Ersatz angeboten wird, als Mitverschulden zu bewerten.[427]

Da bei größeren Wiesenschäden der Einsatz eines sog. Wiesenhobels die Kosten etwa um die Hälfte senken kann, kann der Geschädigte nur diejenigen Kosten verlangen, die beim Einsatz eines Wiesenhobels entstehen würden, sofern ein solcher im konkreten Fall zur Verfügung steht[428]. Wo ein sog. „Mulch-Vredo-Verfahren“ möglich ist, ist dieses durchzuführen[429]. **481**

d. Gesetzlicher Anspruchsausschluss

Dem Jagdausübungsberechtigten ist es gestattet, einem möglichen Wildschadensersatzanspruch insbesondere durch die Errichtung von Schutzvorrichtungen gemäß § 26 BJG entgegenzuwirken. **482**

Soweit der Geschädigte dann die von dem Jagdausübungsberechtigten getroffenen Maßnahmen unwirksam macht oder grundlos verbietet[430], verliert er über § 32 Abs. 1 BJG jeglichen Ersatzanspruch auf Wildschadensersatz. **483**

---

424 AG Bad Hersfeld, Urt. v. 23.02.2015 – 10 C 528/13 (50) = JE IX, Nr. 236.

425 LG Hanau, Urt. v. 12.08.2011 – Az. 2 S 57/11-; hierzu: Bußmann, Pirsch 9/2014, S. 52.

426 LG Schwerin, Urt. v. 08.11.2002 – 6 S 269/01; hierzu v. Pückler, WuH 5/2003, Seite 66 ff.

427 Wetzel, AUR 2010 S. 70; Kuhn DJZ 6/2011 S. 22 ff.; ähnlich: Thies, AUR 2010 S. 266 f; vgl hierzu auch: Kremer, AuR 9/2012, S. 337 ff; LG Trier, Beschl. v. 03.04.2012 – 1 S 247/11; hierzu v. Pückler, WuH 17/2014, S. 84 ff.; LG Hildesheim, Urt. v. 04.07.2014 – 7 S 62/14; hierzu: Linz, Pirsch 15/2015, S. 86 f.

428 LG Bayreuth, Urt. v. 26.04.2006 – 13 S 15/06; hierzu v.Pückler, WuH 19/2006, Seiten 136 f.

429 AG Schleiden, Urt. v. 29.06.2007 – 10 C 254/06

430 LG Koblenz, Urt. v. 21.05.2010 – 14 S 100/09; hierzu: v. Pückler, WuH 8/2011 S. 104 f.

484 § 32 Abs. 2 BJG dagegen verpflichtet den möglichen Geschädigten, für besonders gefährdete, gesetzlich abschließend aufgezählte Anpflanzungen die üblichen Schutzvorkehrungen, die unter gewöhnlichen Umständen zur Abwendung des Schadens ausreichen, auf eigene Kosten selbst zu errichten und zu unterhalten. Unterlässt er dies, so steht ihm kein Wildschadensersatzanspruch zu. Ein Anspruch auf Wildschadensersatz wird ihm erst dann gewährt, wenn er diese Schutzvorkehrungen getroffen hat, das Schadwild diese dennoch durchdringt und dann Schaden anrichtet[431].

485 Bei den besonders gefährdeten Anpflanzungen handelt es sich um Weinberge, Gärten[432], Obstgärten incl. Streuobstwiesen[433], Baumschulen[434], Alleen, einzelstehende Bäume, Forstkulturen, die durch Einbringen anderer als im Jagdbezirk vorkommender Hauptholzarten[435] einer erhöhten Gefährdung ausgesetzt sind, sowie Freilandpflanzungen von Garten[436] oder hochwertigen Handelsgewächsen[437] (§ 32 Abs. 2 Satz 1 BJG).

---

[431] Zu Knackpunkten bei fehlenden Schutzvorrichtungen, vgl. v. Pückler, WuH 16/2013, S. 70 ff.

[432] nach Sinn und Zweck der Vorschrift auch Golfplätze (So: LG Hannover, Urt. v. 08.09.1982 – 16 S 371/81 und Thies, Pirsch 21/2003, Seiten 32 ff.) und zum Zweck des Modellflugsports angelegte, besonders gepflegte Rasenflächen (So: AG Walsrode, Urt. v. 27.04.1990 – 7 C 102/90); v. Pückler, WuH 2/1996, Seite 52 f. sowie ein Sportrasenfußballplatz in Waldnähe (LG Koblenz, Urt. v. 05.05.2010 – 12 S 212/09 = JE IX Nr. 184

[433] Streuobstwiesen zählen zu den Obstgärten, AG Schorndorf, Urt. v. 11.03.2009 – 2 C 1011/08; hierzu Friedemann, DJZ 6/2009, Seite 10 und v.Pückler, WuH 16/2009, Seiten 96 f.; AG Balingen, Urt. v. 05.01.2012 – 4 C 385/11 = JE IX Nr. 201; AG Pirmasens Urt. v. 21.02.2012 – 2 C 46/12; hierzu: Gappa, WuH 11/2012 S. 70; einschränkend: AG Merzig Urt. v. 16.09.2009 – 23 C 471/09

[434] Anpflanzung, die der Aufzucht von Bäumen aller Art dient, auch Weihnachtsbaumkulturen (OLG Karlsruhe, Urt. v. 23.04.2009 – 4 U 24/08 und OLG Hamm, AgrR 1996, 265)

[435] eigentlich müsste man von Baumarten sprechen, da ein (lebender) Baum erst mit dem Fällen/Absterben zum (toten) Holz wird

[436] z. B. Sonnenblumen (LG Frankfurt – 2/1 S 170/92); Kohlrabipflanzen (LG Kleve – 6 S 443/94); Erdbeeren (LG Baden Baden – 3 S 42/02); Erbsen (LG Trier, Beschl. v. 05.07.2005 – 1 S 98/05); Buschbohnen (OLG Köln, Urt. v. 18.02.2008 – 16 U 26/07; hierzu Thies, RWJ 4/2008, Seite 10 und v. Pückler, WuH 8/2010, Seite 104 f und 11/2014, S.76 f.)

[437] z. B. Hybridmais (AG Bruchsal – 2 C 511/95); normaler Mais ist auch dann kein hochwertiges Handelsgewächs, wenn er als Rohstoff für eine Biogasanlage verwendet wird: LG Hildesheim, Urt. v. 04.07.2014- 7 S 62/14; ebenso wenig biologisch angebaute Kartoffeln (AG Celle, Urt. v. 03.11.1992, JE Band IX (ab 1993), IX Nr. 89); Bio-Roggen (AG Westerburg, Urt. v. 20.04.2000 – 23 C 1303/99) oder Spargel (BGH, Urt. v. 03.12.2009 – III ZR 139/09; hierzu v. Pückler, Wutt 13/2012 S. 72 f. und Urt. v. 22.07.2004 – III ZR 359/03); Kurzumtriebsplantagen zur Energieholzgewinnung (Pappelkulturen) sind weder Forstkultueren noch hochwertige Handelsgewächse, so dass keine Zäunungspflicht besteht, LG Landshut, Urt. v. 02.08.2013, – 14 S 484/13;

Der großflächige Anbau von Mais, Gras oder Getreide zur Vergärung in Biogasanlagen[438] oder von Futtererbsen[439] stellen dagegen keine besonders gefährdeten Anpflanzungen dar, die der Landwirt daher nicht umzäunen muss. Allerdings wird der für die Verwendung in Biogasanlagen bestimmte Mais dadurch nicht wertvoller, sondern ist nach wie vor wie Futtermais zu bewerten/entschädigen[440]. **486**

Für Forstkulturen ist in § 33 Abs. 1 LJG-NRW eine gesonderte Regelung getroffen worden, die Waldbesitzer gegenüber § 32 BJG besser stellt[441]: **487**

Soweit eine Forstkultur lediglich Pflanzen der im Jagdbezirk vorkommenden Hauptholzarten enthält, ist der Wildschaden immer – also unabhängig von der Erstellung von Schutzvorrichtungen – zu ersetzen. **488**

Soweit die Forstkulturen aber durch Einbringung anderer als der im Jagdbezirk vorkommenden Hauptholzarten einer erhöhten Gefährdung ausgesetzt sind, muss der Eigentümer der Kultur, um Wildschadensersatz beanspruchen zu können, die üblichen Schutzvorkehrungen anbringen. Diese Bestimmung findet ihre Begründung darin, dass das Wild die sog. „Nebenholzarten" besonders gerne verbeißt und schält[442]. **489**

§ 33 LJG-NRW regelt in Abweichung zu § 32 Abs. 2 BJG weiterhin, dass Wildschaden an *Mischkulturen* unter bestimmten Voraussetzungen zu ersetzen ist: **490**

Soweit Waldbesitzer und Jagdpächter im Jagdpachtvertrag Vereinbarungen über die Abgeltung des Wildschadens oder die Beteiligung des Pächters an der Errichtung üblicher Schutzvorkehrungen an einer Mischkultur getroffen haben, gelten diese Vereinbarungen. Sind derartige Vereinbarungen nicht getroffen worden, ist der in Mischkulturen entstehende Wild- **491**

---

438 hierzu Gehler, Pirsch 17/2005, Seite 30 f.; Menner, Pirsch 1/2005, Seite 31; Diercks, WuH 1 /2006, Seite 34 ff.; Bauer, Revierkurier 1/2006, Seite 1 f.; JuJ 9/2007 Seite 1 f.

439 LG Trier, Urt. v. 14.08.2007 – 1 S 91/07

440 vgl. hierzu Wolfram, DJZ 9/2006, Seiten 32 ff.

441 Zur Problematik der Berechenbarkeit von Waldwildschäden vgl. Conrad/Schütte, DJZ 10/2007, Seiten 14 ff.

442 Drees/Thies/Müller-Schallenberg, § 32 BJG II 3

schaden über § 33 Abs. 1 Sätze 2 und 3 LJG-NRW kraft Gesetzes zu ersetzen, wenn die nachfolgenden beiden Voraussetzungen *kumulativ* vorliegen:

492 Zunächst muss es sich bei den neben den im Jagdbezirk vorkommenden Hauptholzarten um *„geeignete Holzarten“* handeln, die das Gesetz mit Buche, Eiche, Roteiche, Ahorn, Esche, Kiefer, Lärche, Fichte und Douglasie benennt[443]. Weiterhin muss der Anteil der eingebrachten anderen geeigneten Holzarten an der Gesamtfläche der Forstkultur mindestens 20 % betragen, da eine Einmischung unterhalb dieses Anteils keinen Mischbestand ergibt. Der 20%ige Anteil braucht nicht aus einer einzigen eingemischten Holzart zu bestehen, sondern kann auch durch die Einmischung mehrerer Nebenholzarten erreicht werden[444].

493 Die Ersatzpflicht entfällt jedoch, wenn der Jagdausübungsberechtigte mindestens drei Monate vor Beginn des neuen Jagdjahres die Materialkosten für die üblichen Schutzvorrichtungen übernommen hat (§ 33 Abs. 1 Satz 4 LJG-NRW).

494 Die *üblichen Schutzvorrichtungen* im vorgenannten Sinne sind über §§ 32 Abs. 2 Satz 2 BJG, 33 Abs. 2 LJG-NRW und § 37 DVO LJG-NRW näher – allerdings nicht abschließend – definiert worden.

Hiernach sind wilddichte Zäune gegen Rot-, Dam-, Sika- und Muffelwild in Höhe von mindestens 1,80m, gegen Rehwild in Höhe von mindestens 1,50m und gegen Schwarzwild und Kaninchen in Höhe von mindestens 1,20m über der Erde und mindestens 0,30m in der Erde stets geeignete Schutzvorkehrungen (§ 37 DVO LJG-NRW). Bei anderen Schutzvorrichtungen bedarf es jeweils einer zusätzlichen, oft schwierigen Beurteilung, ob diese tatsächlich üblich und geeignet sind[445]. Die dauerhafte Errichtung eines Zaunes aus Baustahlmatten zur Verhinderung von Wildschäden stellt einen unzulässigen naturschutzrechtlichen Eingriff dar.[446]

---

[443] nicht aber die Nordmanntanne (OLG Hamm, AgrR 1996, 265 mit Anm. Drees, RWJ 1/97 Seite 14 f. und Schmelz, DJZ 4/97 Seite 18 f.)

[444] Drees/Thies/Müller-Schallenberg, § 32 BJG II 3 b

[445] Drees/Thies/Müller-Schallenberg, § 32 BJG II 5

[446] VG Wiesbaden, Urt. v. 14.04.2011 – 4 K 1208/10.WI = JE XVI (ab 2010) XII Nr. 118

2. Jagdschadensersatz

Bei Ausübung der Jagd dürfen durch den Jagenden grundsätzlich die Grundstücke des Jagdbezirkes – soweit hierauf die Jagd zulässig ist – betreten werden. Über § 33 Abs. 1 BJG hat der Jagdausübende dabei aber die berechtigten Interessen der Grundstückseigentümer oder Nutzungsberechtigten zu beachten, insbesondere besäte Felder und nicht abgemähte Wiesen tunlichst zu schonen. Die Ausübung der Treibjagd auf Feldern, die mit reifender Halm- oder Samenfrucht oder mit Tabak bestanden sind, ist gesetzlich verboten; die Suchjagd[447] ist nur insoweit zulässig, als sie ohne Schaden für die reifenden Früchte durchgeführt werden kann. 495

Jeder durch missbräuchliche, nicht lediglich nur anlässlich der Jagdausübung schuldhaft verursachte Schaden ist gemäß § 33 Abs. 2 BJG von dem Jagdausübungsberechtigten dem geschädigten Grundstückseigentümer oder Nutzungsberechtigten zu ersetzen, auch wenn dieser durch einen Jagdgast oder einen von ihm bestellten Jagdaufseher herbeigeführt worden ist. Hierbei haftet der Jagdausübungsberechtigte immer auch für vorgenannte dritte Personen, ohne sich entlasten zu können. Für Schäden, die nur gelegentlich der Jagdausübung entstehen, ist § 33 Abs. 2 BJG nicht anwendbar. Hier gilt allgemeines Deliktsrecht (§§ 823 ff. BGB)[448], nach dem der unmittelbare Schädiger selbst haftet und sich der Jagdausübungsberechtigte gemäß § 831 Abs. 1 Satz 2 BGB hinsichtlich des Verschuldens des Jagdgastes oder -aufsehers gegebenenfalls entlasten kann. 496

Die vorsätzliche Verursachung eines Jagdschadens wird gegenüber dem konkreten Verursacher zudem als Ordnungswidrigkeit nach § 39 Abs. 1 Nr. 8 BJG geahndet. 497

Wird also der Jagdschaden durch Dritte schuldhaft herbeigeführt, treffen die zivilrechtliche Schadensersatzpflicht den Jagdausübungsberechtigten und die eventuell öffentlich-rechtliche Sanktion den Dritten. 498

---

447 nicht die Nachsuche auf verendetes oder krankgeschossenes Wild

448 LG Münster, RdL 1983, 175

3. Gemeinsame Vorschriften

499 Die Geltendmachung sowohl von Wild- als auch Jagdschaden erfolgt nach denselben Verfahrensvorschriften, nämlich §§ 34, 35 BJG sowie 34 bis 41 LJG-NRW.

a. Geltendmachung und Anmeldung

500 Wild- und Jagdschäden sind grundsätzlich bei der Gemeinde, auf deren Gebiet das Grundstück liegt, auf dem der Schaden entstanden ist, anzumelden (§ 34 Abs. 1 Satz 1 LJG-NRW). Soweit es sich hierbei um ein der Gemeinde selbst gehörendes Grundstück handelt, hat die Anmeldung bei deren Aufsichtsbehörde zu erfolgen (§ 34 Abs. 2 LJG-NRW). Die Anmeldung soll, muss aber nicht die als ersatzpflichtig in Anspruch genommene Person bezeichnen (§ 34 Satz 3 BJG).

501 Die Frist zur Anmeldung von Schäden an nicht forstwirtschaftlich genutzten Grundstücken beträgt - auch in NRW - eine Woche ab Kenntnis des Schadens, wobei unter Beachtung der gehörigen Sorgfalt[449] bereits die bloße Möglichkeit der Kenntnisnahme den Fristbeginn auslöst (§ 34 Satz 2 BJG)[450]. Ausnahmsweise und ausschließlich bei hoher Schneelage soll die Anmeldefrist erst dann beginnen, sobald die Witterungslage erstmals die Inaugenscheinnahme des Grundstücks erlaubt[451]. Der Landwirt hat nämlich die Obliegenheit, seine Grundstücke in regelmäßigen Abständen – mindestens einmal monatlich – auf deren Zustand zu überprüfen[452]. In der Erntezeit wird teilweise sogar eine wöchentliche Kontrolle verlangt[453].

---

[449] hierzu ist der Begriff der Fahrlässigkeit aus § 276 Abs. 1 Satz 2 BGB heranzuziehen (LG Hechingen, Urt. v. 21.02.1990 – 3 S 105/89)

[450] LG Itzehoe, Urt. v. 31.01.1995, JE Band X (ab 1995), IX Nr. 98; LG Hagen, Urt. v. 17.02.1998, JE Band XI (ab 1997), IX Nr. 107

[451] so auch Drees/Thies/Müller-Schallenberg, § 34 BJG; zu weitgehend aber AG Nordheim, Urt. v. 07.11.1997 – 3 C 589/95, wonach ein Landwirt im Winter überhaupt nicht verpflichtet sein soll, seine Ländereien auf Schäden zu untersuchen

[452] LG Trier, Urt. v. 03.01.1991, JE Band XIII (ab 1991), IV Nr. 82; LG Hechingen, Urt. v. 11.02.1990 – 3 S 105/89; AG Simmern, Urt. v. 29.08.2001 – 3 C 338/01; AG Pirmasens, Urt. v. 30.08.2000 – 3 C 147/00; v.Pückler, WuH 15/2003, Seite 100; AG St. Goar, Urt. v. 19.08.2010 – 31 C 623/09

[453] AG Kirchhain, Urt. v. 08.11.2002 – 7 C 169/02 = JE Band XIII (ab 2002) IX, Nr. 132; AG Lennestadt, Urt. v. 15.11.2012 – 3 C 216/12

Nach der Rechtsprechung des BGH ist es Aufgabe des Tatrichters, unter Berücksichtigung der Umstände des Einzelfalles, insbesondere der Schadensträchtigkeit der jeweiligen Felder, zu bestimmen, ob der Geschädigte die ihn treffende Kontrollobliegenheit erfüllt hat. Es lassen sich also keine starren, für alle Fallgestaltungen geltenden Fristen festlegen, wobei die Entscheidung des Bundesgerichtshofes ausschließlich einen exorbitant großen Maisschlag bei ausgeschlossener Alternativschadensursache betrifft[454]. Die BGH-Entscheidung ist auf Nichtmaisschäden nicht übertragbar. In einer weiteren Entscheidung hat der Bundesgerichtshof nochmals Konkretisierungen vorgenommen.[455]

Die Wochenfrist gilt für jeden einzelnen Schaden gesondert, so dass auch Folgeschäden grundsätzlich innerhalb von einer Woche jeweils neu anzumelden sind[456]. **502**

Bei Schäden an forstwirtschaftlich genutzten Grundstücken genügt es dagegen, wenn der jeweilige Schaden zweimal im Jahr, jeweils bis zu den gesetzlich festgelegten Terminen, nämlich dem 01. Mai oder 01. Oktober eines Jahres, angemeldet wird (§ 34 Satz 2 BJG)[457]. **503**

Die Fristberechnung erfolgt gemäß §§ 187 Abs. 1, 188 Abs. 2, 193 BGB. **504**
Das Versäumen der Anmeldefristen führt zum Erlöschen des Anspruchs (gesetzliche Ausschlussfrist).

---

454 BGH, Urt. v. 15.04.2010 – III ZR 216/09; kritisch hierzu: Thies, AUR 10/2010 S. 2 ff. und Meyer-Ravenstein, AUR 1/2011 S. 8 ff.

455 BHG, Urt. v. 05.05.2011 – III ZR 91/10 = JE XVI (ab 2010) IV Nr. 194; hierzu: v. Pückler WuH 17/2011 S. 126 ff.

456 BGH, Urt. v. 15.04.2010 – III ZR 216/09 und Urt. v. 05.05.2011 – III ZR 91/10 = JE XVI (ab 2010) IX Nr. 194; hierzu: v. Pückler, WuH 17/2011 S. 126 ff.; AG Bernkastel-Kues, Urt. v. 28.04.2005 – 4 C 711/04; AG Bad Hersfeld, Urt. v. 10.08.2007 – 10 C 463/07 (70); AG Schleiden, Urt. v. 13.11.1996 – 2 C 373/96; Drees/Thies/Müller-Schallenberg, § 34 BJG; Schuck/Schuck, § 34 Rz. 6; vgl. hierzu auch: v. Pückler WuH 14/2013, S. 70ff.; AG Gelnhausen, Urt. v. 30.10.2015 – 56 C 1177/14 (75); LG Aachen; Urt: v. 1011.2017 – 7 O 174/17

457 Zur Berechnung von Waldwildschäden vgl. BGH, Urt. v. 04.11.2010 – III ZR 45/10 = NJW 2011 S. 852 ff.; hierzu: v. Pückler, WuH 6/2011 S. 108 ff.

505 Die Beweislast, dass, wann und in welchem Umfang[458] sowie wo und durch welche Schadensursache[459] die angemeldeten Schäden entstanden und dass sie rechtzeitig angemeldet[460] worden sind, trägt allein der Geschädigte. Auch die nichtaufklärbare Vermischung von Alt- und Neuschäden geht allein zu Lasten des Geschädigten[461]. Bei einer Schadensfeststellung durch den von der Behörde beauftragten Schadensschätzer mehr als drei Monate nach der Anmeldung ist objektiv eine Schadenszuordnung nicht mehr möglich, ein Wildschadensvorbescheid aufgrund des Zeitablaufes nicht mehr zulässig[462].

b. Vorverfahren

506 Gemäß §§ 35 BJG, 35 Abs. 1 LJG-NRW ist vor der gerichtlichen Geltendmachung des Anspruches zwingend[463] zunächst ein (Verwaltungs-)Vorverfahren durchzuführen[464].

---

[458] LG Arnsberg, Urt. v. 27.05.1991 – 5 S 329/90; AG Siegburg, Urt. v. 24.09.2010 – 111 C 150/08; AG Düsseldorf, Urt. v. 03.11.2016 – 10c C 67/16

[459] AG Wesel, Urt. v. 31.03.2010 – 30 C 549/09; AG Duisburg, Urt. v. 23.06.2009 – 2 C 756/08; AG Koblenz, Urt. v. 30.07.1986 – 43 C 320/86; AG Siegburg, Urt. v. 24.04.2009 – 111 C 150/08

[460] AG Schleiden, Urt. v. 11.09.2009 – 9 C 84/09 m.w.N.; bestätigt durch LG Aachen, Urt. v. 30.03.2010 – 7 S 153/09; AG Lichtenfels, Urt. v. 05.04.2006 – 1 C 338/05; AG Neuwied, Urt. v. 14.02.2012 – 44 C 526/11 und v. 08.03.2013 – 43 C 1275/12; AG Neuss Urt. v. 24.01.2013 – 85 C 1663/11; LG Koblenz Urt. v. 25.05.2012 – 14 S 98/11 = JE IX Nr. 206; AG Bad Neuenahr-Ahrweiler, Urt. v. 29.04.2016 - 31 C 365/15; AG Düsseldorf, Urt. v. 03.11.2016 – 10c C 67/16

[461] AG Kusel, Urt. v. 01.06.2006 – 1 C 461/05; AG Lichtenfels, Urt. v. 05.04.2006 – 1 C 338/05; hierzu v. Pückler, WuH 16/2007, Seiten 104 ff.; AG Korbach, Urt. v. 22.01.2007 – 3 C 523/06 (70); AG Daun, Urt. v. 28.02.2007 – 3 C 624/06; hierzu v. Pückler, WuH 9/2010, S. 114 ff; AG Hameln, Urt. v. 22.11.2011 – 32 C 380/10 (6 a); AG Schleiden, Urt. v. 10.01.2012 – 9 C 46/11; LG Aachen, Urt. v. 17.08.2012 – 6 S 25/12; AG Cochem, Urt.v. 26.05.2011 21 C 688/10 = JE IX Nr. 205; AG Neuss Urt. v. 24.01.2013 – 85 C 1663/11, AG Schleiden; Urt. v. 20.12.2013 – 9 C 147/12; AG Bergheim Urt. v. 04.02.2014 – 21 C 180/13; AG Neuwied, Urt. v. 15.04.2014 – 44 C 515/13, bestät. durch LG Koblenz, Beschl. v. 27.10.2014 und v. 27.11.2014 – 2 S 162/14; AG Neuwied, Urt. v. 17.06.2015 – 41 C 1213/13; AG Bad Neuenahr-Ahrweiler, Urt. v. 29.04.2016 - 31 C 365/15; AG Düsseldorf, Urt. v. 03.11.2016 – 10c C 67/16 und Urt. v. 12.04.2017 – 22 C 263/16, hierzu: v. Pückler, WuH 17/2017, S. 106 ff.

[462] AG Neuwied, Urt. v. 17.06.2015 – 41 C 1213/13

[463] Auf das Vorverfahren können die Parteien – außer bei einer gütlichen Einigung – nicht verzichten. So: AG Bingen am Rhein, Urt. v. 17.01.2013 -22 C 359/11 = JE IX Nr. 210

[464] Das Vorverfahren in Wild- und Jagdschadensachen ist kein Vorverfahren im Sinne des Zweiten Bürokratieabbaugesetzes und gilt damit weiter fort (Schreiben des MUNLV an den LJV NRW vom 18.12.2007, Az. III-2-090.70.00.20)

Ist ein Schaden bei der örtlich zuständigen Gemeinde rechtzeitig[465] angemeldet, so hat diese unverzüglich[466] einen ersten Termin am Schadensort anzuberaumen und hierzu alle Beteiligten, nämlich den oder die Geschädigten sowie den oder die Ersatzpflichtigen (Jagdpächter und Jagdgenossenschaft) zu laden (§ 37 Abs. 1 LJG-NRW). Mit der Ermittlung des Schadens wird auch bei Nichterscheinen der Beteiligten begonnen, worauf diese in der Ladung gesondert hingewiesen werden müssen. **507**

Der erste Termin dient regelmäßig dazu, eine schnelle und kostengünstige gütliche Einigung zwischen den Parteien auch ohne Hinzuziehung eines Schätzers herbeizuführen. Die Gemeinde soll aber auch schon zum ersten Termin einen Schätzer hinzuziehen, soweit auch nur einer der Beteiligten dies ausdrücklich beantragt. **508**

Bei dem Schätzer handelt es sich um eine mit hinreichender Sachkunde ausgestattete Person, die unabhängig von einem Schadensfall von der Unteren Jagdbehörde, in der das Revier liegt, auf die Dauer von fünf Jahren zu bestellen ist. Näheres zur generellen Bestellung des Schätzers und seines Stellvertreters sowie zum Ablehnungsrecht[467] durch die Parteien im konkreten Vorverfahren regelt § 36 LJG-NRW. Die Vergütung des Schätzers richtet sich nach dem Justizvergütungs- und Justizentschädigungsgesetz (JVEG), wobei das Honorar nach § 9 Abs. 1 JVEG nach der Honorargruppe 1 bemessen und ab der zweiten Stunde halbiert wird. Reisekosten werden nach den für Beamte der Reisekostenstufe B geltenden Vorschriften des Reisekostenrechts des Landes ersetzt.
(§ 38 DVO LJG-NRW). **509**

Über die Verhandlung ist eine Niederschrift aufzunehmen (§ 37 Abs. 2 Satz 4 LJG-NRW). **510**

---

[465] Die Gemeinde orientiert sich bei Einleitung des Vorverfahrens in der Praxis regelmäßig nur an den Angaben des Geschädigten, ohne diese selbst auf ihre Richtigkeit zu überprüfen

[466] Die Durchführung eines Schätztermins erst fast drei Monate nach der Schadensmeldung führt dazu, dass eine derartige Schadenschätzung keine ausreichende Grundlage mehr für einen Schadensersatzanspruch des Geschädigten sein kann, so: AG Düsseldorf, Urt. v. 03.11.2016 – 10c C 67/16, bestätigt durch LG Düsseldorf, Urt. v. 11.08.2017 – 20 S 187/16

[467] Zur Befangenheit eines vorprozessual tätigen Sachverständigen für eine Partei als Privatgutachter vgl. OLG Oldenburg, Beschl. v. 12. 07.2012 – 2 W 38/12

511 Kommt im ersten Termin eine gütliche Einigung zustande, so ist hierüber ebenfalls eine Niederschrift aufzunehmen und von allen Beteiligten sowie dem Vertreter der Gemeinde zu unterzeichnen (§ 38 LJG-NRW). Die Niederschrift muss die Art, die Höhe und den Zeitpunkt der Erstattung des Schadens enthalten und ist den Beteiligten zuzustellen. Die zugestellte vollstreckbare Ausfertigung der Niederschrift[468] stellt einen Titel i.S.d. § 794 ZPO dar, aus dem die Zwangsvollstreckung betrieben werden kann.

512 Kommt im ersten Termin keine gütliche Einigung zustande, so ist der Schaden auf Antrag eines der Beteiligten zu schätzen. In diesem Fall besteht keine Unterzeichnungsverpflichtung durch die Anwesenden. Soweit der Schätzer bereits im ersten Termin anwesend ist, geschieht die Schätzung in der Regel sofort. Wenn der Schätzer nicht anwesend ist, wird ein weiterer Termin zur Schadensschätzung durch die Gemeinde anberaumt, zu der dann auch der Schätzer zu laden ist.

513 Im ersten Termin vor Ort kann aber auch jeder der Beteiligten – unabhängig davon, ob ein Schätzer anwesend ist oder nicht – beantragen, dass der weitere Termin zur Schadensfeststellung erst kurz vor der Ernte abgehalten werden soll. Näheres hierzu regelt § 37 Abs. 2 Sätze 2 und 3 LJG-NRW. Die Entscheidung, den Umfang des Schadens erst zum Erntezeitpunkt festzustellen, beinhaltet keinen Verzicht auf die Einhaltung der Wochen-Frist bezüglich nachfolgend auftretender Wildschäden[469].

514 Der Schätzer hat ein schriftliches Gutachten zu erstellen, das zwingend die Bezeichnung der Kulturart des geschädigten Grundstücks, die den Schaden verursachende Wildart, den Schadensumfang nach Flächengröße und Anteil der geschädigten Fläche sowie den Schadensbetrag enthalten muss (§ 39 Abs. 1 Satz 4 LJG-NRW).

---

468 Erteilung durch den Urkundsbeamten der Geschäftsstelle des Amtsgerichts, in dessen Bezirk die Gemeinde ihren Sitz hat (§ 38 Abs. 3 LJG-NRW)

469 LG Koblenz Urt. v. 25.05.2012 – 14 S 98/11 = JE IX Nr. 206 LG Köln, Beschl. v. 14.07.2014 – 13 S 53/14, so im Ergebnis auch BGH Urt. v 5. 5. 2011 – III ZR 91/10

Aufgrund der Schätzung und unter Berücksichtigung des Ergebnisses der Verhandlung hat die Gemeinde erneut zu versuchen, eine gütliche Einigung der Beteiligten herbeizuführen (§ 39 Abs. 2 LJG-NRW). **515**

Kommt nunmehr eine solche zustande, endet das Vorverfahren mit der Erteilung einer Niederschrift nach § 38 LJG-NRW. Scheitert sie jedoch wiederum, so ist den Beteiligten eine Niederschrift über das Scheitern des Vorverfahrens mit einer Belehrung über die Frist zur Klageerhebung zu erteilen (§ 39 Abs. 3 LJG-NRW). **516**

Die Beteiligten tragen die ihnen entstandenen Kosten des Vorverfahrens selbst. Erstattungsfähige Kosten sind lediglich die Vergütung und Reisekosten des Schätzers sowie die Auslagen der Gemeinde, die von dieser festgesetzt werden (§ 40 Abs. 1 und 3 LJG-NRW). Soweit die Parteien sich über die Tragung der festgesetzten Kosten nicht einigen können, verteilt die Gemeinde diese nach billigem Ermessen. Es entspricht im Regelfall billigem Ermessen, wenn die Gemeinde die Kosten des Vorverfahrens in Wildschadensangelegenheiten dem Geschädigten und dem Ersatzpflichtigen jeweils zur Hälfte auferlegt[470]. **517**

c. Gerichtliches Verfahren

Kam im Vorverfahren keine gütliche Einigung zustande, so muss der Geschädigte binnen einer Notfrist von zwei Wochen seit der Zustellung der Niederschrift über das Scheitern des Vorverfahrens Klage erheben (§ 41 LJG-NRW). Versäumt er diese Frist, geht der Anspruch unter (Ausschlussfrist)[471]. Der auf Ersatz des Schadens in Anspruch Genommene hingegen kann auch noch nach Ablauf der Zweiwochenfrist gegebenenfalls negative Feststellungsklage auf Nichtbestehen des Anspruches erheben. **518**

---

470 VG Minden, Urt. v. 31.08.2015, JE XVII Nr. 261.

471 Nach einer Mindermeinung läuft die Ausschlussfrist *nicht* bei fehlender oder fehlerhafter Rechtsmittelbelehrung an (LG Köln, Urt. 30.06.2004 – 9 S 46/04 und AG Siegburg, Urt. v. 24.09.2010 – 111 C 150/08; a.A.und wohl hM: LG Aachen, Beschl. v. 04.11.2008 – 6 T 86/08; OLG Brandenburg, Urt. v. 14.12.2010 – 2 U 14/09 = JE XI Nr. 135 (Folge: Amtshaftung); BGH Urt. v. 06.06.2013 –III ZR 360/12= JE IX Nr. 211; AG Heinsberg, Urt. v. 05.11.2014 – 18 C 115/14; LG Aachen, Urt. v. 28.05.2015 – 2 S 364/14

Abschnitt 8
Wild- und Jagdschaden

519 Sachlich zuständig ist bei Wildschäden nach § 23 Nr. 2 d GVG ohne Rücksicht auf die Höhe des Streitwerts stets das Amtsgericht, bei Jagdschäden abhängig vom Streitwert das Amtsgericht für Schäden bis einschließlich € 5.000 und darüber das Landgericht (§§ 71 Abs. 1, 23 Nr. 1 GVG).

520 Örtlich zuständig für Klagen auf Wildschadenersatz ist sowohl das für das belegende Grundstück zuständige Amtsgericht wie auch das Wohnsitzgericht des Beklagten[472].

521 Die Durchführung des Vorverfahrens wird durch das Gericht als Zulässigkeitsvoraussetzung[473] von Amts wegen geprüft, so dass diese mit Klageeinreichung in jedem Falle gegenüber dem Gericht vorgetragen und gegebenenfalls nachgewiesen werden muss, um eine Klageabweisung bereits aus diesem Grunde zu vermeiden. An einem Vorverfahren fehlt es, wenn die Gemeinde weder förmlich einen Schätzungstermin bestimmt, noch die Ersatzpflichtigen hierzu lädt, weil damit eine gütliche Einigung der Parteien nicht erreicht werden kann[474]. Fehler im Vorverfahren gehen zu Lasten des Geschädigten[475], der dann ggf. im Wege der Amtshaftung bei der Gemeinde Regress nehmen kann[476]. Wenn ein Jagdpächter (oder die Jagdgenossenschaft) nicht oder nicht rechtzeitig zum Schätztermin geladen werden, stellt dies sogar einen gravierenden Verfahrensfehler dar[477].

---

472 BGH Urt. 06.06.2013 – III ZR 360/12 = JE IX Nr. 211

473 ohne vorheriges (abgeschlossenes) Vorverfahrens ist die Klage als unzulässig abzuweisen: AG Euskirchen, Urt. v. 12.05.2009 – 17 C 1044/08; AG Viersen, Urt. v. 12.11.2009 – 31 C 185/08; AG Duisburg, Urt. v. 23.06.2009 – 2 C 756/08.; AG Hameln, Urt. v. 22.11.2011 – 32 C 380/10 (6 a); LG Mönchengladbach, Urt. v. 04.06.2014 – 2 S 155/13 m.w.N.; AG Brühl, Urt. v. 26.01.2015 – 23 C 143/14; AG Prüm, Urt. v. 15.10.2014 – 6 C 10/14; Ag Siegburg, Urt. v. 16.06.2016 – 101 C 214/15; AG Plettenberg, Beschl. v. 27.10.2017 – 1 C 89/17

474 AG Weilheim, Urt. v. 24. 02.2011 – 2 C 508/10

475 OLG Celle, RdL 1966,135; LG Schweinfurt, Urt. v. 16.01.2002 -43 S 94/01; LG Arnsberg, Urt. v. 27.05.1975 – 3 S 35/74; AG Alsfeld, Urt. v. 31.10.2001 – 30 C 744/00; AG Siegen, Urt. v. 05.10.1976 – JE IX Nr. 7; AG Schleiden, Urt. v. 27.02.1979 – JE IX Nr. 17; a.A.: LG Düsseldorf, Urt. v. 05.09.1975 – 22 S 313/75; LG Krefeld, NuR 1980, 184; Drees/Thies, Seite 53

476 OLG Köln, Urt. v. 12.01.2006 – 7 U 105/05; OLG Karlsruhe, Urt. v. 05.08.2004 – 12 U 218/04; hierzu v. Pückler, WuH 2/2010, Seite 96 f; LG Koblenz, Urt. v. 11.01.2002 – 15 O 268/01; OLG Brandenburg, Urt. v. 14.12.2010 – 2 U 14/09 = JE XI Nr. 135

477 AG Osterrohde, Urt. v. 29.07.2009 – 2 C 79/09 = JE IX Nr. 186; AG Alfeld (Leine), Urt. v. 02.11.2009 – 4 C 195/09 = JE IX Nr. 187; AG Menden (Sauerland), Urt. v. 15.06.2011 – 4 C 507/10

Im Zuge der Begründetheitsprüfung der Klage hat das Gericht in jedem Fall von Amts wegen aufzuklären, ob die Schadensanmeldung bei der Gemeinde fristgerecht i.S.d. § 34 BJG erfolgte, unabhängig davon, ob die Gemeinde dies im Rahmen des Vorverfahrens bereits bejaht hat. **522**

In der Praxis kommt die Gemeinde ihrer gesetzlichen Prüfungspflicht in vielen Fällen nicht nach und orientiert sich bei ihrer Entscheidung darüber, ob der Anspruch rechtzeitig geltend gemacht wurde, ausschließlich an den Angaben des Geschädigten, ohne diese selbst zuvor auf ihren Wahrheitsgehalt hin zu überprüfen. Die Gemeinde muss deshalb bereits bei Anmeldung eines Wildschadens vor Ort selbst Feststellungen zum Zeitpunkt des Schadenseintrittes treffen, um die Rechtzeitigkeit der Anmeldung beurteilen zu können. Dies erfolgt jedoch häufig mit der Begründung nicht, dass diese Streitfrage im Fall der gütlichen Einigung nicht auftritt und im Fall der Nichteinigung der Parteien ohnehin durch das Gericht mit entschieden wird. Eine entsprechende ausdrückliche Prüfungsverpflichtung der Gemeinde – sei es durch Gesetz oder Verwaltungsvorschrift – wäre hier wünschenswert, um die Problemlösung nicht in das gerichtliche Verfahren nach hinten zu verlagern. **523**

Erntet ein Geschädigter ein Feld vor einer Schadensfeststellung ab und erleidet deshalb ggf. Beweisprobleme, so geht dieses Verhalten ausschließlich zu seinen Lasten[478]. **524**

Im gerichtlichen (Nach-)Verfahren sind die Kosten des Vorverfahrens, die von einem der Beteiligten aufgrund des Kostenfestsetzungsbescheides der Gemeinde tatsächlich gezahlt worden sind, erstattungsfähig i.S.d. § 91 ZPO, werden also dem im gerichtlichen Verfahren Unterliegenden mit auferlegt (§ 40 Abs. 4 LJG-NRW). Voraussetzung hierfür ist allerdings, dass deren tatsächliche Zahlung gegenüber dem Gericht auch vorgetragen und gegebenenfalls nachgewiesen und die Erstattung ausdrücklich beantragt werden. **525**

---

478 AG Kenzingen, Urt. v. 01.04.2014 – 1 C 21/14; AG Lörrach, Urt. 13.11.2015 – 4 C 475/15

4. Pauschalen im Jagdpachtvertrag für Wildschaden und Wildschadensverhütung

526 In der Regel werden die Verpflichtungen zu Wildschadensersatz und Wildschadensverhütung im Jagdpachtvertrag auf den Pächter abgewälzt. Häufig geschieht dies durch die Vereinbarung pauschaler Zahlungen pro Hektar angepachteter land- und/oder forstwirtschaftlicher Fläche, um die Forderung nicht in jedem Einzelfall beziffern und nachweisen zu müssen. Die zwischen den Vertragsparteien (Verpächter und Pächter) wirkende Vereinbarung einer Wildschadenspauschale entbindet den Verpächter jedoch nicht von der Erstattung des konkret nachgewiesenen Wildschadens gegenüber dem geschädigten Nutzungsberechtigten der Grundfläche[479].

527 In der Praxis hat es sich eingebürgert, auf formularmäßig vorgefertigte Mustervertragstexte zurückzugreifen. Bedienen sich Jagdgenossenschaften oder Eigenjagdbesitzer beim Abschluss eines Jagdpachtvertrages regelmäßig derartiger Vertragsmuster oder verwenden sie selbst erstellte, vorgefertigte Vertragstexte, die sie in Zukunft bei der Verpachtung ihres Jagdbezirkes dem Pächter vorgeben, dann unterfallen die Vertragsklauseln dem Anwendungsbereich der §§ 305 ff. BGB.

528 Ausgangspunkt tatsächlicher und rechtlicher Wertung betreffend die Pauschalierung von Schadensersatzansprüchen ist § 309 Ziff. 5 BGB, wonach die Vereinbarung eines pauschalierten Anspruches des Verwenders dann unwirksam ist, wenn die Pauschale den in den geregelten Fällen nach dem gewöhnlichen Lauf der Dinge zu erwartenden Schaden übersteigt oder dem anderen Vertragsteil nicht ausdrücklich der Nachweis gestattet wird, ein Schaden sei entweder überhaupt nicht entstanden oder wesentlich niedriger als die Pauschale[480].

529 Rechtsfolge der Unwirksamkeit ist, dass in der Vergangenheit gezahlte Pauschalen durch den Pächter nach den Gesichtspunkten einer unge-

---

479 BGH Urt. v. 11.12.2014 – 3 ZR 169/14

480 zur alten Vorschrift § 11 Nr. 5 AGBG: OLG Hamm, NJW-RR 1995, 624 ff.; OLG Celle, OLGR 1998, 123 f.; OLG Koblenz, Urt. v. 03.03.1999 – 9 U 743/98; a. A.: OLG Koblenz, Urt. v. 21.07.1999 – 1 U 220/98, nach dem es sich lediglich um eine kontrollfreie Preisklausel i.S.d. § 8 AGBG handele

rechtfertigten Bereicherung vom Verpächter zurückgefordert werden können (§§ 812 ff. BGB) und zukünftig keine pauschalierten Zahlungen mehr zu leisten sind. Der Geschädigte kann weiterhin seinen Schaden (aber nur) gegenüber dem Verpächter geltend machen, ohne dass dieser jedoch den Pächter auf die geleistete Zahlung in Regress nehmen könnte.

Zu Unrecht gezahlte Wildschadensersatzbeträge kann der Pächter nach **530**
herrschender und wohl richtiger Meinung jedoch lediglich für die letzten drei Jahre zurückverlangen (§ 195 BGB)[481].

Formularmäßig abgefasste Wildschadensklauseln, in denen Wildscha- **531**
densersatz und Wildschadensverhütungsaufwendungen betragsmäßig und unaufgeschlüsselt zusammengefasst werden, verstoßen gegen das in § 307 BGB geregelte Bestimmtheits- und Transparenzgebot und sind deshalb unwirksam[482]. Soweit die Beträge für Wildschäden und Wildschadensverhütungsmaßnahmen jedoch gesondert ausgewiesen werden, sind die einzelnen Klauseln als wirksam angesehen worden, wenn diese nicht für sich gesehen wiederum gegen § 309 Ziff. 5 BGB verstoßen[483].

Die Bestimmung in einem vorformulierten Text eines Vertrages über die **532**
Erteilung einer Jagderlaubnis nach nordrhein-westfälischem Recht, wonach der Erlaubnisinhaber als Teil des Gesamtentgeltes eine bestimmte Wildschadenspauschale zu zahlen hat, unterliegt nicht der richterlichen Inhaltskontrolle und ist damit wirksam[484]. Dies betrifft nicht nur entgeltliche Begehungsscheine, sondern kann auch auf Jagdpachtverträge übertragen werden[485].

---

[481] Der alte Meinungsstreit, ob die Rückforderung vier Jahre (BGH 98, 174,186; BGH NJW 1993, 1384; OLG Koblenz, Urt. v. 03.03.1999 – 9 U 743/98) oder 30 Jahre (OLG Hamm, NJW-RR 95, 624 f) erfolgen könne, hat sich mit der Schuldrechtsreform erledigt

[482] zum früheren § 9 AGBG: OLG Hamm, NJW-RR 1995, 624 ff.

[483] zum alten § 11 Ziff. 5 AGBG: OLG Hamm, AgrR 1996, 406; OLG Koblenz, Urt. v. 13.05.2004 – 5 U 1476/03; LG Wuppertal, RdL 1991, 294 ff.

[484] BGH NJW-RR 1999, 125 ff.

[485] BGH NJW-RR 2001, 343 ff.; OLG Koblenz, Urt. v. 21.07.1999 – 1 U 220/98;zitiert bei Thies, AgrR 2000, 177 ff.

IX. ABSCHNITT: **INVERKEHRBRINGEN UND SCHUTZ VON WILD/ ARTENSCHUTZ UND INTERNATIONALER NATURSCHUTZ**

533 Beim Inverkehrbringen von Wild und zum Schutze des Wildes sind sowohl nationale Gesetze als auch internationale (völkervertrags- und europarechtliche) Regelungen zu beachten:

A. Wildverkehrskontrolle

534 § 36 BJG ermächtigt in Abs. 1 den Bund und in Abs. 2 die Länder, durch Rechtsverordnung oder weitere Vorschriften die Überwachung des Verkehrs mit Wild (Wildverkehrskontrolle und Wildbretkontrolle) näher zu regeln. Sinn und Zweck der Vorschrift ist die neben der Kontrolle des Wildtierverkehrs u. a. die Kontrolle der Einhaltung der Schonzeiten sowie die Bekämpfung der Wilderei und der Wildhehlerei.

535 § 36 Abs. 1 BJG ermächtigt das Bundesministerium durch Rechtsverordnung mit Zustimmung des Bundesrates bei Vorliegen bestimmter Gründe Vorschriften über die Anwendung von Ursprungszeichen (Nr. 1), den Besitz (Nr. 2) und den Umgang mit sonstigen Verkehrsvorgängen mit Wild (Nrn. 2 a, b und 3), die Verpflichtung zur Führung von Wildhandelsbüchern (Nr. 4) und das Kennzeichnen von Wild (Nr. 5) zu erlassen. Der Bund hat jedoch von den Ermächtigungen nach § 36 Abs. 1 Gebrauch gemacht, und zwar in Form der BWildSchV[486].

536 Über § 36 Abs. 2 BJG sind die Länder ermächtigt, Vorschriften zu erlassen über die behördliche Überwachung des gewerbsmäßigen Ankaufs, Verkaufs und Tausches und der gewerbsmäßigen Verarbeitung von Wildbret nebst der behördlichen Überwachung der Wildhandelsbücher (Nr. 1) sowie über das Aufnehmen, die Pflege und Aufzucht verletzten oder kranken Wildes und dessen Verbleib (Nr. 2). Das Land Nordrhein-Westfalen

---

[486] Verordnung vom 25.10.1985 (BGBl. I S. 2040), zuletzt geändert am 28. Juni 2018 (BGBl. I S. 1159); vgl. hierzu nachfolgend B.

hat in § 45 LJG-NRW die Regelungsbefugnis zwar formell aufgegriffen, aber bisher selbst keine entsprechenden Regelungen erlassen.

B. Bundeswildschutzverordnung

Die BWildSchV[487] will vornehmlich bestimmte Tiere heimischer Arten durch generelle Besitz- und Verkehrsverbote besonders schützen sowie die Umsetzung der EG-Vogelschutzrichtlinie[488] in nationales Recht gewährleisten. 537

Darüber hinaus berücksichtigt sie das sog. „Berner Übereinkommen" zur Erhaltung der europäischen wildlebenden Pflanzen und Tiere und ihrer natürlichen Lebensräume[489]. 538

Die BWildSchV findet Anwendung auf die in den Anlagen zu ihren jeweiligen Vorschriften näher bezeichneten Tiere und bezieht sich auf lebende und tote Tiere, ihre ohne weiteres erkennbaren Teile, ohne weiteres erkennbar aus ihnen gewonnenen Erzeugnisse sowie ihre Eier, sonstigen Entwicklungsformen und Nester (§ 1 BWildSchV). 539

§ 2 BWildSchV stellt das Verbot von Besitz, Erwerb, Ausübung der tatsächlichen Gewalt, Verarbeitung oder Verwendung, Anbietung, Veräußerung, Abgeben, Tauschen und oder Inverkehrbringen von in der Anlage 1 aufgelisteten Tieren auf, soweit nicht die Ausnahmetatbestände der Absätze 2 bis 5 vorliegen. Gleiches gilt für die Beförderung zum Zweck des gewerblichen Ankaufs, Verkaufs oder Tausch. 540

Die Erlaubnis zum Halten von Greifen und Falken der in Anlage 4 genannten Arten ist in § 3 BWildSchV unter enge persönliche und sachliche Voraussetzungen gestellt worden. Der Bestand von Greifen und Falken, 541

[487] Verordnung vom 25.10.1985 (BGBl. I S. 2040), zuletzt geändert am 28. Juni 2018 (BGBl. I S. 1159)

[488] Richtlinie 2009/147 EG des Europäischen Parlaments des Rates vom 30.11.2009 über die Erhaltung der wildlebenden Vogelarten; vgl. hierzu nachfolgend D. 1.

[489] Übereinkommen vom 19.09.1979 zur Erhaltung der europäischen Pflanzen und Tiere sowie ihrer natürlichen Lebensräume (Gesetz zu dem Übereinkommen vom 17.07.1984 – BGBl. II S. 618)

der auch Beizvögel umfasst, ist der Unteren Jagdbehörde binnen vier Wochen nach Begründung des Eigenbesitzes sowie ein Bestandswechsel des angezeigten Bestandes jeweils unverzüglich schriftlich anzuzeigen (§ 3 Abs. 2 Nr. 4 BWildSchV). Die Kennzeichnung der heimischen Greifvögel ist in der BArtSchV[490] näher geregelt worden, die § 3 Abs. 3 BWildSchV insoweit ersetzt hat.

542 § 4 BWildSchV regelt Kennzeichnungs- und Aufzeichnungspflichten (Aufnahme- und Auslieferungsbuch) für gewerbsmäßige Präparatoren und sonstige gewerblich mit lebenden oder toten Tieren Handelnde hinsichtlich der in Anlage 5 aufgeführten Tierarten.

543 Wer Tiere der in Anlage 5 genannten Arten besitzt oder die tatsächliche Gewalt darüber ausübt, kann sich gegenüber der zuständigen Behörde auf eine Berechtigung hierzu grundsätzlich nur berufen, wenn er auf Verlangen nachweist, dass die Voraussetzungen für eine Ausnahme nach § 2 Abs. 2 bis 5 BWildSchV vorliegen oder er glaubhaft macht, dass er oder ein Dritter die Tiere bereits am 09.11.1985[491] in Besitz hatte (§ 5 BWildSchV).

544 Strafbar macht sich, wer entgegen § 2 Absatz 1 Satz 1 Nummer 2 ein dort genanntes Tier oder ein Teil oder ein Erzeugnis eines solchen Tieres gewerbsmäßig ankauft, verkauft oder tauscht. Gleichermaßen strafbar macht sich, wer entgegen § 2 Absatz 1 Satz 1 Nummer 1 ein dort genanntes Tier oder ein Teil oder ein Erzeugnis eines solchen Tieres besitzt.

545 Sonstige vorsätzliche oder fahrlässige Verstöße gegen einzelne Vorschriften der BWildSchV stellen gemäß § 6 BWildSchV eine Ordnungswidrigkeit i.S.d. § 39 Abs. 2 Nr. 5 BJG dar und können mit einer Geldbuße bis zu € 5.000 geahndet werden.

---

[490] Verordnung zum Schutz wildlebender Tier- und Pflanzenarten vom 16.02.2005 (BGBl. I S. 258, 896), zuletzt geändert am 21.01.2013, dort §§ 12 bis 15

[491] Inkrafttreten der BWildSchV (am 08.11.1985 im BGBl. verkündet – § 8 Satz 1 BWildSchV)

Zuständige Behörde oder Stelle i.S.d. BWildSchV ist die Untere Jagdbehörde, die auch die Verfolgung und Ahndung von Ordnungswidrigkeiten nach § 6 BWildSchV übernimmt (§ 48 LJG-NRW). **546**

C. Internationales Völkervertragsrecht

Von besonderer Bedeutung sind insbesondere folgende Akte des Völkervertragsrechts: **547**

1. Übereinkommen von Ramsar[492] (Iran) von 1971 **548**

2. Washingtoner Artenschutzabkommen (CITES) von 1973 **549**
   Besonders gefährdete Tiere und Pflanzen werden auf internationaler Ebene über das sog. Washingtoner Artenschutzabkommen[493] in Verbindung mit der entsprechenden EU-Verordnung zu seiner Anwendung[494] geschützt.

   Von den in Deutschland vorkommenden Arten umfasst das Abkommen den Schutz von Schwarzstorch, Löffler und Steinadler, aller Falkenarten einschließlich Wanderfalke, der Großtrappe, des Dünnschnabelbrachvogels, des baltischen Störs, des Apollofalters sowie aller Orchideen und Zyclamenarten[495].

   Der Schutz erfolgt durch Handelsbeschränkungen wie Einfuhr- und Ausfuhrgenehmigungen, Ursprungszeugnisse und sonstige Bescheinigungen[496]. Zum Erwerb, Handel, zur Ein- und Ausfuhr geschützter Tiere bzw. Präparate oder Trophäen benötigt man nach dem Washingtoner Artenschutzabkommen die sog. CITES-Bescheinigung als Dokument zum Nachweis des legalen Besitzes.

---

[492] Abkommen über Feuchtgebiete (zum Schutz von Öko-Systemen und Feuchtgebieten).

[493] Übereinkommen über den internationalen Handel mit gefährdeten Arten frei lebender Tiere und Pflanzen vom 03.03.1973, mit Wirkung vom 20.06.1976 für das Gebiet der Bundesrepublik Deutschland in Kraft gesetzt (Gesetz vom 22.05.1975, BGBl. II S. 773); die EU hat eine entsprechende ArtenschutzVO erlassen.

[494] EU-Artenschutz-Verordnung Nr. 338/97 vom 09.12.1996 – ABl. EG Nr. L 61 vom 03.03.1997, in der Fassung vom 10.08.2013

[495] Drees/Thies/Müller-Schallenberg, § 36 BJG III

[496] Zur Versagung von Vermarktungsgenehmigungen einer Rhinozeros-Trophäe: VG Karlsruhe, Urt. v. 28.01.2015 -4 K 1326/13

Während Deutschland schon länger dem Abkommen beigetreten war, sind seit dem 08.07.2015 sämtliche EU-Mitgliedstaaten dem Abkommen beigetreten.

550 3. Übereinkommen von Bonn zur Erhaltung wandernder und wildlebender Tiere von 1979

551 4. Berner Übereinkommen von 1982[497]

552 5. Übereinkommen von Rio de Janeiro über die biologische Artenvielfalt (CBD = Biodiversitätskonvention) von 1992[498]

553 Völkervertragsrecht bedarf zur Wirksamkeit in Deutschland grundsätzlich einer Umsetzung durch Gesetz (Art. 59 Abs. 2 GG).

D. Europäisches Recht

554 Im europäischen Recht sind insbesondere folgende Richtlinien und Verordnungen von Bedeutung:

1. Europäische Vogelschutzrichtlinie

555 Die EG-Vogelschutzrichtlinie (im Folgenden EG-VR)[499] wurde für das Gebiet der Bundesrepublik Deutschland durch Änderungen des BJG, LJG-NRW, BNatSchG sowie der BWildSchV umgesetzt.

556 Zweck der Richtlinie ist die Erhaltung der in der Gemeinschaft heimischen wildlebenden Vogelarten. Sie dient der Umsetzung der Abkommen von Bern und Ramsar und soll dem Rückgang der Bestände wildlebender Vogelarten, insbesondere auch der Zugvogelarten, entgegenwirken.

---

[497] Die EU und Deutschland sind dem Abkommen 1982 bzw. 1984 beigetreten; es ist die Grundlage der 1992 erlassenen europäischen FFH-Richtlinie

[498] CBD wurde im Dezember 1993 von der EU und Deutschland ratifiziert. Sie enthält u.a. Regelungen zur nachhaltigen Nutzung von Tier- und Pflanzenarten und deren natürlichen Lebensräumen

[499] Richtlinie 2009/147 EG des Europäischen Parlaments und des Rates vom 30.11.2009 (ABl. EG Nr. L 20 v. 26.01.2010, S. 7) über die Erhaltung der wildlebenden Vogelarten; vgl. hierzu: Rechtsprechungsübersicht bei Möckel, NuR 36/2014, S. 381ff.

557 Ihr Instrumentarium sind Ermächtigungsgrundlagen für die Mitgliedstaaten zum Erlass von Vorschriften zum Schutz des Wildes, zur Beschränkung der Bejagung einzelner in ihren Anlagen genannten Tierarten (Art 7 EG-VR), zur Art und Weise der Jagdausübung (Art. 8 EG-VR) sowie Wildverkehrsbeschränkungen (Art. 6 EG-VR).

558 Art. 5 EG-VR ordnet unter anderem an, dass ein Verbot des absichtlichen Tötens, Fangens und Haltens aller unter Art. 1 EG-VR fallenden Vogelarten anzuordnen ist. Einzelne genannte Vogelarten dürfen aber gemäß Art. 7 EG-VR bejagt werden. Zu den Vogelarten, deren Bejagung das deutsche Recht gemäß der EG-VR zulassen darf, gehören Eichelhäher, Elster und Aaskrähe, nicht jedoch z. B. Dohle und Saatkrähe.

559 Unabhängig von der EG-VR hat Deutschland aber u.a. die Rabenvögel den besonders geschützten Tierarten zugeordnet. Nach § 39 BNatSchG ist es u.a. verboten, wildlebende Tiere mutwillig zu beunruhigen oder ohne vernünftigen Grund zu fangen, zu verletzen oder zu töten.

560 Aufgrund des damaligen § 41 (jetzt § 39) BNatSchG hatte die Landesregierung Nordrhein-Westfalen eine Ausnahmeverordnung[500] erlassen, nach der Vögel der Arten Rabenkrähe und Elster außerhalb von befriedeten Bezirken und außerhalb der Fortpflanzungszeit von Jagdberechtigten durch Abschuss getötet werden durften (§ 1 Rabenvogel-VO). Bereits mit der vorletzten Änderung der JagdZVO-NRW am 01.12.2006 ist die Rabenvogel-VO jedoch ersatzlos aufgehoben worden (Art. 2 der ÄnderungsVO zur JagdZVO-NRW).

561 Mit Aufhebung der Rabenvogel-VO und mit der Aufnahme von Rabenkrähe und Elster in den Katalog der bejagbaren Tierarten besteht damit auch wieder ein Aneignungsrecht des Jagdausübungberechtigten an den erlegten Tieren.

[500] Verordnung über die Zulassung von Ausnahmen von den Schutzvorschriften für besonders geschützte Tierarten (Rabenvogel-VO) vom 25.10.1994 (GV. NW. S. 964/SGV. NW. 792), zuletzt geändert durch VO vom 29.01.2002 (GV. NRW. S. 67)

2. FFH-Richtlinie

562 Die Flora-Fauna-Habitat-Richtlinie (FFH-Richtlinie[501]) verpflichtet die EU-Mitgliedstaaten, durch Ausweisung besonderer Schutzgebiete bzw. deren Erhaltung ein europaweites, zusammenhängendes Netz von Schutzgebieten zu errichten (Natura 2000). Dieses Netz soll aus natürlichen Lebensraumtypen bestehen, die im Anhang der Richtlinie aufgeführt sind. Darüber hinaus sollen die nach der EG-VR bereits ausgewiesenen oder noch festzusetzenden Vogelschutzgebiete in den Verbund einbezogen werden. Die FFH-Richtlinie ergänzt damit die europäische Vogelschutzrichtlinie und setzt u.a. die Berner-Konvention in der EU um. Für die FFH-Gebiete gilt ein generelles Stör- und Verschlechterungsverbot, um schädliche Einwirkungen durch eine nicht gebietsangepasste Nutzung zu verhindern. Eine Umsetzung des Netzes „Natura 2000" in nationales Recht ist im BNatSchG erfolgt (Kapitel 4, 2. Abschnitt, §§ 31 bis 36 BNatSchG).

3. EU-Artenschutzverordnung

563 Die EU-Artenschutzverordnung 338/97EG implementiert das CITES-Übereinkommen in das EU-Recht und ist insoweit in den Mitgliedsstaaten unmittelbar geltendes Recht.

---

[501] Richtlinie 92/43/EWG des Rates zur Erhaltung der natürlichen Lebensräume sowie der wildlebenden Tiere und Pflanzen vom 21.05.1992 (ABl. EG Nr. L 206 v. 22.06.1992, S. 7ff.)

X. ABSCHNITT: **JAGDVERWALTUNG, JAGDBEIRAT, VEREINIGUNG DER JÄGER UND FORSCHUNGSSTELLE FÜR JAGDKUNDE UND WILDSCHADENSVERHÜTUNG**

A. Aufbau der Jagdverwaltung

Die allgemeine Jagdverwaltung im Land Nordrhein-Westfalen gliedert sich **564** in die Unteren Jagdbehörden und die Oberste Jagdbehörde (§ 46 LJG-NRW). Die ehemalige Mittelbehörde (Obere Jagdbehörde) wurde 2014 mit der „kleinen Jagdrechtsnovelle"[502] aufgelöst (Umwandlung von dreistufiger in zweistufige Jagdverwaltung).

1. Untere Jagdbehörde

Die Untere Jagdbehörde ist der Kreis oder die kreisfreie Stadt als Kreis- **565** ordnungsbehörde (§ 46 Abs. 2 LJG-NRW).

Nach dem in § 48 LJG-NRW niedergelegten „Grundsatz der Allzuständig- **566** keit" ist die Untere Jagdbehörde für alle Angelegenheiten des Jagdwesens sachlich zuständig, soweit die Zuständigkeit nicht ausdrücklich einer anderen Behörde zugewiesen wird.

Die örtliche Zuständigkeit richtet sich nach § 3 VwVfG NRW. Danach ist **567** für Angelegenheiten, die sich auf ein ortsgebundenes Recht (Jagdrecht, Jagdausübungsrecht, z.B. Abschussplan) beziehen, die Behörde zuständig, in deren Bezirk der Ort liegt. In Angelegenheiten, die eine natürliche Person betreffen (z.B. Beantragung oder Entziehung eines Jagdscheines mit Überprüfung der persönlichen Voraussetzungen des Antragstellers), ist die Behörde zuständig, in deren Bezirk die Person ihren gewöhnlichen Aufenthalt hat.

---

[502] Gesetz zur Änderung des LJG und zur Änderung jagdrechtlicher Vorschriften vom 01.04.2014 (GV. NRW. S.253)

2. Oberste Jagdbehörde

568 Oberste Jagdbehörde ist das Ministerium für Umwelt, Landwirtschaft, Natur- und Verbraucherschutz (MULNV) mit Sitz in Düsseldorf (§ 46 Abs. 1 LJG-NRW).

569 Sie ist zugleich oberste Sonderaufsichtsbehörde sowie Sonderaufsichtsbehörde über die Unteren Jagdbehörden mit Weisungsbefugnis (§9 OBG NRW) und Selbsteintrittsrecht (§10 OBG). Weiterhin ist sie zuständig für die ausschließlich ihr im LJG-NRW zugewiesenen Aufgaben (§§ 3 Abs. 5 Satz 2; 6 Abs. 5; 8 Abs. 3 Satz 2; 20 Abs. 2; 31 Abs. 2; 47 Abs. 2; 51 Abs. 1 und 52 Abs. 1 LJG-NRW).

570 Die Oberste Jagdbehörde kann zudem als auskunftsberechtigte Stelle von den Jagdausübungsberechtigten verlangen, dass diese die ökologischen und jagdlichen Verhältnisse in ihren Jagdbezirken ermitteln und entsprechende Angaben hierüber zur Verfügung stellen (§ 50 LJG-NRW).

B. Jagdbeirat

571 Gemäß §§ 37 Abs. 1 BJG, 51 Abs. 3 LJG-NRW ist bei jeder Unteren Jagdbehörde ein *Jagdbeirat* zu bilden, der sich aus

- drei Jägern (entsandt vom Landesjagdverband Nordrhein-Westfalen e.V.)
- zwei Vertretern der Landwirtschaft (entsandt vom zuständigen Landwirtschaftsverband)
- zwei Vertretern der Forstwirtschaft (entsandt von den Verbänden der Waldbesitzer)
- einem Vertreter der Jagdgenossenschaften (gemeinsam entsandt von dem Rheinischen Verband der Eigenjagdbesitzer und Jagdgenossenschaften e.V. und dem Verband der Jagdgenossenschaften und Eigenjagden in Westfalen-Lippe e.V.)
- einem Vertreter des Naturschutzes (gemeinsam benannt von den nach § 29 BNatSchG anerkannten Verbänden)
- einem Vertreter der Forstbehörde (benannt von der Forstbehörde)

- einer Vertreterin oder oder einem Vertreter des Tierschutzes (benannt von den nach § 3 des Gesetzes über das Verbandsklagerecht und Mitwirkungsrechte für Tierschutzvereine vom 25.06.2013 anerkannten Vereinen)[503].
- dem Landrat des Kreises, der die Aufgaben der Unteren Jagdbehörde wahrnimmt, bzw. dem Oberbürgermeister der kreisfreien Stadt, der die Aufgaben der Unteren Jagdbehörde wahrnimmt

zusammensetzt.

Der Vorsitzende und sein Stellvertreter sowie der Jagdberater und sein **572**
Stellvertreter werden aus der Mitte des Jagdbeirates gewählt (§ 51 Abs. 4 LJG-NRW). Der Jagdberater und sein Stellvertreter müssen in jagdlichen Angelegenheiten erfahren sein; sie können auch Vorsitzender oder stellvertretender Vorsitzender des Jagdbeirates sein.

Bei der Obersten Jagdbehörde wird der *Landesjagdbeirat* (§ 51 Abs. 1 **573**
LJG-NRW) gebildet, der sich aus

- dem Vorsitzenden (gemäß § 51 Abs. 2 LJG-NRW ein Vertreter der Obersten Jagdbehörde)
- fünf Jägerinnen oder Jägern (vier entsandt vom Landesjagdverband Nordrhein-Westfalen e.V. und einer/eine entsandt vom Ökologischen Jagdverband NRW e.V.)
- vier Vertreterinnen oder einem Vertretern der Landwirtschaft (je Zwei entsandt vom Rheinischen Landwirtschaftsverband e.V. und dem Westfälisch-Lippischen Landwirtschaftsverband e.V.)
- einer Vertreterin oder einem Vertreter des Körperschaftswaldes (entsandt vom Waldbesitzerverband der Gemeinden, den Gemeindeverbänden und öffentlich-rechtlichen Körperschaften in Nordrhein-Westfalen e.V.)
- einer Vertreterin oder einem Vertreter des Privatwaldes (entsandt vom Waldbauernverband Nordrhein-Westfalen e.V.)

[503] Gesetz über das Verbandsklagerecht und Mitwirkungsrechte für Tierschutzvereine v. 05.07.2013 (GV. NRW. S. 383) Ausgabe 2013 Nr. 22 v. 5.7.2013 S. 383; das Gesetz wurde jedoch 2018 nicht verlängert und ist damit abgeschafft.

- einer Vertreterin oder einem Vertreter des Staatswaldes (entsandt vom Ministerium für Umwelt, Landwirtschaft Natur- und Verbraucherschutz Nordrhein-Westfalen)
- einer Vertreterin oder einem Vertreter der Berufsjäger (entsandt vom Landesverband der Berufsjäger Nordrhein-Westfalen e.V.)
- einer Vertreterin oder einem Vertreter der Jagdgenossenschaften (gemeinsam entsandt von dem Rheinischen Verband der Eigenjagdbesitzer und Jagdgenossenschaften e.V. und dem Verband der Jagdgenossenschaften und Eigenjagden in Westfalen-Lippe e.V.)
- einer Vertreterin oder einem Vertreter des Naturschutzes (gemeinsam entsandt von den nach § 29 BNatSchG anerkannten Verbänden)
- einer Vertreterin oder einem Vertreter der Jagdwissenschaft (entsandt vom Ministerium für Umwelt, Landwirtschaft Natur- und Verbraucherschutz Nordrhein-Westfalen) und
- einer Vertreterin oder einem Vertreter der Falknerei (entsandt von den im Land Nordrhein-Westfalen wirkenden Vereinigungen der Falkner)
- einer Vertreterin oder einem Vertreter des Tierschutzes (entsandt vom Beirat für Tierschutz)

zusammensetzt.

574 Sämtliche Mitglieder der Jagdbeiräte sind ehrenamtlich[504] tätig und werden grundsätzlich auf die Dauer von fünf Jahren entsandt, wobei eine erneute Entsendung zulässig ist (§ 51 Abs. 6 LJG-NRW).

575 Aufgabe der Jagdbeiräte und Jagdberater ist die Beratung der Jagdbehörden (§ 51 Abs. 5 LJG-NRW).

576 Darüber hinaus sind die Jagdbeiräte in allen grundsätzlichen Fragen zu hören. Hierbei sind die Beschlüsse der Beiräte für die anhörende Behörde nicht bindend. Die Rechte des Jagdbeirates sind mit dem damaligen öko-

---

[504] §§ 81 bis 87 VwVfG NRW; Sie erhalten jedoch eine Aufwandsentschädigung (Ersatz der Auslagen und des Verdienstausfalls) nach § 24 KrO i.V.m. § 33 GO bzw. dem Gesetz über die Entschädigung ehrenamtlicher Mitglieder von Ausschüssen vom 13.05.1958 (GV. NW. S. 193)

logischen Jagdgesetz stark eingeschränkt worden[505]. Soweit die Anhörung oder Mitwirkung des Jagdbeirates gesetzlich vorgeschrieben ist, ist eine Entscheidung der Jagdbehörde ohne entsprechende Anhörung rechtsunwirksam.

Weder das BJG noch das LJG-NRW sehen konkrete Vorschriften für die **577**
Durchführung der Arbeit der Jagdbeiräte vor; es gelten insoweit die §§ 88 bis 93 VwVfG NRW.

Der Jagdberater bzw. sein Stellvertreter sind zudem automatisch Mitglie- **578**
der des Jägerprüfungsausschusses (§ 2 Abs. 2 Nr. 2 DVO LJG-NRW).

C. Vereinigung der Jäger

Weist eine Vereinigung von Jägerinnen und Jägern, der fünf Prozent der **579**
Jagdscheininhaber im Land NRW angehören, oder Revierjägerinnen und Revierjäger als rechtsfähiger Verein nach, dass sie

1. nach ihrer Satzung schwerpunktmäßig das Jagdwesen fördert oder als gemeinnützig (§ 52 der Abgabenordnung) anerkannt ist und das Jagdwesen schwerpunktmäßig in ihrer praktischen Tätigkeit fördert und
2. im Zeitpunkt der Anerkennung mindestens 5 Jahre besteht und in diesem Zeitraum im Sinne der Nr. 1 tätig gewesen ist und
3. ihren Sitz in Nordrhein-Westfalen hat und sich der satzungsgemäße sowie praktische Tätigkeitsbereich auf das Gesamtgebiet des Landes erstreckt,

so ist sie von der Obersten Jagdbehörde als Vereinigung der Jäger anzuerkennen (§ 52 Abs. 1 LJG-NRW).

Vor der Jagdrechtsnovelle 2015[506] war als einzige Voraussetzung für die Anerkennung geregelt, dass eine Vereinigung von Jägern nachweisen musste, dass ihr mehr als ein Drittel der Jagdscheininhaber in NRW angehörten. Auf dieser Grundlage waren der Landesjagdverband

---

[505] z.B.: Abschussplanung, § 22 Abs. 4 LJG-NRW: Aus dem *Zustimmungs*erfordernis wurde nur noch ein „*Benehmen*“

[506] Gesetz vom 12. Mai 2015 (GV. NRW. S. 448)

Nordrhein-Westfalen e. V. als Landesvereinigung der Jäger[507] und der Deutsche Falkenorden als Landesvereinigung der Falkner[508] anerkannt.

Mit dem ökologischen Jagdgesetz wurde die bisherige Stellung des Landesjagdverbandes Nordrhein-Westfalen e. V. als die alleinige Interessenvertretung der Jäger in Nordrhein-Westfalen bewusst und gewollt zurückgedrängt. Dementsprechend konnten damals auch der Ökologische Jagdverband NRW. e.V., der Berufsjägerverband NRW e.V. und der Verband der Jagdaufseher NRW e.V. anerkannt werden. Hintergrund der damaligen Neuregelung war, dass man primär auch dem ökologischen Jagdverband NRW e. V. den Status einer Vereinigung der Jäger in Nordrhein-Westfalen zusprechen wollte. Unter Berücksichtigung der Mitgliederzahl (Landesjagdverband NRW: ca. 65.000; Ökologischer Jagdverband NRW: ca. 100) war diese erfolgte Gleichsetzung allerdings mehr als bedenklich. Derzeit erreicht nur der LJV NRW die 5 Prozent-Schwelle.

580 Gemäß §§ 37 Abs. 2 BJG, 52 Abs. 2 LJG-NRW hat die zuständige Behörde den Landesvereinigungen der Jäger Gelegenheit zur Stellungnahme zu geben, wenn ein Jagdschein nach § 17 Abs. 2 Nr. 4 BJG versagt werden kann oder nach §§ 18, 17 Abs. 2 Nr. 4 BJG zu entziehen ist.

581 Über das bloße Recht zur Stellungnahme hinaus steht den Landesvereinigungen der Jäger auch ein eigenes Antragsrecht bei der zuständigen Behörde zu, dass ein Jagdschein wegen schweren oder wiederholten Verstoßes gegen die Grundsätze der Weidgerechtigkeit nicht erteilt oder entzogen werden soll.

582 Soweit die Untere Jagdbehörde einem auf § 52 Abs. 2 Satz 2 LJG-NRW gestützten Antrag der Landesvereinigungen der Jäger nicht entspricht, sollte diese nach einem Runderlass des Ministers für Ernährung, Land-

---

[507] RdErl. des Ministers für Ernährung, Landwirtschaft und Forsten vom 16.07.1964: IV C 4 70-10.06 (MBl. NW. S. 1088/SMBl. NW. 7920)

[508] RdErl. des Ministers für Ernährung, Landwirtschaft und Forsten vom 20.05.1981: I A 3– 51–76/79– IV A 4 –76-35-00.00 (MBl. NW. S. 1221/SMBl. NW. 7920)

wirtschaft und Forsten des Landes Nordrhein-Westfalen[509] befugt sein, die Entscheidung der Unteren Jagdbehörde eigenständig durch Widerspruch[510] und Klage vor dem Verwaltungsgericht anzufechten. Nach einer Entscheidung des OVG Münster[511] stellt diese Verwaltungsvorschrift jedoch keine ausreichende Rechtsgrundlage für ein eigenständiges Widerspruchs- bzw. Klagerecht dar, da es hierzu einer ausdrücklichen gesetzlichen Regelung bedarf, die nicht im Wege einer bloßen Verwaltungsvorschrift geschaffen werden konnte.

Der Landesjagdverband Nordrhein-Westfalen e.V. untergliedert sich in 583
den Landesjagdverband Nordrhein-Westfalen e.V. als Dachverband und 52 Kreisgruppen (Jägerschaften), die ebenfalls in Form eingetragener rechtsfähiger Vereine auftreten und wiederum teilweise Hegeringe bilden.

D. Forschungsstelle für Jagdkunde und Wildschadensverhütung

Über § 53 LJG-NRW hat das Ministerium für Ernährung, Landwirtschaft 584
und Forsten mit Wirkung vom 01.01.1976 eine Forschungsstelle für Jagdkunde und Wildschadensverhütung des Landes Nordrhein-Westfalen[512] mit Sitz in Bonn eingerichtet[513]. Die Forschungsstelle wurde zunächst mit Errichtung der Landesanstalt für Ökologie, Bodenordnung und Forsten/Landesamt für Agrarordnung Nordrhein-Westfalen am 01.04.1994 in diese eingegliedert[514]. Seit Auflösung der Landesanstalt zum 01.01.2007 war die Forschungsstelle beim Landesbetrieb Wald und Holz NRW ange-

[509] RdErl. des Ministers für Ernährung, Landwirtschaft und Forsten vom 01.02.1964 – IV A 3 70 – 10.06 (MBl. NW. S. 1816/SMBl. NW. 7920)

[510] Das Widerspruchsverfahren ist zwischenzeitlich ohnehin abgeschafft worden durch das Zweite Gesetz zum Bürokratieabbau vom 09.10.2007 (GV. NRW. S. 393 f.)

[511] OVG Münster, AgrR 1982, 274 ff.

[512] Forschungsstelle für Jagdkunde und Wildschadensverhütung des Landes Nordrhein-Westfalen, Pützchens Chaussee 228, 53229 Bonn

[513] RdErl. des Ministers für Ernährung, Landwirtschaft und Forsten vom 03.11.1975 – I B 3 – 01.15 / IV A 4 –73–30-00.00 (MBl. NW. S. 2080/SMBl. NW. 7920)

[514] Bekanntmachung des MURL vom 06.01.1994 – I B 3 – 01.39 (MBl. NW. S. 124/SMBl. NW. 2000)

siedelt. Mit Art. 2 Ziff. 1 der „kleinen“ Jagdrechtsnovelle aus 2014[515] ist sie nunmehr beim Landesamt für Natur, Umwelt und Verbraucherschutz NRW angesiedelt (§ 51 Abs. 1 LJG-NRW), wobei der Sitz in Bonn verblieben ist.

585 Ihre Aufgaben umfassen die Erforschung der Lebens- und Umweltbedingungen des Wildes unter besonderer Berücksichtigung der Verhältnisse in Nordrhein-Westfalen, der Wildkrankheiten sowie der Möglichkeiten ihrer Bekämpfung als auch der Möglichkeiten zur Verhütung und Verminderung von Wildschäden in der Land- und Forstwirtschaft sowie im Gartenbau. Darüber hinaus hat sie das Jagdwesen allgemein zu fördern, grundsätzliche jagdliche Fragen aufklärend zu behandeln und das Verständnis für das Wild und seine Lebensnotwendigkeiten sowie die Bedeutung der Jagd zu wecken und zu vertiefen. Für Rotwildgebiete oder Teile von Rotwildgebieten bestellt die Forschungsstelle Sachverständige für Rotwildfragen, die ehrenamtlich tätig sind (§ 53 Abs.2 LJG NRW).

586 Auch die Forschungsstelle für Jagdkunde und Wildschadensverhütung verfügt über einen Beirat (§ 54 LJG-NRW). Dieser hat sie zu beraten und ist in allen grundsätzlichen Fragen zu hören. Ihm gehören ebenfalls Vertreter verschiedener durch die Jagd betroffener Interessengruppen an, die grundsätzlich auf vier Jahre entsandt werden und ebenfalls ehrenamtlich tätig sind. Mit der Jagdrechtsnovelle 2015 hat es betreffend den Beirat folgende Veränderungen gegeben:

- sechs statt fünf Jäger (davon fünf entsandte Vertreter des LJV NRW und ein entsandter Vertreter des ÖJV NRW)
- zusätzlich ein Vertreter/eine Vertreterin der Berufsjägerschaft
- zusätzlich ein Vertreter/eine Vertreterin des Tierschutzes

---

[515] Gesetz zur Änderung des LJG und zur Änderung jagdrechtlicher Vorschriften vom 01.04.2014 (GV. NRW. S.253)

XI. ABSCHNITT: **STRAF- UND BUSSGELDVORSCHRIFTEN**

A. Allgemeines

Verstöße gegen Normen des Jagdrechts werden über §§ 38 BJG, 292, 293 StGB als Straftat bzw. §§ 39 BJG, 55 LJG-NRW als Ordnungswidrigkeit geahndet. **587**

Bei der Verfolgung von Straftaten herrscht das sog. Legalitätsprinzip, nach dem die Staatsanwaltschaft als Ermittlungsbehörde den Verstoß von Amts wegen auch ohne besonderen Antrag zwingend zu verfolgen hat. Geahndet wird hier ein Verhalten, welches sich gegen ethische Grundwerte richtet zum Zweck der Sühne. Rechtsfolge ist eine Geld- oder Freiheits*strafe*. **588**

Im Ordnungswidrigkeitenrecht herrscht dagegen das sog. Opportunitätsprinzip, nach dem die Verwaltung als Ermittlungsbehörde nach pflichtgemäßem Ermessen ein Verfahren einleiten und durchführen kann. Geahndet wird hier eine Zuwiderhandlung gegen bloße Verwaltungsvorschriften. Rechtsfolge ist eine Geld*buße*, deren vornehmlicher Zweck die Ermahnung ist, sich in Zukunft korrekt zu verhalten. **589**

Die Rechtfolgen einer Straftat oder Ordnungswidrigkeit treten aber nur dann ein, wenn der Täter tatbestandsmäßig, rechtswidrig und schuldhaft handelt oder das rechtlich gebotene Handeln unterlässt[516]. Tatbestandsmäßig handelt er, wenn er mit seinem Handeln oder Unterlassen die gesetzlich normierten Tatbestandsmerkmale der Norm erfüllt. Die Rechtswidrigkeit des Tuns oder Unterlassens ist mit der Tatbestandserfüllung indiziert, soweit hierfür nicht ein Rechtfertigungsgrund (z.B. Notwehr, Nothilfe etc.) vorliegt. Schuldhaft handelt, wer vorsätzlich oder fahrlässig den gesetzlichen Tatbestand verwirklicht. **590**

[516] Gleichstellung von Tun und Unterlassen: §§ 13 Abs. 1 StGB, 8 OWiG

591 Vorsatz ist Wissen und Wollen, also Kenntnis der Tatbestandsverwirklichung[517]. Hierbei reicht auch bedingter Vorsatz, also das Für-Möglich-Halten sowie die billigende Inkaufnahme der Tatbestandsverwirklichung aus[518].

592 Fahrlässigkeit liegt dagegen vor, wenn der Täter einen Tatbestand rechtswidrig und vorwerfbar verwirklicht, ohne die Verwirklichung zu erkennen oder zu wollen. Die Elemente der Fahrlässigkeit sind demnach Pflichtwidrigkeit und Voraussehbarkeit der Tatbestandsverwirklichung sowie Erkennbarkeit der Rechtswidrigkeit[519].

593 Geahndet wird grundsätzlich nur vorsätzliches Handeln, es sei denn, dass das Gesetz fahrlässiges Handeln *ausdrücklich* mit Sanktionen bedroht (§§ 15 StGB, 10 OWiG).

594 Zur Problematik des Versuchs der Tatbestandsverwirklichung sowie des Irrtums über Tatumstände oder Rechtswidrigkeit vgl. §§ 23, 16, 17 StGB und 13, 11, 12 OWiG.

B. Straftaten

595 Im Gegensatz zu den Straftatbeständen der §§ 292[520] und 293 StGB, die jedermann verwirklichen kann, kann Täter der in § 38 BJG normierten Straftaten nur derjenige sein, der zur Ausübung der Jagd berechtigt ist.

596 Strafbar macht sich nach § 38 BJG ausschließlich derjenige, der vorsätzlich oder fahrlässig

- einer vollziehbaren Anordnung nach § 21 Abs. 3 BJG (Abschussverbot) zuwiderhandelt (Nr. 1)
- entgegen § 22 Abs. 2 Satz 1 BJG Wild (ohne Jagdzeit) nicht mit der Jagd verschont (Nr. 2)

---

517 RGSt 70, 258; Fischer, StGB, § 15 Rz. 2 ff.
518 Fischer, StGB, § 15 Rz. 9 ff.
519 Fischer, StGB, § 15 Rz. 12 ff.
520 vgl. oben I. Abschnitt A

- entgegen § 22 Abs. 4 Satz 1 BJG ein Elterntier bejagt[521] (Nr. 3). Unter *Aufzucht* wird nicht nur die Zeit der unmittelbaren Aufzucht, sondern auch die sich anschließende Zeit der Betreuung gezählt. Bei Rotwild dauert diese Zeit über den Winter bis zum Frühjahr, das auf die Geburt des Kalbes folgt[522]. Beim Rehwild ist die Bindung zwischen Ricke und Kitz nicht derart lang wie beim Rotwild, jedoch mindestens bis November/Dezember eines Jahres (abhängig vom Setztermin; danach ca. sechs Monate)[523].

C. Ordnungswidrigkeiten

Die einzelnen Tatbestände der Ordnungswidrigkeiten im Jagdrecht sind bereits in den jeweiligen Abschnitten zuvor behandelt worden, so dass auf die dortigen Ausführungen verwiesen werden kann. 597

Die Vorschriften der §§ 39 BJG und 55 LJG-NRW stellen jeweils in ihrem Abs. 1 nur vorsätzliche Tatbestandsverwirklichung, in ihrem Abs. 2 sowohl die vorsätzliche als auch fahrlässige Tatbestandsverwirklichung unter entsprechende Sanktionen. 598

Die vorgenannten Ordnungswidrigkeiten können mit einer Geldbuße von bis zu € 5.000 geahndet werden (§§ 39 Abs. 3 BJG, 56 Abs. 2 LJG-NRW). Schon das Ministerium für Umwelt, Naturschutz, Landwirtschaft und Verbrauscherschutz Nordrhein-Westfalen hat einen auch aktuell noch gültigen Bußgeldkatalog[524] herausgegeben, der in seinen Abschnitten 599

---

[521] vgl. hierzu allgemein Burkhardt, WuH 7/2006, Seite 34 ff. und 8/2006, Seite 30 ff.; zur Problematik der Strafbarkeit bei der Schwarzwildbejagung: Steinbach, DJZ 12/97, Seite 124 ff.; v.Pückler, WuH 19/2009, Seite 110 ff und WuH 15/2009, Seiten 94 f.; zu den Folgen eines Verstoßes auch für Jagdschein und Waffenbesitzkarte vgl. Lauven, Pirsch 21/2010 S. 56 ff; zum Recht der Länder, Ausnahmen vom Elterntierschutz zur Bekämpfung von Tierseuchen zuzulassen, vgl.: § 22 Abs. 4 Satz 2 BJG

[522] LG Schweinfurt, Urt. v. 12.06.2009 – 3 Ns 12 Js 2394/08 = JE X Nr. 120; OLG Hamm Beschl. v. 09.06.2015 – 5 RVs 64/15, hierzu: v. Pückler, WuH 19/2017, S. 98 f.;

[523] So auch Pfannenstiel, in WuH 1/2015, S.61

[524] Bußgeldkatalog Umwelt des Landes Nordrhein-Westfalen, zu beziehen über Ministerium für Umwelt, Landwirtschaft, Natur- und Verbraucherschutz, Düsseldorf

„Jagdschutz" und „Forstschutz" zur möglichst gleichmäßigen Behandlung gleich gelagerter Sachverhalte entsprechende Regelbußen vorschlägt.

D. Nebenfolgen

600 Neben der Verwirkung einer Strafe oder Geldbuße sehen die §§ 40 bis 41 a BJG sowie 56 LJG-NRW weitere mögliche Nebenfolgen, nämlich

- bei grober oder beharrlicher Verletzung der Pflichten bei der Jagdausübung: Zeitweiliges Jagdausübungsverbot für die Dauer von einem bis sechs Monaten
- die Einziehung von Gegenständen in unmittelbarem Zusammenhang mit der Tat (insbesondere Waffen oder Trophäen[525])
- die Entziehung des Jagdscheines verbunden mit einer Sperre für die Neuerteilung für die Dauer von einem Jahr bis auf Lebenszeit
- ein bis maximal sechs Monate befristetes Verbot der Jagdausübung zur Sanktionierung der rechtswidrigen und schuldhaften Tatbestandsverwirklichung

vor.

[525] vgl. hierzu: Kurmann, Pirsch 16/2017, S. 94 f.

XII. ABSCHNITT: **SCHLUSSVORSCHRIFTEN**

Die Schlussvorschriften der §§ 43 bis 46 BJG, 59 und 60 LJG-NRW wurden im Wesentlichen bereits oben mit behandelt. Sie regeln für das Land Nordrhein-Westfalen Besonderheiten hinsichtlich Altabrundungen, eine Übergangsregelung der Verwendung bleihaltiger Kleinkaliberpatronen sowie das Inkrafttreten des LJG-NRW (28.05.2015). **601**

Von Bedeutung ist neben den Normen zum Inkrafttreten des LJG-NRW **602**
nur noch die Unberührtheitsklausel[526] des § 44 a BJG, nach der die Vorschriften des Lebensmittelrechts, Seuchenrechts, Fleischhygienerechts und Tierschutzrechts neben und zusätzlich zu denen des BJG anzuwenden sind, auch wenn sie sich aus Landesrecht ergeben. Der Jagdgesetzgeber darf die entsprechenden Bestimmungen nicht einschränken, aufheben oder aushöhlen, er kann sie aber ergänzen und konkretisieren[527].

---

526 Vgl. Meyer-Ravenstein, Jagdrecht und naturschutzrecht – Probleme in der Verwaltungspraxis, veröffentlicht im Tagungsband der 24. Fortbildungsveranstaltung „Jagdrecht 2017" des Deutschen Jagdrechtstages.

527 Lorz/Metzger/Stöckel, § 44 a Rz. 2

KAPITEL 2

NEBENGEBIETE

603 Ohne einen Anspruch auf Vollständigkeit erheben zu wollen, sollen im folgenden Kapitel aus den mit der Jagd zusammenhängenden Rechtsgebieten lediglich die für den Jäger wesentlichen Regelungen behandelt werden.

I. ABSCHNITT: **NEBENBESTIMMUNGEN**

A. Waffenrecht[528]

604 Das Waffenrecht stellt aus jagdlicher Sicht wohl eine der relevantesten Materien außerhalb des Jagdrechts dar, da an seine vorsätzliche oder fahrlässige Nichtbeachtung oftmals in letzter Konsequenz der drohende Entzug jagd- und waffenrechtlicher Erlaubnisse gekoppelt ist[529].

605 Um einen Einstieg in diese Materie zu geben, werden zunächst die jagdpraktisch besonders wesentlichen Regelungen der relevanten waffenrechtlichen Umgangsformen[530] insbesondere mit erlaubnispflichtigen Waffen und Munitionsteilen skizziert. Hierzu zählen neben dem Erwerb und Besitz vor allem das Führen und der Transport, das Schiessen und die Aufbewahrung.

---

[528] Die bestehenden Regelungen des deutschen Waffengesetzes bieten den Bürgern ausreichenden Schutz vor der missbräuchlichen Verwendung von Waffen; ein grundrechtlicher Anspruch auf weitergehende Verschärfungen durch den Gesetzgeber zum Schutz subjektiver Grundrechtspositionen wie Leib/Leben besteht nicht (so: BVerfG, Nichtannahmebeschlüsse v. 23.01.2013 – 2 BvR 1645/10, 1676/10 und 1677/10; hierzu: Bussmann, Pirsch 5/2013, S.9; Braun: Pirsch 16/2013, S. 52 ff.); zur Historie des deutschen Waffenrechts bis Heute: Liehner, Pirsch 17/2018, S. 94 ff.

[529] Zum Zusammenspiel von Jagd- und Waffenrecht: v. Pückler, WuH 11/2017, S. 76 ff.; zur letzten Novellierung des WaffG: Gade, in: JM, 12/2018, S. 467 ff.

[530] In Übersicht: Becker, Saarländer Jäger, Winter 2017, S. 12 ff.

1. Erwerb und Besitz von Schusswaffen und Munition

Wer die tatsächliche Gewalt über Schusswaffen und Munition *dauerhaft*[531] erlangen (Erwerb) und ausüben (Besitz) will, bedarf hierzu grundsätzlich der *vorherigen* Erlaubnis der zuständigen Behörde (§ 2 Abs. 2 WaffG mit Anlage 2, 2. Abschnitt), die durch eine Waffenbesitzkarte bzw. einen Munitionserwerbschein erteilt wird. **606**

Die Erteilung einer Waffenbesitzkarte oder eines Munitionserwerbscheins setzen voraus, dass der Antragsteller das 18. Lebensjahr vollendet hat, persönlich geeignet und zuverlässig ist sowie die erforderliche Sachkunde und ein entsprechendes Bedürfnis nachweist (§ 4 Abs. 1 WaffG). Erwerb und Besitz sind für Jäger dahingehend beschränkt, dass es sich um nach dem BJG nicht verbotene Schusswaffen oder Munition handelt (§ 13 Abs. 1 Nr. 2 WaffG). **607**

Personen unter 25 Jahren haben für die *erstmalige* Erteilung einer Erlaubnis zum Erwerb und Besitz einer Schusswaffe – auf eigene Kosten – grundsätzlich ein amts- oder fachärztliches oder fachpsychologisches Zeugnis über ihre geistige Eignung vorzulegen (§ 6 Abs. 3 Satz 1 WaffG). Jäger sind allerdings von dieser Verpflichtung entbunden (§ 13 Abs. 2 Satz 1 WaffG). **608**

Seine Zuverlässigkeit (§ 5 WaffG), persönliche Eignung (§ 6 WaffG) und Sachkunde (§ 7 WaffG) muss der Jäger zunächst nicht mehr noch einmal gesondert nachweisen, da diese bereits bei Erteilung seines Jagdscheines überprüft und bejaht worden sind[532]. **609**

Die *Zuverlässigkeit* wird – wie im Jagdrecht – gesetzlich nur negativ definiert. § 5 Abs. 1 WaffG regelt die Voraussetzungen, unter denen sie *niemals* vorliegt. In den Fällen des § 5 Abs. 2 WaffG liegt die Zuverlässig- **610**

[531] Demgegenüber sind gültige Jagdscheine nach § 15 Abs. 1 Satz 1 BJG hinsichtlich des Erwerbs und des lediglich *vorübergehenden* Besitzes von Langwaffen nach § 13 Absatz 1 Nr. 2 WaffG einer entsprechenden Waffenbesitzkarte gleichgestellt (§ 13 Abs. 4 WaffG). Gleichermaßen bedürfen Jäger für den Erwerb und Besitz von nicht verbotener Langwaffen-Munition keiner gesonderten Erlaubnis (§ 13 Abs. 5 WaffG).

[532] So auch v.Pückler, WuH 23/2002, Seite 83

keit nur *in der Regel* nicht vor, so dass es dem Betroffenen vorbehalten bleibt, das Gegenteil nachzuweisen. Allein ein langjähriger rechtmäßiger Waffenumgang reicht hierfür jedoch nicht aus.

611 Im Rahmen der Zuverlässigkeitsprüfung kann die Behörde u.a. eine unbeschränkte Auskunft aus dem Bundeszentralregister (Vorstrafen), dem staatsanwaltschaftlichen Verfahrensregister (laufende Verfahren) oder bei den örtlichen Polizeidienststellen (Lebenswandel) einholen (§ 5 Abs. 5 WaffG).

612 Hinsichtlich des *Bedürfnisses*[533] für den Erwerb und Besitz von Lang- und Kurzwaffen sowie deren jeweiliger Munition ist deshalb bei Jagdscheininhabern wie folgt zu unterscheiden:

a. Langwaffen

613 Der Jäger wird beim Erwerb und Besitz, von Langwaffen (Schusswaffen von mehr als 60 Zentimetern), privilegiert (§ 13 Abs. 1 WaffG). Der Inhaber eines Jahresjagdscheines muss keine *vorherige* Erteilung einer Waffenbesitzkarte beantragen, sondern es wird gesetzlich davon ausgegangen, dass er grundsätzlich ein Bedürfnis für Langwaffen hat, wenn er glaubhaft macht, dass er diese Langwaffen zur jagdlichen Nutzung[534] benötigt. Für *Jahres*jagdscheininhaber entfällt sogar die Notwendigkeit dieser Glaubhaftmachung, da auch die jagdliche Nutzung gesetzlich vermutet wird. Erwerben kann der Jäger Langwaffen also allein durch Vorlage eines gültigen *Jahres*jagdscheines. Der Inhaber eines *Tages*jagdscheines ist hingegen nicht zum Erwerb von Langwaffen privilegiert – er bedarf vor einem Erwerb eines Voreintrages in der WBK und muss ein Bedürfnis für die Waffe glaubhaft machen.

614 Der dauerhafte Erwerber hat innerhalb von zwei Wochen nach Erwerb unter Benennung von Name und Anschrift des Überlassenden den Erwerb

[533] Zu einem Bedürfnis zum Erwerb und Besitz eines Schalldämpfers vgl.. VG Freiburg, Urt. v. 12.11.2014 – 1 K 2227/13; hierzu: v. Pückler, WuH 10/2015, S. 74ff.

[534] halbautomatische Langwaffen, die mit mehr als insgesamt drei Patronen geladen sind, sowie automatische Waffen dürfen in Deutschland nicht für das Schießen auf Wild verwendet werden (§ 19 Abs. 1 Nr. 2 c BJG)

schriftlich oder elektronisch anzuzeigen und die Ausstellung einer Waffenbesitzkarte oder die Eintragung der Waffe in eine bereits erteilte Waffenbesitzkarte zu beantragen (§ 13 Abs. 3 Satz 2 WaffG). Die Eintragungspflicht besteht auch für Wechsel- bzw. Austauschläufe, nicht aber für Einsteckläufe[535].

Der Erwerb von Langwaffen durch Jagdscheininhaber ist grundsätzlich **615**
zahlenmäßig nicht beschränkt[536].

b. Kurzwaffen

Waffen bis einschließlich 60 Zentimetern Länge – insbesondere Pistolen **616**
und Revolver – können auch Jagdscheininhaber nur dann erwerben, wenn sie neben dem Jagdschein eine Waffenbesitzkarte vorlegen können, in der eine Erwerbsberechtigung für die konkrete Kurzwaffe schon (vor-)eingetragen ist[537] (Gültigkeit des Voreintrages: Ein Jahr).

Ein Bedürfnis braucht der Jäger nicht nachzuweisen, wenn er Inhaber ei- **617**
nes gültigen Jahresjagdscheines ist, sofern er nicht bereits zwei Kurzwaffen besitzt (§ 13 Abs. 2 WaffG). Damit kann der Jahresjagdscheininhaber ohne Bedürfnisprüfung bis zu zwei Kurzwaffen erwerben. Will er darüber hinaus Kurzwaffen erwerben, muss er insoweit ein konkretes Bedürfnis für diesen Mehrbedarf nachweisen[538]. Inhaber lediglich eines Tagesjagdscheines müssen aber weiterhin glaubhaft machen, dass sie die Kurzwaffe zur jagdlichen Nutzung benötigen.

Der dauerhafte Erwerb von Kurzwaffen ist der zuständigen Behörde eben- **618**
falls innerhalb von zwei Wochen anzuzeigen und die Waffenbesitzkarte

---

535 vgl. hierzu: Sendke, Pirsch 24/2009, Seiten 34 f

536 Allerdings sind auf Jagdschein getätigte „Waffenansammlungen" oder das Horten großer Waffenmengen auf der Basis der Erwerbsberechtigung des Jahresjagdscheins unter Bedürfnisgesichtspunkten im Einzelfall überprüfbar: vgl. hierzu: v. Pückler, WuH 21/2017, S.108 f. m.w.N.

537 Ein bloß vergessener Voreintrag führt nicht automatisch zur Unzuverlässigkeit: VG Köln, Hinweisbeschl. v. 25.09.2008 – 20 K 727/07; hierzu Müller-Schallenberg, WuH 1/2009, Seite 100 und Tausch, Pirsch 11/2009, Seiten 25 f.

538 OVG Münster, Urt. v. 05.04.2005 – 20 A 348/04;

zur endgültigen Eintragung der Kurzwaffe vorzulegen (§ 10 Abs. 1 a WaffG).

c. Munition für Langwaffen

619 Jegliche Munition für Langwaffen können Jäger unter bloßer Vorlage ihres gültigen Jahres- oder Tagesjagdscheines – also auch ohne Munitionserwerbschein – erwerben und besitzen (§ 13 Abs. 5 WaffG), auch wenn sie eine entsprechende Langwaffe nicht besitzen. Wer seinen Jagdschein nicht rechtzeitig verlängert, verliert während der jagdscheinlosen Zeit allerdings auch seine Besitzberechtigung und macht sich wegen unerlaubtem Munitionsbesitzes strafbar (§ 52 Abs. 3 Nr. 2b WaffG). Ratsam ist es daher, eine Erlaubnis zum Erwerb und Besitz von Langwaffenmunition in seine Waffenbesitzkarte eintragen zu lassen (Nr. 13.5. WaffVwV)[539].

d. Munition für Kurzwaffen

620 Munition für Kurzwaffen können Jäger ohne Munitionserwerbschein nur aufgrund eines Berechtigungsvermerkes der zuständigen Behörde in ihrer Waffenbesitzkarte für ihre in der Waffenbesitzkarte eingetragenen Kurzwaffen *erwerben (§ 10 Abs. 3 WaffG).*

e. Erlaubnispflichtige Gegenstände; Schalldämpfer

621 Schalldämpfer sind für Schusswaffen bestimmte Vorrichtungen, die den Mündungsknall wesentlich mindern. Sie sind keine Schusswaffen, sie stehen aber den Waffen gleich, für die sie bestimmt sind (vgl. Anlage 1, Abschnitt 1, Unterabschnitt , Nr. 1.3 WaffG). Demgemäß unterfallen Schalldämpfer für erlaubnispflichtige Jagdwaffen grundsätzlich ebenfalls der Erlaubnispflicht nach § 2 WaffG[540].

---

[539] Vgl. hierzu auch: Mahr, JuJ 4/2013, S. 10; Rex/Hansen, Pirsch 2/2013, S. 42 f.; Pirsch12/2013, S. 44f.

[540] Zum einem Bedürfnis zum Erwerb und Besitz eines Schalldämpfers vgl.. VG Freiburg, Urt. v. 12.11.2014 – 1 K 2227/13; hierzu: v. Pückler, WuH 10/2015, S. 74ff.; VG Köln, Urt. v. 27.04.2017, 20 K 766/16; VG Minden, Urt. v. vom 31.08.2015 – 8 K 1282/14, - hierzu Nagel: DJZ10/2015, S. 10 f. und 02.01.2017, 8 K 3041/16; zum vorläufigen Rechtsschutz VG Kassel, Beschl. v. 11.04.2016 – 2 L 511/16 KS

Schalldämpfer haben für Jäger viele Vorteile: Neben dem Gesundheitsschutz für Schützen, Mitjäger und Jagdhunde sind Präzisionsverbesserungen, Rückstoßminderung, mitunter ein besseres Wildverhalten und eine erhöhte Akzeptanz der Jagdausübung in der Nähe bewohnter Bereiche zu nennen. **622**

Waren Schalldämpfer zuvor in der Rechtsprechung nur in Einzelfällen[541] gewährt worden, so ist es nun Jägern in NRW dank einer entsprechenden Erlassregelung[542] allgemein gestattet, für schalenwildtaugliche Langwaffenkaliber mindestens einen – mit entsprechender Begründung auch mehrere - Schalldämpfer auf Grundlage ihres gültigen Jahresjagdscheines zu erwerben, sofern sie im Besitz einer entsprechenden schalenwildtauglichen Langwaffe sind. **623**

Ein Schalldämpfer bedarf – vergleichbar mit dem Erwerbsvorgang einer Kurzwaffe – einer zum Erwerb berechtigenden Voreintragung[543] in eine Waffenbesitzkarte. Eine munitionsspezifische Zuweisung der Eintragung ist nicht erforderlich. **624**

Maßgeblich für den Besitz ist, dass der Erlaubnisinhaber über eine Waffe in einem schalenwildtauglichen Kaliber verfügt. Mit dem Verlust aller tauglichen Büchsen verliert der Erlaubnisinhaber regelmäßig auch den Bedürfnisgrund für den Schalldämpfer zur Verwendung auf diesen Waffen. Hinsichtlich der Aufbewahrung von Schalldämpfern gelten die Vorgaben zur Aufbewahrung von Langwaffen. **625**

Bei der Jagd mit Schalldämpfern in anderen Bundesländern ist es zwingend erforderlich, etwaige von NRW abweichende jagdrechtliche Verbote zu berücksichtigen[544]. **626**

---

541 Ohne besonderes Einzelfallbedürfnis für Jäger ablehnend: BVerwG Urt. v. 28.11.2018 – 6 C 4.18, RdL 4/2019, S.132 ff. mit Anmerkungen von Hons; VG Minden, Urt. v. 04.04.2016 – 8 K 1470/15

542 Erlass vom 26.10.2017, Az. 402-57.06.13 und Ergänzungsanweisung vom 17.11.2017 zum Erwerb weiterer Schalldämpfer und zur Verwendung von Schalldämpfern auf vorhandenen Waffen; vgl. auch RWJ 12/2017, S. 4 f

543 Nach wohl derzeit h.M. ist ein Schalldämpfer trotz seiner rechtlichen Gleichstellung beim Führen nicht von dem nachweisfreien Erwerbsprivileg für Schusswaffen nach § 13 Abs. 2 WaffG erfasst ; Kurzwaffen sind ausdrücklich von dem Erlass nicht erfasst.

544 Zum Stand 2017 überblicksmäßig Neitzel, in: Pirsch 16/2017, S. 90 ff. und DJZ6/2016, S. 12

f. Verbotene Waffen, Munition und Gegenstände

627 Nach § 2 Abs. 3 WaffG ist der Umgang mit Waffen oder Munition, die in der Anlage 2 Abschnitt 1 des WaffG aufgeführt sind, verboten.

628 Bei den verbotenen Schusswaffen wird die bisherige Gesetzeslage weitestgehend beibehalten, so dass die Entscheidungen der Rechtsprechung zu Einzelproblemen des § 37 Abs. 1 des vor dem 01.04.2003 gültigen WaffG grundsätzlich weiter herangezogen werden können[545].

629 Verboten sind *insbesondere*

- Vollautomaten i.S.d. Anlage 1 Abschnitt 1 Unterabschnitt 1 Nr. 2.2 oder Vorderschaftrepetierflinten, bei denen an Stelle des Hinterschafts ein Kurzwaffengriff vorhanden ist oder die Waffengesamtlänge in der kürzestmöglichen Verwendungsform weniger als 95 cm oder die Lauflänge weniger als 45 cm beträgt,
- Schusswaffen, Hieb- oder Stoßwaffen, die ihrer Form nach geeignet sind, einen anderen Gegenstand vorzutäuschen oder die mit Gegenständen des täglichen Gebrauchs verkleidet sind
- bestimmte zusammenklappbare Schusswaffen
- für Schusswaffen bestimmtes Zubehör nach Ziff 1.2.4 (z. B. Zielscheinwerfer und Zielmarkierer,[546] bestimmte Nachtsicht- und Nachtzielgeräte mit Montagevorrichtung[547] für Schusswaffen)
- bestimmte Spring-, Fall-, Faust- und Butterflymesser
- bestimmte Gegenstände, die unter Ausnutzung einer anderen als mechanischen Energie Tieren Verletzungen beibringen (z.B. Elektroimpulsgeräte)
- Geschosse mit Betäubungsstoffen, die zu Angriffs- oder Verteidigungszwecken bestimmt sind

---

545 so auch Heller/Soschinka, Kapitel 2 Rz. 75

546 erlaubt sind aber Rotpunkt-Reflexvisiere (leuchtender roter Punkt auf einer Linse anstatt auf dem Ziel selbst) und Zielfernrohre mit beleuchtetem Absehen (vgl. Kapitel 1, V. Abschnitt, A.); vgl. hierzu auch: VG Arnsberg, Beschluss v. 27.08.2007-14L590/07

547 Normale Nachtsichtgeräte ohne Montage an einer Waffe dürfen besessen und auch zum Ansprechen von Wild verwendet werden; Geräte mit sowohl legaler als auch potentiell illegaler Verwendungsmöglichkeit (sog. Dual-use-Geräte) dürfen zwar besessen werden, hier greift jedoch das Verwendungsverbot des § 19 Abs. 1 Nr. 5a BJG; zur Problematik Diekmann, DJZ 6/2016, S. 32f.

- Geschosse oder Kartuschenmunition mit bestimmten Reizstoffen
- Patronenmunition mit Geschossen, die einen Leuchtspur-, Brand- oder Sprengsatz oder einen Hartkern enthalten
- Hartkerngeschosse
- bestimmte Knallkartuschen, Reiz- und sonstige Wirkstoffmunition
- Kleinschrotmunition

Hierzu enthält § 40 Abs. 3 WaffG eine Privilegierung für Inhaber einer 630
jagdrechtlichen Erlaubnis: Diese dürfen abweichend von § 2 Abs. 3 WaffG Umgang mit *Faust*messern nach Anlage 2 Abschnitt 1 Nr. 1.4.2 haben, sofern sie diese Messer zur Ausübung ihrer Tätigkeit benötigen. Jäger sind ebenfalls privilegiert im Hinblick auf das Führen von Einhandmessern und feststehenden Messern mit einer Klingenlänge von mehr als 12 cm, da die Jagd einen allgemein anerkannten Zweck i.S.d. § 42 a Abs. 3 WaffG darstellt und insoweit ein berechtigtes Interesse an diesem Umgang vorliegt.

g. Altbesitz und Amnestieregelung

Für Personen, die vor 01.04.2003 Waffen oder Munition berechtigt erwor- 631
ben hatten, gilt die Altbesitzregelung des § 58 Abs. 1 WaffG, nach dem grundsätzlich nach dem alten WaffG erteilte Erlaubnisse weiter gelten.

Hatte jemand vor dem 01.04.2003 berechtigt Munition erworben, für die 632
aufgrund des neuen WaffG eine Erlaubnis erforderlich war, und übte er über diese am 01.04.2003 noch den Besitz aus, so hatte er diese Munition bis zum 31.08.2003 der zuständigen Behörde schriftlich anzumelden. Die nachgewiesene fristgerechte Anmeldung galt als Erlaubnis zum Besitz.

Hatte jemand am 01.04.2003 eine bislang nicht verbotene Waffe beses- 633
sen, die nach dem neuen WaffG verboten war, so wurde das neue Verbot nicht wirksam, wenn er die Waffe bis 31.08.2003 unbrauchbar gemacht, einem Berechtigten überlassen oder beim Bundeskriminalamt einen Ausnahmeantrag gestellt hatte (§ 58 Abs. 7 WaffG).

Wer eine bei Inkrafttreten des neuen WaffG unerlaubt besessene Waffe 634
bis 30.09.2003 unbrauchbar gemacht, einem Berechtigten überlassen

oder der zuständigen Behörde oder einer Polizeidienststelle übergeben hatte, wurde grundsätzlich nicht wegen unerlaubten Waffenbesitzes u.a. bestraft (§ 58 Abs. 8 WaffG – Amnestieregelung). Mit der Änderung des WaffG in 2009 ist erneut eine grundsätzliche Amnestie für den Zeitraum 25.07.2009 bis 31.12.2009 gewährt worden[548]. Eine erneute Amnestieregelung ist mit der letzten Waffenrechtsnovelle 2017 in das WaffG aufgenommen worden. Ab dem 06.07.2017 war die straffreie Abgabe verbotener Gegenstände – etwa Hartkerngeschosse - und nicht rechtmäßig besessener Waffen befristet auf ein Jahr, also bis spätestens zum 06.07.2018 nochmals möglich. Aktuell gibt es demnach keine förmliche Amnestie mehr.

635 Besaß eine Person unter 25 Jahren am 01.04.2003 eine Schusswaffe mit einer Erlaubnis nach dem alten WaffG, so hatte er bis 01.04.2004 auf eigene Kosten der zuständigen Behörde ein amts- oder fachärztliches oder fachpsychologisches Zeugnis über seine Eignung vorzulegen (§ 58 Abs. 9 WaffG). Von dieser Verpflichtung waren allerdings Inhaber eines Jahresjagdscheines wiederum befreit.

h. Überlassen/Verleihen von Waffen und Munition

636 Waffen oder Munition, zu deren Erwerb es ihrer Art nach einer Erlaubnis bedarf, dürfen grundsätzlich nur Personen (zeitweilig) überlassen[549] werden, die auch zum Erwerb solcher Waffen oder Munition berechtigt sind (§ 34 Abs. 1 WaffG). Überlässt jemand einem anderen (dauerhaft) eine Schusswaffe, zu deren Erwerb es einer Erlaubnis bedarf, so hat er dies binnen zwei Wochen der zuständigen Behörde schriftlich oder elektronisch anzuzeigen und ihr, sofern ihm eine Waffenbesitzkarte oder ein Europäischer Feuerwaffenpass erteilt worden ist, diese zur Berichtigung vorzulegen; dies gilt nicht in den Fällen des § 12 Absatz 1 oder beim Überlassen an einen Erlaubnisinhaber nach § 21 Absatz 1 Satz 1 zum Zweck der Verwahrung, der Reparatur oder des Kommissionsverkaufs. In der Anzeige nach den Sätzen 1 und 2 sind Name, Vorname, Geburtsdatum,

---

[548] zur Möglichkeit, auch noch nach dem 31.12.2009 Waffen sanktionslos abgeben zu können, vgl. OLG Hamm, Beschl. v. 02.11.2004 – 2 Ss 392/04; NJW spezial 2005, 187

[549] hierzu: OLG Hamm, Beschl. v. 06.08.1980, JE Band III (ab 1982), XVII Nr. 48

Geburtsort und Wohnanschrift des Erwerbers sowie Art und Gültigkeitsdauer der Erwerbs- und Besitzberechtigung anzugeben. Bei Nachweis der Erwerbs- und Besitzerlaubnis durch eine Waffenbesitzkarte sind darüber hinaus deren Nummer und ausstellende Behörde anzugeben.

Der Jagdscheininhaber hat dabei binnen zwei Wochen der zuständigen **637**
Behörde unter Benennung von Name und Anschrift des Überlassenden den Erwerb schriftlich anzuzeigen (§ 13 Abs. 3 Satz 2 Nr. 1 WaffG) – die Anzeige nur einer Partei entlastet die andere Partei nicht. Diese Anzeigepflicht steht also eigenständig neben der Anzeigepflicht des Erwerbers.

Einer Erlaubnis zum Erwerb und Besitz einer Waffe bedarf gemäß § 12 **638**
Abs. 1 Nr. 1 WaffG aber derjenige nicht, der diese als Inhaber einer Waffenbesitzkarte von einem Berechtigten lediglich vorübergehend, höchstens aber für einen Monat, für einen von seinem Bedürfnis umfassten Zweck oder im Zusammenhang damit oder vorübergehend zum Zwecke der sicheren Verwahrung oder Beförderung erwirbt. Waffenbesitzkarteninhaber können sich demnach Waffen und Munition jedenfalls bis zu einem Monat auch ohne Umtragung von einem Berechtigten ausleihen[550]. Für das Entleihen von Langwaffen reicht auf Seiten des Entleihers auch hier sein gültiger Jahresjagdschein (§ 13 Abs. 4 WaffG), wohingegen er für das Entleihen einer Kurzwaffe eine Waffenbesitzkarte benötigt. Auch für eine Ausleihe, welche länger als einen Monat währen soll, ist regelmäßig eine Besitzerlaubnis (Eintragung in WBK) erforderlich (Nr. 12.1.1. WaffVwV), sofern kein Fall der absehbar vorübergehenden Verwahrung vorliegt (12.1.1.2 WaffVwV).

Wer mit einer geliehenen Waffe unterwegs ist, muss zudem ein **639**
Schriftstück mit sich führen, aus dem der Verleiher, der Entleiher und das Datum des Verleihs der Waffe ersichtlich ist (§ 38 Abs. 1 Nr. 1 e WaffG)[551]. In den Fällen des Erwerb einer neuen Waffe nach § 13 Absatz 3 WaffG genügt an Stelle der Waffenbesitzkarte ein schriftlicher Nachweis darüber, dass die Antragsfrist noch nicht verstrichen oder ein Antrag gestellt worden ist.

---

[550] Vgl. hierzu auch: Lück, DJZ 6/2012 S. 46 ff.

[551] Vgl. hierzu auch v. Pückler, WuH 3/2003, Seite 67

i. Waffen- und Munitionserwerb infolge eines Todesfalles

640 Jeder kann infolge eines Todesfalles das *zivilrechtliche* Eigentum an Waffen und Munition erlangen, sei es durch Erbschaft, Vermächtnis oder aufgrund einer Auflage im Testament. Davon zu unterscheiden ist allerdings der Gewahrsam bzw. Besitz im *waffenrechtlichen* Sinne an Schusswaffen und Munition, der grundsätzlich an die oben geschilderten engen Voraussetzungen geknüpft ist[552].

641 Für die zum Nachlass gehörenden erlaubnispflichtigen *Schusswaffen* hat der infolge des Todesfalles *Begünstigte* binnen eines Monats nach Annahme der Erbschaft oder dem Ablauf der für die Ausschlagung der Erbschaft vorgeschriebenen Frist[553] die Ausstellung einer Waffenbesitzkarte oder deren Eintragung in eine bereits ausgestellte Waffenbesitzkarte zu beantragen (§ 20 Abs. 1 WaffG)[554]. Dem Erwerber ist nach § 20 Satz 2 WaffG die beantragte Erlaubnis für die Waffe ohne Prüfung der weiteren Voraussetzungen des § 4 Abs. 1 WaffG zu erteilen, wenn der Erblasser berechtigter Besitzer war und der Antragsteller zuverlässig und persönlich geeignet ist, auch ohne Inhaber eines Jagdscheines zu sein.

642 Kann der Erbe, Vermächtnisnehmer oder durch Auflage Begünstigte als Jäger oder Sportschütze ein Bedürfnis für die Waffe geltend machen und liegen die weiteren Voraussetzungen für einen Erwerb vor, oder ist er bereits als Jäger oder Sportschütze berechtigter Besitzer einer erlaubnispflichtigen Schusswaffe, so ist die Anbringung eines Blockiersystems nicht nötig. Ist das nicht der Fall, muss er die Schusswaffe durch ein „dem Stand der Technik“ entsprechendes Blockiersystem sichern lassen und die erlaubnispflichtige Munition binnen „angemessener“ Frist unbrauchbar machen oder einem Berechtigten überlassen. Die Anbringung des Blockiersystems wird in die Waffenbesitzkarte eingetragen. Einbau und Entsperrung dürfen nur durch hierin eingewiesene Inhaber einer Waffenherstellungs- oder Waffenhandelserlaubnis oder deren bevollmächtigte Mitarbeiter erfolgen. Eine vorübergehende Entsperrung aus besonderem

---

552 Waffenrecht und Todesfall im Überblick darstellend: Granzin, DJZ 5/2018, S. 8 .ff.

553 Die Ausschlagungsfrist beträgt gem. § 1944 Abs. 1,2 BGB 6 Wochen ab Kenntnis des Erben von dem Anfall und dem Grunde der Berufung

554 vgl. hierzu Frank, ZEV 2005, 475 f.; Braun, Pirsch3/2013, S.58ff.

Anlass ist möglich. Wenn oder so lange für die Waffe noch kein Blockiersystem vorhanden ist, hat die Waffenbehörde auf Antrag eine Ausnahme von der Blockierpflicht zuzulassen. Ein Ausnahmeantrag ist aber in jedem Falle zu stellen.

Die vorgenannten Ausführungen gelten auch für alle vor dem 01.04.2008 **643**
durch Erbfall, Vermächtnis oder Auflage erworbenen erlaubnispflichtigen Schusswaffen[555].

Jeder, der nach dem Tod eines Waffenbesitzers dessen erlaubnispflichtige **644**
Waffen oder Munition tatsächlich in Besitz nimmt – und zwar ggf. auch ohne erbrechtliche Befugnis hierzu – hat dies der zuständigen Behörde unverzüglich anzuzeigen (§ 37 Abs. 1 Nr. 1 WaffG). Die Behörde kann die Waffen und Munition sicherstellen oder anordnen, dass sie binnen angemessener Frist unbrauchbar gemacht oder einem Berechtigten überlassen werden und dies der Behörde nachgewiesen wird. Nach fruchtlosem Ablauf der Frist kann die Behörde die Waffen oder Munition einziehen. Der Erlös aus der Verwertung steht dem nach Zivilrecht Berechtigten zu.

2. Versagung, Rücknahme bzw. Widerruf der waffenrechtlichen Erlaubnis

Eine waffenrechtliche Erlaubnis *ist* zu versagen, wenn der Antragsteller **645**
die in § 4 Abs. 1 WaffG niedergelegten Voraussetzungen – in der Praxis am bedeutsamsten wohl die Zuverlässigkeit[556] (§ 5 WaffG) oder die persönliche Eignung (§ 6 WaffG) – nicht erfüllt (§ 45 WaffG)[557]. Sie *kann* versagt werden, wenn er seinen gewöhnlichen Aufenthalt nicht seit mindestens fünf Jahren in Deutschland hat (§ 4 Abs. 2 WaffG).

---

[555] So: BVerwG, Urt. v. 16.03.2015 – 6 C 31.14 = JE IX (ab 2015) XVIII Nr. 260; hierzu: v. Pückler, WuH 18/2015 S. 90 ff.

[556] zur Problematik „Alkoholdelikte und waffenrechtliche Zuverlässigkeit“ vgl. v.Pückler, WuH 11/2010, Seiten 88 f und WuH 16/2010 S. 96 f.; Braun, Pirsch 18/2012, S.60ff.; Bussman, Pirsch14/2014, S. 56f.

[557] Zur Möglichkeit des Widerrufs trotz eines vorherigen freiwilligen Verzichts: BVerwG, Urt. v. 17.11.2016 -. 6 C 36.15; zu den formalen Vorraussetzungen einer Rücknahme sowie zur Berücksichtigung ausländischer Ermittlungsverfahren, VG Dresden, Beschl. v. 11.01.2017 – 4 L 808/16; bestätigt durch Sächs. OVG, Beschl. v. 21.03.2017, - 3 B 37/17

646 Die Zuverlässigkeit ist im Waffengesetz nicht positiv definiert. In der Rechtsprechung[558] sind insoweit u.a. folgende Fälle zur mangelnden Zuverlässigkeit entschieden worden:

- Tötung eines Ponys statt eines Wildschweines (Verwechslung) hat Unzuverlässigkeit zur Folge[559]
- Tötung eines Hundes statt eines Wildschweines (Verwechslung) hat keine Unzuverlässigkeit zur Folge[560]
- Der Gebrauch einer Jagdwaffe unter nicht nur unerheblicher Alkoholeinwirkung führt zur Unzuverlässigkeit (keine „0-Promille-Grenze“!), gleichfalls kann dies bei der Teilnahme am Strassenverkehr mit hohen Alkoholwerten gelten[561]
- Schon die erstmalige, ohne triftigen Grund erfolgte Verweigerung des Wohnungszutritts zur Verwahrungskontrolle nach § 36 Abs. 3 WaffG hat die Unzuverlässigkeit zur Folge[562]
- Die wiederholte Verweigerung der Kontrolle der Aufbewahrung hat in jedem Falle die Unzuverlässigkeit zur Folge[563]
- Die „Verwahrung“ einer (geladenen) Kurzwaffe unter dem Kopfkissen oder unter der Matratze während des Schlafens führt zur Unzuverlässigkeit[564]

---

[558] Eine Übersicht zur waffenrechtlichen Unzuverlässigkeit gibt Braun, GewArch 2/2012, S. 52ff.; weitere Beispielfälle v. Pückler, WuH 7/2016, S. 76 f.und 10/2016, S. 76 ff.

[559] VG Koblenz, Beschl. vom 21.09.2012 – 6 L 828/12.KO = NJW 4/2013, S. 10; VG Berlin, Beschl. vom 23. Oktober 2013 – VG 1 L 251.13

[560] VG Neustadt, Urt. vom 23.08.2012 – 5 K 504/12.NW

[561] VG Köln, Urt. vom 22.09.2011 – 20 K 2979/10; bestätigt durch OVG NRW, Urt. vom 28.02.2013 – 20 A 2430/11 = JE XVII Nr. 247; bestätigt durch BVerwG, Urt. vom 14.10.2014 und v. 22.10.2014 – 6B 24.13/6 C 30.13 = NJW 15/2015, S. 1127 f.; hierzu: Kremer, NJW 15/2015, S. 1061 ff.; RWJ 6/2015, S. 25; Hohns, Pirsch 1/2015, S. 52 f. zur Problematik der Unzuverlässigkeit infolge des bloßen Mitführens einer Waffe bei einer BAK von 1,1 Promille: OVG Lüneburg, Beschl. v. 22.03.206 - 11 ME35/16; zur Trunkenheitsfahrt mit 1,91 Promille AAK und 2,31 Promille BAK: VG Lüneburg, Beschl. 04.02.2016, - 6 B 165/15

[562] VG Hamburg, Urt. vom 05.07.2012 – 4 K 724/12; hierzu kritisch: Fölscher/Pötzel, Pirsch 11/2013, S. 46 f.; Nieding, Pirsch 17/2013, S. 48 f. und JuJ 2/2013, S. 3 ff.; v. Pückler, WuH 1/2014, S. 84 f.; § 36 Abs. 3 Satz 2 WaffG (Wohnungsbetretungsrecht der Behörde zum Zwecke der Verwahrungskontrolle) ist verfassungsgemäß: so: Dietlein/Gött, NW VBl 12/2014, S. 482 ff.VG Lüneburg, Urt. v. 04.02.2016 - 6 B 165/15

[563] VG Freiburg, Beschl. vom 14.06.2012 – 4 K 914/12; hierzu: v. Pückler, WuH 21/2012, S. 100 f.

- Auch das Stehenlassen einer Langwaffe neben dem Bett[565] während des Schlafens bzw. einer Kurzwaffe ungesichert in der Schublade eines Nachtschränkchens[566] führt zur Unzuverlässigkeit, egal ob geladen oder ungeladen
- Schon eine nur kurzfristig ungesicherte Aufbewahrung von Munition kann zur Unzuverlässigkeit führen[567]
- Ein langjähriger Besitz von Waffen ohne entsprechende waffenrechtliche Erlaubnis (oder ohne Eintragung) stellt einen gröblichen Verstoß gegen das Waffengesetz dar und führt zur Unzuverlässigkeit[568]
- Die Überlassung einer Schusswaffe an einen Nichtberechtigten mit der Anweisung, diese bei der Polizei abzugeben, begründet die Annahme einer waffenrechtlichen Unzuverlässigkeit[569]
- Die sorgfältige und sichere Aufbewahrung von Waffen und Munition verlangt den Schutz vor einem Zugriff Unberechtigter. Dem widerspricht die ungesicherte Aufbewahrung in einem Raum, der ohne weiteres von (unberechtigten) Familienmitgliedern oder Hauspersonal betreten werden kann. Folge ist eine waffenrechtliche Unzuverlässigkeit[570]
- Allein die Mitgliedschaft bei dem Rockerclub „Bandidos“ führt zur waffenrechtlichen Unzuverlässigkeit[571]

---

564 VG Braunschweig, Urt. vom 23.10.2008 – 5 A 46/08; hierzu: v. Pückler, WuH 16/2012, S. 70 f.; VG Trier, Urt. vom 19.06.2013 – 5 K 162/13 TR.;; hierzu: v. Pückler, WuH 14/2017 S. 78 f.; bestätigt durch OVG Rheinland-Pfalz, Beschl. vom 23.10.2013 – 7 A 10715/13.OVG

565 VG Münster, Urt. vom 07.09.2012 – 1 K 2840/10; hierzu: Bußmann, Pirsch 10/2013, S. 56 f.

566 VG Regensburg, Urt. vom 02.09.2014 – RN 4 K 13.890; bestätigt durch VGH München, Beschl. v. 20.05.2015 – 21 ZB 14.2236.

567 VG Düsseldorf, Urt. vom 20.08.2012 – 22 K 6853/11 = JE XVII Nr. 243; VG Karlsruhe, Beschl. v. 22.05.2017 – 2 K 7847/16;

568 VG Köln, Beschl. vom 30.10.2013 – 20 L 1094/13

569 VG Hamburg, Urt. vom 14.08.2012 – 4 K 126/10

570 VG Ansbach, Beschl. v. 11.07.2011 – AN 15 S 11.01195; BVerwG, Beschl. vom 03.03.2014 – 6 B 36.2013; zu beiden Entscheidungen: v. Pückler, WuH 6/2015, S. 74f.; so im Ergebnis auch: VG Regensburg, Urt. vom 02.09.2014 – RN 4 K 13.890; bestätigt durch VGH München, Beschl. v. 20.05.2015 – 21 ZB 14.2236 = NJW 37/2015 S. 2747 f.; zur Unzuverlässigkeit wegen des Stehenlassens eines Waffenkoffers vor der Haustür: OVG Hamburg Beschl. vom 07.08.2015 - 5 Bs 135/15

571 BVerwG, Urt. vom 28.01.2015 – 6 C 1/14, 2/14 und 3/14

- Sog. Reichsbürger und Selbstverwalter sind regelmäßig waffenrechtlich unzuverlässig[572]
- Eine Verurteilung zu 90 Tagessätzen wegen Steuerhinterziehung begründet die waffenrechtliche Unzuverlässigkeit[573]
- Das Fahren mit einer geladenen Waffe auf dem Beifahrersitz in einem PKW stellt einen gröblichen Verstoß gegen das Waffengesetz mit der Folge der waffenrechtlichen Unzuverlässigkeit dar[574]
- Wer seine Jagdwaffe schon 2 Stunden vor Beginn einer Jagd aus dem Waffenschrank entnimmt und in seinen PKW legt und sodann nicht zur Jagd, sondern zunächst zur Vornahme von Dienstgeschäften fährt, ist unzuverlässig im waffenrechtlichen Sinne[575]

647 Die erforderliche persönliche Eignung im Sinne von § 6 WaffG besitzen Personen nicht, die

- geschäftsunfähig
- abhängig von Alkohol oder anderen berauschenden Mitteln
- psychisch krank oder debil sind

oder die aufgrund in der eigenen Person liegender Umstände[576]

- mit Waffen und Munition nicht sorgfältig oder sachgemäß umgehen[577]

---

[572] zum Widerruf waffenrechtlicher Erlaubnisse infolge Zuordnung als Reichsbürger: VG Minden, Urt. v. 29.11.2016 – 8 K 1965/16 und Urt. v. 11.07.2014 – 8 K 240/14, VG Cottbus; Urt. v. 20.09.2016 – VG 3 K 305/16; VG Lüneburg Beschl. v. 18.07.2017 – 11 ME 181/17; aA VG Gera, Urt. v. 16.09.2015 – 2 K 525/14 Ge; Für die Annahme von Unzuverlässigkeit infolge der Beantragung eines Staatsangehörigkeitsausweises (entgegen VG Arnsberg, Beschl. v. 04.12.2017 – 8 L 2816/17): OVG NRW, Beschl. v. 5.7.2018 - 20 B 1624/17; demgegenüber VG Dresden, Beschl. v. 10.09.2018 – 4 L 1369/17; zu unzureichenden behördlichen Feststellungen der Reichsbürgerschaft: VG Köln Beschl. v. 29.10.2018 – 8 L 1889/18; das Land NRW hat als Maßnahmenkatalog einen sog. „Reichsbürgererlass" vom 1.12.2016 abgefasst– 402-57.06.48/402-57.06.50; zur Unzuverlässigkeit wegen verfassungsfeindlicher Bestrebungen (Salafistischer Extremismus) VG Minden, Urt. v. 27.10.2015 – 8 K 1220/15

[573] VGH München, Beschl. vom 02.07.2014 – 21 ZB 14.1112

[574] BayVGH, Beschl. vom 17.04.2015 – 21 ZB 15.83, hierzu Bußmann: Pirsch 19/2015, S. 88

[575] VG Minden, Urt. vom 23.06.2015 – 8 K 2615/14 und 3010/14; hierzu: v. Pückler, WuH 18/2015 S. 12; zum zeitlichen Moment OVG Lüneburg, Beschl. vom 22.03.2016 – 11 ME 35/16

[576] Hohes Alter allein ist kein Versagungsgrund und berechtigt nicht zur behördlichen Anordnung der Beibringung medizinischer Gutachten, VG Stuttgart, Urt. v. 26.11.1992 – 5 K 3179/92; hierzu v. Pückler WuH 9/2017, S. 86.

- ○ diese nicht sorgfältig verwahren können
- ○ eine konkret bestehende Gefahr der Fremd- oder Selbstgefährdung begründen

Die zuständige Behörde hat in regelmäßigen Abständen, spätestens alle drei Jahre, die Zuverlässigkeit und persönliche Eignung des Erlaubnisinhabers sowie fortlaufend das Fortbestehen des Bedürfnisses nach Ermessen erneut zu überprüfen (§ 4 Abs. 3 und 4 WaffG)[578]. 648

Die einmal erteilte Erlaubnis ist zurückzunehmen oder zu widerrufen, wenn sich herausstellt, dass bei ihrer Erteilung die Erteilungsvoraussetzungen nicht vorlagen oder diese später weggefallen sind bzw. inhaltliche Beschränkungen nicht beachtet wurden (§ 45 Abs. 1, 2 WaffG). 649

Verweigert der Betroffene bei der Überprüfung der Erlaubnisvoraussetzungen seine Mitwirkung, kann die Behörde deren Wegfall vermuten; der Betroffene ist auf diese Rechtsfolge hinzuweisen (§ 45 Abs. 4 WaffG). Die Behörde kann bei Bedenken hinsichtlich der persönlichen Eignung dem Betroffenen auf seine Kosten die Vorlage eines amts- oder fachärztlichen oder fachpsychologischen Zeugnisses über die körperliche oder geistige Eignung aufgeben (§ 6 Abs. 3 WaffG). Wird ein von der Behörde aufgetragenes Zeugnis nicht erbracht, so kann diese daraus auf die persönliche Nichteignung schließen[579] (§ 4 AWaffV). 650

Das Rechtsmittel gegen den Widerruf oder die Rücknahme der waffenrechtlichen Erlaubnis ist die Anfechtungsklage. Nach § 45 Abs. 5 WaffG hat diese allerdings keine aufschiebende Wirkung, wenn die Erlaubnis 651

[577] Ungeeignetheit bejahend sogar bei medizinisch indizierten Cannabiskonsum, VG München, Beschl. v. 22.06.2017 – M7 S16/5690 und auch beim Einschlafen im KFZ mit Waffen, Munition und 1,92 Promille BAK: VG Saarlouis, Urt. v. 16.12.2010; 1 K 225/10

[578] Die Gebührenerhebung für die Regelüberprüfung ist rechtmäßig: (BVerwG Urt, v. 01.09.2009 – 6 C 30/08 und Urt. v. 22.08.2012 -6 C 24/11; hierzu: Pirsch, 19/2012, S.58f.; VG Neustadt a.d. Weinstrasse, Urt. v. 23.04.2013 – 5 K 719/12.NW

[579] Zur Widerlegung behördlicher Vermutungen mittels Gutachten: Hess VGH, Beschl. v. 22.11.2016 – 4 B 2306/16, hierzu v. Pückler, WuH4/2018, S80 ff.; VG Kassel, Beschl. v. 18.01.2015 – 5 L 2540/15.KS und vom 19.01.2015 – 2 L 2546/15.KS, hierzu v. Pückler, WuH 2/2017, S. 78 f.

wegen des Nichtvorliegens oder Entfallens der Voraussetzungen nach § 4 Abs. 1 Nr. 2 WaffG (fehlende Zuverlässigkeit oder persönliche Eignung) zurückgenommen oder widerrufen wird.

3. Führen und Transportieren von Waffen und Munition

652 Das *Führen*[580] einer – geladenen wie auch entladenen – Waffe ist die Ausübung der tatsächlichen Gewalt über sie außerhalb der Wohnung des Waffenführers, seiner Geschäftsräume, seines befriedeten Besitztums oder einer Schießstätte (Anlage 1 zum WaffG, Abschnitt 2 Ziff. 4).

653 Grundsätzlich ist in Deutschland für das Führen einer Waffe das Mitführen eines Waffenscheins sowie eines Personalausweises oder Passes erforderlich (§§ 10 Abs. 4, 38 Nr. 1 WaffG).
Ein Jäger muss im Rahmen der befugten Jagdausübung, zum An- und Einschießen im Revier, zur Ausbildung von Jagdhunden im Revier, zum Jagd- oder Forstschutz sowie im Zusammenhang damit (§§ 13 Abs. 6, 38 Nr. 2 WaffG) seinen Jagdschein, die entsprechende WBK und seinen Personalausweis oder Pass mit sich führen.

654 Die Waffe darf der Jäger daher auch auf dem Weg zum und vom nahe gelegenen Revier einschließlich kleinerer Umwege[581], kurzer Unterbrechungen sowie einem sich der Jagd anschließenden „Schüsseltreiben"[582] mit sich führen. Hierbei darf aber die Waffe zwar zugriffs-, nicht aber schussbereit[583] sein. Dieser Rechtsbegriff ist in Anlage 1 Abschnitt 2 Ziffer 12 zu § 1 Abs. 4 WaffG gesetzlich definiert: Hiernach ist eine Waffe schussbereit, wenn sie geladen ist, d.h. dass Munition oder Geschosse in der Trommel, im in der Waffe eingefügten Magazin[584] oder im Patronen-

---

[580] hierzu: OLG Hamm, Urt. v. 11.08.1977, JE Band III (ab 1982), XVII Nr. 47; Zum Begriff des Führens: v. Pückler, WuH 10/2018, S. 88 ff.

[581] Heller/Soschinka, Rz.1413, vgl. aber die vorgenannte Rechtsprechung zur Unzuverlässigkeit, VG Minden, Urt. v. 23.06.2015 – 8K 2615/14 und 3010/14

[582] LG Hannover, Urt. v. 11.02.1980, JE Band II (ab 1980), XVII Nr. 44; Thies, RWJ 11/2003, Seite 5

[583] Zur Unzuverlässigkeit wegen des Führens einer unterladenen Waffe: VG Saarlois, Urt. v. 16.12.2010 – 1 K 225/10

[584] hierzu zählt aber nicht ein Schaftmagazin oder außen an der Waffe befestigte Reservemunition

oder Geschosslager sind, auch wenn sie nicht gespannt ist. Bei längeren Fahrten sowie größeren Umwegen oder Unterbrechungen sowie auf allen Nichtjagdfahrten[585] darf die Waffe nur transportiert werden.

Beim *Transportieren*[586] handelt es sich um einen Unterfall des Führens einer Waffe, allerdings mit noch höheren Anforderungen. Jemand transportiert eine Waffe, wenn er sie nicht schussbereit und nicht zugriffsbereit von einem Ort zu einem anderen Ort befördert. Auch der Begriff der Zugriffsbereitschaft ist gesetzlich definiert: Eine Schusswaffe ist zugriffsbereit, wenn sie unmittelbar in Anschlag gebracht werden kann; sie ist nicht zugriffsbereit, wenn sie in einem verschlossenen[587] Behältnis[588] mitgeführt wird (Anlage 1 Abschnitt 2 Ziffer 13 zu § 1 Abs. 4 WaffG). In einem unverschlossenen Behältnis ist sie dann nicht zugriffsbereit, wenn sie nicht mit weniger als drei Handgriffen in weniger als drei Sekunden unmittelbar in Anschlag gebracht werden kann (Nr. 12.3.3.2. WaffVwV). Der Zweck des Transports der Waffe muss vom (jagdlichen) Bedürfnis[589] gedeckt sein oder im Zusammenhang damit erfolgen (§ 12 Abs. 3 Nr. 2 WaffG). **655**

Im Revier ist der Jäger selbstverständlich zum Führen seiner Jagdwaffe berechtigt. Dabei darf die Jagdwaffe grundsätzlich zugriffs- und schussbereit sein. Auf Grund der Unfallverhütungsvorschrift Jagd muss allerdings beim Besteigen von Fahrzeugen und während der Fahrt auch im Revier die Waffe vollständig entladen sein (§ 3 VSG 4.4)[590]. Ein Unterladen genügt nicht. **656**

---

585 hierzu zählen insbesondere Fahrten zum Schießstand oder Büchsenmacher; zum fehlenden Bezug zwischen einer forstlichen Dienstfahrt du der anschließenden Jagd in einem anderen Revier: VG Minden Urt. v. 23.06.2015 – 8 K 3010/14

586 zu den Voraussetzungen des Jagdwaffentransportes und des Reisens mit Jagdwaffen in Europa bzw. der EU vgl. Klotz, Pirsch 8/2004, Seiten 20 ff. und Burkhardt, WuH 2/2005, S. 25 ff.; WuH 12/2013, S.10; RWJ 6/2014, S. 43f.; Pirsch 13/2014, S. 90ff.; zum korrekten Waffenversand, vgl. Ullrich, Pirsch 21/2014, S. 50f; Klups, DJZ 8/2015, S. 94 f. ; zum Schusswaffentransport: Gade, NJW 49/2015, S. 3542 ff.

587 im Sinne von abgeschlossen zu verstehen, also mit einem Schloss versehen, nicht nur zugemacht

588 Hierzu zählt auch der Kofferraum, sofern er durch den Transportierenden vom Innenraum des Fahrzeugs nicht erreicht werden kann

589 u. a. Fahrten zum Jagdfreund, Jagdreise, Schießstand, Büchsenmacher

590 Der Verstoß ist strafbar nach § 52 Abs. 3 Nr. 2 a WaffG (OLG Stuttgart, Urt. v. 24.07.2007 – 4 Ss 185/07); hierzu v. Pückler WuH 12/2009, Seiten 96 f.

657 Die früher teilweise vertretene Ansicht, der Jäger könne im Revier die Waffe auch durch ein ihn begleitendes (nicht berechtigtes) Familienmitglied oder einen (nicht berechtigten) "Büchsenspanner" tragen lassen, soweit diese Personen in seiner unmittelbaren Nähe verbleiben, ist durch die Verschärfung des Waffenrechts nicht mehr haltbar, da hier rechtswidrig an einen Nichtberechtigten überlassen wird.

658 Beim Führen bzw. Transportieren von Waffen muss der Jäger seinen Personalausweis oder Pass, seine Waffenbesitzkarte und den Jagdschein mit sich führen[591] und Polizeibeamten oder sonst zur Personenkontrolle Befugten auf Verlangen zur Prüfung aushändigen (§ 38 WaffG).

659 Nach der Gefahrgutverordnung Strasse, Eisenbahn und Binnenschifffahrt (GGVSEB) ist es Jägern und Sportschützen erlaubt, eine Menge von bis zu 50 kg Munition (= ca. 1000 Schrotpatronen Kal. 12/70) ohne besondere Auflagen zu transportieren. Der Transport darf in allen Verpackungsformen erfolgen, die auch im Einzelhandel verwendet werden. Neben der Verkaufsverpackung gehören dazu auch Patronengurte und -etuis sowie Schlaufen an oder in der Jagdkleidung.

660 Unter dem 04. März 2010 hatte die EU-Kommission eine neue Verordnung[592]zur Festlegung detaillierter Maßnahmen für die Durchführung von gemeinsamen Grundstandards in der Luftsicherheit verkündet, die am 29. April 2010 in Kraft trat. Nach Anlage 5–B der Verordnung ist es grundsätzlich verboten, bei Flugreisen Munition selbst im aufgegebenen Gepäck mitzuführen. Die EU-Verordnung gilt für Starts und Landungen in EU-Ländern. Allerdings wurde für Deutschland ebenfalls mit Wirkung vom 29. April 2010 folgende Ausnahmeregelung erteilt: Im aufgegebenen Gepäck ist das Mitführen von Munition (Patronen für Handfeuerwaffen) zum persönlichen Gebrauch für eine Person vorbehaltlich der einschlägigen Vorschriften insbesondere der aktuellen Fassung der Gefahrgutvorschriften für die Mitnahme von gefährlichen Gütern nach dem Luftverkehrsge-

[591] jederzeitige leichte Erreichbarkeit des Waffen- bzw. Jagdscheines, z. B. im 100 bis 200 Meter entfernten Kraftfahrzeug, genügt; (BayObLGSt 1966, 152 (154)); nunmehr a.A. Steindorf, § 38, Rn. 3

[592] VO (EU) Nr. 185/2010 (ABl. L 55/1 vom 05.03.2010); hierzu: Editorial RWJ 4/2010

setz erlaubt. Die waffenrechtlichen Bestimmungen bleiben hiervon unberührt. Diese Formulierung bedeutet, dass die bisherige Handhabung letztendlich beibehalten wird. Bei inner- oder außereuropäischen Flugreisen sind aber zusätzlich die dort gültigen Bestimmungen sowie Sonderregelungen einzelner Fluggesellschaften zu beachten.

4. Jungjäger und Jäger in der Ausbildung

Der *Jugendjagdschein* genügt nicht für den Erwerb und Besitz von 661
Schusswaffen und Munition (§ 13 Abs. 7 Satz 1 WaffG). Inhaber eines Jugendjagdscheines dürfen aber Jagdwaffen und die dafür bestimmte Munition für die Dauer der Ausübung der Jagd oder des Trainings im jagdlichen Schießen einschließlich jagdlicher Schießwettkämpfe ohne Erlaubnis erwerben, besitzen, die Schusswaffen führen und damit schießen. Sie dürfen auch im Zusammenhang mit diesen Tätigkeiten die Jagdwaffen nicht schussbereit führen.

Wer sich *in der Ausbildung zum Jäger* befindet, darf nicht schussbereite 662
Jagdwaffen ohne Erlaubnis unter Aufsicht eines Ausbilders erwerben, besitzen und führen, wenn er das 14. Lebensjahr vollendet hat und der Sorgeberechtigte sowie der Ausbildungsleiter ihr Einverständnis in einer von beiden unterzeichneten Berechtigungsbescheinigung, die mitgeführt werden muss, erklärt haben (§ 13 Abs. 8 WaffG). Diese Privilegierung gilt aber nicht für Munition.

Auf einer Schießstätte bedarf es einer Erlaubnis zur Erlangung und Aus- 663
übung der tatsächlichen Gewalt über eine Waffe nicht, soweit diese lediglich vorübergehend zum Schießen auf der Schießstätte erworben wird (§ 12 Abs. 1 Nr. 5 WaffG). Unter denselben Voraussetzungen kann Munition ausschließlich zum sofortigen Verbrauch auf dieser Schießstätte erlaubnisfrei erworben und besessen werden (§ 12 Abs. 2 Nr. 2 WaffG).

5. Aufbewahrung von Waffen und Munition

Wer die tatsächliche Gewalt über Waffen und Munition ausübt, hat sowohl 664
zu Hause als auch außer Haus oder im Revier die erforderlichen Vorkehrungen zu treffen, um zu verhindern, dass diese Gegenstände abhanden

kommen oder von Dritten unbefugt an sich genommen werden können (§ 36 Abs. 1 WaffG)[593].

665 Die sichere Aufbewahrung von Schusswaffen und Munition ist – bei Erst- oder Hinzuerwerb unaufgefordert mit dem Antrag auf Erteilung einer WBK oder Eintragung in eine bestehende WBK – der Behörde nachzuweisen (§ 36 Abs. 3 Satz 1 WaffG).

666 Die Anforderungen an die Aufbewahrung richten sich nach der Art der Waffen, ihrer Anzahl sowie der Munition (§ 36 Abs. 1 Satz 2 WaffG). Hierzu ist über § 36 Abs. 5 WaffG eine Konkretisierung durch die AWaffV erfolgt.

667 Aufbewahrt werden dürfen –regelmäßig nur vollständig ungelanden[594] – gemäß §§ 36 WaffG, 13 AWaffV[595]:

a. Zu Hause

668 Seit dem 06.07.2017[596] dürfen Waffenbesitzer ihre Schusswaffen, deren Erwerb und Besitz erlaubnispflichtig sind, grundsätzlich nur noch in einem Behältnis aufbewahren, das der Norm DIN/EN 1143-1 (Stand Mai 1997, Oktober 2002, Februar 2006, Januar 2010 oder Juli 2012) mit mindestens dem Widerstandsgrad O entspricht.

669 Jagdmunition muss mindestens in einem Stahlblechbehältnis ohne Klassifizierung mit Schwenkriegelschloss oder einer gleichwertigen Verschlussvorrichtung oder in einem gleichwertigen Behältnis aufbewahrt werden (§ 13 Abs. 2 Nr. 2 AWaffV).

670 Bei gemeinsamer Aufbewahrung von Waffen und Munition in einem Schrank mit mindestens der Widerstandsklasse 0 ist eine getrennte

---

593 Allgemein zur Aufbewahrung: Göpper Pirsch 22/2017, S. 83 f; v. Pückler, WuH 3/2018, S. 84.

594 BVerwG, Beschl. vom 03.03.2014 - BVerwG 6 B 36.13, Doerenkamp, Pirsch 20/2014, S. 54 f.;nunmehr ausdrücklich in § 13 Abs. 1 AWaffV geregelt.

595 die einzelnen Sicherheitsstufen erläutert Kruse, RWJ 7/2009; Seiten 20 ff.; Siehe hierzu auch Übersicht bei v. Pückler, „Crash-Kurs Waffenrecht“ S. 38 f.

596 Zweites Gesetz zur Änderung des Waffengesetzes und weiterer Vorschriften v. 30.06.2017, BGBl. I S. 2133 (Nr. 44)

Aufbewahrung von Waffen und Munition nicht erforderlich. Gleichwertig gesicherte Waffenräume sind als gleichwertige Aufbewahrungsorte anzusehen (§ 13 Abs. 1 Satz 4 AWaffV) .

Vor dem 06.07.2017 durften Waffen und Munition wie folgt aufbewahrt werden: 671

aa. im Waffenschrank mit Sicherheitsstufe A 672

- bis zu 10 Langwaffen
- Munition für Langwaffen nur in einem abgetrennten und gesondert verschließbaren Stahlblechfach mit Schwenkriegelschloss oder im Hauptfach für dort nicht befindliche Waffen (Über-Kreuz-Aufbewahrung),
- max. 5 Kurzwaffen nur in einem abgetrennten und gesondert verschließbaren Innenfach der Sicherheitsstufen 0 oder B,
- Munition für Langwaffen und Kurzwaffen gemeinsam nur in einem Innenfach mit Sicherheitsstufe B

bb. im Waffenschrank mit Sicherheitsstufe B (mit Gewicht / Verankerung unter 200 kg) 673

- Langwaffen unbegrenzt
- bis zu 5 Kurzwaffen im Haupt- oder Innenfach
- Munition getrennt von den Waffen in einem abgetrennten und gesondert verschließbaren Innenfach mit Schwenkriegelschloss oder im Hauptfach für dort nicht befindliche Waffen (Über-Kreuz-Aufbewahrung),

cc. im Waffenschrank mit Sicherheitsstufe B (mit Gewicht / Verankerung ab 200 kg) 674

- Langwaffen unbegrenzt
- Bis zu 10 Kurzwaffen im Haupt- oder Innenfach
- Munition getrennt von den Waffen in einem abgetrennten und gesondert verschließbaren Innenfach mit Schwenkriegelschloss oder im Hauptfach für dort nicht befindliche Waffen (Über-Kreuz-Aufbewahrung),

675 *dd. im Waffenschrank mit Widerstandsgrad Null (mit Gewicht / Verankerung unter 200 kg)*

- Langwaffen unbegrenzt
- bis zu 5 Kurzwaffen im Haupt- oder Innenfach
- Munition und Waffen gemeinsam (auch ohne gesondertes Innenfach)

676 *ee. im Waffenschrank mit Widerstandsgrad Null (mit Gewicht / Verankerung ab 200 kg)*

- Langwaffen unbegrenzt
- bis zu 10 Kurzwaffen im Haupt- oder Innenfach
- Munition und Waffen gemeinsam (auch ohne gesondertes Innenfach)

677 *ff. im Waffenschrank mit Widerstandsgrad I*

- Langwaffen unbegrenzt
- Kurzwaffen unbegrenzt
- Munition und Waffen gemeinsam

678 Vergleichbar gesicherte Räume waren als gleichwertig anzusehen (§ 36 Abs. 2 Satz 3 WaffG a. F.), wenn sie

- eine Ausstattung nach DIN/EN 1143 hatten
- in Massivbauart oder aus vorgefertigten Bauteilen oder aus einer Kombination dieser Elemente gebaut waren und
- fensterlos waren.

679 Für Inhaber alter Waffenschränke hat der Gesetzgeber folgende Bestandsschutzregelung aufgenommen:

Die vorgenannten Anforderungen an die Aufbewahrung von Schusswaffen und Munition gelten bei Aufrechterhaltung[597] der bis zum 6. Juli 2017 erfolgten Nutzung von Sicherheitsbehältnissen, die den bisherigen

[597] Zu den Möglichkeiten der Nachweisführung der vorherigen Nutzung: DJV-Pressemeldung vom 28.07.2017 unter https://www.jagdverband.de/node/7646

Anforderungen des § 36 Absatz entsprechen oder die von der zuständigen Behörde als gleichwertig anerkannt wurden, fort.

Diese alten Sicherheitsbehältnisse dürfen vom bisherigen Besitzer also weitergenutzt werden.

Diese Behältnisse dürfen ferner auch von berechtigten Personen mitgenutzt werden, soweit sie mit dem bisherigen Besitzer in häuslicher Gemeinschaft leben (§ 36 Abs. 4 WaffG). Auch behördlich abgenommene Waffenräume, die vor dem 06.07.2017 genutzt worden sind, unterfallen diesem Bestandsschutz. **680**

Auch für Erbfälle hat der Gesetzgeber eine Bestandsschutzregelung vorgesehen: **681**
Die Berechtigung zur Nutzung über den Tod des bisherigen Besitzers hinaus für eine berechtigte Person bleibt bestehen, wenn diese zuvor den Schrank mitbenutzt hat und infolge des Erbfalls Eigentümer des Sicherheitsbehältnisses wird – allerdings kann dieses Privileg nicht erneut weitervererbt werden.

Der Schlüssel oder Zugangscode zum Waffenschrank darf sich allein in der ausschließlichen Gewalt des Berechtigten befinden[598]. Auch Familienmitglieder dürfen keine Zugriffsmöglichkeit auf die Waffen oder Munition haben, es sei denn, sie sind selbst Berechtigte. Waffenberechtigte, die in einer häuslichen Gemeinschaft leben und „gleiches Erlaubnisniveau" haben, dürfen ihre Waffen oder Munition gemeinsam aufbewahren[599] (§ 13 Abs. 10 AWaffV; Nr. 36.2.14 WaffVwV). **682**

b. Außer Haus

Im Falle einer vorübergehenden Aufbewahrung von Waffen oder Munition außerhalb der Wohnung, insbesondere im Zusammenhang mit der Jagd oder dem sportlichen Schießen, hat der Verpflichtete die Waffen oder **683**

---

598 Zur Aufbewahrung des Schlüssels selbst vgl. RWJ 4/2012 S. 4; WuH 8/2012 S. 8 und Doerenkamp, Pirsch 1/2012 S. 54 f.; VG Köln, Urt. v. 21.02.2019 – 20 K 8077/17 m.w.N.: Aufbewahrung des Waffenschrankschlüssels in Geldkassette ist jedenfalls zulässig

599 Vertiefend Hons, Pirsch 18/2016, S. 82 f.

Munition unter angemessener Aufsicht aufzubewahren oder durch sonstige erforderliche Vorkehrungen gegen Abhandenkommen oder unbefugte Ansichnahme zu sichern (§ 13 Abs. 9 AWaffV).

684 Ein sicheres Verwahren von Schusswaffen oder Munition im abgestellten Kraftfahrzeug[600] ist noch nicht nicht gegeben, wenn dieses nur verschlossen ist[601]. Sicher ist eine (kurzfristige) Verwahrung erst dann, wenn sich das verschlossene Fahrzeug in einer ebenfalls verschlossenen Privatgarage oder einem verschlossenen Hofraum[602] befindet (doppelter Verschluss). Selbiges gilt, wenn das Fahrzeug eine Wegfahrsperre oder Alarmanlage besitzt und die Waffe bzw. Munition in einem im verschlossenen Fahrzeug befindlichen Waffensafe eingeschlossen ist[603].

Als sicher gilt die Verwahrung auch dann, wenn das verschlossene Fahrzeug ständig beobachtet wird und ein Diebstahl aufgrund der Nähe zum Fahrzeug jederzeit verhindert werden kann oder es unter Zurücklassen des mannscharfen Hundes in ungefährlicher Umgebung nur kurz verlassen wird[604].

685 Beim „Schüsseltreiben" oder sonstigen Aufenthalt in einem Gasthaus sollten Waffe und Munition mitgenommen und am Tisch entladen abgestellt werden. Dem Wirt kann die Waffe zur vorübergehenden sicheren Verwahrung nur dann übergeben werden, wenn dieser selbst über eine entsprechende waffenrechtliche Erlaubnis verfügt.

Durch die Allgemeine Verwaltungsvorschrift zum Waffengesetz sind allerdings folgende Erleichterungen gewährt worden:

Bei der Mitnahme von Waffen und Munition in einem Fahrzeug, beispielsweise auf der Fahrt zur Jagd oder auf einer Jagdreise, reicht es bei

---

[600] Doerenkamp Pirsch 20/2012, S. 60f.; vgl. hierzu auch VG Minden, Urteile vom 23. Juni 2015 – 8 K 2615/14 und 8 K 3010/14, v. Pückler, WuH 18/2016, S. 94 ff. Hess. VGH, Beschl. v. 15.05.2014 – 4 A 133/13.Z, hierzu v. Pückler, WuH 22/2015, S. 84 ff.

[601] VG Stade, Beschl. v. 31.01.2006, JE Band XIV (ab 2005) XVII Nr. 152, hierzu: v.Pückler, WuH 15/2007 S. 104 f.; VG Minden, Urt. v. 12.10.2000 – 7 K 2096/00, hierzu v.Pückler, WuH 2/2002, Seite 84 f.; Zur Unzuverlässigkeit infolge Diebstahls nach Nichteinladen in den PKW, OVG Hamburg, Urt. v. 07.08.2015 – Az. 5 Bs 135/15, hierzu Nagel, DJZ 8/2016, S. 13.

[602] OLG Koblenz, Urt. v. 28.02.1979, JE Band II (ab 1980), XVII Nr. 29

[603] so auch Streitberger, DJZ 12/92 Seite 10

[604] weitere Fallbeispiele bei Heller/Soschinka Rz 1092 f; Diekmann, DJZ 3/2017, S. 91.

kurfristigem Verlassen des Fahrzeuges (Essen, Tanken, Einkaufen, Schüsseltreiben) aus, dass die Waffen und Munition im verschlossenen Fahrzeug so aufbewahrt werden, dass „keine unmittelbaren Rückschlüsse auf die Art des Inhaltes“[605] erkennbar sind (Nr. 36.2.15 WaffVwV). Die Waffen und Munition müssen daher unsichtbar sein, bei Lagerung in einem Futteral mit samt diesem.

Insbesondere bei notwendigen Hotelaufenthalten[606], zum Beispiel am Ort 686
der Jagd oder des Schießstandes, ist eine Aufbewahrung im Hotelzimmer – auch bei kurzfristigem Verlassen des Zimmers – dann möglich, wenn die Waffen und die Munition in einem Transportbehältnis, in einem verschlossenen Schrank oder in einem sonstigen verschlossenen Behältnis aufbewahrt werden. Auch das Entfernen eines wesentlichen Teiles (Schloss, Kammerstängel, Vorderschaft) oder die Anbringung einer Abzugssperre ist möglich (Nr. 36.2.15 WaffVwV). Der Gesetzgeber hat im Rahmen der Waffenrechtsnovelle 2017 zudem nunmehr für Fälle der vorübergehenden Aufbewahrung von Waffen außerhalb der Wohnung ausdrücklich bestimmt, dass – neben den Regelungen des § 12 Abs. 3 Nr. 2 WaffG – die Möglichkeit der Entnahme und des erlaubnisfreien Führens eines wesentlichen Teils ausreichend ist (§ 12 Abs. 3 Nr. 6 WaffG).Mehrere mitgeführte wesentliche Teile dürfen allerdings nicht zu einer schussfähigen Waffe zusammengefügt werden können.

Es empfiehlt sich, die Waffen möglichst mehrfach zu sichern, etwa im abgeschlossenen Hotelzimmerschrank ohne Schloss und mit Abzugssperre.

c. Im Revier

Die Aufbewahrung in der Jagdhütte bzw. im Jagd- oder Wochenendhaus 687
richtet sich grundsätzlich nach denselben Vorschriften wie beim Jäger zu Hause. Da es sich hierbei aber um zeitweise nicht bewohnte Räumlichkeiten handelt, sieht § 13 Abs. 4 AWaffV folgende Verschärfung vor: Dort dürfen ohne gesonderte Erlaubnis maximal drei Langwaffen, aber keine

[605] Dies wird bei erkennbaren Jagdfahrzeugen nur schwerlich der Fall sein.

[606] Zur Problematik von Hotelaufenthalten und Fahrzeugverwahrung, Nagel/Granzin, DJZ 6/2016, S. 13.

Kurzwaffen aufbewahrt werden, und zwar in einem Sicherheitsbehältnis mit mindestens Widerstandsgrad I (DIN/EN 1143-1). Die zuständige Behörde kann Abweichungen in Bezug auf die Art oder Anzahl der aufbewahrten Waffen oder das Sicherheitsbehältnis auf Antrag zulassen.

688 Im Revier selbst gelten ebenfalls die obigen Ausführungen zur Aufbewahrung im Kraftfahrzeug[607].

689 Keine sichere Verwahrung liegt beim Einschließen in eine Kanzel vor.

6. Schießen, Anschießen, Einschießen und Beschießen von Waffen

690 Wer mit einer Schusswaffe schießen[608] oder diese einschießen[609] will, bedarf hierzu grundsätzlich der Erlaubnis der zuständigen Behörde (Schießerlaubnis; § 10 Abs. 5 WaffG). Er hat diese und seinen Personalausweis oder Pass mit sich zu führen und Polizeibeamten oder sonst zur Personenkontrolle Befugten auf Verlangen vorzuzeigen (§ 38 WaffG).

691 Die Schießerlaubnis ist aber für Jäger bei befugter Jagdausübung[610] einschließlich des Anschießens[611] und Einschießens von Jagdwaffen im Revier, zur Ausbildung von Jagdhunden im Revier sowie bei Ausübung des Jagd- und Forstschutzes entbehrlich (§ 13 Abs. 6 WaffG). Einer Schießerlaubnis bedarf ferner nicht, wer auf einer Schießstätte schießt sowie der Inhaber des Hausrechts in befriedetem Besitztum bei Verwendung von Schusswaffen bis zu 7,5 Joule[612], sofern die Geschosse das Besitztum nicht verlassen können (§ 12 Abs. 4 WaffG).

---

[607] Zur Abgrenzung Jagdausübung und Forstbetrieb, sowie zur Sperrzeitlänge infolge Unzuverlässigkeit VG Minden, Urteile vom 23. Juni 2015 – 8 K 2615/14 und 8 K 3010/14 -, kommentiert von Fülscher, in: Pirsch 2/2017, S. 84.

[608] hierunter fällt auch das Übungsschießen (z. B. Tontauben- oder Scheibenschießen)

[609] Einschießen ist das Herstellen der richtigen Treffpunktlage, das Suchen nach Fehlerquellen für Fehlschüsse oder das Umstellen auf eine andere Entfernung oder Laborierung

[610] nur auf Wild und Raubzeug sowie wildernde Hunde

[611] ca. 3 bis 5 Kontrollschüsse zur Überprüfung der Zieleinrichtung oder Treffpunktlage: v. Pückler 1) Seite 258; nicht jedoch beim Wiedervertrautmachen mit Waffen oder schießsportlichem Vergnügen im Revier (OLG Oldenburg, Beschl. v. 28.12.1988, JE Band VII (ab 1989), XVII Nr. 92)

[612] insbesondere Luftdruckwaffen

Nach § 13 Abs. 6 Satz 2 WaffG ist der Abschuss von Tieren, die dem Naturschutzrecht unterliegen, der befugten Jagdausübung gleichgestellt, wenn die naturschutzrechtliche Ausnahme oder Befreiung die Tötung durch einen Jagdscheininhaber vorsieht. Auch hier ist also eine gesonderte Schießerlaubnis nicht erforderlich. 692

In den Fällen der Notwehr und des Notstandes ist selbstverständlich auch keine gesonderte Schießerlaubnis erforderlich. 693

Für Feuerwaffen und höchst beanspruchte Teile[613] besteht vor dem Inverkehrbringen gemäß § 3 BeschG eine amtliche *Beschuss*pflicht. Im Rahmen des Beschusses werden die Haltbarkeit, die Funktionssicherheit, die Maßhaltigkeit und die vorgeschriebene Kennzeichnung überprüft (§ 5 Abs. 1 BeschG). Liegen keine Beanstandungen vor, werden die vorgenannten Gegenstände mit einem amtlichen Beschusszeichen versehen (§ 6 Abs. 1 BeschG). 694

Wird an einer Feuerwaffe ein höchst beanspruchtes Teil verändert oder instand gesetzt, hat ein erneuter Beschuss zu erfolgen, soweit nicht nur ein bloßer Austausch bereits geprüfter Teile vorgenommen wird (§ 3 Abs. 2 BeschG). 695

Feuerwaffen dürfen anderen nur überlassen oder zum Schießen verwendet werden, wenn sie das amtliche Beschusszeichen tragen (§ 12 Abs. 1 BeschG). 696

7. Verlust von Schusswaffen oder Munition

Der Verlust von Waffen und Munition, deren Erwerb der Erlaubnis bedarf, ist gemäß § 37 Abs. 2 WaffG unverzüglich nach Kenntnis des Verlustes der zuständigen Behörde anzuzeigen. Selbiges gilt für den Verlust von Erlaubnisurkunden wie der Waffenbesitzkarte etc. oder Ausnahmebescheiden. Bei Schusswaffenverlust sind die Waffenbesitzkarte bzw. der europäische Feuerwaffenpass der Behörde zur Berichtigung vorzulegen. 697

---

[613] insbes. Einsteck- oder Austauschläufe sowie Verschlusseinrichtungen

8. Straftaten und Ordnungswidrigkeiten

698 Eine Straftat nach §§ 51, 52 WaffG begeht *insbesondere*, wer

- verbotene Schusswaffen, Munition oder sonstige Sachen erwirbt, besitzt, überlässt, führt, verbringt, mitnimmt, herstellt, bearbeitet, instand setzt oder Handel damit treibt
- vor Vollendung des 18. Lebensjahres mit Waffen i.S.d. Anlage 2 Abschnitt 1 Nr. 1.2.1. umgeht
- ohne Erlaubnis Munition oder Schusswaffen erwirbt, überlässt, besitzt oder führt
- entgegen § 36 Absatz 1 Satz 1 WaffG in Verbindung der AWaffV (dort speziell § 13) eine dort genannte Vorkehrung für eine Schusswaffe nicht, nicht richtig oder nicht rechtzeitig trifft und dadurch die Gefahr verursacht, dass eine Schusswaffe oder Munition abhandenkommt oder darauf unbefugt zugegriffen wird

699 Ordnungswidrig gemäß § 53 WaffG handelt *insbesondere*, wer vorsätzlich oder fahrlässig

- die Ausstellung einer Waffenbesitzkarte oder die Eintragung der Waffe in eine bereits erteilte Waffenbesitzkarte nicht oder nicht rechtzeitig beantragt
- die Waffenbesitzkarte nicht oder nicht rechtzeitig vorlegt
- Personalausweis, Pass, Dienstausweis oder Jagdschein und Waffenbesitzkarte oder Waffenschein nicht mit sich führt oder Befugten auf Verlangen nicht zur Prüfung aushändigt
- entgegen § 13 Absatz 2 eine Waffe oder Munition nicht richtig aufbewahrt oder entgegen § 13 Absatz 4 Satz 1 oder 2 AWaffV eine Waffe oder Munition aufbewahrt.

700 Bei Verwirklichung bestimmter, in § 54 WaffG genannter Delikte können mit der Tat in Zusammenhang stehende Gegenstände, insbesondere Waffen, eingezogen werden.

9. Verhalten auf dem Schießstand

701 Jugendliche, die das 14. Lebensjahr vollendet haben und noch nicht 18 Jahre alt sind, dürfen nur unter der Obhut besonders geeigneter Auf-

sichtspersonen und nur mit bestimmten gesetzlich vorgesehenen Feuerwaffen schießen (§ 27 Abs. 3 Ziff. 2 WaffG).

Personen in der Ausbildung zum Jäger dürfen in der Ausbildung ohne Erlaubnis mit Jagdwaffen schießen, wenn sie das 14. Lebensjahr vollendet haben und der Sorgeberechtigte sowie der Ausbildungsleiter ihr Einverständnis in einer von beiden unterschriebenen Berechtigungsbescheinigung erklärt haben (§ 27 Abs. 5 WaffG). Die auszubildende Person hat die Berechtigungsbescheinigung mit sich zu führen. **702**

Detaillierte Verhaltensregeln auf dem Schießstand können noch über § 27 Abs. 7 S.2 WaffG durch Rechtsverordnung des Bundesinnenministeriums erlassen werden, sind derzeit aber – mit Ausnahme der WaffVwV – noch nicht in Kraft. Verhaltensregeln sind aber in der DJV-Schießstandordnung[614] enthalten, aus der hier nur die wichtigsten Bestimmungen angeschnitten werden sollen: **703**

Gewehre sind ungeladen mit geöffneten Verschlüssen bzw. abgekippten Läufen zu transportieren. Gewehrriemen sind abzunehmen. Kurzwaffen sind ebenfalls ungeladen, zusätzlich aber in einem Koffer oder einem Futteral verpackt zu transportieren. **704**

Die Waffen dürfen erst nach Einnehmen des Standes geladen und müssen bei dessen Verlassen sofort wieder entladen werden. Waffen sind ungeladen abzustellen bzw. abzulegen. **705**

Das Schiessen ist nur unter Aufsicht (Standaufsicht) zulässig. Den Anweisungen der Standaufsicht ist strikt Folge zu leisten. Funktionsstörungen an Schusswaffen sind unverzüglich der Standaufsicht zu melden. **706**

---

[614] Erhältlich als Broschüre „DJV-Schießstandordnung und Schießvorschrift“, Stand 01.04.2015 beim Deutschen Jagdverband e.V., Chausseestr. 37, 10115 Berlin, Tel.: 030/ 209 1394 0

B. Naturschutz-, Wald- und Forstvorschriften

1. Bundesnaturschutzgesetz

707 Zum 01.03.2010 traten die alten rahmenrechtlichen Vorschriften des BNatSchG 2002 außer Kraft und wurden durch das neue namensgleiche Gesetz ersetzt, welches seither Vollregelungen auf Bundesebene enthält. Von den Regelungen des BNatSchG können die Länder abweichen, so weit nicht die abweichungsfesten Grundsätze des Naturschutzes[615] sowie das Artenschutz[616]- und Meeresnaturschutzrecht betroffen sind. So weit eine Regelung zum abweichungsfesten Kern gehört, ist noch bestehendes Landesrecht dann nicht mehr anwendbar, wenn es dem Bundesrecht widerspricht.

708 Im 4. Kapitel (§§ 20 – 36 BNatSchG) finden sich insbesondere die Definitionen bestimmter Schutzgebiete[617] (Naturschutzgebiete, Nationalparke, Nationale Naturmonumente, Biosphärenreservate, Landschaftsschutzgebiete, Naturparke, Naturdenkmäler, Geschützte Landschaftsbestandteile und gesetzlich geschützte Biotope). Des weiteren enthält dieses Kapitel Regelungen über das Netz „natura 2000“[618].

709 Das 5. Kapitel (§§ 37 – 55 BNatSchG) regelt den Schutz und die Pflege wildlebender Tier- und Pflanzenarten, ihrer Lebensstätten und Biotope. Die Vorschriften dieses Kapitels dienen dem Schutz der wild lebenden Tier- und Pflanzenarten; die Vorschriften insbesondere des Jagdrechtes bleiben von den Vorschriften dieses Kapitels grundsätzlich[619] unberührt (§ 37 Abs. 2 Satz 1 BNatSchG).

710 Nach § 39 BNatSchG ist es insbesondere verboten

- wildlebende Tiere mutwillig zu beunruhigen oder ohne vernünftigen Grund[620] zu fangen, zu verletzen oder zu töten

---

[615] jedenfalls wohl (§§ 1 Abs. 1, 6 Abs. 1, 8, 13, 20 Abs. 1, 30 Abs. 1 und 59 Abs. 1 BNatSchG (Müggenborg/Henstschel, NJW 2010, 961, 964)

[616] VG Berlin, Beschl. v. 10.07.2013 – 24 L 249.13

[617] Zu wesentlichen Kriterien und Unterscheidungsmerkmalen der Schutzgebiete: Stöcker in: Halali 2/2017, S. 117 ff.

[618] Vgl. hierzu den historischen Überblick von Louis, NuR 34/2012 S. 385ff.

[619] vgl. hierzu § 37 Abs. 2 S. 2 BNatSchG

[620] Einen vernünftigen Grund stellt hierbei die berechtigte und weidgerechte Jagdausübung dar

- wild lebende Pflanzen ohne vernünftigen Grund von ihrem Standort zu entnehmen oder zu nutzen oder ihre Bestände niederzuschlagen oder auf sonstige Weise zu verwüsten
- Lebensstätten wild lebender Tiere oder Pflanzen ohne vernünftigen Grund zu beeinträchtigen oder zu zerstören
- vorbehaltlich u.a. jagdrechtlicher Bestimmungen wild lebende Tiere und Pflanzen der in Anhang V der Richtlinie 92/43 EWG aufgeführten Arten aus der Natur zu entnehmen
- die Bodendecke auf Wiesen, Feldrainen, Hochrainen und ungenutzten Grundflächen sowie an Hecken und Hängen abzubrennen

Vor dem Hintergrund EU-rechtlicher Vorgaben[621] wurden § 28a BJG in das BJG und u.a. §§ 40a- 40f in das BNatSchG eingefügt. Mit diesen Neuregelungen wird im Wesentlichen angestrebt, sicherzustellen, dass die Vorschriften der Verordnung (EU) Nr. 1143/2014 eingehalten werden, dass die Einbringung und Ausbreitung invasiver Arten verhindert oder minimiert werden und dass hierbei der Jagdausübungsberechtigte einzubeziehen ist. **711**

Nach § 44 Abs. 1 BNatSchG ist es insbesondere verboten, **712**

- wildlebenden Tieren der besonders geschützten Arten (§ 7 Abs. 2 Nr. 13 BNatSchG) nachzustellen, sie zu fangen, zu verletzen oder zu töten oder ihre Entwicklungsformen aus der Natur zu entnehmen, zu beschädigen oder zu zerstören
- wildlebende Tiere der streng geschützten Arten (§ 7 Abs. 2 Nr. 14 BNatSchG) und der europäischen Vogelarten während der Fortpflanzungs-, Aufzucht-, Mauser-, Überwinterungs- und Wanderzeiten erheblich zu stören
- Fortpflanzungs- oder Ruhestätten der wildlebenden Tiere der besonders geschützten Arten aus der Natur zu entnehmen, zu beschädigen oder zu zerstören

---

[621] Maßgeblich für die Änderung sind die VERORDNUNG (EU) Nr. 1143/2014 DES EUROPÄISCHEN PARLAMENTS UND DES RATES vom 22. Oktober 2014 über die Prävention und das Management der Einbringung und Ausbreitung invasiver gebietsfremder Arten und das Gesetz zur Durchführung der Verordnung (EU) Nr. 1143/2014 über Prävention und Management der Einbringung und Ausbreitung invasiver gebietsfremder Arten;

- wild lebende Pflanzen der besonders geschützten Arten oder ihre Entwicklungsformen aus der Natur zu entnehmen, sie oder ihre Standorte zu beschädigen oder zu zerstören (*Zugriffsverbote*).

713 § 44 Abs. 2 BNatSchG verbietet es,

- Tiere und Pflanzen der besonders geschützten Arten in Besitz oder Gewahrsam zu nehmen bzw. zu haben oder sie zu be- oder zu verarbeiten (*Besitzverbote*),
- Tiere und Pflanzen der besonders geschützten Arten i.S.d. § 7 Abs. 2 Nr. 13 lit b. und c. zu verkaufen, zu kaufen, zum Kauf oder Verkauf anzubieten, zum Verkauf vorrätig zu halten, zu befördern, zu tauschen oder entgeltlich zum Gebrauch oder zur Nutzung zu überlassen, zu kommerziellen Zwecken zu erwerben, zur Schau zu stellen oder auf andere Weise zu verwenden (*Vermarktungsverbote*).

714 Von den Besitz- und Vermarktungsverboten sind allerdings Tiere ausgenommen, die rechtmäßig der Natur entnommen wurden, also an denen insbesondere in Ausübung des Jagd- bzw. Jagdausübungsrechtes durch Aneignung Eigentum erworben wurde, demnach alles dem Jagdrecht unterliegende Wild (§ 45 Abs. 1 Nr. 1 a und Abs. 2 BNatSchG).

715 Tot aufgefundene Tiere, die der Jagdausübungsberechtigte sich nicht schon aufgrund jagdrechtlicher Vorschriften aneignen darf, hat er an die zuständige Behörde abzugeben oder darf sie – soweit sie nicht zu den streng geschützten Tierarten gehören – ausschließlich für Zwecke der Forschung oder Lehre oder zur Präparation für diese Zwecke verwenden (§ 45 Abs. 4 BNatSchG). Ein Jagdausübungsberechtigter ist deshalb befugt, sich in seinem Revier bereits tot aufgefundene, dem Jagdrecht unterliegende Wildarten anzueignen und für den eigenen Bedarf präparieren zu lassen. Dies gilt auch für ganzjährig geschonte Tierarten. Von den nicht jagdbaren Tierarten zählen hierzu Nutria und Bisamratte. Alle sonstigen Tierarten dürfen nicht für den Eigenbedarf mitgenommen werden (z.B. Igel, Siebenschläfer, Eichhörnchen, alle Vogelarten einschließlich der Eulen).

716 Abweichend von den Besitzverboten ist es vorbehaltlich jagdrechtlicher Vorschriften ferner zulässig, verletzte, hilflose oder kranke Tiere aufzunehmen, um sie gesund zu pflegen (§ 45 Abs. 5 BNatSchG). Die Tiere sind aber unverzüglich wieder in die Freiheit zu entlassen, sobald sie sich selbständig erhalten können.

Wer unter anderem 717

- lebende Tiere oder Pflanzen der besonders geschützten Arten, ihre lebenden oder toten Entwicklungsformen oder im wesentlichen vollständig erhaltene tote Tiere oder Pflanzen der besonders geschützten Arten oder
- ohne weiteres erkennbare Teile von Tieren oder Pflanzen der streng geschützten Arten oder ohne weiteres aus ihnen gewonnene Erzeugnisse

besitzt oder die tatsächliche Gewalt darüber ausübt, kann sich auf eine Berechtigung hierzu nur berufen, wenn er auf Verlangen diese Berechtigung nachweist oder nachweist, dass er oder ein Dritter die Tiere oder Pflanzen bereits vor ihrer Unterschutzstellung in Besitz hatte (§ 46 Abs. 1 BNatSchG). Tiere oder Pflanzen, für die der erforderliche Nachweis nicht erbracht wird, können von der zuständigen Behörde beschlagnahmt oder eingezogen werden (§ 47 BNatSchG).

Vorsätzliche oder fahrlässige Verstöße gegen Bestimmungen des 718
BNatSchG können als Straftaten oder Ordnungswidrigkeiten geahndet und Gegenstände, auf die sich die Tat bezieht, eingezogen werden (§§ 69 ff. BNatSchG).

2. Kormoranverordnung

Abweichend vom seinerzeitigen § 42 Abs. 1 Nr. 1 BNatSchG wurde durch 719
eine Kormoranverordnung[622] in Nordrhein-Westfalen die Tötung von Kormoranen für zulässig erklärt. Diese Alt-Verordnung galt nur befristet bis zum 31.03.2010.

---

[622] Verordnung über die Zulassung von Ausnahmen von Schutzvorschriften für besonders geschützte Tierarten (KormoranVO) vom 2. Mai 2006, GV. NW. Nr. 15/2006, Seite 273 f.; abgedruckt in Thies, Seiten 249 f.; vgl. hierzu die Darstellung in RWJ 9/2006, Seite 6

Abschnitt 1
Nebenbestimmungen

---

720 Mittlerweile hat NRW jedoch wieder eine neue Kormoranverordnung[623] erlassen, die im Wesentlichen Folgendes regelt:

721 Zweck der Verordnung ist der Schutz der natürlich vorkommenden Fischfauna und der Abwendung erheblicher fischereiwirtschaftlicher Schäden durch Kormorane.

Hierzu wird es unter Beachtung bestimmter Beschränkungen zugelassen, Kormorane abweichend von § 44 Abs. 1 Nr. 1 BNatSchG durch Abschuss zu töten.

Insoweit getötete Kormorane sind auch von den Besitzverboten, nicht aber von den Vermarktungsverboten des BNatSchG ausgenommen.

722 Das Tötungsrecht beschränkt sich auf Kormorane, die sich auf, über oder näherer als 250 m an einem stehenden oder fließenden Gewässer nach § 1 Abs. 2 des Landesfischereigesetzes NRW befinden. Das Tötungsrecht gilt jedoch nicht in befriedeten Bezirken, in Nationalparks, Naturschutzgebieten oder Natura-2000-Gebieten sowie an oder auf Privatgewässern ohne Einverständnis der Nutzungsberechtigten.

723 Das Tötungsrecht ist beschränkt auf die Zeit vom 16. August eines Jahres bis zum 01. März des Folgejahres in der Zeit 1,5 Std vor Sonnenaufgang bis 1,5 Std nach Sonnenuntergang. Im Zeitraum vom 2. März bis 15. August dürfen von Sonnenaufgang bis Sonnenuntergang nur im Jugendkleid befindliche (immatur gefärbte), nicht am Brutgeschäft beteiligte Kormorane getötet werden.

724 Voraussetzung für die Tötung durch Abschuss ist der Besitz eines gültigen Jagdscheines, die Jagdausübungsberechtigung in dem jeweiligen Bereich oder die Ermächtigung der jagdausübungsberechtigten Person in dem jeweiligen Bereich.

Der berechtigte Abschuss ist der befugten Jagdausübung nach § 13 Abs. 6 WaffG gleichgestellt.

---

[623] Verordnung zum Schutz der natürlich vorkommenden Tierwelt und zur Abwendung erheblicher fischereiwirtschaftlicher Schäden durch Kormorane des Landes Nordrhein-Westfalen (Kormoranverordnung Nordrhein-Westfalen – Kormoran VO-NRW) Vom 12. Juni 2018

Darüber hinaus enthält die KormoranVO weitere Regelungen zu Anlagen der Fischzucht und Fischhaltung, zur Verhinderung der Entstehung neuer Brutkolonien sowie zu Ausnahmen und Befreiungen. **725**

Jagdausübungsberechtigte haben der Unteren Jagdbehörde bis zum 15. April jeden Jahres auf dem Formblatt „Jährliche Streckenmeldungen" die Zahl der im Vorjahr getöteten Kormorane mitzuteilen. **726**

3. Landesnaturschutzgesetz Nordrhein-Westfalen

Das ehemals in Nordrhein-Westfalen geltende Landschaftsgesetz NRW[624] wurde mit Gesetz vom 15.11.2016 in das Landesnaturschutzgesetz NRW umbenannt und neugefasst[625]. **727**

Im LNatSchG NRW sind Regelungen getroffen, die das Bundesnaturschutzgesetz ergänzen, neben diesem gelten oder von diesem diesem abweichen (§ 1). **728**

Es befasst im Kern mit Fragen der Landschaftsplanung, dem Allgmeinen Schutz von Natur und Landschaft sowie bestimmter Teile hiervon, dem Netz „Natura 2000" sowie dem Schutz wildlebender Tier- und Pflanzenarten. Ferner enthält es Regelungen zur Erholung in Natur und Landschaft, sowie zu Naturschutzvereinigungen und anderen Einrichtungen. **729**

Zuständig für die Aufgabenerfüllung nach dem LNatSchG NRW sind grundsätzlich die Kreise und kreisfreien Städte als Untere Naturschutzbehörde(§ 2 Abs. 3 LNatSchG). Höhere Naturschutzbehörden sind die Bezirksregierungen, Oberste Naturschutzbehörde ist das Ministerium für Umwelt, Landwirtschaft, Natur- und Verbraucherschutz NRW (§ 2 Abs. 1 LNatSchG). **730**

Die untere Naturschutzbehörde soll auf Vorschlag des Naturschutzbeirats Beauftragte für den Außendienst bestellen (Naturschutzbeauftragte). Diese bilden die Naturschutzwacht. Die Naturschutzwacht soll die zuständi- **731**

[624] Gesetz vom 15.08.1994 (GV.NRW. S. 710) in der Fassung vom 21.07.2000 (GV.NRW. S. 568)
[625] Art. 1 des Gesetzes vom 15.11.2016 (GV. NRW. S. 933)

gen Behörden über nachteilige Veränderungen in der Landschaft benachrichtigen und darauf hinwirken, dass Schäden von Natur und Landschaft abgewendet werden. Die Tätigkeit in der Naturschutzwacht ist eine ehrenamtliche Tätigkeit für den Kreis oder die kreisfreie Stadt (§ 69 Abs. 1 LNatSchG).

732 Ergänzend zu § 14 BNatSchG enthält § 30 LNatSchG weitergehende, konkrete Bestimmungen zum naturschutzrechtlichen Eingriffsbegriff.

733 Zudem ist in § 35 LNatSchG geregelt, dass in NRW ein Netz räumlich und funktional verbundener Biotope (Biotopverbund) darzustellen und festzusetzen ist, das insgesamt 15 Prozent der Landesfläche umfasst.

734 Zur dauerhaften Erhaltung und Entwicklung naturnaher Alt- und totholzreicher Waldflächen können sog. Wildnisentwicklungsgebiete ausgewiesen werden (§ 40 Abs. 1 Satz 1 LNatSchG NRW). Mit Bekanntgabe[626] dieser Gebiete für das Land NRW sind diese als Naturschutzgebiete iSv § 23 BNatSchG gesetzlich geschützt.

735 Darüber hinaus ist das MULNV berechtigt, durch Rechtsverordnung geeignete Gebiete zu Nationalparken zu erklären, wobei die jeweilige Regelung auch Vorschriften zur Regelung des Wildbestandes enthalten soll (§6 LNatSchG NRW).

736 Alle Veränderungen und Störungen, die zu einer erheblichen Beeinträchtigung eines europäischen Vogelschutzgebietes führen können, sind verboten. Hierunter zählt insbesondere die Regelung, dass während der Brutzeit vom 01.03.-31.07. Hunde nicht unangeleint laufen gelassen werden dürfen. Ausgenommen von diesem Verbot sind jedoch Gebrauchshunde in Verwendung(§ 52 Abs. 2 Nr. 5 LNatSchG).

737 Vorsätzliche oder fahrlässige Verstöße gegen Bestimmungen des LNatSchG NRW können als Ordnungswidrigkeiten geahndet und Gegen-

---

[626] Bekanntmachung der Wildnisentwicklungsgebiete in NRW durch das MKULNV vom 03.04.2017, MBL.NRW.2017, S. 791.

stände, die zur Begehung der Ordnungswidrigkeit gebraucht oder bestimmt gewesen sind, eingezogen werden (§§ 77, 78 LNatSchG NRW NRW).

4. Bundeswaldgesetz und Landesforstgesetz

Zweck des BWaldG ist es nach § 1 BWaldG insbesondere, 738

- den Wald wegen seines wirtschaftlichen Nutzens (Nutzfunktion) und wegen seiner Bedeutung für die Umwelt, insbesondere für die dauernde Leistungsfähigkeit des Naturhaushaltes, das Klima, den Wasserhaushalt, die Reinhaltung der Luft, die Bodenfruchtbarkeit, das Landschaftsbild, die Agrar- und Infrastruktur und die Erholung der Bevölkerung (Schutz- und Erholungsfunktion) zu erhalten, erforderlichenfalls zu mehren und seine ordnungsgemäße Bewirtschaftung nachhaltig zu sichern
- die Forstwirtschaft zu fördern und
- einen Ausgleich zwischen dem Interesse der Allgemeinheit und den Belangen der Waldbesitzer herbeizuführen.

Wald im Sinne des BWaldG ist jede mit Forstpflanzen bestockte Grundfläche (§ 2 BWaldG). Als Wald gelten auch kahlgeschlagene oder verlichtete Grundflächen, Waldwege, Waldeinteilungs- und Sicherungsstreifen, Waldblößen und Lichtungen, Waldwiesen, Wildäsungsplätze, Holzlagerplätze sowie weitere mit dem Wald verbundene und ihm dienende Flächen. § 1 Abs. 1 LFoG rechnet auch Wallhecken und mit Forstpflanzen bestandene Windschutzstreifen und -anlagen hinzu. 739

Nicht als Wald gelten dagegen insbesondere Grundflächen, auf denen Baumarten mit dem Ziel baldiger Holzentnahme angepflanzt werden und deren Bestände eine Umtriebszeit von nicht länger als 20 Jahren haben, Flächen mit Baumbestand, die gleichzeitig dem Anbau landwirtschaftlicher Produkte dienen und in der Flur oder im bebauten Gebiet gelegene kleinere Flächen, die mit einzelnen Baumgruppen, Baumreihen oder mit Hecken bestockt sind oder als Baumschulen verwendet werden (§ 2 Abs. 2 BWaldG). Auch Weihnachtsbaum- und Schmuckreisigkulturen sowie 740 zum Wohnbereich gehörende Parkanlagen sind grundsätzlich vom Waldbegriff ausgenommen (§ 1 Abs. 2 LFoG)[627].

741 Das BWaldG unterscheidet entsprechend den Eigentumsverhältnissen zwischen Staats-, Körperschafts- und Privatwald (§ 3 BWaldG).

742 Nach §§ 9, 10 BWaldG, 39-44 LFoG bedürfen sowohl die Erstaufforstung von Flächen als auch die Rodung sowie Umwandlung in eine andere Nutzungsart der vorherigen Genehmigung der Unteren Forstbehörde.

743 Über §§ 13 BWaldG, 50 LFoG kann die Höhere Forstbehörde durch ordnungsbehördliche Verordnung nach Anhörung der betroffenen Waldbesitzer und Jagdausübungsberechtigten sowie unter Beachtung weiterer Vorraussetzungen Wald zu Erholungswald erklären, wenn es das Wohl der Allgemeinheit erfordert, Waldflächen für Zwecke der Erholung zu schützen, zu pflegen oder zu gestalten.

744 Die Ordnungsbehördliche Verordnung kann insbesondere Vorschriften über

- Beschränkungen der Jagdausübung zum Schutze der Waldbesucher
- die Verpflichtung der Waldbesitzer, den Bau, die Errichtung und die Unterhaltung von Wegen, Bänken, Schutzhütten und ähnlichen Anlagen oder Einrichtungen und die Beseitigung von störenden Anlagen oder Einrichtungen zu dulden und
- das Verhalten der Waldbesucher

enthalten (§ 50 Abs. 4 Nr. 2 und 3 LFoG). Sie darf nicht erlassen werden, wenn das mit der Erklärung zu Erholungswald erstrebte Ziel durch vertragliche Vereinbarungen mit den betroffenen Waldbesitzern und Jagdausübungsberechtigten erreicht werden kann (§ 50 Abs. 5 LFoG).

745 Forstschutz im Sinne des LFoG umfasst die Aufgabe, Gefahren, die dem Wald und den seinen Funktionen dienenden Einrichtungen drohen, abzuwehren und Störungen der öffentlichen Sicherheit oder Ordnung im Wald zu beseitigen sowie rechtswidrige Handlungen zu verfolgen, die einen

---

[627] Zu den Ausnahmen vergleiche: § 1 Abs. 2 Satz 2 LFoG NRW

Bußgeldtatbestand nach dem LFoG oder einen sonstigen auf den Schutz des Waldes oder seiner Einrichtungen gerichteten Straf- oder Bußgeldtatbestand verwirklichen (§ 52 Abs. 1 LFoG). Der Forstschutz obliegt ausschließlich der Forstbehörde und den Forstbeauftragten (§ 53 LFoG).

Vorsätzliche oder fahrlässige Verstöße gegen einzelne Vorschriften des 746
LFoG können über § 70 LFoG als Ordnungswidrigkeit geahndet werden. Das BWaldG enthält keine Straf- oder Bußgeldbestimmungen.

Entfällt die forstwirtschaftliche Erforderlichkeit, ist eine Waldflächen- 747
umzäunung zu beseitigen. Die Bewirtschaftung eines Waldes als Ganzes wird insoweit auch durch den Verlust einiger Jungpflanzen nicht beeinträchtigt. Auf den Schutz einzelner Pflanzen vor Verbiss[628]- und Fegeschäden kommt es jedenfalls solange nicht an, als der Baumbestand im Großen und Ganzen gesichert ist und eine Bewirtschaftung erlaubt. Zudem steht jederzeit die Möglichkeit zu Einzelschutzmaßnahmen für junge Pflanzen offen[629].

5. Das Betreten von Feld und Flur sowie des Waldes

a. Außerhalb des Waldes

Das Betreten der freien Landschaft[630] auf Straßen und Wegen sowie auf 748
ungenutzten Grundflächen zum Zweck der Erholung ist grundsätzlich jedermann gestattet (Allgemeiner Grundsatz, § 59 Abs. 1 BNatSchG). Diese Ermächtigungsnorm steht neben den teilweise weitergehenden, zusätzlichen zum Betreten der Natur berechtigenden oder auch beschränkenden Vorschriften des Bundes und der Länder, soweit nicht vom abweichungsfesten Kern des BNatSchG abgewichen wird[631]. Der Jagdausübungsberechtigte kann also Erholungssuchenden nicht ohne besonderen rechtfertigenden Grund das Aufsuchen seines Reviers untersagen.

---

628 Zur Problematik der Überschätzung von Rehwildverbiss: Immekus, DJZ 5/2018, S. 34ff.

629 VG Sigmaringen, Urt. v. 11.05.2006 – 2 K 557/04; hierzu: Obermeier, Pirsch 8/2010 S. 30 f.

630 Zur freien Landschaft zählen die Gebiete außerhalb des Waldes und außerhalb bebauter Ortslagen, vgl. OVG Brandenburg, Beschl. v. 14.10.2004 – 3A B 255/03

631 vgl. hierzu Kapitel 2 Abschnitt I. B.1

749 § 57 LNatSchG NRW gestattet jedermann in der freien Landschaft das Betreten der privaten Wege und Pfade, der Wirtschaftswege sowie der Feldraine, Böschungen, Öd- und Brachflächen und anderer landwirtschaftlich nicht genutzter Flächen zum Zwecke der Erholung. Die Vorschrift gilt sinngemäß auch für das Radfahren und das Fahren mit Krankenfahrstühlen in der freien Landschaft, wobei das Radfahren insoweit nur auf privaten Straßen und Wegen gestattet ist. Das Reiten und das Führen von Pferden ist – über den Gemeingebrauch an öffentlichen Verkehrsflächen hinaus - in der freien Landschaft[632] zum Zweck der Erholung sowohl auf öffentlichen Verkehrsflächen als auch auf privaten Straßen und Wegen gestattet. Dies gilt sinngemäß auch für das Kutschenfahren auf privaten Strassen, die nach der StVO nur für den landwirtschaftlichen Verkehr freigegeben sind (§ 58 Abs. 1, 9 LNatSchG NRW).

b. Im Wald

750 Das *Betreten* des Waldes ist jedermann zum Zweck der Erholung gestattet (§§ 59 Abs. 2 BNatSchG, 14 Abs. 1 BWaldG, 2 Abs. 1 LFoG). Das Betreten des Waldes geschieht insbesondere im Hinblick auf natur- und waldtypische Gefahren auf eigene Gefahr. Zu den natur- und waldtypischen Gefahren zählen vornehmlich solche, die von lebenden und toten Bäumen, sonstigem Aufwuchs oder natürlichem Bodenzustand ausgehen oder aus der ordnungsgemäßen Bewirtschaftung des Waldes entstehen.

751 Das *Radfahren* und das Fahren mit Krankenfahrstühlen ist im Wald grundsätzlich unzulässig – lediglich auf Strassen und festen Wegen kann es dort ausgeübt werden (§ 3 Abs. 1 lit. e) LFoG).
Im Wald ist das *Reiten*[633] - über den Gemeingebrauch an öffentlichen Verkehrsflächen hinaus – zum Zwecke der Erholung auf privaten Strassen und Fahrwegen sowie auf den nach den Vorschriften der StVO gekennzeichneten Reitwegen gestattet. Fahrwege sind befestigte und naturfeste Waldwirtschaftswege(§ 58 Abs. 2 LNatSchG NRW). Das bloße Führen von Pferden im Wald ist auf allen Wegen gestattet.

---

[632] vgl. hierzu RdErl. d. MURL vom 17.12.1981 (SMBl. NRW 791)

[633] Das Grundrecht auf Naturgenuss gewährleistet aber nicht die Benutzung privater Waldwege für gewerblich geführte Gruppenausritte (BayVGH, NJW 2006, Seite 1053) oder Fahrten mit Schlittenhundegespannen (VGH Mannheim, NuR 2009, Seiten 653 ff)

Unter bestimmten Voraussetzungen können Kreise und kreisfreie Städte das Reiten durch Allgemeinverfügung abweichend von der vorgenannten Regelung auf allen privaten Wegen im Wald zulassen oder beschränken(§ 58 Abs3, 4 LNatSchG NRW). 752

Stets verboten ist – soweit nicht eine besondere Befugnis vorliegt – über § 3 Abs. 1 LFoG 753

- das Betreten von Forstkulturen, Forstdickungen, Saatkämpen und Pflanzgärten
- das Betreten ordnungsgemäß als gesperrt gekennzeichneter Waldflächen
- das Betreten von Waldflächen, während auf ihnen Holz eingeschlagen oder aufbereitet wird
- das Betreten von jagdlichen, forstwirtschaftlichen, imkerlichen und teichwirtschaftlichen Einrichtungen im Wald
- das Fahren im Wald mit Ausnahme des Radfahrens und des Fahrens mit Krankenfahrstühlen auf Straßen und festen Wegen sowie das Zelten und Abstellen von Wohnwagen und Kraftfahrzeugen im Wald.

Zeitlich befristet kann der Waldbesitzer nach vorheriger Genehmigung der Unteren Forstbehörde den Zutritt zu bestimmten Waldflächen tatsächlich ausschließen, untersagen oder zeitlich beschränken (§ 4 LFoG). Ein Anspruch auf Erteilung einer solchen Genehmigung besteht aber nur dann, wenn die Sperrung aus wichtigen Gründen des Forstschutzes, der Waldbewirtschaftung, der Wildhege oder der Jagdausübung erforderlich ist. 754

Auch die Untere Forstbehörde kann aus Gründen der Waldbrandverhütung, zum Schutz wildlebender Tiere oder aus Gründen der Jagdausübung durch ordnungsbehördliche Verordnung Betretungsrechte zeitlich einschränken oder vollständig ausschließen (§ 5 LFoG). 755

Hunde dürfen im Wald außerhalb von Wegen nur angeleint mitgeführt werden; dies gilt nicht für Jagdhunde im Rahmen jagdlicher Tätigkeiten sowie für Polizeihunde (§ 2 Abs. 3 Satz 2 LFoG). 756

c. Gemeinsame Bestimmungen

757 Das Betreten, Radfahren und Reiten innerhalb und außerhalb des Waldes erfolgen nach dem Wortlaut des Gesetzes jeweils nur „auf eigene Gefahr“ (§§ 60 BNatSchG, 57 Abs. 1, 58 Abs. 1, 2 LNatSchG NRW, 14 Abs. 1 BWaldG, 2 Abs. 1 LFoG). Den Eigentümer oder Nutzungsberechtigten des Grundstücks trifft jedoch trotz dieser Haftungsbeschränkung auch weiterhin die Verkehrssicherungspflicht[634], nach der derjenige haftet, der eine besondere Gefahrenlage schafft oder fortdauern lässt, wenn sich die Gefahr tatsächlich konkretisiert.

758 Das Betreten und Reiten darf nur so ausgeübt werden, dass die Belange der anderen Erholungssuchenden und die Rechte der Eigentümer oder Besitzer nicht unzumutbar beeinträchtigt werden (§§ 59 Abs. 2 LNatSchG NRW, 2 Abs. 3 LFoG).

759 Grundstückseigentümer und sonstige Berechtigte haben die Kennzeichnung von Reitwegen und Reitverboten grundsätzlich[635] zu dulden (§ 58 Abs. 8 Satz 2 LNatSchG NRW).

760 Der Grundstückseigentümer oder der sonstige Berechtigte kann mit vorheriger Genehmigung der Unteren Landschaftsbehörde das Betreten oder Reiten untersagen oder tatsächlich ausschließen, also Sperren errichten (§ 54 LG NRW). Ein Anspruch auf Erteilung der Genehmigung besteht nur dann, wenn anderenfalls die zulässige Nutzung der Flächen unzumutbar behindert oder eingeschränkt würde oder erhebliche Schäden entstehen würden.

761 Wer in der freien Landschaft oder im Wald reiten will, muss ein gut sichtbares, beidseitig am Pferd angebrachtes gültiges Kennzeichen führen (§ 62 Abs. 1 LNatSchG NRW).

762 In Naturschutzgebieten, Landschaftsschutzgebieten, Nationalparken, nationalen Naturmonumenten, geschützten Biotopen oder innerhalb von ge-

---

634 zur Verkehrssicherungspflicht insbesondere bei Bäumen vgl. Günther, NuR 1994, 373 ff. und LG Tübigen, Urt. v. 13.01.2006 – 2 O 292/05; hierzu v.Pückler WuH 22/2009, Seiten 100 ff; BGH Urt. v. 02.10.2012 – VI ZR 311/11; hierzu: v. Pückler, WuH 4/2013, S. 66f.

635 Zu den Ausnahmen vgl. §§59 Abs. 1, 60 LNatSchG NRW

schützten Landschaftsbestandteilen ist das Radfahren und Reiten außerhalb von Straßen und Wegen grundsätzlich verboten (§ 59 Abs. 3 LNatSchG NRW).

Die Dienstkräfte und Beauftragten der Forstbehörden sind berechtigt, zur Wahrung ihrer gesetzlich zugewiesenen Aufgaben nach dem Landesforstgesetz NRW oder anderen Vorschriften Grundstücke zu betreten und die erforderlichen Aufgaben an diesen Grundstücken durchzuführen (§ 60 Abs. 6 LFoG NRW[636]).

C. Tierschutz, Tiergesundheits- und Hygienevorschriften

1. Tierschutzgesetz

Zweck des TierSchG[637] ist es, aus der Verantwortung des Menschen für das Tier als Mitgeschöpf dessen Leben und Wohlbefinden zu schützen (§ 1 TierSchG). Niemand darf einem Tier ohne vernünftigen Grund[638] Schmerzen, Leiden oder Schäden zufügen. Obwohl die Bedeutung des Tierschutzes über seine Aufnahme als Staatsziel in Art. 20 a GG in das Grundgesetz bekräftigt worden ist [639], bedarf es deswegen keiner Änderungen des Bundesjagdgesetzes, da das geltende Jagdrecht als Teil der Rechtsordnung auch unter Berücksichtigung dieser Staatszielbestimmung bereits die notwendigen Normen enthält, die das Verhältnis von Jagd und Tierschutz hinreichend regeln[640]. 763

---

636 Die weitgreifende und unbeschränkte Formulierung dieser Norm begegnet wegen der verfassungsrechtlichen Anforderungen des „Vorbehalts des Gesetzes“ tiefgreifenden verfassungsrechtlichen Bedenken.

637 Tierschutzgesetz in der Fassung vom 18.05.2006 (BGBl. I S. 1206/1313), zuletzt geändert durch durch Artikel 1 des Gesetzes vom 17. Dezember 2018 (BGBl. I S. 2586).

638 Die rechtmäßige und weidgerechte Jagdausübung ist vernünftiger Grund (BayObLG, RdL 77, 303; OVG Schleswig-Holstein, Urt. v. 12.08.2004 – 1 KN 2703 = NuR 2005, S. 269); das Tätowieren von Tieren stellt regelmäßig einen Verstoß gegen das TierSchG dar (OVG Münster, Urt. v. 10.08.2012 – 20 A 1240/11 = NuR 34/2012, S. 796 ff. und NJW 11/2013, S. 802 ff.)

639 zu den rechtlichen Auswirkungen vgl. Thies, DJZ 5/2002, Seite 16 ff. und Müller-Schallenberg/Förster, NuR 2007, 161 ff.; zum Verhältnis Jagd und Tierschutz: Pohlmeyer, JuJ 10/2007, Seiten 1 ff. und 11/2007, Seiten 1 ff.; zum Verhältnis von Tier- und Artenschutz vgl. Guber, NuR 34/2012, S. 623ff.;

640 BT-Drucksache vom 10.04.2013, Az. 17/13016

Abschnitt 1
Nebenbestimmungen

764 Wer ein Tier – beispielsweise auch einen Jagdhund – hält, betreut oder zu betreuen hat, muss das Tier seiner Art und seinen Bedürfnissen entsprechend angemessen ernähren, pflegen und verhaltensgerecht unterbringen (§ 2 TierSchG)[641]. Zudem darf er die Möglichkeit des Tieres zu artgemäßer Bewegung nicht so einschränken, dass diesem Schmerzen oder vermeidbare Leiden oder Schäden zugefügt werden.

765 Gemäß § 3 TierSchG ist es insbesondere verboten

- ein im Haus, Betrieb oder sonst in Obhut des Menschen gehaltenes Tier auszusetzen oder es zurückzulassen, um sich seiner zu entledigen oder sich der Halter- oder Betreuerpflicht zu entziehen (Nr. 3)
- ein gezüchtetes oder aufgezogenes Tier einer wildlebenden Art in der freien Natur auszusetzen oder anzusiedeln, das nicht auf die zum Überleben in dem vorgesehenen Lebensraum erforderliche artgemäße Nahrungsaufnahme vorbereitet und an das Klima angepasst ist; die Vorschriften des Jagdrechts und des Naturschutzrechts bleiben unberührt (Nr. 4)
- ein Tier an einem anderen lebenden Tier auf Schärfe[642] abzurichten oder zu prüfen (Nr. 7)
- ein Tier auf ein anderes Tier zu hetzen, soweit dies nicht die Grundsätze weidgerechter Jagdausübung erfordern[643] (Nr. 8)
- ein Gerät zu verwenden, das durch direkte Stromeinwirkung das artgemäße Verhalten eines Tieres, insbesondere seine Bewegung, erheblich einschränkt oder es zur Bewegung zwingt und dem Tier dadurch nicht unerhebliche Schmerzen, Leiden oder Schäden zufügt[644],

---

641 Das Einzäunen einer Pferdeweide allein mit Stacheldraht ist tierschutzwidrig (OVG Lüneburg, Urt. v. 18.06.2013 – 11 LC 206/12 = NuR 35/2012, S. 584ff.); Auch das Belassen eines Hundes im PKW bei großer Hitze ist tierschutzwidrig (AG Regensburg, Urt. v. 08.09.2014)

642 Die Ausbildung des Jagdhundes an der lebenden Ente zum Zweck des Apports ist keine Ausbildung zur Schärfe

643 Die Ausbildung des Jagdhundes an der lebenden Ente stellt zwar ein Hetzen i.S.d. TierSchG dar, ist aber durch die Jagdklausel des TierSchG gedeckt (OVG Münster, RdL 98, 331 ff.; str.: vgl. hierzu 1. Kapitel, VII. Abschnitt, C); auch das weidgerechte Schnallen des Hundes im Zuge der Nachsuche ist durch die Grundsätze der Jagdausübung gedeckt.

644 Jegliche Verwendung von Teletakt- bzw. Telereizgeräten zur Erziehung oder beim Einsatz von Jagdhunden ist durch BVerwG, Urt. v. 23.02.2006 – 3 C 14.05 für unzulässig erklärt worden; vgl. hierzu Metzger, NuR 2006, 693 ff. und Kapitel 1 Abschnitt VII C

soweit dies nicht nach bundes- oder landesrechtlichen Vorschriften zulässig ist (Nr. 11)

Ein Wirbeltier darf nur unter wirksamer Schmerzausschaltung (Betäubung) in einem Zustand der Wahrnehmungs- und Empfindungslosigkeit oder sonst, soweit nach den gegebenen Umständen zumutbar, nur unter Vermeidung von Schmerzen getötet werden. (§ 4 TierSchG). Ist die Tötung eines Wirbeltieres ohne Betäubung im Rahmen weidgerechter Ausübung der Jagd oder auf Grund anderer Rechtsvorschriften zulässig oder erfolgt sie im Rahmen zulässiger Schädlingsbekämpfungsmaßnahmen, so darf die Tötung nur vorgenommen werden, wenn hierbei nicht mehr als unvermeidbare Schmerzen entstehen Ein Wirbeltier darf nur töten, wer die dazu notwendigen Kenntnisse und Fähigkeiten[645] hat. **766**

§ 6 Abs. 1 TierSchG verbietet u.a. das vollständige oder teilweise Amputieren von Körperteilen oder das vollständige oder teilweise Entnehmen oder Zerstören von Organen oder Geweben eines Wirbeltieres. Insbesondere das Kupieren des Schwanzes von Hunden ist grundsätzlich verboten[646]. Das Verbot gilt aber unter anderem nicht, wenn der Eingriff bei jagdlich zu führenden Hunden für die vorgesehene Nutzung des Tieres unerlässlich ist und tierärztliche Bedenken nicht entgegenstehen. Jagdhunde sind bei ihrer Tätigkeit im Dickicht oder Schilf der Gefahr von Verletzungen ausgesetzt, so dass die Kürzung der Rute möglich ist, wenn andere Abhilfe nicht geschaffen werden kann[647]. In jedem Falle darf ein solcher Eingriff aber nur durch einen Tierarzt vorgenommen werden. **767**

Vorsätzliche oder fahrlässige Verstöße gegen einzelne Vorschriften des TierSchG können als Straftaten oder Ordnungswidrigkeiten geahndet und Tiere, auf die sich die Taten beziehen, eingezogen werden (§§ 17-19 TierSchG). **768**

---

645 Der Jäger hat daher immer wieder seine Schießfertigkeit zu überprüfen und ggf. zu trainieren, um ein Krankschießen möglichst zu vermeiden

646 Das gesetzliche Verbot des Kupierens von Schwanz und Ohren bei Hunden ist verfassungsgemäß (BVerfG NJW 99, 3702 f.)

647 Lorz/Metzger, § 6 Rz. 13

769 Darüber hinaus können auch Haltungs- und Betreuungsverbote ausgesprochen werden (§§20,20a TierSchG).

770 Ein Landwirt, der in der Setzzeit eine Wiese mäht, dabei ein Kitz tötet und dies billigend in Kauf nimmt, macht sich nach dem TierSchG strafbar[648]. Für diesen Fall schuldet er dem Jagdausübungsberechtigten auch Schadensersatz[649]. Das alles gilt aber nicht, wenn er selbst geeignete Rettungsmaßnahmen durchführt (z.B. Absuchen, Vergrämen oder Benutzen eines Wildretters) oder den Jagdpächter oder seinen Beauftragten rechtzeitig vorher informiert, damit diese das Wild schützen können.

2. Tierische Nebenprodukte-Beseitigungsgesetz mit Ausführungsgesetz

771 Um der EU-Verordnung Nr. 1069/2009[650] – als Nachfolgeregelung der Verordnung (EG) Nr. 1774/2002 (Verordnung über tierische Nebenprodukte) – Genüge zu tun, wurde das Tierische Nebenprodukte-Beseitigungsgesetz[651] und die Tierische Nebenprodukte-Beseitigungsverordnung[652] mit einem Ausführungsgesetz für Nordrhein-Westfalen[653] erlassen, welche die Verarbeitung und Beseitigung von solchen tierischen Nebenprodukten regeln, die nicht für den menschlichen

[648] AG Diez, Urt. v. 07.01.2009 – 2020 Js 40958/08.4 aCs, bestätigt durch LG Koblenz, Urt.v. 04.05.2009 – 2020 Js 40958/08 – 13 Ns.; hierzu Dittrich, Pirsch 9/2009, Seite 15; AG Hadamar, Urt. v. 29.09.2004 – 1 Ds – 3 Js 12550/03; hierzu v. Pückler, WuH 9/2005, Seite 128 f.; AG Pirmasens, Urt. v. 02.08.2001 – 4008 Js 854500 1 Cs; AG Biedenkopf, Urt. v. 17.03.2010 – 40 Ds 4 Js 8205/09; AG Wolfach, Urt. v. 04.12.2013 – 1 Cs 301 Js 9380/13; hierzu v. Pückler, WuH 9/2014, S. 78ff und Granzin, DJZ 9/2017, S. 8 ff.

[649] LG Trier, Urt. v. 21.06.2005 – 1 S 183/04

[650] Verordnung (EG) Nr. 1069/2009 des Europäischen Parlaments und des Rates vom 21. Oktober 2009 mit Hygienevorschriften für nicht für den menschlichen Verzehr bestimmte tierische Nebenprodukte und zur Aufhebung der Verordnung (EG) Nr. 1774/2002 (Verordnung über tierische Nebenprodukte)

[651] TierNebG vom 25.01.2004 (BGBl. I Seite 82), zuletzt geändert durch Artikel 1 des Gesetzes vom 4. August 2016 (BGBl. I S. 1966)

[652] VO vom 27.07.2006 (BGBl. I S. 1735) in der Fassung v om 23. April 2012 (BGBl. I S. 611)

[653] Ausführungsgesetz zum Tiergesundheitsgesetz und zum Tierische Nebenprodukte-Beseitigungsgesetz (AG TierSG TierNebG NRW) vom 2. September 2008 (GV. NRW. S. 612)

Verzehr bestimmt sind. Das TierNebG löste das damalige Tierkörperbeseitigungsgesetz ab[654].

Tierische Nebenprodukte in Sinne der EU-Verordnung sind u.a. ganze Tierkörper, Tierkörperteile oder Erzeugnisse tierischen Ursprungs, die nicht für den menschlichen Verzehr bestimmt sind (Art. 3 Nr 1). **772**

Hintergrund des TierNebG und seiner sukzessiven Verschärfung ist es, eine Ausbreitung von Tierseuchen über tierische Nebenprodukte zu vermeiden. **773**

Für Jäger bedeutet dies, dass sie jedenfalls nicht mehr uneingeschränkt tierische Nebenprodukte wie Küchen- und Speiseabfälle an ihre Hunde verfüttern dürfen, vgl. Art. 11 Abs. 1 a), 16 g), 18 EU-Verordnung Nr. 1069/2009. **774**

Die eingeschränkten Voraussetzungen für das Begraben des verstorbenen Jagdhundes sind in Art 19 EU-Verordnung Nr. 1069/2009 und Verordnung EG 1774/2002 geregelt. Diese Regelungen gelten indes nicht für einzelne Körper von Heimtieren, soweit diese auf geeigneten und von der zuständigen Behörde hierfür besonders zugelassenen Plätzen oder auf einem dem Tierhalter gehörenden Gelände, jedoch nicht in Wasserschutzgebieten und nicht in unmittelbarer Nähe öffentlicher Wege und Plätze, vergraben werden. Die Tierkörper dürfen nur so vergraben werden, dass sie mit einer ausreichenden, mindestens 50 Zentimeter starken Erdschicht, gemessen vom Rand der Grube, bedeckt sind (§ 27 Tierische-Nebenprodukte-Beseitigungs-VO). **775**

3. Tiergesundheitsgesetz und Verordnung über anzeigepflichtige Tierseuchen/Schweinepestverordnung

Das TierGesG[655] regelt insbesondere die Vorbeugung vor Tierseuchen und deren Bekämpfung. In diesem Rahmen dient es auch der Erhaltung und För- **776**

[654] vgl. zur Beseitigung tierischer Nebenprodukte von Wildtieren: Jacks, Jäger 10/2007, Seiten 4 ff.

[655] Tiergesundheitsgesetz vom 22. Mai 2013 (BGBl. I S. 1324) in der Fassung vom 21. November 2018 (BGBl. I S. 1938); dieses Gesetz hat das bis dahin geltende TierSeuchG abgelöst.

derung der Gesundheit von Vieh und Fischen, soweit das Vieh oder die Fische der landwirtschaftlichen Erzeugung dient oder dienen (§ 1 TierGesG).

777 Bricht eine anzeigepflichtige Tierseuche aus oder zeigen sich Erscheinungen, die den Ausbruch einer solchen befürchten lassen, so hat der Besitzer[656] der betroffenen Tiere unverzüglich bei der zuständigen Behörde Anzeige zu machen (§ 4 Abs. 1 TierGesG). Die schon durch § 24 BJG definierte Anzeigepflicht von Wildseuchen ist durch das Tiergesundheitsgesetz noch einmal erweitert worden. So ist ein Jagdausübungsberechtigter künftig nicht nur verpflichtet, den Ausbruch von Wildseuchen zu melden, sondern auch schon Meldung zu erstatten, wenn sich Erscheinungen zeigen, die den Ausbruch einer anzeigepflichtigen *Tier*seuche befürchten lassen (§4 Abs. 5 Satz 1 TierGesG). Darüber hinaus ist der anzeigepflichtige Personenkreis dahingehend erweitert worden, dass auch alle Personen, die zur Jagdausübung befugt sind, ohne Jagdausübungsberechtigte zu sein, anzeigepflichtig sind (§ 4 Abs. 5 Satz 2 TierGesG). Damit gilt die Anzeigepflicht auch für Jagdgäste und Begehungsscheininhaber.

Darüber hinaus besteht die Möglichkeit, über § 6 Abs. 1 Nr. 28 TierGesG Regelungen für eine verstärkte Bejagung zu erlassen und – über § 10 TierGesG – ein Tiergesundheitsmonitoring einzuführen.

Die zahlreichen anzeigepflichtigen Tierseuchen sind § 1 TierSeuchAnzV[657] zu entnehmen. Hierzu zählen insbesondere[658] die Blauzungenkrankheit, die (klassische) Schweinepest[659], die Geflügelpest, die Maul- und Klauenseuche sowie die Tollwut.

---

656 Wegen Herrenlosigkeit des Wildes erlangt der Jagdausübungsberechtigte Besitz erst durch Aneignung (vgl. Kapitel 1 Abschnitt I A)

657 Verordnung über anzeigepflichtige Tierseuchen vom 03.11.2004 (BGBl. I 2764) i. d. Fassung vom3. Mai 2016 (BGBl. I S. 1057) ;

658 m.w.N. www.bmel.de

659 zur Mitwirkungspflicht des Jagdausübungsberechtigten bei der Auslegung von Impfködern gegen die Schweinepest vgl. VG Koblenz, Beschl. v. 16.10.2003 – 1 L 2792/03; hierzu v. Pückler, WuH 10/2004, Seiten 108 f.; zum Kostenersatz hierfür: VG Koblenz, Urt. v. 26.05.2004 – 8 K 2000/03; zur Mitwirkungspflicht des Jagdausübungberechtigten durch Abschuss von Schwarzwild vgl. VG Aachen, Beschl. v. 23.04.2007 – 7 L 131/07 und 7 L 144/07, bestätigt durch OVG Münster, Beschluss v. 27.06.2007 – 13 B 703/07; hierzu v. Pückler, WuH 19/2007, Seiten 114 f.; Erlass des MUNLV zur Intensivierung der Bejagung von Schwarzwild vom 04.11.2008 – II-2-71-20-00.21; Mit Verfügung vom 11.06.2012 hat das Landesamt für Na-

Eine neue Herausforderung stellt die Afrikanische Schweinepest (ASP) dar. Ihr Ausbruchsrisiko auch in Deutschland hat die Gesetzgeber im Bund und in den Ländern zu weitreichenden Ergänzungsregelungen veranlasst. So wurden in diesem Zusammenhang sowohl das TierGesG, die SchwPestVO als auch das BJG aktualisiert. **778**

Künftig ist der Verordnungsgeber nach dem TierGesG befugt, nicht nur eine verstärkte Bejagung zu fordern, sondern darüber hinaus auch Verbote der Jagdausübung oder Beschränkungen der Jagd zu regeln. Konkret ist es ihm insbesondere nunmehr gestattet **779**

- auch die Fallwildsuche und die Duldung derselben zu regeln
- per Verordnung Verbote oder Nutzungsbeschränkungen für land- und forstwirtschaftliche Flächen auch für die Orte zu regeln, an denen sich seuchenkranke oder verdächtige Tiere aufhalten, und
- Regelungen über das Anlegen von Jagdschneisen zu treffen (§ 6 Abs. 1 Nr. 28 a-c TiergesG).

Zudem ist klargestellt worden, dass die Verordnungen sich nicht nur auf Fälle der Bekämpfung einer bereits ausgebrochenen Tierseuche beschränken müssen, sondern dass bereits bloße Vorbeugungsmaßnahmen geregelt werden dürfen. **780**

In § 6 Abs. 7-9 TierGesG sind neue Entschädigungsansprüche für Grundeigentümer, -besitzer und Jagdausübungsberechtigte aufgenommen worden. **781**

Vorsätzliche oder fahrlässige Verstöße gegen einzelne Vorschriften des TierGesG können gemäß §§ 31 ff. TierGesG als Straftat oder Ordnungswidrigkeit geahndet werden. Deswegen ist die genaue Kenntnis der bei Wild in Frage kommenden Krankheitssymptome notwendig, um der Meldepflicht nachkommen zu können. **782**

---

tur, Umwelt und Verbraucherschutz NRW die erfolgreiche Bekämpfung der klassischen Schweinepest bei Wildschweinen auch in NRW bekanntgeben und bisher gefährdete Bezirke und damit verbundene Maßnahmen – bis auf ein weiterhin durchzuführendes Monitoring (Entnahme von Blut- und Milzproben) -aufgehoben.

783 Auch die SchwPestVO wurde vor dem Hintergrund der ASP neugefasst[660]. Es wurden insbesondere Verpflichtungen für Jagdausübungsberechtigte - schon soweit dies zur Vorbeugung vor der Einschleppung oder zur Erkennung der Schweinepest erforderlich ist – aufgenommen (§3a SchwPestVO). Wird ein Schweinepest- oder ASP- Gefährdungsbezirk ausgewiesen, so hat der Jagdausübungsberechtigte des gefährdeten Bezirkes weitere Handlungs- und Mitwirkungspflichten (§§ 14c,e SchwPestVO). Im Falle eines amtlich festgestellten Ausbruches gelten dann Verbringungs- und Ausfuhrverbote, ferner greifen spezielle Kennzeichnungspflichten (§ 14i, j SchwPestVO).

784 Verstöße gegen die SchPestVO können als Ordnungswidrigkeiten ge ahndet werden (§ 25 SchwPestVO).)

785 Darüber hinaus wurde § 22 BJG dahingehend geändert, dass die Jagd[661] auch in Setz- und Brutzeiten zur Bekämpfung von Tierseuchen erlaubt werden kann.

786 Zum Abbau von Bejagungshindernissen bei Schwarzwild und vor dem Hintergrund der ASP-Risiken hat das Land NRW ebenfalls zunächst eine Schonzeitaufhebung für Überläufer bis zum 31.03.2018[662] vorgenommen. Nunmehr ist auch in NRW die Schonzeit für alles Schwarzwild auf allen bejagbaren Flächen vorläufig mit Wirkung bis einschließlich zum 31.03.2021 aufgehoben, wobei hiervon allerdings Bachen mit gestreiften Frischlingen unter ca. 25 KG ausgenommen sind[663].

787 Zudem übermnimmt das Land NRW seit dem 01.04.2018 die bei den Kreisen und kreisfreien Städten anfallenden Untersuchungsgebühren für die Trichinenuntersuchung bei in NRW erlegtem Schwarzwild[664].

---

660 SchwPestVO vom 03.08.1988 in der Neufassung vom 16.12.2018 (BGBl. I S. 2594)

661 Die ganzjährige Jagdzeit auf sämtliches Schwarzwild ist bereits – vorbehaltlich des Elterntierschutzes nach § 22 Abs. 4 BJG - in § 1 Abs. 2 BJagdzeitVO ausgeweitet worden.

662 Erlass vom 17.07.2017 – Az. III–6–71–20–00.21

663 Erlass vom 04.01.2018 – Az. III–6–71–20–00.21

664 Pressemitteilung des MULNV vom 29.03.2018

4. Tollwutverordnung

788 Nach § 3 a der TollwVO[665] hat die zuständige Behörde kranke, verhaltensgestörte oder anderweitig auffällige erlegte wild lebende sowie verendet aufgefundene Füchse, Marderhunde und Waschbären virologisch auf Tollwut zu untersuchen oder untersuchen zu lassen. Zur Durchführung dieser Untersuchung haben Jagdausübungsberechtigte die entsprechenden Tiere nach näherer Anordnung der zuständigen Behörde dieser selbst oder einer von ihr bestimmten Untersuchungseinrichtigung zuzuleiten. Mit der Zuleitung müssen dem Empfänger des jeweiligen Tieres Angaben zur Abschuss- oder Fundstelle, zum Datum des Abschusses oder des Fundes, zur Tierart und zum Verhalten des Tieres vor dem Erlegen mitgeteilt werden.

789 Gemäß § 5 TollwVO ist es verboten, in einem gefährdeten Bezirk Hunde außerhalb geschlossener Räume frei laufen zu lassen oder mit sich zu führen, wenn sie nicht ein Halsband, einen Gurt oder ein sonstiges Hundegeschirr tragen, auf oder an dem Name und Anschrift des Besitzers angegeben sind oder an dem eine Steuermarke befestigt ist. Dies gilt allerdings nicht für Hunde auf umfriedeten Grundstücken, von denen sie nicht entweichen können und für Jagdhunde bei jagdlicher Verwendung. Diese sollten aber stets gegen Tollwut schutzgeimpft sein.

790 Ist der Ausbruch oder der Verdacht des Ausbruches der Tollwut bei einem Haustier oder einem wildlebenden Tier (ausgenommen sind Fledermäuse) *amtlich* festgestellt worden, so erklärt die zuständige Behörde[666] unter Berücksichtigung der örtlichen Gegebenheiten ein Gebiet mit einer Fläche von mindestens 5000 Quadratkilometern oder mit einem Radius von mindestens 40 km um die Tierhaltung, die Abschuss-, Tötungs- oder Fundstelle zum gefährdeten Bezirk und gibt dies öffentlich bekannt (§ 8 Abs. 1 TollwVO).

791 Die zuständige Behörde bringt an den Zugängen zu dem gefährdeten Bezirk und an anderen geeigneten Stellen Schilder mit der deutlichen und

---

[665] Verordnung zum Schutz gegen die Tollwut vom 23.05.1991in der Fassung vom 29.12.2014

[666] vgl. § 12 der Verordnung über Zuständigkeiten auf dem Gebiete des Tierseuchenrechts

haltbaren Aufschrift „Tollwut! Gefährdeter Bezirk“ gut sichtbar an (§ 8 Abs. 2 TollwVO). In diesem Bezirk dürfen Hunde und Katzen nicht frei laufen gelassen werden (§ 8 Abs. 3 TollwVO). Hiervon sind unter anderem aber Hunde ausgenommen, die nachweislich unter wirksamem Impfstoff stehen und von einer Person begleitet werden, der sie zuverlässig gehorchen sowie Katzen, die nachweislich unter wirksamem Impfstoff stehen.

792 Jagdausübungsberechtigte haben dafür zu sorgen, dass seuchenverdächtigen wild lebenden Tieren sofort nachgestellt wird und dass diese erlegt und unverzüglich unschädlich beseitigt werden (§ 11 TollwVO). Ausgenommen von der Verpflichtung zur unschädlichen Beseitigung ist Untersuchungsmaterial zur Feststellung der Tollwut; bei Füchsen und kleineren Tieren ist das der ganze Tierkörper, bei größeren Tieren nur der Kopf.

793 Ist ein Ausbruch von Tollwut bei einem wild lebenden Tier amtlich festgestellt worden oder liegen gesicherte Anhaltspunkte vor, dass die Tollwut durch ein wild lebendes Tier verbreitet wird, so kann die zuständige Behörde neben den Untersuchungen eine verstärkte Bejagung, orale Immunisierung sowie weitergehende Untersuchungen anordnen (§ 12 TollwVO). Die Verpflichtung zur verstärkten Bejagung sowie auch zur Mitwirkung an einer Beköderungsaktion[667] obliegt dem Jagdausübungsberechtigten.

794 Vorsätzliche oder fahrlässige Verstöße gegen die TollwVO können als Ordnungswidrigkeit geahndet werden (§ 15 TollwVO).

5. Maul- und Klauenseucheverordnung

795 Auf Grund § 25 Abs. 1 der Maul- und Klauenseucheverordnung[668] ist ein Jagdausübungsberechtigter verpflichtet, zur Erkennung der Maul- und Klauenseuche bei „Wildtieren empfänglicher Arten“ (dazu zählen Schwarz-, Reh- und Rotwild) in „gefährdeten Bezirken“ folgende Handlungen vorzunehmen:

---

667 OVG Münster, Urt. v. 10.06.1999 – 13 A 2005/98

668 Verordnung zum Schutz gegen die Maul- und Klauenseuche vom 20.12.2005 (BGBl. I 3573) in der Fassung vom 18. Juli 2017 (BGBl. I S. 2666, 3245, 3526)

- Jedes erlegte „Wildtier einer empfänglichen Art" ist unverzüglich nach näherer Anweisung der zuständigen Behörde unter Ausfüllung eines Begleitscheines der Behörde zu kennzeichnen
- Von jedem erlegten „Wildtier einer empfänglichen Art" sind Proben nach näherer Anweisung der zuständigen Behörde zur virologischen und serologischen Untersuchung auf MKS zu entnehmen, zu kennzeichnen und zusammen mit dem Tierkörper, dem Aufbruch und dem Begleitschein einer behördlich festgelegten Wildsammel- oder Annahmestelle zuzuführen
- Es ist dafür Sorge zu tragen, dass bei Gesellschaftsjagden das Aufbrechen der Tiere und die Sammlung des Aufbruchs zentral an einem Ort erfolgen
- Jedes verendet aufgefundene „Wildtier einer empfänglichen Art" ist unverzüglich unter Angabe des Fundortes der zuständigen Behörde anzuzeigen und der zuständigen Untersuchungseinrichtung zur virologischen und serologischen Untersuchung auf MKS zuzuleiten.

Die vorgenannten Verpflichtungen treffen den Jagdausübungsberechtig- **796** ten derzeit erst dann, wenn die zuständige Behörde auf Grund eines festgestellten Ausbruches der Maul- und Klauenseuche ein Gebiet als „gefährdeten Bezirk" festgelegt hat.

Bisher ist in Deutschland allerdings noch kein Fall von MKS bei Wildtieren **797** registriert worden.

6. Geflügelpestverordnung

Die Geflügelpestverordnung[669] enthält u.a. Schutzmaßregeln bei Wildvö- **798** geln zur Vermeidung des Übergreifens der Vogelgrippe auf Hausgeflügel.

Für den Jäger ist insoweit von Bedeutung, dass ein gehäuftes Auftreten **799** kranker oder verendeter Wildvögel an bestimmten Orten sofort der zuständigen Behörde zu melden ist. Sollte sich dann der Verdacht auf Vo-

---

[669] Geflügelpestverordnung vom 18.10.2007 (BGBl. I 2348); neugefasst unter dem 08.05.2013 (BGBl. I 1212); aktuelle Fassung v 15. Oktober 2018 (BGBl. I S. 1665, 2664)

gelgrippe bestätigen, kann das Veterinäramt den Jagdausübungsberechtigten auffordern, Proben von erlegten Gänsen und Enten zu entnehmen.

800 Gemäß der Wildvogel-Geflügelpest-Monitoring-Verordnung[670] führen alle Bundesländer jährlich in den Monaten September bis Januar des Folgejahres ein Monitoring zur Untersuchung von Wildvögeln, insbesondere von Arten aus der Ordnung Gänsevögel, durch. Hierbei trifft die Jagdausübungsberechtigten in bestimmten Risikogebieten nach näherer Anweisung der zuständigen Behörde eine Verpflichtung, Proben von im Rahmen der Ausübung der Jagd erlegten Vögeln zu nehmen bzw. die tot aufgefundenen Vögel abzugeben.

7. Wildbrethygienevorschriften

a. Gesetzliche Grundlagen

801 Für den Bereich des Wildbrethygienerechts gelten bereits seit dem 01.01.2006 als unmittelbares nationales Recht folgende spezielle EU-Hygienevorschriften:

- EU-Verordnung (EG) 178/2002: Lebensmittelrecht und Lebensmittelsicherheit (Grundsätze des Lebensmittelrechtes)
- EU-Verordnung (EG) 852/2004: Lebensmittelhygiene (Allgemeine Hygienevorschriften)
- EU-Verordnung (EG) 853/2004: Spezifische Hygienevorschriften für Lebensmittel tierischen Ursprungs (Hygienischer Umgang mit Wild)[671]
- EU-Verordnung (EG) 854/2004: Besondere Verfahrensvorschriften für die amtliche Überwachung von zum menschlichen Verzehr bestimmten Erzeugnissen tierischen Ursprungs (Vorschriften zur Lebensmittelüberwachung)
- EU-Verordnung (EG) 2075/2005: Spezifische Vorschriften für die amtliche Fleischuntersuchung auf Trichinen (Regelung der Trichinenuntersuchung)

---

[670] Verordnung zur Durchführung eines Monitorings auf das Virus der Geflügelpest bei Wildvögeln (Wildvogel-Geflügelpest-Monitoring-Verordnung - WvGeflpestMonV) vom 08.03.2016 (BGBl. I S. 449) und Erlass des LANUV vom 17.11.2016, Az. 8.87-01.02.75; allgemein zur Geflügelpest: Stegmanns/Osterhaus, WuH 24/2016, S.18 f.:

[671] vgl. hierzu den Überblick von Conrad in DJZ 1/2006, Seite 34 f.

- Seit 01.07.2012 gilt zudem die EU-Verordnung (EG) 931/2011 (Rückverfolgbarkeit von Lebensmitteln)

In Deutschland gelten – die vorbezeichneten EU-Verordnungen umsetzend, konkretisierend bzw. ergänzend – das Lebensmittel- und Futtermittelgesetzbuch[672] sowie seit dem 15.08.2007 die (Bundes-)Verordnung zur Durchführung von Vorschriften des gemeinschaftlichen Lebensmittelhygienerechts mit ihren für die Jagd bedeutsamen Unterartikeln Lebensmittelhygieneverordnung, tierische Lebensmittelhygieneverordnung sowie tierische Lebensmittelüberwachungsverordnung (VOLHR)[673]. **802**

Mit dem Inkrafttreten der vorbezeichneten Verordnung sind das bis dahin noch geltende Fleischhygienegesetz und das Geflügelfleischhygienegesetz automatisch außer Kraft getreten. Mit der Verordnung wurden zudem die Fleischhygieneverordnung überwiegend und die Geflügelfleischhygieneverordnung sowie die Lebensmittelhygieneverordnung insgesamt aufgehoben[674]. **803**

Zu Einzelpunkten können die Länder noch Rechtsverordnungen bzw. Verwaltungsvorschriften erlassen. In Nordrhein-Westfalen existierten hierzu ergänzend sechs Erlasse des Ministeriums für Umwelt und Naturschutz, Landwirtschaft und Verbraucherschutz vom 07.11.2007, 07.02.2008, 19.02.2008, 13.11.2008, 07.12.2010 und 11.03.2011 zur Umsetzung der Verordnungen (EG) 852/2004, 853/2004 sowie der Tierischen Lebensmittelhygieneverordnung. Die vorbezeichneten Erlasse sind mit Erlass vom 04.12.2012 neu geregelt und nur noch in einem Erlass zusammengefasst worden. **804**

b. Behandlung von erlegtem Wild

Nach der EU-Verordnung (EG) 853/2004 ist Großwild (nach der Definition **805**
der Verordnung: alles Schalenwild und somit auch Rehwild) unverzüg-

---

672 Neugefasst durch Bek. V. 03.06.2013 (BGBl. I S. 1426) i.d.F.v. 05.12.2014 (BGBl. I S. 1975)
673 Verordnung vom 8.8.2007 (BGBl. I S. 1816 ff.)
674 vgl. zum Hygienepaket: Schürmann, RWJ 3/2011 S. 20 ff.

lich[675], Kleinwild (nach der Definition der Verordnung: freilebendes Federwild und freilebende Hasentiere wie Feldhasen und Wildkaninchen) spätestens bei der Abgabe aufzubrechen bzw. auszuweiden. Das Enthäuten und eine Zerlegung von Großwild am Erlegungsort sind nur zulässig, wenn der Transport sonst nicht möglich ist. Großwild ist nach dem Aufbrechen und Ausweiden so aufzubewahren, dass es gründlich auskühlen und in den Körperhöhlen abtrocknen kann. Kleinwild ist unmittelbar nach dem Erlegen so aufzubewahren, dass es gründlich auskühlen kann. Großwild muss alsbald nach dem Erlegen auf eine Innentemperatur von höchstens + 7 Grad Celsius, Kleinwild auf eine Innentemperatur von höchstens + 4 Grad Celsius abgekühlt sein; erforderlichenfalls ist das Wild dazu in eine geeignete Kühleinrichtung zu verbringen. Beim Erlegen, Aufbrechen, Zerwirken und weiteren Behandeln ist auf Merkmale zu achten, die das Fleisch als gesundheitlich bedenklich erscheinen lassen.

806 Auch nach der VOLHR dürfen, bezogen auf die Innentemperatur von Wildkörpern, Großwild bei einer Temperatur von nicht mehr als + 7 Grad Celsius und Kleinwild von nicht mehr als + 4 Grad Celsius gelagert und befördert werden (§ 15 Abs. 3 Nr. 4 VOLHR).

807 Fleisch von Groß- und Kleinwild, das nicht durch Erlegen getötet worden ist (z.B. Fallwild), darf grundsätzlich nicht in den Verkehr gebracht werden (§ 22 Nr. 2 VOLHR)[676].

808 Ob sich Jäger der Mithilfe eines Metzgers als „Dienstleister" (Zerwirken von Wild) bedienen dürfen, ist streitig. Das Bundesverbraucherschutzministerium verneint dies, da damit die Direktabgabekette und die Nachvollziehbarkeit unterbrochen sei. Richtig dürfte sein, dass die Hilfe eines Metzgers beim Zerwirken von Schalenwild in seinen Räumen auch weiterhin gestattet ist. Grund hierfür ist, dass die vom Bundesministerium vertretene enge Ansicht aus der Verordnung nicht hervorgeht und dass gerade in Räumen ei-

---

[675] bis maximal zwei Stunden nach dem Erlegen

[676] in NRW darf noch lebend angetroffenes mit Fangschuss getötetes Wild nach amtl. Fleischuntersuchung und Tauglichkeitsbewertung noch in den Verkehr gebracht werden; verunfalltes Wild darf dagegen nach amtl. Fleischuntersuchung und Tauglichkeitsbeurteilung vom Jagdausübungsberechtigten nur selbst verwertet werden

nes gewerblichen Fleischereibetriebes die Sauberkeit höchste Priorität besitzt. Dadurch ist ein ordnungsgemäßes und hygienisch sauberes Wildbret gewährleistet. Das Bundesland Niedersachsen hat sich dieser Rechtsauffassung bereits angeschlossen[677]. Auch in Nordrhein-Westfalen ist die Inanspruchnahme der Hilfe eines Metzgers beim Zerwirken als Inanspruchnahme einer Dienstleistung zu sehen, bei der kein „Inverkehrbringen" erfolgt und die somit auch weiterhin zulässig ist.

c. Abgabe an den Großhandel

Für die Abgabe von Großwild an Wildbearbeitungsbetriebe (Großhandel) 809
gilt: Die zum jeweiligen Stück gehörenden Eingeweide (Herz, Lunge, Leber, Milz und Nieren) sind dem zugehörigen Wildkörper für die im Wildbearbeitungsbetrieb durch einen amtlichen Tierarzt erfolgende Untersuchung beizufügen. Unterbleiben kann die Beifügung der vorgenannten Eingeweide, wenn diese und das Wild selbst vor Ort von einer vom zuständigen Veterinäramt als sachkundig anerkannten Person auf für den Verzehr des Wildfleisches bedenkliche Merkmale kontrolliert und solche nicht festgestellt wurden. In diesem Falle hat die sachkundige Person eine von ihr unterschriebene Dokumentation über die Unbedenklichkeit (Wildursprungsschein und -marke) für jedes einzelne Stück gesondert beizufügen.

Der Begriff „sachkundige Person" nach EU-Recht ist grundsätzlich nicht 810
identisch mit dem Begriff des „ausreichend geschulten Jägers" in § 4 Abs. 1 VOLHR. Da diese Unterscheidung in der täglichen Praxis jedoch nicht umsetzbar und nicht zielführend ist, erfolgt eine Schulung nach den Vorgaben der VO (EG) 853/2004 Anhang III Abschnitt IV Kapitel I bzw. § 4 Abs. 1 Tierische Lebensmittelhygieneverordnung umfassend zur „kundigen Person"[678].

Sachkunde bzw. ausreichende Schulung eines Jägers wird „vermutet", 811
wenn dieser nach dem 1.2.1987 die Jägerprüfung nach § 15 Abs. 5 Satz 1 BJG bestanden hat (§ 4 Abs. 1 VOLHR). Andere Personen gelten zwar nicht als unkundig, müssen jedoch ihre Qualifikation ggf. positiv

---

677 vgl. zum Ganzen: Heider, NdSJ 16/2007, S. 5

678 Erlass des MUNLV vom 04.12.2012, Az. VI-3-40.20.02, Ziffer 1

nachweisen. Eine entsprechende aktuelle Schulung[679] mit Teilnahmenachweis ist demnach für alle Jäger dringend zu empfehlen. Seit April 2010 ist zudem der Nachweis über die Teilnahme an einer vom zuständigen Veterinäramt anerkannten Schulung zur kundigen Person Voraussetzung für die Zulassung zur Jägerprüfung.

812 Wer als Jäger Wildkörper an einen Wildbearbeitungsbetrieb abgibt, hat auf Anweisung der zuständigen Behörde abweichend von Anhang III Abschnitt IV Kapitel 2 Nr. 4 a Satz 3 der EG-Verordnung Nr. 853/2004 unter bestimmten Voraussetzungen den Kopf und die Eingeweide beizufügen (§ 13 VOLHR).

d. Abgabe an den Einzelhandel oder Endverbraucher

813 Wird von der Strecke Wild als ganzes Stück (in der Decke) direkt an den Endverbraucher oder den regionalen Einzelhandel (Gaststätten, Metzgereien und Wildhändler) abgegeben, unterfällt dieser Vorgang nicht der EU-Verordnung (EG) 853/2004, da es sich um die Vermarktung eines Primärerzeugnisses handelt. Für dieses Wild gilt einmal die von der EU-Verordnung (EG) 178/2002 vom Revierinhaber als Lebensmittelunternehmer geforderte Lebensmittelsicherheit hinsichtlich der gesundheitlichen Unbedenklichkeit des angebotenen Produktes und seiner hygienisch einwandfreien Gewinnung. Darüber hinaus enthält die VOLHR, die ebenfalls Anwendung findet, für Jäger bestimmte Erleichterungen wie folgt:

814 Bei der Abgabe von aus der Decke geschlagenem oder zerwirktem erlegtem[680] Wild oder Fleisch von erlegtem Wild in kleinen Mengen von Primärzeugnissen oder Lebensmittel tierischen Ursprungs[681] sowie bei Direktabgabe an Verbraucher oder an örtliche[682] Betriebe des Einzelhandels

[679] zu weiteren Einzelheiten der Schulung vgl. Erlass des MUNLV vom 04.12.2012, Az. VI-3-40.20.02, Ziffer 1

[680] Erlegen heißt Tötung nach jagdrechtlichen Vorschriften (§ 2 Abs. 1, Ziffer 2 VOLHR)

[681] unter kleiner Menge ist die Strecke eines Jagdtages, egal in welcher Anzahl, zu verstehen (§ 3 Abs. 2 Nr. 4 VOLHR)

[682] Örtliche Betriebe sind solche, die im Umkreis von nicht mehr als 100 km vom Wohnort des Jägers oder dem Erlegungsort des Wildes liegen (§ 6 Nr. 2 VOLHR)

(Gaststätten/ Wildhändler/ Metzger) zur unmittelbaren Abgabe an Verbraucher gilt, dass Jäger die Anlage 4 der VOLHR zu beachten haben. Hierzu im Einzelnen:

- Großwild ist so schnell wie möglich, Kleinwild spätestens bei der Abgabe aufzubrechen und auszuweiden. Das Enthäuten und eine Zerlegung von Großwild am Erlegungsort ist nur zulässig, wenn der Transport sonst nicht möglich ist. Des Weiteren ist Großwild unmittelbar nach dem Aufbrechen und Ausweiden so aufzubewahren, dass es gründlich auskühlen und in den Körperhöhlen abtrocknen kann. Kleinwild ist unmittelbar nach dem Erlegen so aufzubewahren, dass es gründlich auskühlen kann. Großwild muss alsbald nach dem Erlegen auf eine Innentemperatur von höchstens + 7 Grad Celsius, Kleinwild auf eine Innentemperatur von höchstens + 4 Grad Celsius abgekühlt sein; erforderlichenfalls ist das erlegte Wild dazu in eine geeignete Kühleinrichtung zu verbringen. Beim Erlegen, Aufbrechen, Zerwirken und weiteren Behandeln ist auf Merkmale zu achten, die das Fleisch als gesundheitlich bedenklich erscheinen lassen. Räume zum Sammeln von Groß- und Kleinwild nach dem Erlegen (Wildkammern) müssen über eine geeignete Kühleinrichtung und einen geeigneten Platz zum Enthäuten und Zerlegen verfügen. Großwild in der Decke oder Kleinwild in der Decke oder im Federkleid darf Fleisch von erlegtem Wild nicht berühren.
- Es dürfen nur ausreichend geschulte Personen kleine Mengen von Wild oder Fleisch von erlegtem Wild abgeben. Insoweit wird auf die Ausführungen unter c. verwiesen.

Zudem ist zu beachten, dass vor der Abgabe von Wild zwingend eine **815**
amtliche Fleischuntersuchung zu veranlassen ist, wenn vor oder nach dem Erlegen Merkmale nach Anlage 4 Nr. 1.3. festgestellt wurden (§ 4 Abs. 2 Nr. 1 VOLHR). Dies gilt nicht bei der Abgabe an Einzelhandelsbetriebe oder Jäger. Die Vorbezeichneten müssen dann allerdings selbst bei den entsprechenden Voraussetzungen für eine amtliche Fleischuntersuchung sorgen.

Letztendlich ist es nach § 5 Abs. 3 Nr. 2 VOLHR verboten, auch kleine **816**
Mengen von erlegtem Wild unausgeweidet an Verbraucher abzugeben.

Abschnitt 1
Nebenbestimmungen

817 Für die Abgabe von gehäutetem oder zerwirktem Wild an Endverbraucher oder lokale Einzelhandelsbetriebe in kleinen Mengen hat der Jäger sich einmalig als „kundige Person" registrieren zu lassen (Art. 6 Abs. 1 Nr. 1 der Verordnung (EG) 852/2004). Gleiches gilt für die Abgabe an zugelassene Wildbearbeitungsbetriebe oder den Wildgroßhandel. Die Registrierung erfolgt bei der für den Wohnort des Jägers zuständigen Veterinärbehörde per Telefon, E-Mail oder auf dem Postweg[683].

818 Seit 01.07.2012 gilt die Durchführungsverordnung der EU zur Rückverfolgbarkeit von Lebensmitteln (Nr. 931/2011). Damit soll sichergestellt werden, dass die Herkunft eines Lebensmittels generell bis zum Erzeuger nachvollziehbar ist. Davon sind auch Jäger betroffen, wenn sie Wild an Lebensmittelunternehmer (z. B. Gastwirte, Metzger und Wildhändler) abgeben. Bei der Abgabe direkt an den Endverbraucher gilt die Verordnung nicht.
Folgende Informationen sind dabei verpflichtend:

- Name und Anschrift des Versenders und des Empfängers sowie des Eigentümers (sofern dieser nicht mit Empfänger oder Versender identisch ist),
- eine Beschreibung des Lebensmittels (es genügt die Angabe der Wildart),
- die Menge (es genügt bei ganzen Stücken die Zahl der Stücke, ansonsten eine Angabe wie z. B.: „Zwei Keulen"),
- das Datum.

Außerdem muss ein Bezug zwischen der Sendung und der Mitteilung der Informationen hergestellt werden. Wie dieser Bezug hergestellt wird, ist nicht vorgeschrieben. Es genügt z. B., dass am Wildkörper direkt oder an dessen Verpackung eine Marke mit einer Nummer angebracht wird, die auf der Bescheinigung angegeben wird. Es reicht aber auch aus, dass die Bescheinigung direkt an der Verpackung angebracht wird.

Die neuen Informationspflichten gelten nicht nur für die Abgabe von Schalenwild, sondern für alles Wild. Die weitergehenden Informationspflichten bei der Abgabe von Schalenwild an den Wildhandel (z. B. Infor-

683 Erlass des MUNLV vom 04.12.2012, Az. VI-3-40.20.02, Ziffer 2

mationen zu lebensmittelhygienisch bedenklichen Merkmalen) bleiben bestehen.

Die Informationen zur Rückverfolgbarkeit des Wildbrets müssen solange aufbewahrt werden, bis davon ausgegangen werden kann, dass das Wildbret verzehrt wurde. Sie müssen der Lebensmittelüberwachungsbehörde auf Anforderung mitgeteilt werden. Wichtig ist immer, dass die Informationen sowohl an den Abnehmer weitergegeben als auch bei Jagdausübungsberechtigten dokumentiert werden.

Es gibt keine amtlichen Vordrucke. Jäger können aber auch entsprechende Wildursprungsscheine verwenden. Dann muss auf dem Schein aber auch notiert werden, wann und an wen das Wild abgegeben wurde. Die bundesweit für die Trichinenuntersuchung vorgeschriebenen Bescheinigungen können ebenfalls verwendet werden, sofern der Jagdausübungsberechtigte eine Kopie aufbewahrt. Jäger können sich auch einfach einen Vordruck selbst herstellen oder die Informationen ohne Vordruck handschriftlich notieren.

e. Trichinenschau

Nach der EG-VO Nr. 2075/2005 vom 5.12.2005 sind Schlachtkörper unter **819** anderem von Wildschweinen und frei lebendem Wild, die Träger von Trichinen sein können, systematisch im Rahmen der Fleischuntersuchung in einem Schlachthof oder einem Wildverarbeitungsbetrieb zu beproben. Schlachtkörper oder Teile davon dürfen das Gelände erst verlassen, wenn kein Trichinenbefall festgestellt wurde. Die zuständige Behörde stellt sicher, dass das gesamte an der Untersuchung von Proben zum Nachweis von Trichinen beteiligte Personal eine entsprechende Ausbildung absolviert.

Nach nationalem Recht hat derjenige, der kleine Mengen von erlegtem **820** und zur menschlichen Ernährung vorgesehenen Wild in Eigenbesitz genommen hat, das Wild vor der weiteren Bearbeitung oder vor der Abgabe bei der für den Erlegungsort oder den Wohnort zuständigen Behörde (amtlicher Tierarzt, Veterinäramt oder Lebensmittelüberwachungsamt) im Falle von Wildschweinen, Sumpfbibern, Dachsen oder anderen Tieren, die Träger von Trichinen sein können, zur amtlichen Untersuchung auf Trichinen anzumelden. Dies gilt aber dann nicht, wenn das entsprechende Wild an einen Betrieb des Einzelhandels oder an einen Jäger abgegeben wird. In diesem Falle treffen die entsprechenden Pflichten diejenigen, an die abgegeben wurde (§ 4 Abs. 2 VOLHR); hierauf ist bei der Abgabe ausdrücklich hinzuweisen.

821 Es ist bei Strafandrohung verboten, kleine Mengen von Wild vor Abschluss der amtlichen Untersuchung auf Trichinen an Verbraucher abzugeben (§ 5 Abs. 3 Nr. 1 VOLHR).

822 Auf besonderen Antrag konnte bereits die Behörde, in der der Jagdbezirk liegt, in dem die Trichinenprobenentnahme erfolgten, die Trichinenprobeentnahme gegen Zahlung einer Gebühr auf eigens hierfür geschulte Jagdausübungsberechtigte (Schulung erfolgte und erfolgt in NRW im Rahmen der Schulung zur „kundigen Person“ mit) übertragen[684].

823 Im Falle der Entnahme von Proben auf Grund Übertragung durch die Behörde an den Jagdausübungsberechtigten war bereits eine Wildmarke am Wildkörper anzubringen und die Nummer der Wildmarke auf einem Wildursprungsschein einzutragen.

Mit der ersten Verordnung zur Änderung der Vorschriften des gemeinschaftlichen Lebensmittelhygienerechts vom 11.05.2010 und der daraus resultierenden Einfügung eines Absatzes zwei in § 6 der Tierischen Lebensmittelüberwachungsverordung ist die zuständige Behörde jetzt ermächtigt, *jedem* Jäger (nicht mehr nur dem Jagdausübungsberechtigten) ohne Beschränkung auf einen bestimmten Jagdbezirk die Entnahme von Proben zur Untersuchung auf Trichinen zu übertragen. Im Erlasswege[685] hat das MUNLV hierzu u. a. folgendes klargestellt:

Zuständig für die Übertragung ist die Kreisordnungsbehörde am Hauptwohnsitz des Jägers. Vorraussetzungen für die Übertragung sind die Zuverlässigkeit des Antragstellers sowie eine Schulung zur Entnahme und Kennzeichnung von Trichinenproben. Bei einem Jagdscheininhaber kann von der notwendigen Zuverlässigkeit ausgegangen werden, sofern keine Anhaltspunkte vorliegen, die daran Zweifel aufkommen lassen. Die notwendige Schulung für die Entnahme von Trichinenproben und die

---

[684] Erlass des MUNLV vom 13.11.2008, Az. VI-3-40.20.02

[685] Erlass des MUNLNV vom 04.12.2012, Az.: VI – 3.40.20.02;vgl. zum Ganzen auch schon: RWJ 1/2011 S. 44, 8/2012 S. 27 und Gierse, JuJ 2/2011 S. 1 f.

Kennzeichnung ist in die vom Landesjagdverband und seinen örtlichen Vertretungen durchgeführten Schulungen der Jäger zur kundigen Person integriert und braucht somit nicht von den zuständigen Behörden einzeln durchgeführt zu werden. Bei Wildschweinen sind aus dem Zwerchfell, dem Antebrachium oder der Zungenmuskulatur Proben von insgesamt 10g zu entnehmen. Die Ausgabe von Wildursprungsscheinen und Wildmarken hat weiterhin von der für das Jagdrevier zuständigen Behörde ausschließlich an den örtlichen Jagdausübungsberechtigten zu erfolgen. Dieser gibt sie in ausreichender Zahl an im Revier mitjagende Jäger weiter, sofern auf diese ebenfalls die Probeentnahmeberechtigung übertragen wird. Die Anmeldung zur Trichinenuntersuchung kann bei der für den Wohn- bzw. Erlegungsort zuständigen Behörde erfolgen.

f. Sanktionsnormen

Vorsätzlich oder fahrlässige Verstöße gegen vorbezeichnete Vorschriften **824**
stellen entweder Straftaten oder Ordnungswidrigkeiten dar.

8. Produkthaftungsgesetz

Nach § 1 Abs. 1 Produkthaftungsgesetz[686] ist der Produkthersteller **825**
schadensersatzpflichtig, wenn durch einen Produktfehler jemand getötet, sein Körper oder seine Gesundheit verletzt oder eine Sache beschädigt wird; auf ein Verschulden des Herstellers kommt es dabei nicht an. Diese Gefährdungshaftung gilt auch für landwirtschaftliche Naturprodukte und Jagderzeugnisse.

Damit können Jäger von Verbrauchern im Fall der Weitergabe gesund- **826**
heitlich bedenklichen Wildbrets auf Schadensersatz in Anspruch genommen werden, wenn durch dieses Wildbret z.B. eine Gesundheitsbeeinträchtigung hervorgerufen wurde. Die Ersatzpflicht des Jägers ist u.a. nur dann ausgeschlossen, wenn er beweisen kann, dass das Wildbret den Fehler noch nicht hatte, als er es in Verkehr brachte oder dass der Fehler von ihm objektiv nicht erkannt werden konnte.

---

686 Produkthaftungsgesetz vom 15.12.1989 (BGBl. I S. 2198) i. d. Fassung vom 17. Juli 2017 (BGBl. I S. 2421)

827 Die – seltenen – Personenschäden auf Grund der Weitergabe genussuntauglichen Wildes an den Verbraucher sind allerdings grundsätzlich von der Jagdhaftpflichtversicherung gedeckt[687].

D. Sonstige Nebenbestimmungen

1. Verpackungsgesetz

828 Das am 01.Januar 2019 in Kraft getretene neue Verpackungsgesetz[688], welches die bislang geltende Verpackungsverordnung abgelöst hat, bezweckt die Vermeidung und Verringerungen von Auswirkungen von Verpackungsabfällen auf die Umwelt. Es enthält auch Verpflichtungen für Jäger. Hierzu zählt u.a. eine Registrierungspflicht für *Hersteller* von verpackten Produkten. Hersteller ist derjenige Vertreiber, der Verpackungen erstmals gewerbsmäßig in Verkehr bringt. Er muss sich (wie bisher schon) an einem „dualen System“ zur Entsorgung von Verpackungen beteiligen.

829 Jäger, die Wildbret verpackt – etwa vakuumiert – abgeben, handeln aber nicht „gewerbsmäßig“, wenn sie keine Gewinne aus der Jagd erzielen. Demnach sind sie grundsätzlich vom neuen Verpackungsgesetz nicht betroffen und müssen sich auch nicht registrieren lassen, da sie schon das Herstellerkriterium nicht erfüllen.

830 Vor allen aber land- oder forstwirtschaftliche Betriebe, bei denen die Jagd ein Teil des Betriebes ist, fallen indes grundsätzlich in den Anwendungsbereich des Gesetzes. Diese Betriebe können jedoch in vielen Fällen sog. „Service-Verpackungen“ verwenden und damit die Registierungspflicht vermeiden.

831 Hinsichtlich Detailfragen zur Anwendung des Verpackungsgesetzes hat der DJV ein Frage-Antwort-Papier erstellt, worauf hier verwiesen werden soll[689].

---

687 vgl. hierzu Numßen, WuH 1/2001, Seite 52 f.

688 Verpackungsgesetz vom 5. Juli 2017 (BGBl. I S. 2234)

689 Frage-und-Antwort-Papier des DJV zum neuen Verpackungsgesetz, abrufbar unter: https://www.jagdverband.de/content/frage-und-antwort-papier-zum-neuen-verpackungsgesetz

2. Feiertagsgesetz Nordrhein-Westfalen

Die gesetzlichen Feiertage im Land Nordrhein-Westfalen sind in § 2 FeiertagsG[690] abschließend geregelt. Der Feiertagsschutz gilt grundsätzlich von Mitternacht bis Mitternacht (§ 1 Abs. 2 FeiertagsG). **832**

Gemäß § 3 FeiertagsG sind an Sonn- und Feiertagen in Nordrhein-Westfalen alle öffentlich bemerkbaren Arbeiten verboten, die geeignet sind, die äußere Ruhe des Tages zu stören, sofern sie nicht besonders erlaubt sind. Unter das Verbot fallen für den Jäger insbesondere Revierarbeiten wie z.B. der Hochsitzbau. **833**

Ausdrücklich verboten sind auch Treib-, Lapp- und Hetzjagden (§ 3 Satz 3 FeiertagsG). Der Begriff der „Treibjagd" i.S.d. Feiertagsgesetzes NRW ist weitgreifender zu verstehen: Von dem Verbot umfasst ist deshalb auch die Durchführung einer Drückjagd, da es sich auch hierbei um eine „Treibjagd" handelt[691]. Den gleichen Maßstab wird man für den Begriff der Bewegungsjagd anlegen müssen. Abzugrenzen hiervon ist aber die Erntejagd – sie ist keine Bewegungsjagd, da bei dem Abstellen eines Feldes während der Ernte das Wild gerade nicht den Schützen gezielt zugetrieben wird. **834**

Bei Vorliegen eines dringenden Bedürfnisses – z.B. massiv drohende Wildschäden – können durch den Landrat bzw. die Bezirksregierung auf Antrag Ausnahmen zugelassen werden (§§ 10 FeiertagsG, 7 OBG). **835**

Wer vorsätzlich gegen § 3 FeiertagsG verstößt, handelt ordnungswidrig und kann mit einer Geldbuße belegt werden (§ 11 FeiertagsG). **836**

3. Fangjagd

Nach § 19 Abs. 1 Nr. 9 BJG sind Fanggeräte, die nicht unversehrt fangen oder nicht sofort töten, verboten. **837**

Über dieses Verbot des § 19 Abs. 1 Nr. 9 BJG hinaus ist in NRW das zuständige Ministerium mit dem Jagdgesetz von Mai 2015 ermächtigt

---

690 Feiertagsgesetz NRW in der Fassung 20.12.1994

691 Drees, RWJ 1/97 Seite 4 ff., a. A. v. Pückler, WuH 25/96 Seite 38 ff.

worden, nach Anhörung des zuständigen Ausschusses des Landtages durch Rechtsverordnung die Verwendung bestimmter Fanggeräte, die den Anforderungen des § 19 Abs. 1 Nr. 9 BJG nicht genügen, zu verbieten und die Voraussetzungen und Methoden der Fallenjagd zu bestimmen (§ 19 Abs. 5 LJG-NRW).

Auf dieser Grundlage hat der Verordnungsgeber in NRW Regelungen zur Fangjagd in den §§ 29 bis 33 DVO-LJG-NRW[692] getroffen.

Nach § 29 DVO darf die Jagd mit Fanggeräten nur von Revierjägern, bestätigten Jagdaufsehern[693] oder von Personen ausgeübt werden, die an einem vom zuständigen Ministerium anerkannten Ausbildungslehrgang für die Fangjagd teilgenommen haben[694].

838 Über das Verbot des § 19 Abs. 1 Nr. 9 BJG hinaus sind verboten:

- Totschlagfallen[695]
- Wippbrettkastenfallen, die nicht die in der DVO vorgeschriebenen Mindestmaße (§ 31 Abs. 2 DVO LJG-NRW) aufweisen (§ 30 DVO LJG-NRW)

839 Die Voraussetzungen einer zulässigen Falle für den Lebendfang[696] regelt detailliert § 31 DVO LJG-NRW. Danach muss eine solche Falle derart beschaffen sein, dass sie

- für den Einzelfang bestimmt ist und

---

[692] Durchführungsverordnung zum LJG-NRW, Stand: 26.02.2019 (GV.NRW, S. 138); Zur den Regelungen der Fangjagd vgl. Thies, RWJ 8/2015, S. 4 f.; auch hier bestehen erhebliche verfassungsrechtliche Bedenken!

[693] Die fachliche Eignung kann als gegeben angesehen werden, wenn Prüfungszeugnisse des LJV-NRW über die erfolgreiche Teilnahme an einem Jagdschutzlehrgang und einem Fangjagdlehrgang vorgelegt und die Jagdpachtfähigkeit nachgewiesen werden. Aus diesen Grunde gelten bisherige Prüfungszeugnisse des LJV-NRW als Nachweis im Sinne des § 29 DVO LJG-NRW: So: Dienstl. Mittteilungen des MKUNLV v. 01.07.2015, Az. III-6 71-01-00.21 Ziff. 3; Bei neuen Ausbildungslehrgängen genügt die Teilnahme, die Teilnahme an einer Prüfung ist nicht notwendig.

[694] Das Frettieren mit Netzen ist keine Fangjagd und damit nicht lehrgangspflichtig.

[695] Das Verbot von Totschlagfallen ist von der Ermächtigungsnorm des § 19 Abs. 5 DVO LJG-NRW nicht gedeckt, unverhältnismäßig und zudem nicht per Verordnung, sondern nur durch Gesetz regelbar. Damit ist diese Vorschrift der DVO LJG-NRW schlechterdings unwirksam.

[696] Nach einem Erlass des MKULNV NRW vom 14.02.2012, Az.: III – 6 77 – 20 – 00.50 ist der Betrieb oberirdisch aufgestellter Lebendfangfallen bei extremen Minustemperaturen als nicht tierschutzgerecht anzusehen.

- vermeidbare Verletzungen des gefangenen Tieres ausschließt sowie
- dem gefangenen Tier einen ausreichend großen Freiraum bietet (§ 31 Abs. 1 DVO LJG-NRW)

Wippbrettkastenfallen müssen eine Mindestlänge von 80 cm, eine Mindestbreite von 10 cm und eine Mindesthöhe von 15 cm (Innenmaße) aufweisen. Wippbrettkastenfallen für das Hermelin müssen an einer Seite mit einem Loch mit einem Durchmesser von 24mm und mit einer Gewichtstarierung versehen sein, durch die der Fang von Mauswieseln und Mäusen verhindert wird (§ 31 Abs. 2 DVO LJG-NRW).

Des Weiteren gilt gemäß § 32 DVO LJG-NRW, dass **840**

(1) Fallen für den Lebendfang
  a) so gebaut sein oder verblendet werden müssen, dass dem gefangenen Tier die Sicht nach außen verwehrt wird und
  b) dauerhaft und jederzeit sichtbar so gekennzeichnet sein müssen, dass ihr Besitzer feststellbar ist[697] und
  c) mit einem elektronischen Fangmeldesystem[698] mit der Funktion einer Statusmeldung ausgestattet sein müssen, soweit keine kommunikationstechnischen Gründe entgegenstehen (Funkloch)[699]. Die Statusmeldung muss zweimal täglich morgens und abends auf das Empfangsgerät übermittelt werden.

(2) Wer Fallen für den Lebendfang verwendet, hat dies vorher der Unteren Jagdbehörde anzuzeigen[700], in deren Bezirk sie eingesetzt werden sollen. Die Anzeige muss folgende Angaben enthalten:
  - Anzahl und Art der Fallen,
  - Kennzeichen der Fallen,
  - Einsatzort[701] (Jagdrevier) und Verwendungszeitraum[702].

---

697 Name und Anschrift auf der Falle sind nicht erforderlich, es genügt ein CODE, eine Kennnummer oder eine ähnliche Chiffre, die es der zuständigen UJB jederzeit und zweifelsfrei ermöglicht, den Fallenbesitzer zu identifizieren (so auch: Thies, RWJ, 8/2015, S. 4f.)

698 Gilt nicht für Jungfuchsfallen, da davon auszugehen ist, dass sich der Fallensteller in der Nähe der Falle aufhält und sie in kurzen Zeitabständen kontrollliert, bis das gesamte Geheck gefangen ist (vgl. Thies, RWJ 8/2015, S.4f).

699 Zur Nachweispflicht und weiteren Einzelheiten, vgl. Thies, RWJ 8/2015, S.4f.

700 Keine Anzeigepflicht von Fallen besteht innerhalb von befriedeten Bezirken.

Bei Änderung der angezeigten Verhältnisse ist entsprechend zu verfahren.

(3) Beim Einsatz von Fallen für den Lebendfang sind die Köder so abzudecken, dass der Fang von auf Sicht jagenden Beutegreifern ausgeschlossen ist.

(4) Fallen für den Lebendfang sind täglich morgens und abends zu kontrollieren. Dies gilt nicht für Fallen mit Fangmeldesystem. Tiere aus Lebendfangfallen mit elektronischem Fangmeldesystem sind unverzüglich[703] nach Eingang der Fangmeldung zu entnehmen.

841 Im Einzelfall können durch die Untere Jagdbehörde Ausnahmen von den Ver- und Geboten der §§ 30 bis 32 DVO LJG-NRW zugelassen werden, soweit dies aus Gründen der Wildhege, zur Vermeidung von übermäßigen Wildschäden oder zu wissenschaftlichen Zwecken, Lehr- und Forschungszwecken erforderlich ist. Sie bedarf hierzu des Einvernehmens mit der Forschungsstelle für Jagdkunde und Wildschadenverhütung (§ 35 Ziff. 2 DVO LJG-NRW).

Verbotswidrige Fallen sind durch den örtlichen Jagdausübungsberechtigten unverzüglich zu beseitigen (§ 33 Abs. 1 DVO LJG-NRW).

842 Vorsätzliche oder fahrlässige Verstöße gegen die Fangvorschriften stellen eine Ordnungswidrigkeit dar (§ 36 Ziff. 3-9 DVO LJG-NRW).

4. Unfallverhütungsvorschriften

843 Seit 01.01.2000 gilt die Unfallverhütungsvorschrift Jagd (VSG 4.4)[704] der Sozialversicherung für Landwirtschaft, Forsten und Gartenbau (SVLFG) – Stand 01.Mai 2017 mit entsprechenden Durchführungsanweisungen.

---

[701] Eine konkrete Angabe des spezifischen Standortes – wie beispielsweise bei Kirrungen – ist nicht erforderlich, ebenso wenig bei einem bloßen Umsetzen der Falle innerhalb eines Reviers (so auch: Thies, RWJ 8/2015, S.4f.)

[702] Angabe kann auch in Jagdjahren erfolgen

[703] Unmittelbares Tätigwerden im Rahmen des Zumutbaren: Eine Kontrollpflicht zur Nachtzeit besteht hier nicht (so auch: Thies, RWJ 8/2015, S.4f.)

[704] VSG 4.4 abgedruckt in RWJ 3/2000 Seite 8 f. und Thies, Seite 129 ff;

Die VSG 4.4 gilt für den Umgang mit Waffen und Munition sowie für die Ausübung der Jagd (§ 1 VSG 4.4). **844**
Sie enthält detaillierte Regelungen u.a. zu den Bereichen:
- Verwendung von Waffen und Munition (§ 2)[705]
- Ausübung der Jagd (§ 3)[706]
- Besondere Bestimmungen für Gesellschaftsjagden (§ 4)[707]
- Nachsuche (§ 5)[708]
- Übungsschießen (§ 6)
- Hochsitze (§ 7)[709]

Lediglich die in § 8 VSG 4.4 genannten Vorschriften entfalten zunächst **845**
unmittelbare Wirkung für den Adressaten, da ein vorsätzlicher oder fahrlässiger Verstoß gegen sie als Ordnungswidrigkeit geahndet werden kann (§ 8 VSG 4.4). Für den Schädiger kann ein gravierender Verstoß allerdings über den „Umweg" der Bußgeld- bzw. Strafverfahren, sowie infolge von § 5 Abs. 1 Nr. 2 WaffG auch erhebliche Folgen hinsichtlich der jagd- und waffenrechtlichen Zuverlässigkeit nach sich ziehen[710].

Im Rahmen des gesetzlichen Unfallversicherungsverhältnisses führt aber **846**
ein Verstoß gegen die VSG 4.4 dazu, dass sich die Berufsgenossenschaft im Falle ihrer Inanspruchnahme auf Leistungsfreiheit berufen kann.

---

[705] Keine bestimmungsgemäße Verwendung einer (Schuss-) Waffe ist zum Beispiel die Benutzung der Waffe zum Niederhalten von Zäunen beim Übersteigen oder zum Erschlagen des Wildes

[706] unter anderem muss auch im Revier schon nach dem WaffG beim Besteigen von Fahrzeugen und während der Fahrt die Waffe vollständig entladen sein; beim Schiessen mit Einzelgeschossen muss stets ein ausreichender Kugelfang vorhanden sein, vgl. hierzu: Rakow DJZ 4/2016, S. 28 ff., Asche DJZ 4/2016, S. 34 ff.

[707] u.a. farbliche Kennzeichnung der Teilnehmer; Beschränkungen der Waffenführung für Durchgeh- und Treiberschützen; Einstellung der Jagd bei schlechter Sicht; vgl. hierzu v.Pückler, WuH 22/2000, Seite 17 ff.; zur Rechtsfrage, ob der Durchgehschütze Treiber oder Jäger ist, vgl. Lamp, Pirsch 21/2007, Seiten 28 ff.; zur Kausalität von Standwechseln und der fahrlässigen Tötung eines Jagdhundes: LG Erfurt, Urt. v. 24.06.2015 – 3 O 996/13; hierzu: v. Pückler WuH 12/2016, S. 76 ff.

[708] Teilnahmeverbot für Kinder und Jugendliche

[709] Hochsitze sind u.a. vor jeder Benutzung, mindestens jedoch einmal jährlich zu prüfen, nicht mehr benötigte Einrichtungen sind abzubauen; zu den Anforderungen an Hochsitze und bauliche Einrichtungen vgl. Falz, DJZ 3/2000 Seite 44 ff. und Duderstaedt, DJZ 2/2003, Seite 34 ff.

[710] Beispielhaft VG Minden – Urt. v. 17.08.2012 8 K 1001/12: hierzu v. Pückler, WuH4/2017, S. 76 ff.

847 Die VSG 4.4 sollte insgesamt – insbesondere also auch die nicht in § 8 VSG 4.4 genannten Vorschriften – eingehalten werden, da sie die objektiven Sorgfaltsmaßstäbe nach § 276 BGB[711] zur Ausfüllung der Verkehrssicherungspflicht für den Umgang mit Waffen und Munition sowie die Ausübung der Jagd darstellt. Gegenüber demjenigen, der gegen die VSG 4.4 verstoßen hat, kann sich der Geschädigte nämlich darauf berufen, dass der Schädiger dann zumindest fahrlässig[712] gehandelt hat.

5. Rote Liste Nordrhein-Westfalen

848 Die „Rote Liste" Nordrhein-Westfalen[713] (mit ihren zweiundzwanzig Einzellisten für verschiedene Tier- und Pflanzenarten) stellt eine Entscheidungshilfe für die Bewertung des Zustandes der Natur und der biologischen Vielfalt, für naturschutzfachliche Konzeptionen zum Arten-, Biotop- und Gebietsschutz, bei landschaftsbezogenen Planungen und umweltrelevanten Eingriffen sowie bei der Entwicklung von Leitbildern für die Landschaft dar. Sie ist fachliche Grundlage für die Beurteilung der Gefährdung von Arten und Biotopen und wird damit häufig in den Naturschutz betreffenden rechtlichen Auseinandersetzungen als unverzichtbare Beurteilungsbasis herangezogen, ohne jedoch direkte rechtlich bindende Außenwirkung zu entfalten.

849 Die einzelnen „Roten Listen" sind das Ergebnis von Langzeitbeobachtungen der Bestandsentwicklung von Pflanzen-, Pilz- und Tierarten einer Region, zuletzt zusammengestellt von Expertengruppen im Jahre 2011 durch das Landesamt für Natur-, Umwelt- und Verbraucherschutz (LANUV) Nordrhein-Westfalen. In der „Roten Liste" sind auch verschiedenste jagdbare Tierarten aufgeführt und in die Kategorien „Vorwarnliste", „ungefährdet", „gefährdet", „erheblich gefährdet", aber auch „nicht bewertet" eingruppiert. Die Erwähnung von Tierarten in der „Roten Liste" sagt demnach nichts über die Bejagbarkeit der einzelnen Wildarten aus, noch ist ein dort aufgeführtes Tier zwangsläufig in seinem Bestand bedroht.

---

711 LG München, Urt. v. 10.12.1976 – 3 O 7874/76

712 BGH NJW 2001, 2092 ff. LG Erfurt, Urt. v. 24.06.2015 – 3 O 996/13; hierzu: v. Pückler WuH 12/2016, S. 76 ff.

713 Aktueller Stand: 4. Fassung (2011)

Nach wissenschaftlichen Erkenntnissen gehört in Nordrhein-Westfalen der Feldhase nicht mehr zu den gefährdeten Tierarten, so dass er grundsätzlich aus der Liste gestrichen werden könnte[714]. In der noch aktuellen „Roten Liste" 2011 ist er zwar noch nicht aus der Liste gestrichen, jedoch (nur noch) auf die „Vorwarnliste" (nicht mehr akut bestandsgefährdet) gesetzt worden. Auch Iltis und Wildkaninchen befinden sich in dieser Kategorie.

Die in der „Roten Liste" enthaltenen jagdbaren Tierarten i.S.d. LJG NRW **850**
sind alle jagbaren Arten des LJG-NRW mit Ausnahme von Elstern und Fasanen.

[714] vgl. hierzu auch RWJ 5/2008, Seite 24

II. ABSCHNITT: **DER WILDUNFALL IM STRAßEN-VERKEHR**[715]

A. Rechte und Pflichten des Jagdausübungsberechtigten

851 Grundsätzlich ist der Jagdausübungsberechtigte nach § 1 Abs. 1 und 5 BJG berechtigt, sich innerhalb seines Reviers krankes und verendetes Wild sowie Fallwild[716] anzueignen. Das durch einen Zusammenprall mit einem Kraftfahrzeug getötete Wild zählt nicht zum Fallwild, sondern zum verendeten Wild, da es durch äußere Gewalteinwirkung getötet wurde[717].

852 Es besteht jedoch insoweit keine Aneignungspflicht[718] des Jagdausübungsberechtigten. Dieser ist grundsätzlich auch nicht verpflichtet, das im Rahmen eines solchen Unfalles verendete Wild zu beseitigen[719], soweit nicht ausnahmsweise Wildseuchengefahr besteht[720]. Er ist nämlich nicht Verantwortlicher i.S.d. § 5 PolG NRW, da das Wild herrenlos bleibt, solange er von seinem Aneignungsrecht keinen Gebrauch gemacht hat.

853 Da eine Beseitigungspflicht nicht besteht[721], wird jedenfalls von der herrschenden Meinung hierzu ein Anspruch des Jagdausübungsberechtigten gegen den Fahrzeughalter oder Fahrer auf Ersatz von Beseitigungskosten zu Recht verneint[722], soweit er die Beseitigung trotzdem durchführt.

---

715 Zu „Verkehrsrecht und Jagd": Jäcker, DJRT Bnd. 24/25, S. 273ff.; Zum Verhalten bei einem Wildunfall: v. Pückler, WuH 2/2016, S. 58 f.

716 auf natürlichem Wege (Hunger, Krankheit, Alter etc.) zugrunde gegangenes Wild (Drees/Thies/Müller-Schallenberg, § 1 BJG I 2 e)

717 Drees/Thies/Müller-Schallenberg, §1 BJG I 2 e

718 v. Pückler, WuH 13/96 Seite 52; Franke, Seite 73

719 wer sich dennoch zur Entsorgung entschließt, sollte die Anregungen von Thies, RWJ 11/2009, Seiten 4 f berücksichtigen

720 Franke, Seite 74

721 Hertel, Pirsch 20/2000, Seite 32 f; v.Pückler, WuH 9/2002, 14 f

722 str.; gegen Ersatzpflicht: AG Geislingen, Urt. v. 23.01.1998 – 3 C 374/97; AG Gießen, Urt. v. 06.05.1998 – 45 C 729/98; AG Westerburg, DAR 1999, 79; AG Siegburg - 3 C 115/99; VG Hannover, Urt. v. 29.03.2017 – 7 A 5245/16 u.a.; Teppe, Pirsch 1/2018, S.76, f.; a. A. AG Weilburg, Urt. v. 17.11.1995 – 5 C 364/95 mit ablehnender Anmerkung Helfenbein, DJZ 6/96 Seite 110 f.;

Auch wenn die örtlichen Behörden die Beseitigung des Tierkörpers aus Sicherheits- oder Gefahrenabwehraspekten vornehmen, ist der Jagdausübungsberechtigte diesen gegenüber nicht zum Kostenersatz verpflichtet[723]. Bei drohender Wildseuchengefahr muss die Behörde zwar den Jagdausübungsberechtigten vor der geplanten Ersatzvornahme zunächst benachrichtigen und ihm die Möglichkeit geben, das verendete Stück selbst zu beseitigen. Es verbleibt aber wohl auch dann kein Raum für einen Kostenerstattungsanspruch gegen den Jagdausübungsberechtigten, da die Behörde primär für den Unfallverursacher als Verantwortlichen i.S.d. § 5 PolG NRW tätig wird. **854**

Soweit das im Rahmen eines Verkehrsunfalls angefahrene Wild jedoch nicht erkennbar verendet ist und der Jagdausübungsberechtigte hiervon benachrichtigt wird, muss er[724] aus den Gesichtspunkten des Jagd- und Tierschutzrechtes, insbesondere der Verpflichtung zur Nachsuche, sich zum Unfallort begeben, um ein ggf. schwer verletztes Tier von seinen Leiden zu erlösen[725]. **855**

Soweit ein Jäger in einem fremden Revier einen Wildunfall wahrnimmt oder später hinzukommt, muss er auch hier das schwer verletzte Wild töten, um es von seinen Leiden zu erlösen[726]. **856**

Der Jagdausübungsberechtigte haftet grundsätzlich nicht für Verkehrsunfälle, die auf einer Straße in seinem Jagdbezirk durch überwechselndes Wild verursacht werden. Er ist nämlich nicht verpflichtet, den Straßenverkehr vor den allgemeinen Gefahren zu schützen, die von dem über die Straße wechselnden – auch im Rahmen üblicher Jagdausübung flüchtenden – Wild in seinem Revier ausgehen. Auf Straßen, die über **857**

[723] v. Pückler, WuH 13/96 Seite 52

[724] Diese Verpflichtung kann er auch auf jede Person übertragen, die Inhaber eines Jagdscheines und zum Führen von Waffen befugt ist, insbesondere auf seinen Jagdaufseher

[725] Franke, Seite 73

[726] Zur vorherigen Rechtslage: Franke, Seite 74; Doerenkamp, Pirsch 1472016, S. 78 f.; jetzt ausdrücklich normiert in § 28 LJG NRW, vgl. hierzu auch Kapitel, 1, Abschnitt 7, lit. D; hierfür dürfte ein Aufwendungsersatzanspruch nach den Grundsätzen der öffentlichenrechtlichen Geschäftsführung ohne Auftrag bestehen.

Land oder durch Wald führen, gehören Begegnungen mit Wild zu den gewöhnlichen Gefahren des Straßenverkehrs.

858 Anderes gilt allenfalls, wenn der Straßenverkehr über das normale Maß hinaus durch bei der Jagd hochgejagtes Wild[727] beeinträchtigt wird. Dies ist insbesondere der Fall, wenn eine Gesellschaftsjagd nach der Anzahl der Schützen und der hiervon abhängigen Intensität der von einer solchen Jagd ausgehenden Unruhe für das Wild die Möglichkeit von Wildwechsel über das vom Straßenverkehr hinzunehmende normale Maß hinaus wesentlich erhöht wird[728]. Der Jagdausübungsberechtigte oder Veranstalter der Jagd hat gegen diese Gefahrerhöhung entsprechende Vorkehrungen[729] zur Verhinderung des übermäßigen Überwechselns von Wild zu treffen.

859 Fährt ein Fahrzeugführer Wild an und entfernt sich dann mit seinem Fahrzeug, begeht er keine Unfallflucht i.S.d § 142 StGB, da er keine fremde bewegliche Sache, sondern herrenloses Wild beschädigt hat. Wegen der Herrenlosigkeit steht dem Jagdausübungsberechtigten kein Schadenersatzanspruch gegen den Fahrer zu, auch nicht aus dem Gesichtspunkt der Verletzung des Aneignungsrechtes[730].

Mit der Jagdrechtsnovelle 2015 ist allerdings in das LJG-NRW aufgenommen worden, dass derjenige, der ein Fahrzeug führt und damit Schalenwild verletzt oder getötet hat, verpflichtet ist, dies unverzüglich bei einer Polizeidienststelle anzuzeigen. Für jeden Jagdbezirk haben die Jagdausübungsberechtigten der zuständigen Polizeidienststelle mindestens eine zur Jagd befugte Person zu benennen[731]. Der oder die Benannte hat bei Wildunfällen Benachrichtigungen entgegenzunehmen und die Pflichten der jagdausübungsberechtigten Personen. Vorschriften über die Be-

---

727 sowohl Haar- als auch Federwild

728 BGH RdL 76, 149 ff.

729 insbesondere kein Treiben in Richtung Straße, dichte Treiberketten, Aufstellen von Warnposten an der Straße etc.; Warnschilder dürfen aber nur mit behördlicher Genehmigung aufgestellt werden; vgl. hierzu v.Pückler, WuH 20/2002, Seite 24 ff.; AG Montabaur, Urt. v. 01.04.2010 – 10 C 208/09 = JE XI Nr. 132

730 hierzu Schoppmeyer, Pirsch 18/2008, Seiten 26 ff

731 Vgl. hierzu auch: Dienstl. Mitteilungen des MKULNV v. 01.06.2015 – III – 6 71-01-00.21, Ziff. 2)

seitigung von Verkehrsunfallwild auf öffentlichen Strassen bleiben unberührt (§ 28a Abs. 2 LJG-NRW).

Diese Meldepflicht wurde aus Gründen des Tierschutzes (Möglichkeit einer schnellen Nachsuche) aufgenommen. Sie beschränkt sich auf Unfälle mit Schalenwild, da erfahrungsgemäß anderes Haarwild und Federwild eine Kollision mit einem Fahrzeug regelmäßig nicht überlebt.

B. Der Wildunfall in der Kfz-Kaskoversicherung

Bei Wildunfällen[732] im Straßenverkehr ist zwischen Kollisionsschaden und 860
Ausweichschaden zu unterscheiden:

Kollisionsschaden ist der Schaden, der durch eine Berührung (ausschließ- 861
lich[733]) mit Haarwild verursacht wurde. Dieser wird durch die Teilkaskoversicherung ersetzt[734].

Ausweichschaden ist der Schaden, der dadurch entsteht, dass der Fahrer 862
zur Vermeidung einer Kollision mit Haarwild diesem ausweicht und hierbei dann in anderer Weise als durch Zusammenstoß mit dem Haarwild sein Fahrzeug beschädigt (§§ 90, 83 Abs. 1 Satz 1, Abs. 2 und 3 VVG).

Ausweichschäden von *Autofahrern* werden nach der Rechtsprechung nur 863
dann durch die Teilkaskoversicherung ersetzt, wenn vor größeren Tieren ausgewichen wird[735]. Das Ausweichen vor kleineren Tieren wird nämlich

[732] Zur Vermeidung von Wildunfällen vgl. Thomas, RWJ (Editorial) 4/2010 und Hucht-Ciorga, RWJ 4/2010, Seite 16; Zu Personenschäden durch Tiere als Arbeitsunfall: Hensen, NJW-Spezial 21/2014 S. 649 f.

[733] die Beschränkung auf nur im BJG ausdrücklich benanntes Haarwild ist zulässig (OLG Frankfurt – 7 U 190/02)

[734] Hirsch und Reh: OLG Hamm – 20 O 91/89; OLG Braunschweig – 1 U 16/93; OLG Nürnberg – 8 U 2961/93; OLG Karlsruhe – 12 U 32/92; Wildschwein: OLG Karlsruhe – 12 U 147/93; KG 12 U 6437/91; Fuchs: OLG Jena – 4 U 1152/97; ersatzpflichtig ist auch der Zusammenstoß mit einem auf der Fahrbahn liegenden, überfahrenen und bereits toten Haarwild (Reh): OLG Nürnberg, DAR 94, 279 ff. = NJW-RR 1994 S. 538 f.; und OLG Saarbrücken, R+S 2003, 357 (Wildschwein): LG Stuttgart, Urt. v. 07.02.2007 – 5 S 244/06; hierzu WuH 10/2009, Seite 8 und v. Pückler, WuH 9/2012 S. 88 ff.

[735] Reh: BGH, NJW 91, 1609 f; BGH, DAR 91, 261 f. mit Anm. Minoggio, DAR 91, 262; OLG Naumburg – 1 U 101/02

als unverhältnismäßig und grob fahrlässig angesehen, da dieses im Hinblick auf die zu erwartenden Fahrzeugschäden unverhältnismäßig sei und solche Tiere bei einer Kollision am Fahrzeug kaum Schäden anrichten können[736].

864 Ausweichschäden bei *Kraftradfahrern* werden dagegen auch bei einer drohenden Kollision mit kleinem Wild ersetzt[737], da der Kraftradfahrer beim Ausweichmanöver – unabhängig von der Größe des Wildes – einer wesentlich höheren Gefahr ausgesetzt ist als der Autofahrer.

865 Gemäß § 104 VVG hat der Versicherungsnehmer den Schaden seiner Versicherung innerhalb einer Woche anzuzeigen. Es ist zu empfehlen, die Anzeige schriftlich vorzunehmen und bei größeren Schäden die Polizei zu verständigen.

866 Der Versicherungsnehmer ist im *Teil*kaskoschadensfall voll beweispflichtig[738] für die Unfallverursachung durch Kollision mit oder Ausweichen vor Wild; im *Voll*kaskoschadensfall muss die Versicherung die entsprechende Behauptung des Versicherungsnehmers widerlegen. Der Beweis kann neben Zeugenaussagen auch durch die Feststellung frischer Blut-, Haar- oder Gewebepartikel von Wild am Fahrzeug[739] oder eine schriftliche Bestätigung der hinzu gerufenen Polizei bzw. des Jagdausübungsberechtigten oder seines Vertreters geführt werden.

---

[736] Fuchs: BGH NJW 2003, 2903 f.; OLG Köln – 9 U 13/98; OLG Koblenz, Urt. v. 31.10.2003 – 10 U 1442/02; einschränkend und neuerdings auf den Einzelfall abstellend: BGH NJW 2007, 2988 f.; Dachs: OLG Frankfurt – 15 U 256/92; Hase: BGH NJW 1997, 1012 f.; OLG Köln – 5 U 48/92; OLG Düsseldorf – 4 U 15/93; Taube: OLG Hamm – 27 U 66/93; AG Solingen – 10 C 49/03; Wildente: OLG Saarbrücken – 3 U 188/86; Marder: OLG Nürnberg, NZV 97, 313; a. A. aber OLG Düsseldorf – 4 U 41/03; OLG Nürnberg, Urt. v. 29.07.1999 – 8 U 1477/99 und OLG München – 10 U 5568/92, die dem Fahrer eine natürliche Reflexhandlung und Schreckreaktion zubilligen wollen, soweit das Tier plötzlich auftaucht und sich der Unfall sonst nicht vermeiden lässt; der Fahrer könne nicht gezwungen werden, ein Tier durch Überfahren zu töten; zur Haftung bei Auffahrunfall infolge Bremsens für ein Kleintier (Mithaftungsanteil in Höhe von 25% bejaht): AG München, Urt. v. 25.02.2014 – 331 C 16026/13 = JE XX Nr. 64 und NJW 22/2014, S. 10

[737] OLG Hamm, DAR 2001, 403; OLG Koblenz, NJW-RR 2007, 242

[738] OLG Hamm, Urt. v. 20.02.2008 – 20 U 134/07; die Beweiserleichterungen für den Versicherungsfall „Entwendung“ gelten hier nicht (OLG Hamm, NJW-RR 2004, 1264)

[739] OLG Nürnberg, Urt. v. 27.06.1991, JE Band VIII (ab 1991), XV. Nr. 44

III. ABSCHNITT: **KONFRONTATION MIT MILITANTEN JAGDGEGNERN**

Wenn militante Jagdgegner drohen, eine Jagd oder Jagdveranstaltung zu stören[740] oder dieses bereits tun[741], sollte der Jäger in jedem Fall Ruhe bewahren. Auf keinen Fall sollte man auf die Provokationen der Störer eingehen. **867**

Zunächst sollte der Jäger sich einen Überblick über die Lage verschaffen und den Jagdleiter informieren. Dieser hat dafür Sorge zu tragen, dass die Jagd sofort unterbrochen und Waffen unverzüglich entladen werden. **868**

Die Jagdgegner sind in ruhiger Form zum Verlassen des Jagdreviers aufzufordern. Soweit sich die Jagdgegner trotz Aufforderung nicht entfernen, ist die Polizei zu informieren. Es empfiehlt sich insoweit eine Anzeigenerstattung, da das absichtliche Behindern des berechtigten Aufsuchens, Nachstellens, Erlegens oder Fangens von Wild eine Ordnungswidrigkeit darstellt (§ 55 Abs. 1 Nr. 1 LJG-NRW). **869**

Zu Beweiszwecken empfiehlt es sich zudem, Ort, Datum, Uhrzeit und Ablauf der Störung sowie Anzahl und ggf. Identität der Störer zu dokumentieren. Zur Erleichterung der späteren Identitätsfeststellung der Störer sollten diese und deren Kraftfahrzeuge fotografiert, zugerufene Namen und Verhaltensweisen notiert werden. Flugblätter und sonstiges Propagandamaterial sollten gesichert sowie Namen und Anschriften der Mitjagenden notiert werden. **870**

Jedem Teilnehmer an der Jagdveranstaltung steht bei Vorliegen der gesetzlichen Voraussetzungen das Recht zu Notwehr und vorläufiger Festnahme zu[742]. **871**

---

[740] Bei rechtzeitiger Kenntnis der drohenden Gefahr kann im Vorfeld der Störung eine einstweilige Verfügung auf Unterlassung bei den Zivilgerichten beantragt werden

[741] zum Verhalten gegenüber militanten Jagdgegnern allgemein vgl. Streitberger, DJZ 6/91 Seite 10; Helfenbein, DJZ 9/96 Seite 12 f.; Stein, DJZ 11/97 Seite 4 f.; Nolting, DJZ 2/2006; Seite 16 f.

[742] vgl. hierzu detailliert Tausch, JuJ 10/96 Seite 1 ff.

Abschnitt 3
Konfrontation mit militanten Jagdgegnern

872 Gezielte und wiederholte Handlungen können – soweit Wiederholungsgefahr besteht – mittels einer Unterlassungsklage gegen die Störer vor den Zivilgerichten unterbunden werden. Das Gericht kann den Störern untersagen, ein Revier zu betreten oder bestimmte andere Handlungen vorzunehmen und für den Fall des Zuwiderhandelns ein Ordnungsgeld androhen, festsetzen oder ersatzweise Ordnungshaft anordnen.

KAPITEL 3

PRÜFUNGSFRAGEN UND ANTWORTEN DER SCHRIFTLICHEN JÄGERPRÜFUNG

Gemäß § 5 DVO LJG-NRW sind beim schriftlichen Teil der Prüfung[743] aus **873**
den verschiedenen Sachgebieten des § 3 Abs. 2 Nr. 1 bis 4 DVO LJG-NRW den Prüflingen je 25 Fragen anhand eines Fragebogens zur schriftlichen Beantwortung vorzulegen. Der Fragebogen ist so zu gestalten, dass die Beantwortung der Fragen durch Ankreuzen vorgegebener Antworten möglich ist (Multiple-Choice-Verfahren).

Die Fragen selbst sind dem unter www.jaegerpruefungsfragen.nrw.de **874**
veröffentlichten Fragenkatalog zu entnehmen. Mit der Jagdrechtsnovelle 2019 wurde die Begrenzung der Prüfungsfragen auf 500 Fragen aufgehoben. Beabsichtigt ist hier, in Zukunft wohl etwa 1000 Fragen – weiterhin unterteilt in die vier Sachgebiete 1 bis 4 – zu Grunde zu legen. Dabei soll aber eine Lernerleichterung dahingehend erfolgen, dass künftig auch die Musterantworten veröffentlicht werden sollen. Ausschließlich aus dem abschließenden Prüfungsfragenkatalog werden jeweils 25 Fragen pro Sachgebiet für die jeweilige schriftliche Jägerprüfung ausgewählt. Die Novellierung des Fragenkatalogs der schriftlichen Jägerprüfung NRW wird vorraussichtlich frühstens für die Jägerprüfung 2020 erfolgen. Vor diesem Hintergrund haben sich die Verfasser dazu entschieden, die bisherigen 125 Fragen des Sachgebietes 4 zunächst weiterhin zu Grunde zu legen.

Die nachfolgenden 125 Fragen des Sachgebietes 4 befassen sich mit **875**
dem Jagdrecht, den Grundsätzen und wichtigen Einzelbestimmungen des

[743] Vgl. hierzu Asbeck/Winter/v. Kraack, Jägerprüfung NRW, Stand April 2015

Waffenrechts, dem Tierschutzrecht sowie dem Naturschutz- und Landschaftspflegerecht.

876 Nachfolgend werden im ersten Abschnitt die entsprechenden Prüfungsfragen dargestellt, während der zweite Abschnitt – zwecks eigener Überprüfung hiervon getrennt – die kurz formulierten Musterantworten nebst Verweis auf die gesetzlichen Vorschriften sowie die Behandlung des Themas in den beiden ersten Kapiteln enthält.

877 Bedingt durch die Tatsache, dass im Rahmen des Multiple-Choice–Verfahrens die vorgegebenen Antworten insgesamt richtig, teilweise richtig oder falsch oder auch ganz falsch sein können, kommt man nicht umhin, die präzise Antwort der jeweiligen Frage zu kennen.

I. ABSCHNITT: **PRÜFUNGSFRAGEN**

1. Welchen Zeitraum umfasst das Jagdjahr?
2. Ist bei einer Mehrzahl von Jagdpächtern der Jagderlaubnisschein von einem oder von allen Pächtern zu unterzeichnen?
3. Die Schäden welcher Wildtierarten sind ersatzpflichtig?
4. Wer ist zuständig für die Ahndung von Überschreitungen des Abschussplanes?
5. Wann wird der Jäger jagdpachtfähig? ?
6. Von wem wird der Jagdberater gewählt?
7. Welche Stellen in Nordrhein-Westfalen sind Untere Jagdbehörden?
8. Von welcher Stelle sind die Jagd-Unfallverhütungsvorschriften erlassen worden?
9. Was versteht man unter einem Jagdkataster?
10. Wann ist die Treibjagd verboten?
11. Welche Wildarten dürfen nach dem Bundesjagdgesetz nicht ausgesetzt werden?
12. Wer ist nach dem Gesetz grundsätzlich zum Ersatz des Wildschadens im gemeinschaftlichen Jagdbezirk verpflichtet?
13. Darf der Jagdgast einen wildernden Hund schießen?
14. Innerhalb welcher Zeit muss man den Kauf einer Langwaffe bei der zuständigen Kreispolizeibehörde anmelden?
15. Wie kann eine Ordnungswidrigkeit geahndet werden?
16. Darf der Inhaber eines Jugendjagdscheines an einer Gesellschaftsjagd teilnehmen?
17. Wie viel Gesamtfläche darf ein Pächter zur Ausübung des Jagdrechts höchstens pachten?
18. Ein Pächter hat eine jagdlich nutzbare Fläche von 550 ha allein gepachtet. Wie viele Jagderlaubnisscheine muss er erteilen?
19. Wann darf in Nordrhein-Westfalen die Jagd auf den Rehbock ausgeübt werden?
20. Welche Wildarten genießen keine Schonzeit?
21. Wie viele Kurzwaffen darf ein Jagdscheininhaber erwerben, ohne ein besonderes Bedürfnis nachweisen zu müssen?
22. Dürfen Sie mit einer Faustfeuerwaffe einen Fuchs töten, der sich in einer Kastenfalle gefangen hat?
23. Welche der genannten Tierarten dürfen in Nordrhein-Westfalen nicht gefangen werden?

24. Ist es ohne besondere Erlaubnis zulässig, ein Wildfreigehege oder eine Anlage zur Haltung von Greifvögeln oder Eulen einzurichten?
25. Welcher Stelle ist der Abschussplan einzureichen?
26. Welcher Mehrheit bedürfen die Beschlüsse in der Jagdgenossenschaftsversammlung?
27. Welche Wildarten sind ganzjährig mit der Jagd zu verschonen?
28. Welche Mindestgröße müssen zusammenhängende land-, forst- oder fischereiwirtschaftlich nutzbare Grundflächen aufweisen, die im Eigentum ein und derselben Person stehen, um einen Eigenjagdbezirk zu bilden?
29. Wann darf in Nordrhein-Westfalen die Jagd auf Feldhasen ausgeübt werden?
30. Welche der aufgeführten Stellen nimmt in der Regel die Abrundung von Jagdbezirken vor?
31. Welche der nachbenannten Zwecke dient die Jagdabgabe, die mit der Gebühr für den Jagdschein erhoben wird?[744]
32. Sie erlegen im Weizenschlag ein Stück Schwarzwild. Bei der Bergung des Stückes entsteht im Weizen eine Schleifspur. Um welchen speziellen Schaden handelt es sich?
33. An welche Personen darf der Jäger seinen Drilling ohne weiteres veräußern?
34. Sie wollen sich für Ihre Jagdwaffe (länger als 60 cm) Munition kaufen. Was benötigen Sie als Jagdscheininhaber dafür?
35. Bei welcher Behörde sind der Abschluss sowie jede Änderung eines Jagdpachtvertrages anzuzeigen?
36. Wird zum Sammeln von Abwurfstangen ein Jagdschein benötigt?
37. Der Inhaber eines Jugendjagdscheines übt die Jagd ohne Begleitperson aus. Welcher Tatbestand liegt vor?
38. Über welche Deckungssummen muss die Jagdhaftpflicht-versicherung mindestens verfügen?
39. Wann darf in Nordrhein-Westfalen die Jagd auf Rotwild ausgeübt werden?
40. Welche Voraussetzungen müssen im Regelfall für die erstmalige Bestätigung von Jagdaufsehern vorliegen?
41. Ein gemeinschaftlicher Jagdbezirk hat die Größe von 1.000 ha. Wie viele Jagdpächter sind für den Jagdbezirk höchstens zulässig?
42. Wie viele Langwaffen darf ein Jagdscheininhaber erwerben?

---

[744] Die Erhebungsmöglichkeit der Jagdabgabe ist aus dem LJG NRW mit Wirkung 13.03.2019 gestrichen worden. Die JagdabgabeVO NRW wurde ebenfalls aufgehoben.

43. Wer ist Inhaber des Jagdrechts?
44. Welche Stelle ist die Höhere Landschaftsbehörde[745]?
45. Wie muss sich der Jagdausübungsberechtigte bei der Ausübung des Jagdschutzes ausweisen?
46. In welchem Umkreis von Fütterungen darf Schalenwild nicht erlegt werden?
47. Welche in der Natur tot aufgefundene Tierart darf ein Jagdausübungsberechtigter für den eigenen Bedarf präparieren lassen?
48. Aus welchen Gründen kann die Untere Jagdbehörde die Jagd auf Wild mit ganzjähriger Schonzeit zulassen?
49. Wann darf in Nordrhein-Westfalen die Jagd auf Schmalrehe ausgeübt werden?
50. Wer muss bei befugter Jagdausübung einen Jagderlaubnisschein mit sich führen?
51. Wer darf in einem befriedeten Bezirk Wildkaninchen fangen, töten und sich aneignen?
52. Gehören Schalldämpfer zu den verbotenen Gegenständen im Sinne des Waffengesetzes?
53. Wie bezeichnet man diejenige Verteidigung, welche erforderlich ist, um einen gegenwärtigen rechtswidrigen Angriff von sich oder einem anderen abzuwenden?
54. Welche Pflicht ist mit dem Jagdrecht verbunden?
55. Welche Funktion hat der Jagdberater?
56. Auf welche Wildarten ist die Jagd landesrechtlich in den Setz- und Brutzeiten zulässig?
57. Was ist zu tun, wenn Schusswaffen oder Munition gestohlen worden sind?
58. Sie besitzen noch keine Faustfeuerwaffe und beabsichtigen, eine Pistole zu erwerben. Benötigen Sie hierfür eine vorherige Erlaubnis?
59. Welche Zeit gilt als Nachtzeit im Sinne des Nachtjagdverbotes?
60. Welche Tierarten unterliegen nicht dem Jagdrecht?
61. Wem steht das Aneignungsrecht an Abwurfstangen und den Eiern des Federwildes zu?
62. Sie finden bei der Ausübung der Jagd bei erlegtem, gefangenem oder verendetem Wild Kennzeichen vor. Wo sind diese Kennzeichen unverzüglich abzuliefern?

---

[745] Mit Aufhebung des LG NRW durch das LNatschG NRW wurde aus der höheren Landschaftsbehörde die höhere Naturschutzbehörde

63. Mit welchen Fanggeräten ist in Nordrhein-Westfalen das Fangen von Wild verboten?
64. Welche Wildarten dürfen in freier Wildbahn nur auf Grund und im Rahmen eines Abschlussplanes erlegt werden?
65. Ein Autofahrer überfährt ein Reh und nimmt das Stück mit, um es zu verwerten. Welcher Tatbestand liegt vor?
66. Wie viele Jahre beträgt in Nordrhein-Westfalen die gesetzlich vorgeschriebene Mindestpachtdauer für einen gemeinschaftlichen Jagdbezirk?
67. Welche Munition ist für den Schuss auf Rehwild verboten?
68. Welche Federwildart hat in Nordrhein-Westfalen ganzjährige Schonzeit?
69. Darf eine Jagdgenossenschaft in ihrem gemeinschaftlichen Jagdbezirk die Jagd ruhen lassen?
70. Darf man mit Bracken auf einer Fläche von weniger als 1.000 ha die Stöberjagd ausüben?
71. Was verstehen Sie unter der „Vereinigung der Jäger"?
72. Unter welcher Voraussetzung darf in einem befriedeten Bezirk die Ausübung der Jagd mit der Schusswaffe gestattet werden?
73. Ein Jagdpächter möchte in seinem Revier Fasane aussetzen...
74. in die Streckenliste ist einzutragen...
75. Welche Maßnahmen beinhaltet der Jagdschutz?
76. Wer übt die Rechte aus einem Jagdpachtvertrag aus, wenn ein Jagdpächter stirbt?
77. Bis zu welchen Terminen sind Wildschäden an forstwirtschaftlich genutzten Flächen bei der zuständigen Behörde anzumelden?
78. In welcher Vorschrift ist das Halten von heimischen Greifen und Falken verbindlich geregelt?
79. Welche Futtermittel dürfen in Nordrhein-Westfalen zur Wildfütterung nicht verwendet werden?
80. In welcher Zeit darf Schalenwild in Nordrhein-Westfalen gefüttert werden?
81. Was hat die Hege zum Ziel?
82. Welche Wildarten gehören zum Niederwild?
83. Welche Grundflächen bilden einen gemeinschaftlichen Jagdbezirk?
84. In welchem Fall verliert der Jagdpächter seine Jagdpachtfähigkeit?
85. An welchen Orten darf die Jagd nicht ausgeübt werden?
86. Wann „führt" man eine Jagdwaffe im waffenrechtlichen Sinne?
87. Bei welcher Behörde ist ein Beizvogel anzumelden?
88. Welche Formvorschriften bestehen für den Jagdpachtvertrag?
89. Was verstehen Sie unter dem Jagdausübungsrecht?

90. Welche der folgenden Wildarten unterliegen nicht der Abschussplanung?
91. Für welche Wildarten besteht ein Nachtjagdverbot?
92. Was verstehen Sie unter dem Reviersystem?
93. Darf der Eigentümer eines Grundstückes zur Wildschadensverhütung Schutzmaßnahmen treffen?
94. Ihr Jagdgebrauchshund ist wirksam gegen Tollwut geimpft. Dürfen Sie ihn in einen tollwutgefährdeten Bezirk mitnehmen?
95. Ein Fahrer, der in NRW ein Stück Wild anfährt, ist verpflichtet, dies bei einer Polizeidienststelle zu melden. Dies gilt für...
96. Wie viel Munition für Langwaffen kann ein Jagdscheininhaber erwerben?
97. Welche der genannten Hühnervogelarten unterliegen nicht dem Jagdrecht?
98. An welche Personen darf ein Jagdschein nicht erteilt werden?
99. In welcher Zeit dürfen in Nordrhein-Westfalen Füchse, ausgenommen Jungfüchse, nicht bejagt werden?
100. Darf ein Jagdscheininhaber nach der Jagd seine Kurzwaffe mit zum Schützenfest nehmen?
101. Ist ein Jagdgast zur Durchführung von Hegemaßnahmen verpflichtet?
102. Kann dem Inhaber des ersten Jahresjagdscheines eine entgeltliche Jagderlaubnis erteilt werden?
103. Womit muss sich der zuständige Jagdaufseher ausweisen?
104. Es ist verboten...
105. Kann krankes Wild in der Schonzeit und über den Abschussplan hinaus geschossen werden?
106. Was verstehen Sie unter einem „Verbissgutachten"?
107. Wie groß muss der Zwinger für einen mittelgroßen Jagdhund sein?
108. Wann erlischt der Jagdpachtvertrag vorzeitig?
109. Was verstehen Sie unter schwerer Wilderei?
110. Unterliegen aus Wildgehegen ausgebrochene Tiere dem Jagdrecht?
111. Was ist eine Wildfolgevereinbarung?
112. Durch welche Vorschriften werden die nicht jagdbaren wildlebenden Tierarten geschützt?
113. Was regelt das Washingtoner Artenschutzübereinkommen?
114. Welche Aussagen sind richtig? Zu den gesetzlich befriedeten bezirken gehören immer...
115. In welcher Zeit ist ein Abbrennen der Bodendecke auf Feldrainen und Böschungen verboten?
116. Wo darf in der freien Landschaft und im Walde geritten werden?
117. Welche Waldbereiche unterliegen nicht dem Betretungsrecht?

118. Dürfen Waldfrüchte in geringen Mengen gesammelt werden?
119. Welche Schutzkategorien kennt das Landschaftsrecht?
120. Welche jagdbaren Arten enthält die „Rote Liste Nordrhein-Westfalen“?
121. Welche Aufgaben hat die Landschaftswacht?
122. Bei der Nachsuche eines Kitzes kommen Sie mit Ihrem Hund an die Reviergrenze. Wie verhalten Sie sich?
123. Bei einer Treibjagd erscheint plötzlich eine Gruppe von Jagdgegnern und stört den Ablauf. Wie verhalten Sie sich als Jagdleiter?
124. Ein Waldbesucher betritt ohne besondere Befugnis eine Forstkultur. Darf der Jagdschutzberechtigte die Person auffordern, sich auszuweisen?
125. Ein Spaziergänger lässt seinen Hund im Wald außerhalb der Wege frei laufen. Wie verhalten Sie sich als Jagdgast?

II. ABSCHNITT: **ANTWORTEN**

Bei den Randnummerangaben am Ende der jeweiligen Antwort handelt es sich um die Fundstellen in den ersten beiden Kapiteln dieses Buches.

1. Vom 01.04. bis einschließlich 31.03. des Folgejahres (§ 11 Abs. 5 BJG); Rdn. 114
2. Von allen Pächtern, da sie im Außenverhältnis eine Gemeinschaft bzw. eine BGB-Gesellschaft darstellen (§§ 741, 705 BGB); Rdn. 128, 130
3. Die durch Schalenwild, Wildkaninchen und Fasanen angerichteten Schäden, soweit im Jagdpachtvertrag nichts Abweichendes geregelt ist (§ 29 Abs. 1 BJG); Rdn. 463
4. Die Untere Jagdbehörde; sie ahndet dieses als Ordnungswidrigkeit (§§ 56 Abs. 1 LJG-NRW, 39 Abs. 2 Nr. 3 BJG); Rdn. 286, 291 ff.
5. Jagdpachtfähig sind nach § 11 Abs. 5 BJG natürliche Personen, die Besitzer eines Jahresjagdscheines sind und die zuvor schon drei Jahresjagdscheine in Deutschland innegehabt haben, sofern seitens der Unteren Jagdbehörde keine Ausnahme gem. § 11 Abs. 5 BJG, § 10 LJG NRW zugelassen wird; Rdn. 26
6. Vom Jagdbeirat (§ 51 Abs. 4 Satz 2 LJG-NRW); Rdn. 572
7. Die Kreise oder kreisfreien Städte (§ 46 Abs. 2 LJG-NRW); Rdn. 565
8. Von der Sozialversicherung für Landwirtschaft, Forsten und Gartenbau (SVLFG); Rdn. 843
9. Liste der Grundstückseigentümer eines gemeinschaftlichen Jagdbezirkes ohne befriedete Bezirke (§§ 7 Abs. 4 LJG-NRW, 9 Abs. 1 Satz 2 BJG); Rdn. 76
10. An Sonn- und Feiertagen sowie bei Mondschein (§§ 3 Satz 3 FeiertagsG NRW, 19 Abs. 1 Nr. 3 BJG); Rdn. 833
11. Schwarzwild und Wildkaninchen (§ 28 Abs. 2 BJG); Rdn. 317
12. Die Jagdgenossenschaft, soweit die Ersatzpflicht nicht vertraglich auf den Jagdpächter überbürdet wurde (§ 29 Abs. 1 Satz 1 BJG); Rdn. 436
13. Ja, aber nur mit schriftlicher Erlaubnis des Jagdausübungsberechtigten oder mündlicher Erlaubnis, wenn der Jagdausübungsberechtigte den Jagdgast begleitet (§ 25 Abs. 6 LJG-NRW); Rdn. 372
14. Innerhalb von zwei Wochen (§ 13 Abs. 2 Satz 3 WaffG); Rdn. 614
15. Mit Geldbuße, Jagdverbot, Entzug des Jagdscheins, Einziehung von Waffe und Wild (vgl. §§ 39 Abs. 3, 40, 41, 41 a BJG, 56 LJG-NRW); Rdn. 281 ff., 589, 600
16. Ja, aber nicht mit einer Schusswaffe (§ 16 Abs. 3 BJG); Rdn. 226

17. 1000 Hektar inklusive seiner entgeltlichen Begehungsscheine (§ 11 Abs. 3 Satz 1 BJG); Rdn. 93
18. Einen (§ 12 Abs. 2 LJG-NRW); Rdn. 183
19. Vom 01.05. bis einschließlich31.01. (§§ 22 Abs. 1 BJG, § 1 Abs. 1 Nr. 3 JagdZVO); Rdn. 304
20. Frischlinge (noch nicht einjährige Stücke), Jungfüchse, Jungdachse, Jungmarderhunde, Jungwaschbären, Jungwildkaninchen, juvenile Nilgänse außerhalb der Beschränkungen nach § 2 Nr.2 JagdZVO NRW(§§ 22 BJG, 24 LJG-NRW, § 1 JagdZVO-NRW); Rdn. 309 f.
21. Zwei, sofern er Inhaber eines Jahresjagdscheines ist (§ 13 Abs. 2 WaffG); Rdn. 617
22. Ja (§ 19 Abs. 1 BJG); Rdn. 251
23. Alle nicht dem Jagdrecht unterliegenden sowie die ganzjährig geschonten Arten sowie sämtliche Vogelarten und alles Federwild; Rdn. 311, 715
24. Nein (§ 3 BWildSchV); Rdn. 541
25. Bei der zuständigen Unteren Jagdbehörde (§ 22 Abs. 1 LJG-NRW); Rdn. 276
26. Einfache Mehrheit der anwesenden und vertretenen Jagdgenossen und der bei der Beschlussfassung vertretenen Grundflächen (§ 9 Abs. 3 BJG); Rdn. 71
27. Bund: Alle in § 2 BJG aufgeführten Wildarten, die nicht in der JagdZVO mit einer Jagdzeit versehen sind: Auer-, Birk- und Rackel- und Haselwild, Wachtel, Alpenschneehuhn, Hohltaube, Säger, Haubentaucher, Großtrappe, Greife, Falken, Kolkrabe, Graureiher, Wisent, Elchwild, Steinwild, Schneehase, Murmeltier, Wildkatze, Luchs und Fischotter sowie Baummarder, Mauswiesel, Rebhühner (bis 31.12.2015), Wildtruthennen, Bless-, Saat- und Ringelgänse, Wildenten (außer Stockenten), Sturm-, Mantel- und Heringsmöwen; Eichelhäher;
    NRW: Alle in § 2 LJG-NRW aufgeführten Wildarten, soweit sie nicht mit einer Jagdzeit versehen sind: Wildkatze, Baummarder, Mauswiesel, Fischotter, Rebhühner (bis 31.12.2023), Wachtel, Haselhuhn, Turtel-, Türken-, und Hohltaube,;Brand-, Weisswangen-, Schnee- und Rostgans, Knäk-, Tafel-, Krick-, Löffel-, Kolben-, Schnatter-, Reiher-, Braut- und Madarinente, Gänsesäger, Bläßhuhn, Schwarzkopf-, Silber-, Mittelmeer-, Lach-, Sturm-, Heringsmöwe, Haubentaucher, Graureiher, Greife & Falken, Kolkrabe, Rdn. 21, 311
28. 75 Hektar (§ 7 Abs. 1 BJG); Rdn. 29
29. Vom 16.10. bis einschließlich 31.01. (§ 1 Abs. 1 Nr. 6 JagdZVO-NRW); Rdn. 304 ff.
30. Die Untere Jagdbehörde (§ 3 Abs. 5 LJG-NRW); Rdn. 50

31. Die Erhebungsmöglichkeit der Jagdabgabe ist aus dem LJG NRW mit Wirkung 13.03.2019 gestrichen worden. Die JagdabgabeVO NRW wurde ebenfalls aufgehoben. Rdn. 24
32. Jagdschaden (§ 33 BJG); Rdn. 495 f.
33. An jede berechtigte Person, also z.B. Inhaber eines gültigen Jahresjagdscheines(§ 13 WaffG), Sammler (Sammer-WBK), Büchsenmacher oder Waffenhändler; Rdn. 613
34. Ausschließlich den gültigen Jahres- bzw. Tagesjagdschein (§ 13 Abs. 5 WaffG); Rdn. 619
35. Bei der örtlich zuständigen Unteren Jagdbehörde (§§ 12 Abs. 1 BJG, 14 LJG-NRW); Rdn. 102
36. Nein, aber es bedarf der schriftlichen Erlaubnis des Jagdausübungsberechtigten (§ 15 Abs. 1 Satz 2 BJG); Rdn. 211
37. Bei vorsätzlicher Begehung: Ordnungswidrigkeit (§ 39 Abs. 1 Nr. 4 BJG); Rdn. 229
38. 500.000 EUR für Personenschäden und 50.000 EUR für Sachschäden (§ 17 Abs. 1 Nr. 4 BJG); Rdn. 232
39. Vom 01.08. bis einschließlich 31.01. des Folgejahres; zusätzlich Schmalspießer und Schmaltiere vom 01.05. bis 31.05. (§ 1 Abs. 1 Nr. 1 JagdZVO-NRW); Rdn. 304
40. Persönliche Zuverlässigkeit, fachliche Eignung, Volljährigkeit und Innehaben eines Jahresjagdscheines (§ 26 Abs. 1 LJG-NRW); Rdn. 334
41. Höchstens sechs Jagdpächter (§ 11 Abs. 1 LJG-NRW); Rdn. 127
42. Eine unbegrenzte Anzahl (§ 13 Abs. 2 S. 2 WaffG); Rdn. 615
43. Der Grundstückseigentümer auf seinem Grund und Boden (§ 3 Abs. 1 BJG); Rdn. 3, 5
44. Die Bezirksregierung[746](§2 Abs. 1 Nr. 2 LNatSchG NRW); Rdn. 730
45. Durch den Jagdschutzausweis (§ 25 Abs. 5 LJG-NRW); Rdn. 338
46. Bund: Im Umkreis von 200 Metern (§ 19 Abs. 1 Nr. 10 BJG);
    NRW: Im Umkreis von 300 Metern (§27 Abs. 1 Nr.2 DVO LJG-NRW) Rdn. 235
47. Alle dem Jagdrecht unterliegenden Wildarten, unabhängig davon, ob sie jagdbar sind oder nicht, da sich das Aneignungsrecht hierauf bezieht (§§ 2, 1 Abs. 5 BJG, 44 ff. BNatSchG); von den nicht dem Jagdrecht unterliegenden Wildarten: Nutria, Bisamratte; Rdn. 719, 715
48. Die Untere Jagdbehörde kann gemäß § 24 Abs. 3 lit. b LJG NRW in Einzelfällen die Jagd auf Wild, für dass eine Jagdzeit nicht festgesetzt ist, zu

[746] Mit Aufhebung des LG NRW durch das LNatschG NRW wurde aus der höheren Landschaftsbehörde die höhere Naturschutzbehörde

wissenschaftlichen, Lehr- und Forschungszwecken sowie zur Vermeidung übermäßiger Wildschäden zulassen.
Darüberhinaus kann sie außerdem im Einzelfall den Abschuss von kümmerndem und krankem Wild während der Schonzeit genehmigen (§24 Abs. 4 LJG NRW) Rdn. 307

49. Vom 01.05. bis einschließlich 31.05. und vom 01.09. bis einschließlich31.01. des Folgejahres (§1 Abs. 1 Nr. 3 JagdZVO NRW); Rdn. 304
50. Jeder Jagdgast, der nicht in Begleitung des Jagdausübungsberechtigten die Jagd ausübt (§ 12 Abs. 7 LJG-NRW); Rdn. 181
51. Die Grundstückseigentümer und Nutzungsberechtigten sowie deren Beauftragte, aber nur, soweit sie sachkundig (mit bestandener Jäger- oder Falknerprüfung) sind (§ 4 Abs. 4 LJG-NRW); Rdn. 60
52. Nein, da nicht in Anlage 2 Abschnitt 1 zum WaffG aufgeführt. Ein Voreintrag und die Eintragung des erworbenen Schalldämpfers in die Waffenbesitzkarte sind aber erforderlich; Rdn. 629
53. Notwehr (§ 32 Abs. 2 StGB); Rdn. 366
54. Die Pflicht zur Hege (§ 1 Abs. 1 Satz 2 BJG); Rdn. 12
55. NRW: Beratung der Jagdbehörden und Mitwirkung als Prüfer bei der Jägerprüfung (§§ 51 Abs. 5 Satz 1 LJG-NRW, § 2 Abs. 2 Nr. 2 DVO LJG-NRW);
    Bund: nicht vorgesehen; Rdn. 575, 578
56. Auf sämtliche ganzjährig bejagbaren Wildtiere (sämtliches Schwarzwild mit Ausnahme führender Bachen mit gestreiften Frischlingen unter 25 kg, Jungfüchse, Jungdachse, Jungwaschbären, Jungkaninchen, Jungmarderhunde, juvenile Nilgänse mit Ausnahme der Berschränkung nach § 2 Nr. 2 LJagdZVO NRW), ferner Wildkaninchen, Ringeltauben und Rabenkrähen, soweit die Schonzeit durch die Untere Jagdbehörde zur Vermeidung übermäßiger Wildschäden aufgehoben wurde (§ 1 Abs. 1 und 2 JagdZVO-NRW); Rdn. 311
57. Anzeige an die zuständige Behörde (i.d.R. Waffenbehörde) unverzüglich nach Kenntnis (§ 37 Abs. 2 WaffG); Rdn. 697
58. Ja; (Voreintrag) (§§ 2 Abs. 2, 10 Abs. 1 WaffG); Rdn. 616
59. Als Nachtzeit gilt die Zeit von eineinhalb Sttunden nach Sonnenuntergang bis eineinhalb Stunden vor Sonnenaufgang (§ 19 Abs. 1 Nr. 4 BJG, § 19 Nr. 6, 2. HS LJG NRW) , Rdn. 765
60. Bund: Alle Tierarten, die nicht in § 2 BJG aufgezählt sind;
    NRW: Alle Tierarten, die nicht in § 2 LJG-NRW aufgeführt sind; Rdn. 18f.
61. Dem Jagdausübungsberechtigten (§ 1 Abs. 5 BJG); Rdn. 9
62. Bei der zuständigen Unteren Jagdbehörde (§ 1 LJG-NRW); Rdn. 10

63. Mit Fanggeräten, die nicht unversehrt fangen und mit Schlingen jeglicher Art (§ 19 Abs. 1 Nr. 8 und 9 BJG) sowie mit Totschlagfallen und mit Wippbrettkastenfallen, welche nicht die Mindestmaße des § 31 Abs. 2 DVO-LJG-NRW aufweisen; Rdn. 837
64. Bund: Schalenwild (außer Schwarzwild), Seehunde, Auer-, Birk- und Rackelwild (§ 21 Abs. 2 BJG);
NRW: Schalenwild (außer Schwarzwild und Rehwild) (§ 22 Abs. 1 LJG-NRW), Rdn. 276
65. Jagdwilderei (§ 292 StGB); Rdn. 11
66. Die Mindestdauer soll neun Jahre nicht unterschreiten(§ 11 Abs. 4 BJG,); in Einzelfällen kann die Mindestpachtdauer bis auf fünf Jahre abgesenkt werden, insbesondere wenn zu besorgen ist, dass ansonsten ein geeignetes Pachtverhältnis nicht zustande kommt oder dies aufgrund der besonderen Gefahrgeneigtheit des Jagdbezirkes gegenüber Wildschäden notwendig ist(§9 Abs. 2 LJG-NRW); Rdn. 110
67. Schrot & Posten (ausgenommen beim Fangschuss), gehacktes Blei und Munition, deren Auftreffenergie auf 100 Meter (E 100) weniger als 1000 Joule beträgt; Ab dem 01.04.2016 zudem der Schuss mit bleihaltiger Büchsenmunition (§ 19 Abs. 1 Nr. 1 und 2 a BJG; § 19 Abs. 1 Nr. 1,2,5 LJG-NRW): Rdn. 251
68. Sämtliches Federwild, für das in § 1 der LJagdZVO NRw keine Jagdzeit festgesetzt ist; ferner Rebhühner bis 31.12.2020; Grau- Kanada- und Nilgänse vom 15.10.-31.01. in bestimmten Gebietskulissen Rdn. 311
69. Ja, aber nur mit Zustimmung der Unteren Jagdbehörde (§ 10 Abs. 2 Satz 2 BJG); Rdn. 66, 77
70. Ja, die Stöberjagd mit Bracken ist nicht der Brackenjagd gleichzusetzen (§ 19 Abs. 1 Nr. 16 BJG); Rdn. 251
71. Weist eine Vereinigung a) von Jägerinnen und Jäger, der 5 Prozent der Jagdscheininhaber in NRW angehören, oder b) Revierjägerinnen und Revierjäger als rechtsfähiger Verein nach, das sie (1.) nach ihrer Satzung schwerpunktmäßig das Jagdwesen fördert oder als gemeinnützig (§ 52 der Abgabenordnung) anerkannt ist und das Jagdwesen schwerpunktmäßig in ihrer praktischen Tätigkeit fördert und(2.) im Zeitpunkt der Anerkennung mindestens fünf Jahre besteht und in diesem Zeitraum im Sinne der Nummer 1 tätig gewesen ist und (3.) ihren Sitz in Nordrhein-Westfalen hat und sich der satzungsgemäße sowie praktische Tätigkeitsbereich auf das gesamte Gebiet des Landes erstreckt, so ist sie von der Obersten Jagdbehörde als Vereinigung der Jäger anzuerkennen (§ 52 Abs. 1 LJG-NRW) ; Rdn. 579

72. Mit Genehmigung durch die Untere Jagdbehörde kann einer sachkundigen Person bei Nachweis einer ausreichenden Jagdhaftpflichtversicherung eine entsprechende Erlaubnis erteilt werden; dies gilt nicht aber an Orten, an denen die Jagd nach den Umständen des Einzelfalles die öffentliche Ruhe, Ordnung oder Sicherheit stören oder das Leben von Menschen gefährden würde (§§ 4 Abs. 3 Sätze 2 und 3 LJG-NRW, 20 Abs. 1 BJG); Rdn. 60, 262 f.
73. Das Aussetzen von Fasanen ist zulässig; der Jagdausübungsberechtigte hat aber binnen einer Woche nach dem Aussetzen der UJB dies nach Art, Geschlecht und Anzahl schriftlich mitzuteilen, sofern die Fasane nicht aus verlassenen Gelegen des jeweiligen Jagdbezirkes stammen und aufgezogen worden sind – in diesem Fall besteht keinerlei Anzeigepflicht. Abweichend von § 19 Abs. 1 Nr. 18 BJG ist es verboten, Fasanen später als 8 Wochen vor Beginn der Jagdausübung auf diese Wildart auszusetzen (§ 31 Abs. 4, 5 LJG NRW). Rdn. 258, 318
74. Der/die Jagdausübungsberechtigte hat über den Abschuss allen Wildes und auch sämtlichen Fallwildes (nicht mehr nur Schalenwild!), eine Streckenliste zu führen (§ 22 Abs. 8 LJG-NRW). In diese Streckenliste ist jede Eintragung innerhalb eines Monats vorzunehmen.
    Über das erlegte Rotwild (ohne Fallwild) ist jährlich bis zum 15.November eines jeden Jahres schriftlich eine gesonderte Streckenliste zu erstellen, auch wenn und obwohl dieses bereits in der allgemeinen Streckenliste aufgeführt ist (§ 22 Abs. 9 LJG NRW) Rdn. 287
75. Schutz des Wildes, insbesondere vor Wilderern, Futternot, Wildseuchen, vor wildernden Hunden und Katzen (katzentötungsverbot in NRW beachten!) sowie die Sorge um die Einhaltung der zum Schutz des Wildes und der Jagd erlassenen Vorschriften (§ 23 BJG); Rdn. 341
76. Soweit vertraglich nicht geregelt, einer seiner Erben, soweit dieser jagdpachtfähig ist. Ansonsten müssen die Erben der Unteren Jagdbehörde einen jagdpachtfähigen Dritten benennen (§ 16 Abs. 1 LJG-NRW); Rdn. 118
77. Anmeldeschluss zum 01.05. oder zum 01.10. (§ 34 Satz 2 BJG); Rdn. 503
78. In § 3 BWildSchV; Rdn. 541
79. Verbotene Futtermittel für alles Wild sind Küchenabfälle, Backwaren, Südfrüchte, Schlachtabfälle, Fische und Fischabfälle (§ 25 Abs. 2 Satz 3 LJG-NRW); Verbotene Futtermittel für Schalenwild (außer Schwarzwild sowie die Gewöhnungsfütterung mit kräuterreichem Grasheu für Rehwild) sind alle Futtermittel außer Heu und Anwelksilage (§ 27 Abs. 2 Nr. 6 DVO LJG-NRW); Rdn. 345, 353

80. Schalenwild vom 51.12. bis 30.04. des Folgejahres (§ 25 Abs. 2 Satz 1 LJG-NRW); Rehwild jedoch nur in Notzeiten, davon ausgenommen ist die Gewöhnungsfütterung mit kräuterreichem Grasheu (§ 27 Abs. 2 Nr. 4 DVO LJG-NRW); Rdn. 346 f., 353
81. Die Erhaltung eines den landschaftlichen und landeskulturellen Verhältnissen angepassten artenreichen und gesunden Wildbestandes (Tierhege) sowie die Pflege und Sicherung seiner Lebensgrundlagen (Biotophege); (§ 1 Abs. 2 Satz 1 BJG); Rdn. 13
82. Bund: Alle Wildarten des § 2 Abs. 1 BJG außer dem zum Hochwild gehörenden Schalenwild (außer Rehwild), Auerwild, Stein- und Seeadler (§ 2 Abs. 4 BJG);
NRW: Alle Wildarten des § 2 LJG-NRW außer dem zum Hochwild gehörenden Schalenwild (außer Rehwild); Rdn. 25
83. Alle Flächen einer Gemeinde oder abgesonderten Gemarkung, die im Zusammenhang mindestens 150 Hektar umfassen und zu keinem Eigenjagdbezirk gehören (§ 8 BJG); Rdn. 38
84. Bei unanfechtbarem Entzug, unanfechtbarer Versagung des Jagdscheines oder wenn der Jahresjagdschein nicht rechtzeitig verlängert wird (§ 13 BJG); Rdn. 230 ff.
85. Verboten ist die Jagd
    - grundsätzlich in befriedeten Bezirken (§ 6, 6aBJG);
    - auf Schalenwild in Notzeiten im Umkreis von 200 Metern von Fütterungen (§ 19 Abs. 1 Nr. 10 BJG);
    - an Orten, an denen die Jagd nach den Umständen des Einzelfalles die öffentliche Ruhe oder Sicherheit stören oder das Leben von Menschen gefährden würde (§ 20 Abs. 1 BJG)

    In NRW zusätzlich bzw. verschärfend:
    - Auf Schalenwild im Umkreis von 300 Metern von Fütterungen (§ 27 Abs. 1 Nr. 2 DVO-LJG-NRW)
    - auf Schalenwild (außer Schwarzwild) an Kirrungen (§ 27 Abs. 1 Nr. 1 DVO LJG-NRW)
    - Im Umkreis von 300m von der Mitte von Wildquerungshilfen (§ 19 Abs. 1 Nr. 7 LJG-NRW)

    Rdn. 51, 251, 262 f., 350 f.
86. Wenn man die tatsächliche Gewalt über sie außerhalb seiner Wohnung, seiner Geschäftsräume, seines befriedeten Besitztums oder einer Schiessstätte ausübt (Anlage 1 Abschnitt 2 Nr. 4 zum WaffG); Rdn. 652
87. Bei der Unteren Jagdbehörde (§ 3 Abs. 2 Nr. 4a BWildSchV); Rdn. 541

88. Schriftform ist zwingend; Mindestpachtdauer von grundsätzlich 9Jahren in NRW nur Sollvorschrift (§§ 11 Abs. 4 Sätze 1 und 2 BJG; 9 Abs. 2 LJG-NRW); Rdn. 101, 110 f.
89. Die Befugnis, das Jagdrecht innerhalb eines Jagdbezirkes tatsächlich auszuüben, also Wild zu hegen, es aufzusuchen, ihm nachzustellen, es zu erlegen, zu fangen und sich anzueignen (§ 1 Abs. 1 und 4 BJG); Rdn. 3
90. Bund: Der Abschussplanung unterliegen ausschließlich Schalenwild (außer Schwarzwild), Seehund, Auer-, Birk- und Rackelwild, alle anderen nicht (§ 21 Abs. 2 Satz 1 BJG);
    NRW: Der Abschussplanung unterliegen ausschließlich Schalenwild (außer Schwarzwild und Rehwild), alle anderen nicht (§ 22 Abs. 1 LJG-NRW); Rdn. 276
91. Bund: Für Schalenwild (außer Schwarzwild) und Federwild (außer Möwen, Waldschnepfen, Auer-, Birk- und Rackelwild); (§ 19 Abs. 1 Nr. 4 BJG);
    NRW: Für alles Wild außer Schwarzwild und Raubwild (§ 19 Abs. 1 Nr. 6 LJG-NRW); Rdn. 251
92. Die Anknüpfung des Jagd- und Jagdausübungsrechts ausschließlich an Jagdbezirke (§ 3 Abs. 3 BJG) im Gegensatz zur Anknüpfung an eine Lizenz zur Jagd; Rdn. 6
93. Ja, er darf zur Verhütung von Wildschäden unter Wahrung des Grundsatzes der Verhältnismäßigkeit das Wild von Grundstücken abhalten und verscheuchen (§ 26 BJG); Rdn. 453
94. Ja, er darf aber nur dann frei laufen gelassen werden, wenn er der ihn begleitenden Person zuverlässig gehorcht (§ 8 Abs. 3 TollwVO); Rdn. 791
95. ...die Verletzung oder Tötung von Schalenwild bei derartigen Unfällen (§ 28a Abs. 2 LJG NRW) Rdn. 791
96. In unbegrenzter Menge (§ 13 Abs. 5 WaffG); Rdn. 619
97. Bund: Von den Hühnervögeln unterliegt nach BJG nur das Steinhuhn nicht dem Jagdrecht (§ 2 Abs. 1 Nr. 2 BJG);
    NRW: Alle Hühnervogelarten außer Rebhuhn, Fasan, Haselhuhn, Wachtel und Wildtruthuhn (§ 2 Nr. 2 LJG-NRW), Rdn. 18
98. An Personen,
    - unter 16 Jahren
    - bei denen Tatsachen die Annahme rechtfertigen, dass sie die erforderliche Zuverlässigkeit oder körperliche Eignung nicht besitzen
    - denen der Jagdschein entzogen ist während der Dauer der Entziehung oder einer Sperre

- die keine ausreichende Jagdhaftpflichtversicherung nachweisen
- die die Jägerprüfung nicht bestanden haben
  (§§ 17 Abs. 1, 15 Abs. 5 BJG); Rdn. 202, 232

99. Verboten ist die Jagd auf Altfüchse vom 29.02. bis 15.07. (§ 1 Abs. 1 Nr. 12 JagdZVO-NRW); Jungfüchse dürfen ganzjährig bejagt werden, da keine Jagdzeitbeschränkung besteht); Rdn. 253, 309 f.
100. Nein, das Schützenfest steht nicht im Zusammenhang mit der befugten Jagdausübung (§ 13 Abs. 6 WaffG); Rdn. 653
101. Ja, aber nur auf Verlangen des Jagdpächters und in angemessenem Umfang (§ 12 Abs. 8 LJG-NRW); Rdn. 15
102. Ja (§§ 12 Abs. 3 LJG-NRW, 12, 13 BJG); Rdn. 178 f.
103. Der bestätigte Jagdaufseher muss auf Verlangen bei dienstlichem Einschreiten die Bescheinigung über die Bestätigung (Dienstausweis) vorzeigen (§ 26 Abs. 3 Satz 4 LJG-NRW); der nicht bestätigte Jagdaufseher ist nicht Jagdschutzberechtigter und damit als solcher nicht ausweispflichtig; Rdn. 338 f.
104. Keine allgemeingültige Kurzantwort möglich! Zu den sachlichen Verboten vgl. §§ 19 BJG, 19 LJG NRW, Rdn. 250
105. Ja, es sei denn, dass es genügt und möglich ist, es zu fangen und zu versorgen (§ 22 a BJG; § 22 Abs. 4 LJG-NRW); Rdn. 427 f.
106. Zur Wahrung der berechtigten Ansprüche der Forstwirtschaft auf Schutz gegen Wildschäden hat die Forstbehörde gem. § 22 Abs. 5 LJG-NRW im regelmäßigen Turnus von 3- 5 Jahren ein Gutachten zum Einfluss des Schalenwildes auf die Verjüngung der Wälder (Verbissgutachten) zu erstellen, welches sodann vbei der Erstellung des Abschussplanes zu berücksichtigen ist (§ 22 Abs. 4a LJG-NRW); Rdn. 279
107. Das Gesetz kennt keinen „mittelgroßen“ Hund mehr. Die Größe des Zwingers ist an die Widerristhöhe geknüpft: Bis 50 cm Widerristhöhe mindestens 6 m²; über 50 bis 65 cm mindestens 8 m² und bei über 65 cm Widerristhöhe mindestens 10 m² (§ 6 Abs. 2 TierSchHVO); Rdn. 420
108. Wenn dem Jagdpächter der Jagdschein unanfechtbar entzogen oder versagt (§ 13 BJG) oder wenn der Jagdpachtvertrag wirksam gekündigt bzw. nicht rechtzeitig verlängert wurde, sowie bei nicht rechtzeitiger Verlängerung des Jagdscheines (des Pächters); Rdn. 115, 230 ff.
109. Wenn die Jagdwilderei
     - gewerbs- oder gewohnheitsmäßig,
     - zur Nachtzeit, in der Schonzeit, unter Anwendung von Schlingen oder in anderer nicht weidmännischer Weise oder
     - von mehreren mit Schusswaffen ausgerüsteten Beteiligten gemeinschaftlich

begangen wird (§ 292 Abs. 2 StGB); Rdn. 11

110. Ja, wenn es sich bei der Tierart um Wild i.S.d. jagdrechtlichen Vorschriften handelt und wenn der Eigentümer es nicht unverzüglich verfolgt oder die Bemühungen zum Wiedereinfangen endgültig aufgegeben hat, da die Tiere erst dann herrenlos werden (§ 960 Abs. 2 BGB); Rdn. 8

111. Eine schriftliche Vereinbarung zwischen Jagdnachbarn über das Verfolgen von krankgeschossenem Wild, welches von einem in einen anderen Jagdbezirk wechselt (§§ 22 a Abs. 2 BJG, 29 LJG-NRW); Rdn. 434

112. Durch BNatSchG, BArtSchVO; Rdn. 707 ff.

113. Es regelt den Schutz besonders gefährdeter Tiere und Pflanzenartenauf internationaler Ebene durch die Kontrolle des grenzüberschreitenden Verkehrs mittels Ein- und Ausfuhrbeschränkungen sowie zur Ein- bzw. Ausfuhr erforderlicher Bescheinigungen; Rdn. 547

114. Zu den befriedeten Bezirken kraft Gesetzes gehörden in NRW immer:
- Gebäude, die zum Aufenthalt von Menschen dienen und Gebäude die hiermit räumlich zusammenhängen (z.B. Scheunen, Ställe, Garagen);
- Hofräume und Hausgärten, die unmittelbar an eine Behausung anstoßen und durch irgendeine Umfriedung begrenzt oder sonst vollständig abgeschlossen sind;
- Friedhöfe;
- Wildgehege, soweit sie nicht jagdlichen zwecken dienen;
- Bundesautobahnen nebst Dämmen, Brücken, Tunneln und Durchlässen sowie Nebenanlagen (Rastanlagen, Parkplätze, Tankstellen);
- Kleingartenanlagen nach dem Bundeskleingartengesetz;
- Dauerkleingärten nach dem BauGB

(§ 4 Abs. 1 LJG NRW).
, Rdn. 549

115. Ganzjähriges Verbot (§§ 39 Abs. 5 BNatSchG); Rdn. 710

116. Das Reiten in der freien Landschaft ist über den Gemeingebrauch an öffentlichen Verkehrsflächen hinaus zum Zweck der Erholung auf privaten Straßen und Wegen auf eigene Gefahr gestattet. Das Reiten im Wald ist über den Gemeingebrauch an öffentlichen Verkehrsflächen hinaus zum Zweck der Erholung auf privaten Straßen und Fahrwegen sowie auf den nach den Vorschriften der Straßenverkehrsordnung gekennzeichneten Reitwegen auf eigene Gefahr gestattet. Fahrwege sind befestigte oder naturfeste Waldwirtschaftswege (§ 58 Abs. 1 Satz 1, Abs. 2 LNatSchG NRW).
Weitere Zulassungen können behördlich erfolgen. Rdn. 749, 751

117. Folgende Waldbereiche unterliegen nicht dem Betretungsrecht:

- Betretungsverbot für Forstkulturen, Forstdickungen, Saatkämpen und Pflanzgärten, ordnungsgemäß als gesperrt gekennzeichnete Waldflächen, jagdliche ,forstwirtschaftliche, imkerliche und teichwirtschaftliche Einrichtungen im Walde; Waldflächen, während auf ihnen Holz geschlagen oder aufbereitet wird

(§§ 59 Abs. 2 BNatSchG, 14 BWaldG, 3 Abs. 1 LFoG); Rdn. 753

118. Ja, aber nur zum Eigenverbrauch (§§ 39 Abs. 3 BNatSchG); Rdn. 770

119. Das Landschaftsrecht (vormals LG NRW) ist im LNatSchG NRW aufgegangen. Folgende Schutzgebiete existieren im Bundes- und Landesnaturschutzrecht:
- Naturschutzgebiete;
- Nationalparke;
- Nationale Naturmonumente;
- Biospährenreservate;
- Landschaftsschutzgebiete;
- Naturparks;
- Naturdenkmäler;
- geschützte Landschaftsbestandteile;
- gesetzlich geschütze Biotope;

Rdn. 708

120. Die in der „Roten Liste“ enthaltenen jagdbaren Tierarten i.S.d. LJG NRW sind alle jagbaren Arten des LJG-NRW mit Ausnahme von Elstern und Fasanen; Rdn. ...

121. Die ehemalige Landschaftswacht ist durch das neue NatSchG NRW in die Naturschutzwacht unbenannt worden. Sie soll die zuständigen Behörden über nachteilige Veränderungen in der Landschaft benachrichtigen und darauf hinwirken, dass Schäden von Natur und Landschaft abgewendet werden); Rdn. 731

122. Es ist zu unterscheiden, wo sich das Kitz nach Überschreiten der Reviergrenze befindet:
- Soweit sich das Kitz in Sichtweite von der Reviergrenze niedertut:
  - Der Jagd*ausübende* ist verpflichtet, es zu erlegen und zu versorgen. Die Pflicht zur Versorgung erstreckt sich auch auf krankgeschossenes Schalenwild, welches in Sichtweite verendet.
  - Der Schütze hat das Erlegen dem Jagdausübungsberechtigten des benachbarten Jagdbezirkes oder seinem Vertreter unverzüglich anzuzeigen; das Fortschaffen des versorgten Schalenwildes ist untersagt.
  - Nach dem Wortlaut des Gesetzes ist dem Jagdausübenden das Überschreiten der Reviergrenze mit der Schusswaffe nur zur Abga-

be des Fangschusses gestattet. Die Vorschrift muss nach Ansicht der Verfasser jedoch weiter ausgelegt werden.
(§ 29 Abs. 2 LJG-NRW)

- Soweit es sich außerhalb Sichtweite von der Reviergrenze im Nachbarrevier befindet:
  - Der Jagdausübende ist verpflichtet, den Anschuss und die Stelle des Überwechselns nach Möglichkeit in der Örtlichkeit kenntlich zu machen. Darüber hinaus hat er das Überwechseln dem Jagdausübungsberechtigten des Nachbarbezirkes oder dessen Vertreter unverzüglich anzuzeigen.
  - Ein Überschreiten der Reviergrenze mit der Schusswaffe zum Zweck des Verfolgens oder Erlegens des krankgeschossenen Schalenwildes ist dem Schützen grundsätzlich versagt; er hat sich aber für die Nachsuche zur Verfügung zu stellen. Nur ausnahmsweise kann er hiermit eine andere mit den Vorgängen vertraute Person beauftragen.
  - Die Jagdausübungsberechtigten der jeweiligen Bezirke, die durch eine Nachsuche voraussichtlich berührt werden, sind nach Benachrichtigung verpflichtet, dem Führer eines brauchbaren Schweißhundes oder eines anderen brauchbaren Jagdhundes – Führer kann auch der Schütze selbst sein – zur Nachsuche das Betreten ihrer Jagdbezirke unter Führung der Schusswaffe unverzüglich zu gestatten.
  - Können die Jagdausübungsberechtigten nicht erreicht werden, so sind die Führer von Nachsuchehunden oder der von der Unteren Jagdbehörde anerkannten Schweißhundestationen berechtigt, die Nachsuche fortzuführen und das kranke oder verletzte Schalenwild zu erlegen oder zu versorgen.
  - Das Erlegen ist dem Jagdausübungsberechtigten des Jagdbezirkes, in dem das Schalenwild zur Strecke gekommen ist, unverzüglich anzuzeigen. Das Fortschaffen des Schalenwildes ist nicht gestattet.

(§ 29 Abs. 3 LJG-NRW); Rdn. 438 ff.

123. Ruhe bewahren, auf keinen Fall auf die Provokationen der Störer eingehen. Überblick über die Lage verschaffen und den Jagdleiter informieren. Dieser hat dafür Sorge tragen, dass die Jagd sofort unterbrochen und Waffen unverzüglich entladen werden.
Die Jagdgegner zum Verlassen des Jagdreviers auffordern, bei Weigerung: Polizei informieren; Anzeigeerstattung; zu Beweiszwecken Ort, Datum, Uhrzeit und Ablauf der Störung sowie Anzahl und ggf. Identität der Störer dokumentieren. Störer und deren Kraftfahrzeuge fotografieren,

zugerufene Namen und Verhaltensweisen notieren. Flugblätter und sonstiges Propagandamaterial sichern sowie Namen und Anschriften der Mitjagenden notieren. Rdn. 867 ff.

124. Nein, hier liegt ein Verstoß gegen eine forstrechtliche Vorschrift vor; dies ist Aufgabe des Forstschutzes (§ 53 Abs. 1 LFoG); Rdn. 745

125. Dem Jagdgast stehen insoweit keine Jagdschutzbefugnisse zu; der Spaziergänger sollte allenfalls höflich auf sein Fehlverhalten – Anleinzwang für Hunde im Wald außerhalb von Wegen (§ 2 Abs. 3 LFoG) – aufmerksam gemacht und auf die Gefahren für den Hund und das Wild hingewiesen werden; Rdn. 643, 372, 756

LITERATURVERZEICHNIS

Kommentare

Drees/Thies/Müller-Schallenberg, Das Jagdrecht in Nordrhein-Westfalen, Kommentar, Kommunal- und Schulverlag KG, A. Heinig, Wiesbaden, 5. Auflage, 15. Nachlieferung September 2017

Fischer, Strafgesetzbuch und Nebengesetze, erläutert, 64. Aufl., München, C.H.Beck, 2017

Gade, WaffG Kommentar, C.H. Beck, München, 2. Auflage, 2018

Göhler, Ordnungswidrigkeitengesetz, C.H.Beck, München, 16. Aufl., 2012

Hirt/Maisack/Moritz, Kommentar zum Tierschutzgesetz, Vahlens Kommentare, 3.Aufl. 2016

Leonhardt, Kommentar zum Bundesjagdgesetz und Bayerischen Jagdgesetz, Carl Link/Deutscher Kommunalverlag, Kronach, München, Bonn, Potsdam, Stand Juli 2015

Lorz/Metzger, Tierschutzgesetz, C.H.Beck, München, 6. Aufl., 2008

Lorz/Metzger/Stöckel, Jagdrecht, Fischereirecht, Bundesjagdgesetz mit Verordnungen und Länderrecht, Binnenfischereirecht, Fischereischeinrecht, Seefischereirecht, C.H.Beck, München, 4. Aufl., 2011

Meyer-Ravenstein, Jagdrecht in Niedersachsen, Eigenverlag, Hannover, 1. Aufl., Stand Juli 1996

Mitzschke/Schäfer, Bundesjagdgesetz, Kommentar, Verlag Paul Parey, Hamburg und Berlin, 4. völlig neubearbeitete und erweiterte Aufl., 1982

Palandt, Bürgerliches Gesetzbuch, Verlag C.H.Beck, München, 74. Aufl., 2015

Schuck, Kommentar zum Bundesjagdgesetz, Verlag Franz Vahlen, München, 2. Aufl. 2015

Steindorf, Waffenrecht: Waffengesetz mit Durchführungsverordnungen, Kriegswaffenkontrollgesetz und Nebenbestimmungen, begr. und über 4. Aufl. erl. von Gerhard Potrykus, fortgeführt von Joachim Steindorf; C.H.Beck, München, 10. Aufl., 2015

Monographien

Asbeck/Winter/v. Kraack, Jägerprüfung in Nordrhein-Westfalen (Amtliche 500 Fragen mit möglichen Antworten), Kommunal- und Schulverlag, Wiesbaden, 1. Aufl. 2015

Dietlein/Schwan, Die Pflichtmitgliedschaft in Jagdgenossenschaften, Nomos-Verlag Düsseldorf, 2009

Dietlein, Johannes, Jagdrecht von A-Z, BLV, München 2003

DJV Handbuch Jagd 2019, hrsg. vom deutschen Jagdverband, bearbeitet und zusammengestellt von Jessica Schmitz

Dörnberg, Hans-Friedrich Freiherr von, Die Anfechtung in der Jägerprüfung, Neumann-Neudamm, Melsungen, 1991

Drees, Hans, Jagdrechtliche Vorschriften Nordrhein-Westfalen, Textsammlung mit einer erläuternden Einführung, Deutscher Gemeindeverlag, Köln, 8. Aufl., 2010

Franke, Christian, Was tun bei Wildunfällen?, Venatus-Verlags-GmbH, Braunschweig, 1999

Heller/Soschinka, Das neue Waffenrecht, C.H.Beck, München, 3. Aufl., 2013

Landesanstalt für Ökologie, Bodenordnung und Forsten/Landesamt für Agrarordnung NRW (Hrsg.): Rote Liste der gefährdeten Pflanzen und Tiere in Nordrhein-Westfalen, Schriftenreihe des LÖBF, 4. Fassung, 2011

Moog, Martin, Jagdwert und Jagdwertminderung, Paul Parey Zeitschriftenverlag GmbH & Co. KG, Singhofen, 2011

Munte, B., Die Pflicht des Grundeigentümers zur Duldung der Jagdausübung auf seinem Grundstück (im Lichte des Grundgesetzes und der Europäischen Menschenrechtskonvention), Hamburg 2008, Verlag Dr. Kovač

Pückler, Marc von, Der Jäger und sein Recht, Lehrbuch Jägerprüfung Band 5, Paul Parey Verlag, Singhofen, 5. Aufl. 2002; zitiert: v. Pückler 1)

Pückler, Marc von, Jagd und Justiz, Wie Gerichte entscheiden, Paul Parey Verlag, Hamburg, 1994; zitiert: v. Pückler 2)

Pückler, Marc von, Crash-Kurs Waffenrecht, Dr. Neinhaus Verlag AG, Stuttgart, 2016 mit Aktualisierungen vom 06.07.2017

Reich, Hundegesetz für das Land Nordrhein-Westfalen, Deutscher Gemeindeverlag und Verlag W. Kohlhammer, Stuttgart 2005

Rennecke, Die Determinanten des Jagdpachtpreises, Verlag J.Neumann-Neudamm, Melsungen 2005

Thies, Hans-Jürgen, Jagdrecht für die Praxis Nordrhein-Westfalen, Gesetze, Verordnungen, Verwaltungsvorschriften, BLV, München-Wien-Zürich, 2007; zitiert: Thies 1)

Literaturverzeichnis

Thies, Wild- und Jagdschaden, Deutscher Gemeindeverlag und Verlag W. Kohlhammer, Stuttgart, 9. überarbeitete Aufl., 2011; zitiert: Thies 2)

Schuck; Marcus, Jagdrechtliche Entscheidungen, Bände I–XX, Verlag Dieter Hoffmann, Mainz, 1980–2019

Zeitschriften

Agrarrecht und Umweltrecht, hrsg. v. d. Deutschen Gesellschaft für Agrarrecht

Der Wildhüter – Mitteilungsblatt für Naturschützer, Berufsjäger,

Jagdausseher, Jäger und Falkner, Neumann-Neudamm Verlag, Melsungen

Deutsche Jagd Zeitung, Paul-Parey-Zeitschriften-Verlag, Singhofen

Die Pirsch, BLV, München

DJV-Nachrichten, hrsg. v. Deutschen Jagdschutzverband, Bonn

Gewerbearchiv – Zeitschrift für Wirtschaftsverwaltungsrecht

Grundstücksmarkt und Grundstückswert

Halali, convergence verlagsgesellschaft mbH & CO. KG, Kempen

Jagd und Jäger, hrsg. v. Landesjagdverband Rheinland-Pfalz, Gensingen

Jäger, Verbandszeitschrift des LJV Schleswig-Holstein

Juris Die Monatszeitschrift (Beilage zum Anwaltsblatt), hrsg. v. Deutschen Anwaltsverein

Landwirtschaftliches Wochenblatt Westfalen-Lippe, hrsg. v. Landwirtschaftsverlag Münster-Hiltrup

Natur und Recht

Niedersächsischer Jäger, hrsg. v. Landesjagdverband Niedersachsen e.V.

Recht der Landwirtschaft

Rheinisch-Westfälischer Jäger, Landwirtschaftsverlag, Münster-Hiltrup

Revierkurier, hrsg. v. Landesjagdverband Bayern e.V.

Unsere Jagd

Wild und Hund, Paul-Parey-Zeitschriften-Verlag, Singhofen

Zeitschrift für Erbrecht und Vermögensnachfolge, Verlag C.H. Beck

Zeitschrift für Rechtspolitik, Verlag C.H. Beck

STICHWORTVERZEICHNIS

A

B

C

E

F

G

H

I

J

Stichwortverzeichnis

K

L

M

N

O

P

R

S

T

U

V

W

Z